W0052553

Gisa Anders • Eine Fantasie guckt aus dem Fenster

Gisa Anders

Eine Fantasie guckt aus dem Fenster

Wie ein autistischer Junge geheilt wurde

FRIELING

Die Deutsche Bibliothek – CIP-Einheitsaufnahme
Anders, Gisa:
Eine Fantasie guckt aus dem Fenster : wie ein autistischer Junge
geheilt wurde / Gisa Anders.–
Orig.-Ausg., 2. Aufl. – Berlin : Frieling, 1999
ISBN 3-8280-0349-4

© Frieling & Partner GmbH Berlin
Hünefeldzeile 18, D–12247 Berlin-Steglitz
Telefon: (0 30) 7 66 99 90

ISBN 3-8280-0349-4
1. Auflage 1998
2. Auflage 1999
Umschlaggestaltung: Graphiti
Illustrationen: Dirk Anders
Sämtliche Rechte vorbehalten
Printed in Germany

Zu diesem Buch

In der normalen Entwicklungsliteratur findet man viele positive Ansätze und Anregungen. In der Behindertenliteratur gibt es zwar Bestätigung, aber man wird als Eltern verängstigt und entmutigt. Wenn bei normalen Menschen die Phase der größtmöglichen Lernfähigkeit beginnt, sind die meisten autistischen Menschen schon nicht mehr erreichbar.

Ich werde oft gefragt: „Was macht Dirk?" Ich sage dann voll Stolz: „Er ist jedes Wochenende in der Disco oder bei Freunden, ansonsten bereitet er sich intensiv auf seine Gesellenprüfung vor." Auf meine Frage: „Hätten Sie das je für möglich gehalten?" folgt ein spontanes, klares „Nein".

Dirk war nicht in der Lage, sich selbst eine Grundlage zu schaffen. Daher stand seine Entwicklung in der Zeit der wichtigsten Lernphase fast still.

Dirk brauchte Hilfe, die hat er bekommen.

Dirk brauchte Mut, den habe ich ihm gemacht.

Auch ich brauchte Mut, den habe ich mir nicht nehmen lassen.

Viele Menschen haben sich immer wieder bemüht, mich zu entmutigen, sie haben mein Engagement belächelt.

Ich habe mich nicht von Behindertenliteratur verängstigen lassen, sondern habe die festgestellten Entwicklungsmöglichkeiten als Chance gesehen.

Dieses Buch ist das Zeugnis eines Kampfes gegen Vorurteile und Klischees – ein hartes Stück Arbeit, es hat sich gelohnt.

Mein besonderer Dank an

die Lehrer
und
die vielen Kinder,

die inzwischen erwachsen geworden sind, die ihn unterstützt,
beschützt und ihm geholfen haben, die ihm Freund und Freundin,
Kamerad und Kameradin waren und es heute noch sind,

Herrn Dipl.-Psychologe Hartmut Janetzke,

der stets ein offenes Ohr für meine Sorgen und Nöte hat und mit seinem
Engagement und Optimismus Balsam für meine Seele ist.

Ohne ihre Hilfe und Unterstützung hätte Dirk das heute erreichte Ziel
nicht erreichen können!

Das Titelbild hat Dirk im Klavierunterricht gemalt. Es ist Zufall, aber man kann es als typisch interpretieren.

Die Schnecke, die nicht auf der Straße kriecht, sondern neben der Straße, ihren eigenen Weg geht. Sie zieht einen schweren Wagen, in dem zwei Menschen sitzen und ein Kutscher. Der Kutscher, als Führer der Kutsche, hat keine Verbindung zur Schnecke, die Leine, oder der Stock, geht ins Leere.

Ein Mann und ein Kind haben sich einer Schneckenpost anvertraut. Der Mann sieht das Kind an, während das Kind, eine Fantasie, erstaunt aus dem Fenster schaut. Der Name der Schnecke: „Andante", ruhig. Eine Fantasie, eine Traumgestalt ist Mensch und sieht uns durch ein Fenster an.

Der Titel, „Eine Fantasie guckt aus dem Fenster", stammt von Dirk. Er malte eine Bilderserie: Es war einmal ein Fantasieland; eine Fantasie guckt aus dem Fenster.

Inhaltsverzeichnis

Vorwort   13

Erster Teil
Ich kann Euch nicht verstehen

Sorgen einer Mutter   17
Das erste Lebensjahr   19
Das zweite Lebensjahr   28
Wie konnte es dazu kommen   40
Welche Störungen waren im Alter ...   47
Das dritte Lebensjahr   48
Das fröhliche Lachen kehrt zurück   51
Das vierte Lebensjahr   60

Zweiter Teil
Die erfolgreiche Suche nach Verständigung

Angst vor einer anderen Umgebung   75
Echosprache   78
Eine Frage zu verstehen, ist gar nicht so leicht   80
Bilderbücher   82
Die Realität sieht ganz anders aus   83
Öffentliche Verkehrsmittel   85
Wenn einem die Stereotypie „auf den Geist geht"   88
Der Kindergarten   89
Vorstellung im Hamburger Autismusinstitut   91
Überforderungen vermeiden   94
Leih mir deinen Finger   96
An die Hand nehmen   97
Spieltherapie   98
Draußen   99
Verhaltensstörungen   100
Sprachverständnis   103
Oh, diese Lücken   104
Blickkontakt und non-verbale Sprache   105
Ich wünsche dir   108
Loben   109
Ein Wort zu viel   111
Bücher über Autismus   113
Kopfschlagen   115
Kraftlos   117
Behinderte Menschen   119
Ist mein Kind intelligent?   121
Sag mal „ja"   124
Anlautieren   126

Im Geschäft 129
Ich hab' dich lieb! 130
Gibt es das wirklich? 131
Wie erkläre ich das Wort „tot"? 135
Was können Babys? 137
Ist das Wasser ein bißchen warm? 138
Es hat geschneit 139
Tut das weh? 141
Schlagen, Strafen 144
Sprachstereotypien 149
Regnet und schneit es draußen? 151
Ich bin und bleib zu Haus! 152
Die schönen Stunden … 153
Eine behinderte Familie 154
Peinlichkeiten in der Öffentlichkeit 158
Integration 160
Ich träume vom einem Bett 164
Schreiben – Malen – Bücher 167

Bildteil 173

Experimentol 209
Der Computer 217
Chancen? 218
Hamburger Autismus-Institut 220
Schulische Entwicklung 222
Fallstudie der Lehrerin 229
Regelschule im Wohnort 241
Schularbeitenhilfe 251
Das Freizeitheim 253
Schlüsselwörter 254
Warum ist der Krankenstand so hoch 255
Ein Fazit 259
Was ich mir wünsche 260
Partyzeit 261
Das Thema „Autismus" im häuslichen Bereich 264
Konzentration 266
Übersicht über Entwicklungsstufen 267

Dritter Teil
Gedanken über Grundlagen zur Verständigung

An die Eltern eines autistischen Kindes 274
Worte aus unserem fast täglichem Sprachgebrauch 275
Spielen und dabei Sprache lernen 276

Vorwort

Von Geburt an war unser Kind anders. Auf der Suche nach der Ursache mußte ich immer wieder die gleichen Symptome erzählen. Als unser Sohn zwei Jahre alt war, habe ich begonnen, seine Entwicklung aufzuschreiben.

1983 wollte ich von den Besonderheiten ein Buch schreiben, um anderen betroffenen Eltern zu sagen, daß sie nicht alleine sind. Ich mußte feststellen, daß es nicht leicht ist, ein Buch über ein so schwieriges Thema zu schreiben. Immer wieder habe ich einen neuen Anlauf genommen. Die Sammlung meiner Aufzeichnungen wurde immer umfangreicher. Ich stellte fest, daß mir beim Beschreiben der Schwierigkeiten die Probleme immer klarer wurden. Und wenn ich wieder einmal nicht weiter wußte, vertraute ich meinen ganzen Frust der Schreibmaschine an.

Als ich mich vor ein paar Jahren an das Aufarbeiten der vielen Dokumente machte, mußte ich mich in die schweren Zeiten zurückversetzen. Das war nicht leicht, und oft haben Tränen das Computerschriftbild verschwimmen lassen. Doch ohne die jahrelangen Aufzeichnungen würde es dieses Buch nicht geben. Die Erinnerungen reichten nicht aus. Heute kann ich das, was einmal war, fast nicht mehr glauben.

Einen Stillstand oder Rückschritt in der Entwicklung gab es nicht. Was ich brauchte, waren Mut, Kraft und viele Helfer. Helfer waren in erster Linie Lehrer und Kinder. Die Lehrer, die tolerant waren, die es verstanden, den Kindern zu vermitteln: Hier müßt ihr einem Mitschüler helfen. Kinder, die ihn motivierten und auch so manches einsteckten.

Herr Janetzke, Leiter des Hamburger Autismus-Instituts, hatte stets ein offenes Ohr für meine Sorgen und gab mir oft Bestätigung für meine Sichtweise. Er war Balsam für meine Seele und somit mein Therapeut.

Heute ist Dirk 22 Jahre alt. Er ist ein fröhlicher junger Mann, mit Beruf und vielen Freunden. Menschen, die ihn von klein auf kennen, hätten eine solch positive Entwicklung nie für möglich gehalten. Deshalb sehe ich es als Aufgabe, diese schwierige und glücklich endende Entwicklung öffentlich zu machen.

Mein besonderes Anliegen ist, Eltern von Kindern mit autistischen Verhaltensweisen Mut zu machen. Ich habe versucht, mit einfachen Worten die schweren Störungen zu beschreiben, damit sie jeder verstehen kann, vor allen Dingen die Menschen, denen autistische Menschen anvertraut sind.

Zu meinen Aufzeichnungen:

Dieses Buch fängt an, wie viele Bücher über autistische Menschen. Ich beschreibe im ersten Teil die normale Geburt und dann die Entwicklung der typischen Verhaltensweisen. Nach Ablauf von vier Jahren ist mein Kind mit seinen typischen Schwierigkeiten, autistischen Störungen, voll entwickelt.

Im zweiten Teil beschreibe ich meine Suche nach der Ursache der Störungen, wie wir damit umgegangen sind, den Verlauf und letztendlich das Verschwinden.

Im dritten Teil möchte ich den Leser zum Nachdenken über den Wert und die Aussagekraft unserer Sprache und des spielerischen Lernens anregen.

Autistische Menschen haben uns mit ihrem Verhalten gezeigt, daß sie uns nicht verstehen. Wenn wir ihnen helfen wollen, müssen „wir" einen Weg von ihnen zu uns suchen.

Ich wünsche mir, daß mein Erfahrungsbericht ein Buch des Verständnisses und der Hoffnung wird.

10. Februar 1997

Erster Teil

Erstes bis viertes Lebensjahr

„Ich kann euch nicht verstehen!"

Sorgen einer Mutter

Dirk war so anders als meine Tochter. Er lachte mich schon sehr früh an, aber er entwickelte sich nicht alleine weiter. Zu allem mußte er motiviert werden. Mit meinen Beobachtungen ging ich von Arzt zu Arzt.

Was war nur mit meinem Kind los?

Ich schilderte den Ärzten meine Beobachtungen. Sie hörten es sich an und erklärten mir, daß sie keinen Grund zur Sorge sähen. Vielmehr sei ich der Grund, ich sei zu ungeduldig. Er sei halt ein Spätentwickler, und ich solle ihn in Ruhe lassen. Dirk nahm sich seine Ruhe, und sein geistiger und motorischer Rückstand wurde immer größer, auch sein Abstand zu Menschen nahm zu.

Er forderte weder sich noch andere. Er war nicht neugierig und hatte keine Bedürfnisse. Mit etwa eineinhalb Jahren wurde dann erstmals der Verdacht auf „Frühkindlichen Autismus" ausgesprochen. Ich muß heute von großem Glück sprechen, daß bereits 1976 eine Ärztin die Symptome erkannt hat und mir so einen Weg weisen konnte.

Diese Verdachtsdiagnose brachte mich allerdings zunächst nicht weiter, da autistische Menschen nicht als fröhlich eingestuft werden. Mein Kind war fröhlich und konnte mich ansehen. Wieder lag der Schwarze Peter bei mir. Ich war die überehrgeizige Mutter, die nicht abwarten konnte. „Autismus ist etwas ganz anderes." Was es aber ist, das können mir die Ärzte heute noch nicht sagen. Bei meinen Informationsveranstaltungen treffe ich auf Kindergärtnerinnen, Lehrer, Erzieher, Interessierte und Eltern, aber nicht auf Ärzte. Kinder mit autistischen Verhaltensweisen fallen den Kindergärtnerinnen auf. Die besorgten Eltern laufen heute noch, genau wie ich früher, von Arzt zu Arzt. Wohin soll man als Mutter auch gehen?

Das autistische Syndrom ist in seiner Vielfältigkeit faszinierend. In den Medien werden die weit über dem Durchschnitt liegenden Fähigkeiten einzelner bewundert. Der Entwicklungsstand der meisten autistischen Menschen aber ist bedauernswert. Sie sind nicht in der Lage zu sprechen und verstehen weder Sprache noch das, was um sie herum geschieht. Ihnen zu helfen, erscheint fast unmöglich, weil sie fast niemanden an sich heranlassen. Einsam, zurückgezogen und oft leider aggressiv gegen sich selbst oder andere leben sie dahin.

Wenn ein auffälliges Kind schon früh eine gezielte und seinem Entwicklungsstand angepaßte, richtige Therapie erhält, sind die Entwicklungschancen meiner Meinung nach heute gut.

Dirk war zwei Jahre alt, als ich begann, seine Entwicklung aufzuschreiben. Bevor ich nun zu einem Arzt ging, gab ich vorher meine Aufzeichnungen in der Praxis ab. Ich hoffte damit zu erreichen, daß sich der Arzt aufgrund der bereits ausgesprochenen Verdachtsdiagnose „Frühkindlicher Autismus" mein Kind etwas genauer ansieht. Leider mußte ich erfahren, daß sich kein Arzt die Mühe gemacht hat, auch nur einen Blick darauf zu werfen. Lediglich die Sprechstundenhelferinnen sprachen mich auf meine interessanten Schilderungen an.

Es war schwer, anderen Menschen verständlich zu machen, daß ich der Meinung war, „hier stimmt irgend etwas nicht". Die Entwicklung meines Kindes verlief verzögert. Er verhielt sich Dingen und Menschen gegenüber anders, als ich es bei meiner Tochter und auch bei anderen Kindern beobachten konnte. Fast jedes Quartal wechselte ich den Arzt, weil ich das Gefühl hatte: „Du wirst nicht ernst genommen!"

Ich wurde immer wieder vertröstet: „Er ist ein Spätentwickler, haben Sie doch Geduld." Hilfe und Antworten auf meine Fragen bekam ich nicht.

Was mir bei meinem Kind am meisten auffiel, war, daß es seine Hände wenig bewegte und auch nicht damit spielte, wie ich es bei anderen Kindern beobachten konnte. Als Dirk dann das Alter erreicht hatte, in dem Kinder anfangen zu greifen, wurden die Schwierigkeiten deutlicher. Er lachte mir ins Gesicht und bemühte sich nicht, den angebotenen Gegenstand mit seinen Händen zu greifen. Immer wieder sprach ich die Ärzte gerade auf diese Schwierigkeiten an. Was war los mit seinen Händen?

Dirk lachte gern, er begann zu lallen, schlief aber sehr wenig. Damals und noch viele Jahre später waren es immer seine Hände, die motorisch ungeschickt waren und die sich nicht trauten, etwas anzufassen.

Dirk ist heute 23 Jahre alt. Seine schon damals beobachteten Schwierigkeiten – Wahrnehmungsverarbeitung über die Haut, über die Hände – waren über viele Jahre Auslöser diverser Verhaltensstörungen.

Das erste Lebensjahr

Als ich mit meiner Tochter 1972 schwanger wurde, fiel der Rötelntest – Antikörper 1 : 8 aus. Am 9. Juni 1973, also sieben Monate nach der Geburt unserer Tochter, ließ ich mich gegen Röteln impfen, denn wir wollten weitere Kinder haben. Das zweite Kind meldete sich an. Am 2. Februar 1974 hatte ich meine letzte normale Regel, und als Geburtstermin für mein zweites Kind wurde vom Arzt der 9. November 1974 errechnet.

Die Schwangerschaft begann mit Schmierblutungen, und fortan hatte ich jeden Monat zur Zeit der normalen Regelblutung eine Schmierblutung. Die ersten drei Monate bekam ich Hormonspritzen. Ich hatte sonst keinerlei Beschwerden und fühlte mich ausgezeichnet. Ich war überglücklich mit meiner kleinen Tochter, und wir alle freuten uns auf das Geschwisterkind.

Ende September 1974 meldete ich mich in der Klinik an, in der mein Kind zur Welt kommen sollte. Ich kannte die Hebamme, und sie bot mir an, mich zu untersuchen. Durch diese Untersuchung wurden Wehen ausgelöst. Bei einer Ultraschall-Untersuchung stellte der Arzt fest, daß mein Kind höchstens 1.200 bis 1.500 Gramm wiegen sollte. Es war also noch viel zu klein, und eine Frühgeburt ist immer ein Risiko für die Gesundheit des Kindes.

Das Kind in mir strampelte anders, als ich es von meiner Tochter in Erinnerung hatte, es strampelte mit beiden Beinen gleichzeitig. Das war sehr unangenehm, und in der Klinik schien mein Kind zu protestieren. Dieses Strampeln war nicht mehr angenehm, es war schmerzhaft. Ich drückte meine Hand gegen die strampelnden kräftigen kleinen Füße, die ich deutlich fühlen konnte. Ich traute mich kaum noch, mich zu bewegen. Ich wollte keine Frühgeburt riskieren.

Ich war sehr unglücklich. Zu Hause war meine niedliche kleine Tochter, die ich jetzt so sehr vermißte. Ich sollte nach Angaben der Ärzte den ganzen Oktober in der Klinik bleiben. Ein furchtbarer Gedanke. Ich konnte keine Nacht schlafen, denn der Wehenhemmer beschleunigte meinen Herzschlag. Auch mein in mir strampelndes Kind fand keine Ruhe. Ich war unglücklich und weinte, denn die wenigen Stunden Erschöpfungsschlaf konnten mich nicht aufbauen. Nach 3 Wochen war ich völlig fertig. Ich hatte seit zwei Wochen keine Wehen mehr und wollte unbedingt nach Hause. In diesem achten Monat, in dem ich während der Zeit der normalen Regelblutung im Krankenhaus lag, hatte ich keine Schmierblutung. Ich war sehr stark erkältet, nahm aber keine Medikamente ein.

Ich durfte nach Hause gehen. Doch das wehenhemmende Medikament verschaffte mir auch hier keine Ruhe. Zwei Tage später entschloß ich mich, ohne dieses Medikament auskommen zu wollen, und setzte es ab. Endlich konnte ich wieder richtig schlafen und war über Tag wieder ausgeglichener. Gut eine Woche später, am 25. Oktober 1974, mittags, setzten die Wehen ein.

Um 14.30 Uhr fuhr ich mit dem Taxi in die Klinik. Ich freute mich, endlich mein Kind zur Welt bringen zu dürfen. Die Schwestern in der Klinik lachten und glaubten mir nicht, daß es schon so weit sei. Sie wiesen mir ein Bett zu und meinten, ich sollte mir's noch bequem machen. Aber schon um 15.30 Uhr waren die Wehen so stark, daß ich den Kreißsaal aufsuchte. Die Hebammen begannen, mich auf die Geburt vorzubereiten. Bei der Untersuchung platzte die Fruchtblase. Ich bekam eine Spritze in den Rücken und spürte im unteren Bereich meines Körpers nichts mehr.

Später erfuhr ich, daß in diesem Krankenhaus die Periduralanästhesie – für schmerz-freie Geburt – allgemein angewandt wurde. Man hatte mich darüber nicht informiert, sicherlich weil man vorausgesetzt hatte, daß mir das bekannt sei.

Ich lag nun im Kreißsaal und spürte keinerlei Wehen mehr. Die Schwestern waren mit sich beschäftigt, und da ich nicht nur in mich horchen sollte, gaben sie mir ein Buch. Ich versuchte zu lesen, aber das gelang mir nicht. Es war inzwischen 16 Uhr vorbei, und der Kreißsaal war zum Treffpunkt der Ärzte geworden. Ich war die einzige Gebärende, und alle meinten, mich beruhigen zu müssen. Ich war aufgeregt und dachte an das Buch „Mutter werden ohne Schmerzen", in dem ich gelesen hatte, daß fast alle werdenden Mütter vor der bevorstehenden schmerzhaften Geburt fortlaufen wollten. Auch ich wäre am liebsten fortgelaufen, aber die Geburt meines Kindes war ein nicht aufzuhaltender Akt in meinem Leben. Inzwischen waren vier Ärzte anwesend, der Oberarzt, der Stationsarzt, der Assistenzarzt und ein weiterer Facharzt. Auf meine Frage, wie es nun weitergehe – ich spürte keine Wehen mehr –, kümmerten sie sich um mich. Der Oberarzt legte die Hand auf meinen Bauch und sagte: „Es geht gleich los; gleich kommen die Preßwehen." Ich spürte nur die Hand des Arztes auf meinem Bauch, sonst nichts. „Da ist eine, jetzt müssen Sie pressen!" Ich spürte immer noch nichts und konnte nur den Anweisungen des Arztes folgen. Die anderen anwesenden Ärzte standen um mich herum, und ein Arzt äußerte: „Eine Geburt wie im Bilderbuch!" Um 16.52 Uhr war mein Sohn geboren. Die Ärzte gratulierten mir und verließen den Kreißsaal, damit die beiden Hebammen in Ruhe alles Weitere veranlassen konnten. Mein Kind sah gesund und rosig aus und schrie sofort los. Nachdem die Hebammen mir meinen gesunden Sohn gezeigt hatten, wurde er gewaschen und angezogen. Dann legten sie mir mein Kind in den Arm. Ich war glücklich.

Die Hebammen stellten bei der Untersuchung der Nachgeburt fest, daß irgend et-was zweimal vorhanden war. Sie zeigten es mir auch, aber was verstand ich schon davon. 1993 las ich im Hamburger Abendblatt einen Artikel, daß es vorkommt, daß zu Beginn einer Schwangerschaft Zwillinge heranwachsen und später nur ein Kind geboren wird. Der Zwilling sei unerklärlicherweise plötzlich verschwunden. Ob es bei mir auch einen Zwilling gegeben hat? Dirk hatte bei seiner Geburt einen runden Rücken. Später wurde ich gefragt, ob ich zu wenig Fruchtwasser hatte und er eventu-ell dadurch vielleicht zu wenig Platz hatte. Nachträglich war das nicht mehr zu klä-ren.

Die Untersuchungen mit Ultraschall waren 1974 noch in den Anfängen. Das Er-gebnis der Auswertung, daß mein Kind im achten Monat erst 1.200 Gramm wiegen sollte, konnte nicht stimmen. Mein Kind wog bei der Geburt 2.750 Gramm und war 50 Zentimeter groß. Größe und auch Gewicht, beides entsprach nicht dem ausgewer-teten Ultraschallbild.

Ich hatte nun mein Kind im Arm und war glücklich, einen Bruder für unsere Tochter zu haben. Das Bangen, ein gesundes Kind zu bekommen, war vorbei. Ich wollte mein Kind stillen, darauf hatte ich mich während der ganzen Schwangerschaft gefreut. Gerade jetzt war ich stark erkältet und durfte keine Medikamente gegen diese Erkältung einnehmen. Ich hatte Angst, mein Kind während des Stillens anstecken zu können. Daher pumpte ich die Milch ab. Die Hebamme brachte mir mein Kind zweimal am Tag für kurze Zeit. Sie berichtete mir, daß Dirk Schwierigkeiten mit dem Trinken hatte.

In diesem Krankenhaus gab es keine Kinderstation und keinen Kinderarzt. Zur Säuglingserstuntersuchung kam einmal wöchentlich eine Kinderärztin aus den Städtischen Krankenanstalten Mannheim. Diese Kinderärztin stellte fest, daß Dirk einen runden Rücken hat, der behandelt werden müßte, aber, noch schlimmer, eine Gelbsucht im Grenzbereich zum notwendigen Blutaustausch.

Am 1. November 1974 wurde Dirk wegen einer Hyperbilirobinannemie (17 mg%) in die Städtische Klinik verlegt. Ich verließ die Geburtsklinik gegen ärztlichen Rat, weil ich mich um mein Kind kümmern wollte.

In der Städtischen Klinik konnte ich mein Kind nur durch eine Glasscheibe in einem Glaskasten liegen sehen. Ich konnte es weder berühren, noch mit ihm sprechen. Dirk lag im Wärmebett. Er hatte am Kopf Schläuche befestigt, und die Ärmchen waren festgebunden. Es war ein schrecklicher Anblick, aber es mußte wohl so geschehen. Was weiß man als junge Mutter über medizinische Notwendigkeiten, über eventuelle Folgeschäden und vor allen Dingen über die Not des hilflosen Neugeborenen, das sich nur über Schreien verständlichmachen kann. Die Schwestern berichteten mir, daß das Trinkverhalten katastrophal sei. Da die Gelbsucht im Grenzbereich lag, wurde das Blut nicht ausgetauscht. Zum Glück besserten sich die Blutwerte täglich.

Da lag nun mein Kind kilometerweit entfernt von mir in einem Wärmebett und wurde von diversen fremden Personen betreut und versorgt. Ich hatte mich so auf dieses Kind gefreut und es in mir so intensiv erlebt. Jetzt war ich leer und ohne Kind. Ich besuchte es täglich. Wenn ich da war, schlief es fast immer. War es ausnahmsweise mal wach, wirkte es apathisch. Das komme vom Tropf, erklärte man mir. Hilflos, ohne mein Kind erreichen zu können, drückte ich mir an der Scheibe die Nase platt. Ich dachte an Hospitalismus, war aber machtlos. Ich durfte während des gesamten Krankenhausaufenthaltes mein Kind nur ansehen, nicht ansprechen und auch nicht anfassen. Das war furchtbar für mich. Ich wollte mein Kind so schnell wie möglich aus der Klinik nach Hause holen. Sein Trinkverhalten war so schlecht, daß es nur mit Mühe zunahm. Ich hatte sehr viel Milch, sie wurde täglich zu Hause abgeholt. Es war genug, um es voll stillen zu können.

Nach etwa dreieinhalb Wochen Klinikaufenthalt durfte ich mein Kind endlich mitnehmen. Dirk wog jetzt 2.700 Gramm, hatte also seit seiner Geburt nur 50 Gramm zugenommen. Die Schwestern wünschten mir viel Glück und schienen froh zu sein, diesen schwierigen Trinker loszuwerden.

Zu Hause hatte Dirk keine Trinkschwierigkeiten. Ich konnte mein Kind stillen, und es wuchs und gedieh prächtig. Ich hatte so viel Milch, daß ich weiterhin einen Teil an die Klinik abgeben konnte. Die Schwester, die die übrige Milch abholte, staunte über die so plötzliche Wende in der Entwicklung und schüttelte nur sprachlos den Kopf.

Während der Schwangerschaft mit Dirk hatte ich mit meiner Tochter sehr viel gesungen. Auch jetzt sang ich wieder, und wenn ich davon ausgehe, daß die Kinder im Mutterleib schon hören können und mehr mitbekommen, als man vielleicht allgemein annimmt, liegt hier vielleicht ein Schlüssel für die plötzliche Wende im Trinkverhalten. Vielleicht daß Dirk meine Stimme erkannt hat oder die Lieder, und nun war er motiviert, problemlos zu trinken. In der Geburtsklinik hatte die Schwester auch während des Fütterns gesungen, und die Schwierigkeiten hatten sich in Grenzen gehalten. In der Städtischen Klinik hatte man nicht gesungen, und mein Kind hat, etwa eine Stunde gebraucht, um 60 Milliliter aus der Flasche zu trinken.

Dirk war ein so bequemes, angenehmes Baby. Er schrie fast nie und lachte mich bereits mit sechs Wochen an. Gegen den anfänglich runden Rücken wollte der Orthopäde vorerst nichts unternehmen. Dies könne sich auf normalem Wege auswachsen. Der Orthopäde sollte recht behalten.

An allem Glück der Erde schien ich mit meiner Familie teilhaben zu dürfen. Meine kleine Tochter sprach seit ein paar Wochen in ganzen Sätzen, und der kleine Bruder machte ihr jetzt schon als Spielkamerad viel Freude.

Als mein Mann versuchte, unseren Sohn zu wickeln, so wie er es auch mit unserer Tochter gemacht hatte, stellte er fest: „Er ist anders", und überließ ihn mir, denn er kam mit ihm nicht klar. Ich hatte keine Schwierigkeiten. Mein Kind konzentrierte sich jetzt schon ganz auf mich.

Wenn ich ihn morgens gegen zehn Uhr zum Baden vorbereitete und ihn von seinen Windeln befreit hatte, machte er regelmäßig sein großes Geschäft. Das war für mich sehr angenehm, aber es erschien mir sehr ungewöhnlich. Er machte in den ersten Wochen kein einziges großes Geschäft in die Windel.

Unser Wohnwagen stand im Sommer an einem der Altrheinarme bei Ludwigshafen. Mein Mann segelte, und Heike spielte mit weißem Sand und planschte im Wasser. Wir fuhren im Sommer fast jedes Wochenende dorthin. In diesem Winter zogen wir mit unserem Wohnwagen zur Abwechslung mal in den Odenwald. Dirk war zweieinhalb Monate und unsere Tochter gerade zwei Jahre alt geworden. Bei Eis und Schnee verbrachten wir einige Urlaubstage.

Zu Hause legte ich Dirk zum Schlafen ins Kinderzimmer, und da er immer zufrieden war, gab es auch keinen Anlaß, dauernd nach ihm zu sehen. Jetzt, im Wohnwagen, hatten wir beide Kinder Tag und Nacht dicht bei uns. Die uns sonst verborgenen Schlafgewohnheiten erlebten wir nun hautnah. Die Kinder waren zwar durch eine Zwischentür vom übrigen Raum abgetrennt, bis sie einschliefen, blieb jedoch die Zwischentür einen Spalt offen. Unser Baby, das um 22 Uhr zu einer Mahlzeit wach wurde und sich manchmal lautstark meldete, legte ich bis zu dieser Mahlzeit neben mich auf die Bank, damit Heike nicht geweckt wurde. Gegen 20 Uhr wurden mein Mann und ich dann Zeugen von folgendem Verhalten unseres Sohnes:

Dirk begann heftig an seinem Schnuller zu saugen, er verdrehte die halb geöffneten Augen, begann sich zu winden und erregt zu bewegen. Dann spuckte er den Schnuller aus und benahm sich wie in einem Krampf. Es schien aber ein Traum zu sein, denn dieses seltsame Verhalten wiederholte sich an mehreren aufeinanderfolgenden Tagen. Der Arzt schenkte diesem Verhalten keine Beachtung. Ich konnte auch später dieses sonderbare Verhalten nicht mehr feststellen. Vielleicht hing das mit seiner Gelbsucht zusammen, denn am siebten Tag nach seiner Geburt wurde er um 19 Uhr in eine andere Klinik verlegt. Dort hat man ihm gegen 20 Uhr abends die Nadel für den Tropf am Kopf befestigt und die Hände angebunden. Vielleicht hatte er das schon registriert?

Da Dirk sich körperlich sehr gut entwickelte, gab mir der Arzt den Rat, ihn jetzt schon mit Karottenbrei zu füttern. Ich versuchte es, aber Dirk konnte nicht vom Löffel essen. Immer wieder schob er das Essen mit der Zunge aus dem Mund. Nach etlichen entmutigenden Versuchen gab ich auf. Es wurde zur Qual für uns beide. Fortan gab es Brei und Gemüse in der Flasche. Das war einfacher. Erst mit sieben Monaten lernte Dirk, vom Löffel zu essen.

Mein Kind schien sehr zufrieden zu sein, denn es schrie fast nie, auch nicht, wenn es eigentlich Hunger haben mußte. Ich konnte problemlos die 22-Uhr-Mahlzeit auslassen. Er wurde zwar wach, meldete aber keinen Hunger mit Schreien an. Er schlief wieder ein und bis zum anderen Morgen durch. Wenn ich dann an sein Bettchen trat, freute er sich, lachte und strampelte. Er lachte, wenn man ihn ansprach, auch seine Schwester und sein Vater wurden freundlich begrüßt. Bei mir war er schon erregt, wenn ich zur Tür hereinkam. Wahrscheinlich hat er mich am Schritt oder am anderen Verhalten erkannt. Er machte mich mit seinem Lachen glücklich, und ich nahm ihn hoch, ohne daß er mir die Ärmchen entgegenstreckte. Daß er mir seine Ärmchen im ersten Jahr überhaupt nicht entgegenstreckte, ist mir erst sehr viel später aufgefallen. Wenn ich ihn auf dem Arm hatte, sah ich in sein Gesicht, und seine Arme hingen am Körper herunter. Wenn er mich mit seinen Händen berührte, so schien das mehr zufällig zu sein.

Dirk versuchte nicht, nach meinen Haaren zu greifen, wie ich es von meiner Tochter gewohnt war. Er brauchte starke Reize, um reagieren zu können, das zeigen im nachhinein auch die Filmaufnahmen aus dem ersten Lebensjahr. Der Blickkontakt war vorhanden, aber in der weiteren Entwicklung gab es damit Schwierigkeiten. Er sah einen nur einen kurzen Augenblick an und sah dann woanders hin. Bot man ihm ein Spielzeug an, lachte er, griff aber nicht spontan danach. Oft genügte ihm ein kurzer Blick auf das Spielzeug. Es schien ihn nicht zu interessieren. Filmaufnahmen zeigen eine Verzögerung in der Reaktion beim Blick auf den angebotenen Gegenstand. Legte ich Dirk im Bett auf den Bauch, so legte er die Ärmchen neben seinen Körper. Er konnte so seinen Oberkörper nicht hochstemmen, um etwas sehen zu können. Er schien auch nicht neugierig zu sein.

Meine Beobachtungen trieben mich wieder zum Arzt. Der Hospitalismus verfolgte mich.

Hatte der Krankenhausaufenthalt meinem Kind geschadet? Man hatte seine Arme festgebunden. Jetzt wollten seine Hände nicht greifen, seine Arme hingen einfach am Körper herunter. Warum hatte man seine Hände festgebunden, nur wegen der langen Fingernägel? Die hätte man doch abschneiden können!

Der Arzt vertröstete mich mit den Worten: „Was Sie beobachtet haben muß ich ernst nehmen, aber es besteht kein Grund, sich Sorgen zu machen. Eigentlich müßte ich Sie jetzt zur Krankengymnastik schicken, wir wollen aber versuchen, das selbst zu beheben. Beschäftigen Sie sich viel mit ihrem Kind, Spielen ist sehr wichtig für ihn. Ich kenne Sie, und ich denke, Sie schaffen es!" Ich war beruhigt.

Die Vorsorgeuntersuchung, im vierten bis sechsten Monat wurde mit keiner Auffälligkeit im Untersuchungsheft vermerkt. Mein Kinderarzt verunglückte einen Monat später tödlich. Ich mußte mir einen neuen Arzt suchen.

Dirk war sehr oft erkältet. Er hustete ständig und hatte alle paar Wochen Fieber. Die Bronchitis lebte ständig wieder auf. Die Ärzte rieten mir, mit den Kindern viel an die frische Luft zu gehen, auch mit dem fiebernden Kind. Ich solle es nicht zu warm anziehen, dann könne das nichts schaden. Ich befolgte den Rat. Fortan trocknete ich fast alle Wäsche auf der Heizung im Kinderzimmer, um die Luft feucht zu halten, denn entsprechende Wasserbehälter auf der Heizung brachten nicht das notwendige feuchte Klima.

Die Kinder wurden größer und meine Sorgen um Dirk auch. Seine Entwicklung war so schleppend, und niemand wollte mir glauben. Dirk konnte nicht vom Löffel essen, er versuchte nicht, sich umzudrehen, er konnte nicht nach einem Spielzeug greifen; gab man es ihm in die Hand, wurde es nicht beachtet. Er schien nicht neugierig zu sein, legte offensichtlich keinen Wert darauf, auf den Arm genommen zu werden, aber er schien auch nicht unglücklich zu sein. Ich war es aber, weil ich keine Weiterentwicklung feststellen konnte. Ich suchte weitere Ärzte auf. Auch zur Mütterberatung ging ich regelmäßig. Immer wieder wurde ich vertröstet. „Das ist halt ein Spätentwickler, seien Sie doch nicht so ehrgeizig, lassen Sie ihrem Kind doch Zeit, sich zu entwickeln!" Und dann folgten wieder Beispiele von Spätentwicklern. Mein Kind war lieb, spät und anders. Ich war nicht zu beruhigen.

Ich sah mich selbst nicht als ungeduldige Mutter. Ich war beunruhigt, weil Dirk trotz der vielen Mühe, die ich mir gab, sich nur sehr langsam weiterentwickelte. Immer wieder waren es seine Hände, die mir Sorgen machten. Was stimmte mit ihnen nicht? Sie streckten sich mir nicht entgegen. Ich versuchte, viel mit ihm zu spielen. Gegenständen maß er wenig Bedeutung zu, und er ahmte nichts nach. Ich konnte mit meinem Kind erzählen und lachen, es kitzeln und mit ihm schmusen, aber alles, was er anfassen sollte, schien ihn wenig zu interessieren. Er steckte zwar Dinge, die er in der Hand hielt, in den Mund, konnte aber nicht gezielt und klar nach Gegenständen greifen. Er zeigte keinerlei Bedürfnisse. Er schien immer zufrieden zu sein.

Spielerisch übte ich mit ihm, wie man sich umdreht. Neugierige Kinder stellen fest, daß man im Sitzen besser sehen kann und besser an Dinge herankommen kann. Dirk war nicht neugierig und somit auch nicht daran interessiert, sich hochzuziehen. Seine Muskeln waren schwach, und das Sitzen war für ihn problematisch. Wenn man ihn hinsetzte, sackte er in sich zusammen. Er war unfähig, sich hochzuziehen oder sich auch nur festzuhalten.

Dirk war doch schon über sechs Monate alt. Er war ein kräftiges Kind. Er bewegte sich wenig und bekam normale Nahrungsmengen. Er lag im Kinderwagen, ohne jegliches Interesse an seiner Umwelt zu zeigen. Beugte ich mich über ihn, lachte er mich an. Beim Einkaufen wurde ich gefragt, ob mit seinen Beinen etwas nicht stimme. Seine Passivität fiel auch anderen Menschen auf. Nur die Ärzte hielten alles für völlig normal.

Als meine Tochter erst ein paar Wochen alt war, nahm ich sie regelmäßig zum Einkaufen mit in die Stadt. Zur Essenszeit setzte ich mich in ein Café und gab ihr dort die Flasche. Anschließend wickelte ich sie im Kinderwagen. Unser Einkaufsbummel war problemlos.

Nun hatte ich zwei Kinder. Heike saß vorne auf dem Kinderwagen, sie war noch nicht zwei Jahre alt, und wir bummelten im Kaufhaus. Während dieser Zeit lag Dirk sehr unruhig im Kinderwagen und konnte nicht schlafen, schrie aber nicht. Als wir dann wieder zu Hause waren, schrie er stundenlang, ohne daß ich ihn beruhigen konnte. Ich habe daraus geschlossen, daß er die vielen Geräusche und Eindrücke nicht verkraften konnte. Gesehen hatte er nicht viel, denn er lag im Wagen, und vor ihm saß seine Schwester. Auf solche Unternehmungen haben wir dann künftig verzichtet. Daß ein Kind auch mit acht Monaten noch überhaupt keine Anstalten macht, sitzen zu wollen, ist sicherlich ungewöhnlich. Ich konnte Dirk zwar hinsetzen, wenn er gehalten wurde, aber er selbst konnte sich weder festhalten noch seine Lage verändern. Also blieb mir nichts anderes übrig, als ihn weiterhin liegend zu transportieren. Zu Hause fing er jetzt an, sich auf einen Gegenstand hin zu rollen.

Sich umdrehen konnte er jetzt sehr schnell. Daß er sich alleine hinsetzen sollte, diese Notwendigkeit war nur sehr schwer zu vermitteln. Ich wußte nicht, wie ich das machen sollte. Normalerweise sind Kinder neugierig, und man braucht ihnen die normale Entwicklung nicht beizubringen. Sie ziehen sich hoch, sitzen und stehen.

Dirk war weder neugierig, noch wußte er, wie er sich hochziehen sollte. Er faßte ja nur selten etwas an. Die Hände! Ich war eine stolze Mutter, und es ist mir sehr schwergefallen, mit meinem großen, liegenden Kind im Kinderwagen spazierenzugehen. Die Leute sahen in den Wagen und fragten mich, warum der große Junge noch nicht sitzen kann.

Es ist Sommer, und im Sportwagen fällt es nicht so auf. Nach allen Seiten abgesichert und angebunden, saß Dirk im Sportwagen. Er schien zufrieden zu sein und äußerte keine Bedürfnisse. Ich hatte Sorgen wegen des überlasteten Rückens. Wenn man mit ihm sprach, lachte er. Aber die Arme streckte er mir immer noch nicht entgegen. Hatte man ihn auf dem Arm, so hielt er sich nicht fest, versuchte es auch nicht, wenn er drohte, abzukippen. Ich mußte seinen Rücken stützen.

Mit rund sieben Monaten konnte Dirk endlich vom Löffel essen. Gab ich ihm einen Keks in die Hand, so lutschte er ihn auf, obwohl er schon die ersten Zähne hatte. Er versuchte nicht, sein Essen zu kauen. Wir machten ihm Kauen und Abbeißen vor, aber alles Vormachen half nichts. An großen Stücken drohte er zu ersticken. Zu seiner Sicherheit habe ich alles Essen zu Brei verarbeitet. Erst mit drei Jahren sollte er sein erstes Hähnchenfleisch kauen. Aber bis dahin war noch ein weiter Weg.

Dirk war inzwischen elf Monate alt und konnte sich noch nicht alleine hinsetzen oder hochziehen. Die nun folgende Vorsorgeuntersuchung bestätigte endlich Auffälligkeiten, und zwar in der Muskulatur, im Verhalten und in den Fähigkeiten. Ich bat um Krankengymnastik und war froh, denn endlich wurden meine Sorgen ernst genommen. Der Spätentwickler war jetzt wirklich sehr spät dran.

Dirk streckte mir immer noch nicht bewußt und spontan seine Ärmchen entgegen. Mit Spielzeug konnte er nichts anfangen. Hatte er etwas in der Hand, beachtete er es nicht. Er griff nur nach Gegenständen, die er bereits kannte. Neue Dinge beachtete er nicht. Was er in der Hand hatte, hielt er krampfhaft fest, ohne daß er es genau ansah. Wollte man das Spielzeug wechseln, weil man dachte, es interessierte ihn nicht, und gab ihm etwas anderes in die Hand, so öffnete er die Hand, und der Gegenstand fiel auf den Boden. Um das Geräusch kümmerte er sich nicht oder verspätet. Der neue Gegenstand wurde kurz mit den Augen erfaßt, mit der anderen Hand betastet, und schon war er erledigt.

Das war alles so seltsam. Wie soll man mit solch einem Jungen spielen? Wo gab es einen Ansatz? Es machte nichts nach, und es war kein Geben und kein Nehmen. Die sozialen Beziehungen waren schon stark gestört. Vielleicht war das, was ich ihm anbot, zu schwierig oder zu viel für ihn, und er konnte es nicht erfassen und darum nur ablehnen. Es war so schwer; alles, was man probierte, brachte so wenig Resonanz. Es waren keinerlei Bedürfnisse zu erkennen, und wenn man versuchte, welche zu erwecken, so schien das Interesse von nur ganz kurzer Dauer zu sein. Hatte man ihm etwas beigebracht, so mußte ich feststellen, daß er alleine nicht in der Lage war, dieses Spiel weiter zu entwickeln oder zu variieren. Er konnte nichts nachmachen. Das mühsam Erlernte wurde nicht als Weiterentwicklungsmöglichkeit genutzt.

Immer wieder habe ich mich gefragt, wie ich mit meinem Kind spielen kann? Auch ein Spiel mit einem so kleinen Kind hat Spielregeln, ein Geben und Nehmen. Ich konnte ihm etwas geben, was er kaum beachtete. Nahm ich ihm etwas ab, so störte ihn das auch nicht. Er protestierte nicht. Von ihm aus kam keine Resonanz.

Es wurde immer schwerer, ihn zu erreichen. Mit Geräuschen schaffte man es, ihn kurz aufmerksam zu machen und ihn zum Lachen zu bringen. Unsere Filme zeigen, daß wir bereits im ersten Lebensjahr kräftige körperliche Anreize schaffen mußten, um bei ihm eine Reaktion zu erreichen. – Die Hände – immer wieder erwähnte ich bei den Ärzten seine Hände. Sie waren in der Klinik festgebunden. Hatten sie Schaden genommen?

Ich sang mit unseren Kindern viel und nahm Dirk bei jeder Gelegenheit auf den Schoß. Er wehrte sich nicht, zeigte aber auch keine besondere Freude darüber. Ich hatte gemerkt, daß er nicht wie normale Kinder reagieren konnte. Ihn zum Lachen zu bringen, wurde immer schwerer. Auch forderte er uns in keiner Weise. Er war fast ein Jahr alt und noch nicht in der Lage, das Bedürfnis zu äußern, auf den Arm genommen zu werden. Wenn ich Zeit hatte und mich mit Heike beschäftigte, nahm ich ihn auf den Schoß, weil ich inzwischen wußte, daß er selbst das Bedürfnis nicht äußern konnte. Da er noch nicht alleine sitzen konnte, konnte er nur im Wagen liegend oder gestützt auf dem Schoß sitzend an unserer Gesellschaft teilnehmen.

Dirk konnte sich nicht krabbelnd fortbewegen und kannte nur die Perspektive aus der Liegeposition. Seine Entwicklungsmöglichkeiten waren bereits schon stark eingeschränkt. Als junge Mutter mußte ich den Aussagen der Ärzte glauben. Dirk ist ein Spätentwickler, der alle Entwicklungsrückstände aufholen wird, wenn er die entsprechende Reife erreicht hat. Aber wie sollte das geschehen? Ohne fremde Hilfe hatte er einen Rückstand erlitten. Wie und wo sollte ich helfen? Ich wußte ja noch nicht, daß die Ursache für seine eingeschränkte Entwicklungs- und Lernmöglichkeit eine Störung der „Wahrnehmungs- und Sprachverarbeitung" war.

Von Geburt an reagierte Dirk sehr stark auf mein Singen. Ich sang ihm Lieder aus Liederbüchern mit Bildern vor. Beim Singen tippten wir mit den Fingern auf die entsprechenden Bilder. Als die Liederbücher nicht mehr attraktiv waren, besangen wir normale Bilderbücher. Und auch hier zeigte ich z. B. auf die Ente und sang „Alle meine Entchen" und bei einem Fuchs „Fuchs, du hast die Gans gestohlen". Ich habe wohl mehrere Stunden am Tag mit Dirk gesungen. Er schien sich darüber zu freuen.

Was konnte ich sonst mit meinem Kind spielen, wenn Spielzeug nicht interessant war? Papier und Plastik steckte er in den Mund. Andere Menschen im Zimmer ignorierte er. Nachmittags ging ich mit den Kindern auf den Spielplatz, zum Treffpunkt für Mütter mit Kindern. Hier gab es eine Rutsche und einen großen Sandkasten. Während die schon etwas größeren Kinder mit ihren Eimern und Förmchen spielten, lag Dirk auf dem Bauch und ließ den Sand durch seine Hände rieseln. Gab ich ihm einen Löffel in die Hand, so checkte er ihn mit einem Blick und beschäftigte sich weiter damit, daß er den Sand durch seine Hände rieseln ließ. Als er sitzen konnte, änderte sich sein Spielverhalten auch nicht. Er ging nicht auf andere Kinder zu und begehrte auch nicht deren Spielzeug.

Die Wochenenden verbrachten wir auf einem Campingplatz am Altrhein. Dort gab es herrlichen weißen Sand und sauberes Wasser. Dirk liebte Sand und Wasser, konnte aber mit beidem wenig anfangen. Sand ließ er durch die Hände rieseln, wie auf dem Spielplatz, und Wasser wurde mit der geöffneten Hand bewegt. Im ersten Lebensjahr sieht vieles vielleicht nicht so ganz kritisch aus. Erst wenn man feststellt, hier findet schon seit längerer Zeit keine Weiterentwicklung statt, wird das beängstigend.

Dirk war inzwischen elf Monate alt und ein großer kräftiger Junge geworden. Die Krankengymnastik sollte ihn zum freien Sitzen und zum Stehen bringen. Es wurde Bobath-Gymnastik empfohlen. Seine Muskulatur war durch sein ständiges Liegen und passives Verhalten sehr schlaff. Dirk wurde auf einen großen Ball gesetzt, und ohne daß er sich festhalten konnte wurden seine Muskeln und sein Gleichgewicht trainiert. Anfangs machte ihm das großen Spaß und ich konnte deutliche Fortschritte feststellen. Wenn ich ihn jetzt auf dem Arm trug, war seine Haltung kräftiger. Bereits nach wenigen Gymnastikstunden konnte er sich allein hinsetzen und zog sich zum Stehen hoch. Doch leider schien ihm das zu genügen, denn in den folgenden Gymnastikstunden wehrte er sich gegen den Ball und schrie vom Beginn der Stunde an bis zu ihrem Ende. Ein Entwicklungsfortschritt durch die Gymnastik war unübersehbar. Er hatte krabbeln gelernt und konnte sich über die Seite mit den Händen hochstemmen, um so zum Sitzen zu kommen. (Diese Art des sich Hinsetzens hat er über Jahre beibehalten.) Die restlichen Therapiestunden haben wir unter Geschreie und Getobe durchgezogen.

Dirk lernte das Krabbeln, Sitzen und Stehen, alles innerhalb eines Monats. In der Grobmotorik war er ein großes Stück vorangekommen und jetzt ungefähr altersgemäß entwickelt. Nun hoffte ich, daß er sich alleine weiterentwickeln würde, denn ich wollte mein Kind nicht mit Therapien quälen.

Das zweite Lebensjahr

Zur Krankengymnastik fuhren wir mit der Straßenbahn und anschließend mit dem Bus. Wenn ich aus dem Haus ging, wurde Dirk unruhig. Er wußte, was auf ihn zukommt und daß gleich etwas von ihm verlangt würde, was er nicht wollte. Er fing bereits an zu schreien, wenn ich das Haus verließ und in Richtung Straßenbahnhaltestelle ging. Mit Singen konnte ich ihn beruhigen, also sang ich auf dem Weg zur Straßenbahn. In der Straßenbahn nahm ich ihn dann aus dem Kinderwagen und setzte ihn auf meinen Schoß. Leise sang ich Kinderlieder.

Von Therapiestunde zu Therapiestunde wurde es schwerer, mit ihm das Haus zu verlassen. Wenn ich mit den Kindern das Haus verließ, so führte der Weg nicht nur zur Therapie. Ich mußte auch einkaufen. Aber das wußte Dirk nicht, und ich wußte auch nicht, wie ich ihm die Angst nehmen könnte. In der Mittagszeit, wenn die Kinder schliefen, hatten die meisten Geschäfte geschlossen. Also mußte er ständig mitkommen, und ich wußte, daß es für ihn problematisch war. In die Stadt fahren, um Kleidung zu kaufen, wurde immer schwieriger. Dirk weinte zwar jetzt nicht mehr, er saß jetzt apathisch im Kinderwagen und reagierte auf nichts. Seine Schwester sprang munter nebenher, erzählte und lachte mit mir. Von alledem war er ausgeschlossen, und das merkte er wohl. Was konnte ich machen? Ich hatte zwei Kinder, einen Mann und einen Haushalt zu versorgen. Dirk reagierte weder auf Sprache noch auf Gegenstände, nur auf Ortswechsel, und hier mit Protest.

Meine Tochter ging jetzt in den Kindergarten. Sie war gerade drei Jahre alt und langweilte sich zu Hause. Ich hatte mehr Zeit für unseren Sohn, aber wie konnte ich sie nützlich für ihn einsetzen? Er konnte jetzt krabbeln und sich an Gegenständen hochziehen. Ich entfernte zwei Stäbe aus seinem Gitterbett. So konnte Dirk selbst bestimmen, wann er das Bett verlassen oder sich hinlegen wollte. Ich mußte zusehen, wie mein Kind immer ernster wurde. Ihn zum Lachen zu bringen, wurde immer schwerer. Er faßte nur Gegenstände an, die er bereits kannte. Waren andere Kinder im Kinderzimmer, interessierten sie ihn nicht. Er legte sich ins Bett, lachte die Decke an oder setzte sich in eine Zimmerecke und spielte mit einem Gegenstand, ohne sich stören zu lassen. Sprache entwickelte er nicht, er blieb stumm. Rief man ihn bei seinem Namen, reagierte er nicht. Passierte direkt vor oder hinter ihm etwas, reagierte er mit keiner Phaser seines Körpers. Für andere schien er taub zu sein. Ich wußte, daß er gut hören konnte, denn das Besingen der Bilderbücher war so ziemlich das einzige, womit man ihn locken konnte und wodurch er ruhig und manchmal auch angeregt auf meinem Schoß saß. Dann begann er sich damit zu beschäftigten, daß er eine gerade Strecke hin- und herkrabbelte. Wollte man ihn davon abbringen, weil er doch schon über eine Stunde damit beschäftigt war, und sprach ihn an, ging er ins Bett. Dort lag er dann und starrte mit leerem Blick zur Decke oder fixierte irgend einen Punkt im Raum. Faßte man ihn an, wehrte er sich. Seine Schwester durfte ihn nicht mehr berühren, sonst schrie er. Mein Mann begeisterte ihn mit Geräuschen, er hatte noch begrenzt Zugang zu ihm. Manchmal lachte er plötzlich laut auf. Wahrscheinlich hatte er ein Geräusch gehört, was ihn amüsierte. Er lag auf dem Boden, wippte mit dem Löffel. Ohne eine Geräuschquelle mit den Augen zu suchen, spielte er stereotyp weiter.

Da ich nun am Vormittag mit ihm alleine war, versuchte ich, ihn immer wieder aus dem Bett zu locken, was mir aber nur mit Besingen der Bilderbücher gelang.

Meine Tochter spielte gerne mit Autos, und ich dachte, vielleicht gelingt es mir, ihn hiermit zu reizen. Ich zeigte ihm, daß das Auto rollen kann. Nach einigem Zögern nahm er das Auto in die Hand, legte es auf das Dach und versuchte mit der offenen Hand das Auto so anzustoßen, daß es sich dreht. Es gelang ihm. Ein neues Spiel war geboren. Dinge in Drehbewegung zu setzen, versuchte er jetzt mit diversen Materialien. Auch stellte er fest: Wenn man Gegenstände mit dem Zeigefinger runterdrückt, klappern sie. Wir hatten niedrige Anbaumöbel, und auf dem Schrank lag fast immer ein Spielzeug von unserer Tochter. Sie liebte Plastiktiere. Diese Tiere konnte man auch drehen. Alles wurde in Drehbewegung versetzt. Ging man auf ihn zu, um ihm eine Variante anzubieten und sprach ihn an, ließ er das Spielzeug liegen, wendete sich ab und ging ins Bett. Endlich konnte er selbst entscheiden, wann er sich zurückziehen wollte. Saß er auf meinem Schoß, war das schwieriger. Sprach man ihn zu fordernd an, wollte er runter und verschwand. Jetzt konnte er sich krabbelnd den ihm lästigen Situationen entziehen. Nur noch selten spielte er in meiner Nähe. Seine Autos, die er ständig drehte, begann er zu verteidigen. Sie gehörten seiner Schwester, die auch damit spielen wollte. Sie gab die Autos an ihn ab. Hatte meine Tochter Besuch, und sie bauten im Kinderzimmer etwas auf, beachtete Dirk die Kinder zunächst nicht. Er hatte aber inzwischen einen klaren Blick für Gegenstände, die man drehen konnte, entwickelt. Hatte er im Spiel der Kinder einen solchen Gegenstand entdeckt, war er nicht mehr zu halten. Er mußte diesen Gegenstand unbedingt haben, und bei dem Kampf wurde leider meistens das Spiel der anderen zerstört. Von jetzt an gab es ständig Ärger im Kinderzimmer. Das Kind, das die meiste Zeit des Tages total passiv war, zeigte Bedürfnisse. Aber was waren das für Bedürfnisse?

Da er inzwischen eine panische Angst vor öffentlichen Verkehrsmitteln entwickelt hatte, kaufte ich ihm einen kleinen Matchbox-Bus, einen Londoner. Dieser Bus durfte auch nicht rollen, er wurde wie die anderen Gegenstände auf dem Dach oder auf der Seite liegend nur gedreht. Er wurde sein Lieblingsspielzeug, was er ständig in der Hand hielt.

War der Bus mal nicht griffbereit, geriet er in Panik. Der Bus mußte gesucht werden, sonst bekam die Familie keine Ruhe mehr. In solchen Paniksituationen fing er an, mit dem Kopf auf den Boden zu schlagen. Der Bus wurde sein ständiger Begleiter. Er wurde im Sandkasten gedreht, auf der Straße, auf dem Schrank, einfach überall. Wenn der Bus im Sandkasten verlorenging, mußte so lange gesucht werden, bis er wieder da war. Diesen Strapazen war das Material auf Dauer nicht gewachsen. Der Bus zerbrach in zwei Teile. Wieder war die Not groß. Er wurde geklebt, war aber nun nicht mehr derselbe. Es war ein harter Kampf, bis er diesen veränderten Bus annahm. Ein neuer Bus wurde auch nur nach einem nervenaufreibenden Kampf akzeptiert.

Diesem inzwischen großen Jungen wollte ich die Flasche abgewöhnen. Vom Löffel zu essen, klappte inzwischen gut. Beißen und kauen konnte er aber noch nicht. Da half kein Vormachen und Erklären. Auf Sprache reagierte er inzwischen mit Wegkrabbeln. Nur Geräusche, die man mit dem Mund machte, faszinierten ihn. Er weigerte sich, die Tasse anzufassen. Er saß vor der Tasse, streckte seine Hände nach ihr aus, zögerte, zog die Hände zurück, um sie wieder danach auszustrecken; dann begann er zu schreien. Er konnte sich nicht überwinden, die Tasse anzufassen. Da war es wieder: die Hände. Hatte er schon nicht nach seiner Flasche gegriffen, und ich kann mich nicht erinnern, daß er sie sich einmal selbst geholt hat, so war er auch jetzt nicht in der Lage, die Tasse anzufassen. Wir wußten inzwischen, daß sein Verhalten kein Unwille, sondern Unvermögen war.

Es war uns ja seit langem klar, daß irgend etwas mit dem Kind nicht stimmte. Aber was war das?

Wir legten seine Hände um die Tasse und halfen ihm. Er war durstig und ließ es sich gefallen. Er trank nur, wenn wir ihm halfen oder die Tasse hielten. Er selbst konnte sich über Jahre nur schwer und auch nicht immer überwinden, die Tasse alleine hochzuheben, um trinken zu können. Trotz dieser Schwierigkeiten habe ich die Flasche verschwinden lassen. Er war inzwischen eineinhalb Jahre alt, und Trinken aus der Tasse mußte er lernen.

Das Essen war auch ein Problem. Brot wurde im Mund mit Speichel aufgeweicht, und anderes Essen wurde wie Brei geschluckt. Kauen konnte er nicht. Nachdem er ein paarmal fürchterlich würgen mußte, weil er große Stücke runterschlucken wollte, gab ich auf. Bonbons lernte er sehr früh zu kauen, doch erst mit drei Jahren konnte er Hähnchenfleisch mit den Zähnen zerkleinern.

Waren wir am Wochenende im Wohnwagen am Altrhein, beschäftigte er sich mit Wasser und Sand, wie seit langer Zeit. Er lernte, Steine ins Wasser zu werfen und hatte daran viel Spaß.

Immer wieder gingen wir auf ihn zu. Er lernte nichts alleine, das war uns inzwischen klargeworden. Mal hatten wir Glück, daß wir Zugang zu ihm fanden, mal lief er fort. Ansprache lehnte er ab. Erschreckt stellten wir fest, daß er auch nicht „ein Wort" verstand. Er kannte weder seinen Namen, noch wußte er, wer mit Mama oder Papa gemeint war. Durch das Besingen der Bilderbücher kannte er die Namen einiger Tiere.

Eines Abends hörte ich sein Bett rhythmisch knarren. Als ich nach ihm sah, mußte ich mit ansehen, wie mein Kind im Krabbelstand anfing zu schaukeln. Der „Hospitalismus" schoß es wie der Blitz durch meinen Kopf. Sein passives Verhalten, jetzt das Schaukeln!

Ich nahm mein Kind auf den Arm und sprach ruhig auf es ein. Ich sang ihm ein paar Lieder vor und legte Dirk wieder in sein Bett. Während ich über seinen Kopf streichelte, sang ich ihm weitere Kinderlieder vor, bis er einschlief. Am nächsten Tag hörte ich wieder das Geräusch. Ich ging wieder zu ihm und sagte ihm unter Tränen, daß er das doch bitte nicht machen solle. Wieder nahm ich ihn auf den Arm, streichelte ihn und sang, bis er einschlief. Unsere Tochter schlief im selben Zimmer tief und fest. Sie hat von alledem nichts mitbekommen. Über eine Woche lang forderte er jeden Abend mit seinem Schaukeln meine Aufmerksamkeit. Er hat dann nie wieder geschaukelt.

Ich konnte so wenig mit meinem Kind gemeinsam machen und war der Meinung, wenn es mich abends braucht, so will ich Zeit haben. So habe ich es über lange Zeit abends in den Schlaf gesungen und gestreichelt. Dieses Streicheln schien es in diesem Zusammenhang zu genießen.

Irgendwann habe ich aufgehört, Dirk in den Schlaf zu singen, und dann, eines Abends, trauten wir unseren Ohren nicht. Dirk lag in seinem Bett und begann Melodien von Liedern zu summen, die ich ihm vorgesungen hatte. Eine Melodie nach der anderen, auch mit mehreren Strophen. Dieses Konzert dauerte bis zu eineinhalb Stunden und wiederholte sich Abend für Abend. In meinen Aufzeichnungen steht, daß er mit eineinhalb Jahren bis zu 50 verschiedene Melodien gesummt hat.

Jetzt war ich motiviert, ihm weitere Lieder vorzusingen. Ich kaufte Liederbücher und Schallplatten, um neue Lieder zu lernen. Ich sang fast den ganzen Tag. Was sollte ich auch sonst mit ihm anfangen? Eine bittere Frage.

Dirk konnte sich in seinem Bett zum Stehen hochziehen, aber nicht wieder hinsetzen. Ich mußte mit ihm üben, daß er sich, wenn er die Hände öffnet und das Bett losläßt, auf den Po setzen kann. Das Üben hat ihm Spaß gemacht. Wenn wir etwas üben wollten, mußten wir das mit Geräuschen verbinden. Auf Sprache reagierte er negativ. Geräusche konnte er nicht genug bekommen. Dann lachte er herzhaft. Und so wurde alles, was er lernen sollte, mit Geräuschen aus dem Mund begleitet. Er guckte einen dabei aber nicht an. Er lernte schnell, aber ich mußte jedesmal mit viel Fantasie auf ihn einwirken. Es war nicht immer leicht, die notwendige positive Motivation aufzubringen. Den ganzen Tag über hatte ich ein total passives, mich ablehnendes Kind um mich. Sich jeden Tag etwas einfallen zu lassen, von dem man nicht weiß, ob es angenommen wird, ist sehr schwer. Heute glaube ich, daß das Kind die aufgezwungene Motivation wahrnehmen kann und dann entsprechend reagiert. War Dirk traurig oder brauchte Hilfe, so war er nicht in der Lage, sich so zu äußern, daß er verstanden wurde. Er konnte auf seine eigenen Bedürfnisse nur durch Schreien oder Passivität aufmerksam machen. Dieses Schreien richtig deuten zu können, war mir sicherlich nur selten möglich.

Ich konnte mit meinem Kind nicht reden, ich konnte mit ihm nicht spielen, Spazierengehen interessierte ihn nicht, die Schwester durfte ihn nicht anfassen, durch andere Menschen sah er hindurch, ich konnte nicht mit ihm in die Stadt fahren, nicht einkaufen, und vieles andere war auch nicht möglich. Ich liebte meine Kinder und war verzweifelt.

Dirk konnte sich zwar zum Stehen hochziehen und an den Wänden entlanglaufen, aber frei zu laufen, traute er sich nicht. Sein Entwicklungsrückstand war inzwischen groß. Seit sieben Monaten krabbelte er. Mit dem Bauch stützte er sich ab, um mit den Händen Gegenstände in Drehbewegung zu setzen. Bücher zu besingen, war das einzige, was ihm sichtlich Freude zu machen schien. Wenn wir die Tiere besangen, tippten wir mit dem Finger darauf. Er machte die Bücher nicht kaputt, weil sie ihn nur beim Besingen interessierten. Er saß auf meinem Schoß, ich konnte mit ihm schmusen, und es schien nur mir Vergnügen zu bereiten. Er ließ alles über sich ergehen. Er brauchte sehr wenig Schlaf, und oft lag er nachts stundenlang wach.

Wir gingen wieder zur Krankengymnastik, weil die Entwicklung stagnierte. Ich erzählte der Krankengymnastin meine Sorgen und weinte, weil ich einfach nicht mehr wußte, was ich machen sollte. Die Ärzte vertrösteten mich, erzählten mir immer neue tolle Geschichten von Spätentwicklern, doch das war weder Hilfe noch Trost. Die Krankengymnastin schien mich zu verstehen. Sie war der erste Mensch, der meine Sorgen ernstnahm. Sie wollte aber nicht sagen, welche Vermutung sie hatte. Auch auf mein beharrliches Drängen sprach sie ihre Vermutung nicht aus. Ich sprach sie immer wieder an. Schließlich empfahl sie mir, mich an die Klinik in Ludwigshafen zu wenden, an die „Stimm- und Sprachambulanz". Dirk konnte weder sprechen, noch verstand er nur ein Wort, doch das war mir zu dem Zeitpunkt noch nicht bewußt.

Noch am selben Tag rief ich in der Klinik in Ludwigshafen an und schilderte meine Sorgen und Beobachtungen. Ich bekam sehr schnell einen Vorstellungstermin. Jetzt war ich an eine Ärztin geraten, die nicht mehr vom Spätentwickler sprach und die mich auch nicht mehr beruhigte. Sie sprach zwar ruhig auf mich ein, aber was und wie sie es sagte, war für mich beängstigend. Sie beobachtete Dirk, der ruhig auf meinem Schoß saß. Sie versuchte, mir sein Problem zu erklären. Sie nannte den Begriff „Frühkindlichen Autismus" und versuchte, mir klarzumachen, was damit gemeint ist. Ich hatte das Wort „Autismus" nie vorher gehört. Eine Behandlung solle im Alter von vier Jahren beginnen, da sie vorher angeblich zwecklos sei. Ich war entsetzt, ich brauchte jetzt Hilfe und nicht erst in zwei Jahren. So lange wollte ich nicht warten. Ich bat um sofortige Therapie, die man mir nur ungern zugestand, aber trotzdem zusagte. Die untersuchende Ärztin schrieb an meine Kinderärztin den folgenden Brief.

Drei Jahre später bat ich die Städtischen Krankenanstalten Ludwigshafen, mir weitere Informationen über die damalige Untersuchung zu schicken. Die Städtischen Kliniken in Mannheim, die ich ebenfalls anschrieb, haben sich nicht gemeldet. Auch ein erneuter Versuch im vergangenen Monat blieb erfolglos.

Weitere Untersuchungen wie EEG und Röntgen des Schädels blieben ohne nachweisbaren Befund.

Dirk lernte mit 20 Monaten das Laufen. Jetzt krabbelte er nicht mehr hin und her, jetzt lief er hin und her. Wollte man das Laufen unterbrechen und legte ihm etwas in den Weg, umging er den Gegenstand geschickt, setzte sein Laufen aber ungehindert fort. Die meiste Zeit des Tages aber verbrachte er im Bett. Wenn man ihn ansprach, konnte man sicher sein, daß er für die nächste Stunde im Bett verschwand. Selbst zum Essen hatte man Schwierigkeiten, ihn aus dem Bett zu holen.

Fremde Menschen in der Wohnung begannen ihn zu stören. Er brachte ihnen den Mantel und zog und zerrte so lange an ihnen herum, bis sie aufstanden. Dann zerrte er sie zur Tür, öffnete die Tür, schob sie hinaus und schloß die Tür wieder. Ein glatter Rausschmiß. Das war sehr peinlich, und so konnte es nicht weitergehen. Ein Gegensteuern bewirkte, daß er noch mehr Zeit im Bett verbrachte.

Er hatte inzwischen eine Vorliebe für glatte Stoffe und Plastik entwickelt. Er konnte stundenlang diese Materialien befühlen. Mit der Fähigkeit des Laufens war er flexibler geworden. Er lief jetzt auf fremde Menschen zu, um ihre Plastiktüten oder Mäntel anzufassen. Konnte er sein Vorhaben nicht durchsetzen, weil ich ihn festhielt, wurde er wütend und schlug mit dem Kopf auf den Boden. Diese Kämpfe konnten sehr lange dauern. Ich entschloß mich dazu, ihm zu helfen, indem ich die fremden Menschen fragte, ob mein Sohn mal ihre Tasche anfassen dürfe. Er war ja noch so klein, und man zeigte bereitwillig Verständnis.

Da Dirk die meiste Zeit des Tages im Bett verbrachte, schien die Entwicklung wieder stillzustehen. Ich konnte in Ruhe meine Hausarbeit verrichten. Einkaufen war problematischer. Dirk lief gerne, und da ich bei Ärzten nichts Neues mehr erfahren konnte, mied ich Ärzte und verschaffte mir ein wenig mehr Ruhe. Zwei Jahre lang haben Ärzte mein Kind organisch untersucht, getestet und sind zu keinem förderlichen Ergebnis gekommen. Ich hatte resigniert, ich wollte keinen Arzt mehr sehen. Dirk weigerte sich, in fremde Häuser zu gehen. Er konnte stundenlang vor der Haustür auf dem Boden liegend schreien und mit dem Kopf aufschlagen.

Dirks schwieriges Verhalten veranlaßte uns nur selten, unseren Lebensstil zu ändern. Wir fuhren weiterhin an den Wochenenden in den Wohnwagen und im Urlaub zum Ammersee oder, wie in diesem Jahr, nach Fehmarn.

Als ich mir jetzt den Film von unserem Fehmarn-Urlaub ansah, wurde mir schmerzlich bewußt, wie es in meinem Kind ausgesehen haben mag. Dirk lachte nicht mehr, reagierte nicht auf Geräusche direkt neben sich, er ließ Sand rieseln und lief auf Ansprache weg. Spielzeuge beachtete er nicht. Durch Menschen sah er hindurch.

Was hatten zwei Jahre Wahrnehmungsverarbeitungsstörung aus einem einst meistens so fröhlichen Menschen gemacht? Ein stummes, in sich gekehrtes, menschenscheues, nichts verstehendes, stereotyp spielendes, ängstliches, auf zwei Beinen davonlaufendes Wesen.

So konnte es nicht weitergehen, das stand für mich fest. Er konnte nichts nachmachen, aber er konnte lernen; das hatte ich inzwischen festgestellt. Die Untersuchung in der Ludwigshafener Klinik hatten uns schmerzlich klar bewiesen, daß er auch nicht „ein Wort" verstand oder zuordnen konnte. Er sollte es lernen. Ihm das beizubringen, dazu war ich entschlossen. Ich sagte mir, das Jahr hat 365 Tage, und jeden Tag ein Wort in seiner Bedeutung zu lernen, würde ergeben, daß er im Jahr 365 Wörter lernt. Mit einem Erfolg von 20 Prozent wäre ich auch schon zufrieden gewesen. Mein Ziel stand fest, nur das „Wie mach ich das" war mein Problem.

Die Therapiestunden in Ludwigshafen liefen an. Ich wurde angewiesen, Pappkarten von etwa zwölf mal zwölf Zentimeter Größe paarweise mit unterschiedlichen Materialien zu bekleben. Es sollten sechs verschiedene Oberflächen sein, beispielsweise Fell, Plastik Schmirgelpapier, Stoff, Papier, rauh oder glatt. Ein Sortiment Karten war für mein Kind bestimmt, das andere für mich. Jetzt sollte Dirk die Karten auslegen, die Oberfläche befühlen und benennen lernen. Dirk war zwei Jahre alt, und er hat mit den inzwischen ausgeprägten Verhaltensstörungen überhaupt nicht daran gedacht, auch nur die Karten anzufassen. Er hatte schon Schwierigkeiten mit den Händen, und hier war er hoffnungslos irritiert und verängstigt. Ich hatte schon so vieles ausprobiert, aber bisher mit sehr wenig Erfolg. Etwas Fremdes anzufassen, kostete Dirk Überwindung. Auf Anforderung etwas zu tun, dem konnte er nicht nachkommen. Er verstand weder Sprache, noch konnte er sie zuordnen oder etwas nachmachen. Er wehrte sich gegen alles. Er lag unter dem Tisch, schrie und schlug mit dem Kopf auf den Boden. Er war nicht zu bewegen, auch nur ein Stück mitzumachen. Ich mußte einsehen, daß die Ärzte recht hatten, eine Therapie war noch zu früh. Nach vier Therapiestunden gab ich auf. Wie sollte es nun weitergehen?

Weil man mir helfen wollte, in der Therapie aber keine Möglichkeit sah und mir der Begriff „Autismus" nichts sagte, empfahl man mir das Buch von Lorna Wing: „Frühkindlicher Autismus".

Als ich das Buch las, fand ich eigene Beobachtungen beschrieben. Es war ein Buch, in dem ich teilweise meinen Sohn wiedererkannte. Ich las es nicht nur, ich arbeitete es durch. Was mit meinem Kind übereinstimmte und was nicht, schrieb ich heraus.

Wenn ich die Liste heute lese, stimmt sie nicht mehr mit meiner Erinnerung überein. Ich muß sie daher so nehmen, wie ich sie vor 17 Jahren aufgestellt habe. Es ist auch unmöglich, daß man Einzelheiten einer Entwicklung über 19 Jahre zuverlässig speichern kann. Hätte ich nicht die vielen Aufzeichnungen aus den vergangen Jahren, könnte ich das alles nicht schreiben. In der Erinnerung sieht vieles ganz anders aus. Die vielen Entwicklungsstörungen und autistischen Verhaltensweisen, sie haben sich manchmal aus nur einem Anlaß heraus entwickelt. Sie haben uns jedoch das Leben über Jahre schwergemacht.

Unser Kind wollte mit dem Kopfschlagen „durch die Wand" und ich oft mit meiner mir heute unverständlichen „Konsequenz" ebenfalls .Wir haben uns das Leben unnötig schwergemacht, ohne etwas zu erreichen. Ich mußte erkennen, daß nur ein fröhlicher, motivierter Mensch lernen und sich somit weiterentwickeln kann.

Wir sind es, die lernen müssen, tolerant zu sein. Wo das Kind nicht weiterweiß, müssen wir alternative Lernmethoden entwickeln. Das Kind hat uns mit seinen Verhaltensstörungen zu verstehen gegeben, daß es mit der angewandten Lernmethode nicht klarkommt. Anerkennung der eigenen Andersartigkeit, angenommen und geliebt zu werden, sind Grundvoraussetzungen für produktives Lernen.

Wer ist schon gern ein „Fremder unter uns"? Menschen mit speziellen Wahrnehmungsverarbeitungsstörungen haben keine Möglichkeit, sich unter normalen Umständen zu entwickeln. Sie müssen sich „autistisch" verhalten. Und dieses Verhalten wird meistens als Störung angesehen. Die Therapie sollte sich nicht nur auf die störenden Auffälligkeiten, sondern auf die Ursachen der Störung konzentrieren. Die Ursache zu erkennen, ist oft nicht einfach.

Mein Wunsch und mein Anliegen ist, die Probleme, die diese Menschengruppe zum Schweigen verurteilt, sichtbar zu machen. Ich hoffe, es wird mir gelingen, daß Eltern nicht erst wach werden, wenn ihr Kind bereits vier oder fünf Jahre alt ist und Ärzte endlich die Sorgen der Eltern ernstnehmen.

Städtische Krankenanstalten Ludwigshafen am Rhein
11.11.1976
DA Dr. St.Fr

Frau Fachärztin Dr. med. St.

Sehr geehrte Kollegin!

Besten Dank für die freundliche Überweisung des Jungen Dirk, geb. 25.10.1974. Erstvorstellung am 31.8.1976 im Alter von 1,10 J.

Spezielle Anamnese:
Als Säugling normales Lallen, später bis heute nur selten Fantasiesilben oder Mama und Papa ohne Sinnbezug. Macht sich durch Zeigen verständlich, ahmt nichts nach. Versteht die Mutter nicht, befolgt kleine Aufforderungen nicht, reagiert auch nicht auf die Gespräche anderer; lediglich wenn die Mutter ihn auf dem Arm hat, reagiert er auf Ansprechen in seiner Sprache. Den besten Kontakt hat die Mutter zum Kind über Singen, singt täglich etwa vier Stunden mit dem Kind, Kind kann fast 20 verschiedene Melodien.
Hören: sei unauffällig, reagiert auf Musik in normaler Lautstärke, Türklingel und Telefon (auf die letzteren etwas ängstlich).
Verhalten: sei im ganzen zurück, sehr ruhig, Interesse beschränkt auf Dinge, die sich bewegen, am intensivsten beschäftigt mit kleinen Dingen (z. B. kleine Dragees), die er stundenlang hin und her bewegt; läßt stundenlang Löffel wippen; Spiel mit Autos beschränkt auf das ständige Drehen der Räder; sonst noch Ballkullern oder Schwimmtiere im Wasser hin und her bewegen; Plüschtiere oder Puppen werden abgelehnt. Sei manuell ungeschickt, greift nicht richtig zu, ist nicht bereit, etwas anzufassen (nimmt auch keinen Löffel in die Hand).
Essen: kaut kaum, lutscht nur alles, wird von der Mutter stets gefüttert.
Sprachstatus: Der Junge wirkt nicht auffällig retardiert, aber sehr auffällig in seinem Verhalten: sehr ruhige, bedächtige Art, bleibt während der Anamneseerhebung auf dem Schoß der Mutter, spielt auf dem Tisch mit kleinen Dragees, die er immer wieder in Drehbewegungen setzt, dabei sehr ruhig und friedlich. Bleibt nach der Erhebung des Sprachstatus alleine auf dem Stuhl am Tisch, nur interessiert daran, alle Formen, Dosen und Deckel in Drehbewegungen zu versetzen, die er aufmerksam verfolgt, lediglich zuletzt einmal Hin- und Herschieben von kleinen Wagen. Sieht beim Stehen zwischendurch für einige Sekunden mit in die Ferne gerichtetem Blick zur Decke (= besonders auffällig).
Bei Erhebung des Sprachstatus nur vereinzelt unter Hautkontakt Kontakt zum Untersucher herstellbar, lacht dabei. Sortiert Klötze und Figuren nicht ein, sondern setzt sie nur in Drehbewegungen. Keine Handlungssimitation, ist stets überwiegend mit sich und dem Zugucken bei Bewegungen beschäftigt, an sonstigen Spielhandlungen nicht interessiert. Akustische Aufmerksamkeit schlecht, optische Aufmerksamkeit bei Fremdbeeinflußung gering. Spontansprechen 0, lediglich vereinzelte Silben ohne Sinnbezug. Nachsprechen 0. Wortschatz aktiv 0, passiv minimal.

Hörprüfung (auf Kinderautiometrie im Schallfeld): Reaktionen auf Musik bei 45–50 dB, auf Schmalbandgeräusche in den unteren Frequenzen um 35, den höheren Frequenzen um 60 dB = geringfügig unter der Altersnorm.

Diagnose: Fehlende Sprachentwicklung, fehlendes Sprachverständnis bei weitgehend normalem Hörvermögen. Das ganze von der Mutter geschilderte und hier zum Teil auch beobachtete Verhalten läßt am ehesten an einen frühkindlichen Autismus denken.

Therapie: Wir haben das Kind vorgemerkt zur Frühsprachbehandlung einmal pro Monat und die Mutter für die Zwischenzeit beraten.

Mit kollegialen Grüßen
gez. Oberärztin

***

Das autistische Kind – Lorna Wing
(aufgeschrieben, als Dirk etwa zwei Jahre und fünf Monate alt war)

Übereinstimmend:
1. Nichts in den Mund gesteckt
2. Eßschwierigkeiten
3. Wenig aktives Interesse an Umwelt
4. Ruhig, zufrieden und ohne Wünsche (als Baby)
5. Arme nach Mutter erst sehr spät ausgestreckt
6. Desinteressiert an Dingen, die andere Babys interessieren
7. Bei Spaziergang (im Wagen) uninteressiert an Leuten und Tieren. Nur wenn Leute am Wagen stehenblieben, sprach er sie an.
8. Spät gekrabbelt und gelaufen (13 Monate und 20 Monate)
9. Lag nichts am Sitzen
10. Reagierte nur auf ihm bekannte Geräusche
11. Bis zwei Jahre kein Sprachverständnis
12. Helle Lichter waren ihm unangenehm
13. Schaute vorwiegend auf Dinge, die sich bewegten
14. Schneller Umgebungswechsel bringt Panikstimmung
15. Ergreift helfende Hand und zieht einen mit sich; zeigt, indem er den Zeigefinger des Partners ergreift und mit ihm auf gewünschten Gegenstand zeigt
16. Liebt das Befühlen von Plastik und glatten Stoffen sehr
17. Sehr kaufaul beim Mittagessen – Nüsse und Bonbons werden gekaut
18. Zieht sich oft zurück, wenn Fremde in anfassen
19. Hält sich nicht fest, wenn er irgendwo draufsitzt
20. Wenn er etwas haben möchte, ergreift er den Handrücken des Partners
21. Faßt Plastiktüten fremder Personen an, ohne ihnen ins Gesicht zu sehen
22. Kann nicht spielen
23. Matschte stundenlang mit Wasser oder Matsch
24. Liebt Musik über alles
25. Liebt Buchstaben und zählen
26. Braucht relativ wenig Schlaf – ist immer vergnügt
27. Oft unergründliche Angst, die Panikstimmung verursacht

Gegenteilig:
1. Sieht auch fremden Personen in die Augen
2. Seit einem halben Jahr Sprechversuche ohne Schwierigkeiten, Lust am Sprechen wie normales Kind, Freude an der Sprache
3. Wiederholung der Worte sind von großer Bedeutung
4. Sprachentwicklung bisher völlig normal
5. Kontrolle der Stimme
6. Sehr frühes Interesse und auch Verständnis an Bilderbüchern
7. Begrüßung der Familienmitglieder sehr stürmisch und erfreut
8. Sehr schmerzempfindlich bei Anstoßen oder Verletzungen – aua – da
9. Nicht ungelenk, wohl aber graziös
10. Nichts Auffallendes an Bewegungen

11. Kann auf einem Bein stehen; macht ihm viel Spaß
12. Ist nicht gerne alleine; Türen müssen immer offen sein
13. Kummer anderer ist eigener Kummer
14. Körperlich normal entwickelt und gewachsen
15. Sein Verhalten ist vorhersehbar
16. Schimpfen ist sehr verletzend für ihn, er ist kaum mit Worten zu beruhigen
17. Schneidet keine Grimassen – nur im gemeinsamen Spiel
18. Geht Treppe alleine rauf und runter, sogar im Wechselschritt
19. Kann Schmerz lokalisieren
20. Macht Eßversuche alleine
21. Wortverbindungen: Papa – da, Mama – da
    i –bah, ei – kochen, hm – lecker, Kartoffel – kochen, Apfel – hm – lecker aa – bah, Fahne – Papier
    kennt Farbe gelb genau
    Schriftbild der Buchstaben Ee, A, H, G, O, U, S, B und 1, 8, 9
22. Läuft und rennt sehr gerne
23. Kann gut Ball werfen

Städtische Krankenanstalten Ludwigshafen am Rhein 20.8.1979
DA Dr. Stad/Fis

Sehr geehrte Frau x,

zunächst bitte ich, die verspätete Beantwortung zu entschuldigen.
Anbei eine Fotokopie des Arztbriefes von der Erstuntersuchung Ihres Sohnes Dirk,
am 31.8.1976 im Alter von 1,10 Jahren sowie die Erarbeitung der Symptome, die
für oder gegen die Annahme eines Autismus sprechen, vom 12.4.1977 im Alter von
2,5 Jahren.
Zur Frühsprachbehandlung waren Sie insgesamt viermal bei uns. Bei der ersten Behandlung am 24.11.1976 gaben Sie an, daß der Junge sich im Urlaub total geändert
hätte: er spräche spontan sechs Wörter, verlange von Ihnen die Benennung von Dingen und Bildern, spiele sinnvoll mit Autos, sehe Bilderbücher an und male. Das Interesse für runde Dinge sei völlig weg, ebenso das Löffelwippen und das Drehen von
Dragees, auch keine Aktionen beim Einschlafen mehr.
Die Behandlung wurde auf Ihren Wunsch erst im März 1977 fortgesetzt. Im Vordergrund stand jetzt Dirks massive Angst: Er trinkt z. B. nicht aus seiner Tasse, da er
sich nicht traut, diese in die Hand zu nehmen (muß speziell geübt werden), fürchtete
sich vor Geräuschen und akzeptierte nur leise melodiöse Geräusche (so daß die Ge-
räuschübungen mit Zuordnen nicht durchgeführt werden konnten). Weitere Angaben
Ihrerseits: Dirk muß zwanghaft über alles glatte Plastik streichen, hat Interesse für
Formales (kennt schon die Buchstaben D-A-O-E und sucht diese aus dem Text heraus). Löffelwippen und -drehen von kleinen Dingen bestehen weiter, werden aber
weniger gemacht. Bei der dritten Behandlung am 12.4.1977 wurden die oben erwähnten Symptome zusammengestellt. Bei der vierten Behandlung am 26.4.1977 wurde
der weitere Therapieplan (verhaltenstherapeutisch) aufgestellt.
Zwei Bücher über Autismus waren Ihnen zur Lektüre empfohlen worden. Sie selbst
waren von dieser Diagnose nie überzeugt und teilten uns im Oktober 1977 telefonisch mit, daß Dirk lebensfroh und kontaktfreudig sei und viel erzähle.
Vielleicht können diese frühen Befunde etwas zur Klärung des Bildes beitragen. Wir
sind sehr an der weiteren Entwicklung Ihres Sohnes interessiert und wären Ihnen
dankbar, wenn Sie uns gelegentlich eine Durchschrift oder Fotokopie eines Befundes
zukommen lassen könnten.

Mit freundlichen Grüßen
Oberärztin Dr. St. (Leiterin der Abteilung für Hör-, Stimm- und Sprachstörungen)

Wie konnte es dazu kommen,
daß sich ein Mensch so anders
– so „autistisch" – entwickelt

Autismus = Wahrnehmungs- und Beziehungsstörung

Das Wort „Autismus" ist von dem griechischen Wort „autos" (= selbst) abgeleitet. Es soll bedeuten, daß Menschen mit dieser Beziehungsstörung sich selbstbezogen verhalten.

Das Leben beginnt meistens mit einem Schrei. Mit diesem ersten Schrei stellt das Kind sich vor. Bisher wurde es zuverlässig über die Nabelschnur versorgt, jetzt ist es hilflos und auf Fürsorge angewiesen. Das Kind schreit: „Sorg für mich!" Und es liegt an der Mutter, wie sie diese Hilfe gestaltet. Das Kind hat noch nicht viel Kraft, sich ein Lebensrecht zu erkämpfen. Es kann zunächst nur mit Schreien auf sich aufmerksam machen und hofft darauf, erhört zu werden. Das Wohl des Kindes liegt in erster Linie in der Macht der Mutter.

Bisher bekam das Kind Nahrung, wann immer es welche brauchte. Jetzt muß es Nahrung anfordern.

Normalerweise genügt ein kleiner Schrei, und schon gibt es Nahrung. Oder die Mutter füttert ihr Kind in regelmäßigen Abständen nach der Uhr. In diesem Falle braucht das Kind sich nicht zu melden. Es kann sich auf die Fürsorge der Mutter verlassen.

Unser Kind schrie nicht vor Hunger. Dirk bekam Nahrung nach einem Tagesplan. Er lernte mein Gesicht kennen, und mit meinem Gesicht verbunden war meine Stimme. Ich beugte mich über ihn, wenn ich mit ihm sprach. Er lernte, mich anzusehen und mich anzusprechen.

Ich faßte mein Kind an, ich streichelte es. Es konnte mich fühlen, aber es war noch so klein. Es konnte weder fragen, „Wie machst du das?" noch mir vermitteln: „Ich will das nicht." Es konnte nicht schreien, wenn es Hunger hatte und auch nicht schreien, wenn ich es nicht berühren sollte. Die Wahrnehmung war da, aber sie wurde nicht weitergeleitet. Es mußte ertragen, was ihm unangenehm war, und konnte keine Bedürfnisse äußern. Es versuchte, Wünsche zu äußern, wurde aber nicht verstanden.

Die ersten Lebenswochen außerhalb des Mutterleibes sind für das Kind anstrengend. Die Umstellung von der automatischen Versorgung auf Versorgung auf Abruf ist sicherlich nicht einfach. Man läßt dem kleinen Wesen Zeit, bis es in der Lage ist, seinen Lebenskampf selbst aufzunehmen. Es schläft viel, es wird ernährt und gepflegt. Der Anblick unseres Kindes macht uns glücklich. Wenn das kleine Wesen wach ist, bewegt es sich, spielt mit den Händen und erlebt seinen Körper, es weint und verlangt nach Wärme und Nähe. Es lernt seine Umwelt wiederzuerkennen, Zusammenhänge zu sehen und auch schon Sprache zuzuordnen. Es lernt, schon früh, Geräusche zu unterscheiden, sie zu lokalisieren und einzuordnen.

Ein autistisches Kind kann alles hören, fühlen, sehen, riechen und schmecken, aber es fehlt ihm das Vermögen, diese Eindrücke weiterzuverarbeiten und Schlüsse aus dem Erlebten zu ziehen. Es hat Schwierigkeiten, die Wahrnehmungen zu verarbeiten und untereinander zu verbinden. Wenn das Baby auf den Arm genommen werden möchte, reicht es leider nicht aus, daß es die Mutter nur anlacht. Die Mutter glaubt, ihr Kind freut sich über ihr Gesicht. Sie nimmt es nicht hoch, das Kind hat sie ja angelacht und scheint glücklich zu sein. Das Kind aber ist traurig, weil die Mutter fortgegangen ist und weil sein Bedürfnis nach Nähe oder Unterhaltung nicht gestillt wurde.

Das Kind hat Hunger und weiß nicht, daß es die Nahrung mit lautstarkem Schreien verlangen muß. Es liegt in seinem Bettchen und vertraut darauf, ernährt zu werden. Das Kind streckt der Mutter die Ärmchen nicht entgegen, weil es das noch nicht gelernt hat. Es weiß nicht, daß es imitieren muß: Die Mutter streckt die Hände, und das Kind macht es nicht nach. Immer wieder wird es enttäuscht. Seine Bedürfnisse bleiben unbefriedigt, weil es sie nicht mitteilen kann. Irgendwann fängt es dann an zu schreien – warum, weiß es vielleicht nachher nicht mehr. Es schreit und schreit und ist mit nichts zu beruhigen. Es weiß weder, warum es schreit, noch weiß es, wann es aufhören soll. Die Eltern scheinen machtlos, denn das Kind allein bestimmt Intensität und Dauer des Schreiens.

Geht es uns nicht auch manchmal so: Ein Thema ist längst erledigt, aber wir können uns nicht beruhigen? Wir brauchen Zeit, unseren Ärger auszuleben und zu verkraften.

Unser Kind hat fast nie geschrien. Die kleinen Hände konnte mir Dirk nicht entgegenstrecken. Er konnte nur begrenzt mit seinen Händen spielen und somit weder ihre Weichheit, Geschmeidigkeit, ihre Größe noch die Fähigkeiten erleben, noch über Erfahrungen lernen. Erfahrungen, die man mit den Händen macht, ist eine Wahrnehmung über die Haut. Zu den ersten sozialen Kontakten zählen auch das Geben und Nehmen: „Gib mal der Mama!" – Ein Spielzeug wechselt die Person. Das ist jetzt nur ein Imitieren. Die dazugehörige Sprache wird stumm gespeichert und kommt erst später zum Einsatz. Das Kind lernt, aber nur in kleinen Schritten. Es wird ihm unter Umständen zu viel angeboten, und es muß kapitulieren. Wir ziehen aus seinem Verhalten andere Schlüsse. Der Kreislauf der Mißverständnisse beginnt. Das Kind reagiert immer seltener positiv, und sein Verhalten wird mit Unlust oder Trotz bezeichnet. Die Aktivitäten der Betreuer werden geringer, weil auch für die Betreuer die positive Resonanz ein wichtiger Faktor ist. Die Lernmöglichkeiten zum Ausbau der sozialen Kontakte werden eingeschränkt.

Herr Janetzke, Leiter des Hamburger Autismus-Institutes, gab vor Jahren dem Institut einen neuen Untertitel: „Therapie-Institut für Wahrnehmungs- und Beziehungsstörungen". Eine gute Beziehung zu anderen Menschen ist die beste, vielleicht sogar die wichtigste Grundvoraussetzung zum positiven Lernen.

Die Wahrnehmung über die Haut, daß Dirks Hände mal warm, mal kalt sind, daß Mutters Haut warm und ihre Kleidung kalt ist, konnte er zwar feststellen, aber nicht sprachlich einordnen, und somit konnte diese Erfahrung nicht klar gespeichert werden. Der spätere Zugriff auf eine Erfahrung erfolgt so, wie sie aufgenommen wurde, positiv oder entsprechend negativ.

Dirk konnte nicht zuordnen und sprachlich abspeichern, daß es im Haus warm und das Wasser naß und warm ist, er konnte die Zärtlichkeit der Mutter aufnehmen, aber sein Verlangen danach konnte er nicht stillen, nur Anlachen reichte nicht aus. Er konnte annehmen, aber Bedürfnisse nicht anfordern. Er war angewiesen auf das, was man ihm anbot.

Das kleine Kind leidet jetzt schon unter Verzicht. Ich glaubte, mein Kind sei glücklich. Dirk sah mich an und lachte. Ich war glücklich. Das ist ein sozialer Kontakt, der aber zum Lernen nicht ausreicht. Ich liebte mein Kind, doch seine innere Not erkannte ich nicht. Noch wußte ich nicht, daß ich schon bald sehr unglücklich werden würde. Wir beide sehnten uns nach Liebe und Nähe. Jeder wartet auf ein Zeichen des anderen. Das Kind wartet auf Hilfe und die Mutter wartet auf die sich ihr entgegenstreckenden Ärmchen ihres Kindes, und das Kind wartet auf die Hilfe der Mutter. Dirk lachte nur. Dieses Verhalten konnte ich nicht verstehen, weil es anders war.

Dann gibt es noch die Schwierigkeit mit der „Konsequenz" und mit dem „Verwöhnen". „Verwöhn Dein Kind doch nicht so sehr", hatte man mich gewarnt. Doch ich habe immer geantwortet: „Verwöhnte Kinder sind zufriedene Kinder, und ich möchte zufriedene Kinder haben." Vielleicht ist das der Grund dafür, daß Dirk mir so lange Zeit ins Gesicht sehen konnte.

Da war zunächst die zentrale Steuerung der Hände. Sie versagte, ebenso wie die zentrale Steuerung der Verbindung zwischen der Wahrnehmung des Gefühls und dem Ausdrücken des Unwohlseins über die Sprache. Er hatte Hunger und konnte nicht schreien, und er konnte auch nicht nach der Flasche greifen. Er wollte die Mutter berühren und konnte die Motorik nicht einschalten. Ein Erfahrungsaustausch kann so nicht stattfinden, und somit findet auch nur begrenzt ein Lernprozeß statt. Der Aufbau der sozialen Interaktionen ist gestört. Das Kind lernt, daß es seine Bedürfnisse nicht so mitteilen kann, daß es verstanden wird. Werden dann Bedürfnisse erfüllt, müssen diese Erfahrungen anderen Wahrnehmungen zugeordnet werden. Es gibt Fehlinterpretationen, die als normal gespeichert werden. Ein Mißverständnis folgt dem nächsten. Mutter und Kind wollen sich kennenlernen, können aber nicht zueinanderfinden. Ich war nur Mutter eines nach außen gesund erscheinenden Kindes. In diese Rolle mußte ich, wie alle jungen Frauen, hineinwachsen.

Welche Mutter weiß, was der Grund für das andersartige Verhalten ihres Kindes ist? Wer weiß, was man unter Autismus versteht? Die Qualen der Mütter – welcher Psychologe kennt sie und kann sie in Worte fassen? Die armen Kinder, und was machen wir mit ihnen? Sie verstehen uns nicht, und wir verstehen sie nicht. Wir zwingen ihnen Verhaltensmuster auf, die sie weder verstehen noch akzeptieren. Sie wehren sich und zerfleischen sich oft selbst, weil sie nicht mehr ein noch aus wissen. Wer kennt schon die Not der Kinder? Einige sind in der Lage, ihre Not zu schildern, aber leider sind das nur ganz wenige. Diejenigen, die Sprache verstehen und sprechen, haben begrenzte Möglichkeiten, sich gegen die Bevormundung zu wehren und auch zu reagieren. Aber auch sie sind Behinderte und haben eingeschränkte Rechte. Sie leben in einer von ihnen anders wahrgenommenen, also für sie anderen Umgebung, die normalen Menschen fremd ist. Nicht nur die Kinder, auch die Eltern sind ausgemustert und können an vielen Bereichen des normalen Lebens nicht mehr teilnehmen.

Wer weiß schon etwas darüber, was in den Köpfen der vielen nicht sprechenden, nicht verstehenden Kindern vorgeht?

Autismus ist so vielfältig und ich habe heute noch Schwierigkeiten, Bücher über autistische Menschen zu lesen. Die Verhaltensweisen stimmen zwar oft überein, aber Lösungsbeispiele sind selten übertragbar. Die vielen fachspezifischen Fremdwörter sind schwer zu verstehen. Oft stelle ich auch fest, daß hier über Verhaltensstörungen berichtet wird, die für mich völlig normal sind und auch auf normale Kinder zutreffen. Viele Verhaltensstörungen werden als Behinderung angesehen, aber ich sehe sie als Konsequenz aus der Sicht des Kindes als normal an. Ein Mensch, der nicht sehen kann, muß andere Fähigkeiten entwickeln, um an sein Ziel zu gelangen. Ein Mensch, der weder verstehen noch sprechen kann, muß zwangsläufig andere Mechanismen einsetzen, um sich sein Lebensrecht zu erkämpfen. Dieses Verhalten befremdet uns „Normale", und wir können es nicht deuten. Wir sehen es als Fehlverhalten, was es letztendlich auch ist, und lehnen es ab. Daß wir „Normale" mit unserem „normalen Verhalten" bei dem Kind Störungen ausgelöst haben, wissen wir noch nicht. Eltern bekommen Ratschläge zur Unterdrückung der Störungen. Erziehung! Dabei bedeuten diese sich fast immer gleichentwickelten Verhaltensweisen für den Menschen die einzige Möglichkeit, sich verständlich zu machen. „Ich versteh das alles nicht. HILF MIR DOCH!"

Solange wir nicht die Ursache für dieses andersartige Verhalten kennen, können wir nicht helfen. Unterdrücken wir die Störung, nehmen wir dem Menschen seine Hilfeschreie und entfernen uns immer weiter von ihm. Es wird immer schwerer, diesen andersartigen Menschen zu erreichen.

Wir Eltern haben uns doch so sehr auf dieses Kind gefreut. Dieses unglaubliche Gedächtnis, der starke Wille, diese Überlebenskraft, die ungeahnten Fähigkeiten, diese Intelligenz, was nutzen sie dem Menschen, wenn die sozialen Mechanismen versagen?

Dieses andersartige Verhalten paßt nicht in den normalen Rahmen der Gesellschaft. Das Verhalten muß angepaßt werden, und der noch kleine Mensch droht zu zerbrechen. Er lebt in Einsamkeit, bei vollem Verstand, bei gutem Willen, mit gesunden Wahrnehmungsorganen –, welch ein wahnsinniger Gedanke!

Es gibt autistische Kinder, die sich über ihre Gefühle äußern können. Es fällt mir sehr schwer, diese Bücher zu lesen. Ich muß mich überwinden. Oft gerate ich auch in Wut, weil ich dieses Kind nicht mit meinem Kind in eine Reihe stellen kann. Autismus hat so viele Gesichter, und oft frage ich mich auch: „Ist das wirklich Autismus?"

Noch vor ein paar Jahren verstand man unter dem Begriff „Autismus" schwere, kaum beherrschbare Verhaltensstörungen. Lehrer, die ich ansprach, lehnten zunächst unbesehen mein Kind ab. Inzwischen hat sich das Bild vom Autismus etwas gewandelt. Der Film Rainman hat viel dazu beigetragen. Der autistische Mensch ist mit seinem so andersartigen Verhalten interessant geworden. Leider ist es so, daß die Gesellschaft nach Sensationen giert. Autistische Kinder entwickeln trotz ihrer Andersartigkeit und sozialen Schwierigkeiten überragende Fähigkeiten. Der allgemeine geistige Rückstand steht im Gegensatz zu den besonderen Leistungen. Einige autistische Kinder gelten als Wunderkinder und erregen Aufsehen. Andere wiederum sind so schwierig, daß man kaum glauben kann, daß es sich hier um die gleiche Behinderungsart handeln könnte.

Die Bücher sind vielfältig, und ich will auch mit meinen Erfahrungen dazu beitragen.

Die autistischen Verhaltensweisen, die ich versuche zu beschreiben, sind bekannt. Seit vielen Jahren weiß man, daß die sich immer gleichartig entwickelnden Verhaltensstörungen auf der Wahrnehmungsverarbeitungsstörung basiert.

Meine Aufzeichnungen können kein Rezept zum Heilen des Autismus sein. Ich ringe hier in erster Linie um Verständnis und möchte gleichzeitig die interessante Entwicklung unseres Kindes schildern. „Wie kann ich meinem Kind helfen?" Meine jahrelangen Aufzeichnungen haben mir geholfen, mein Kind und sein autistisches Verhalten besser zu verstehen.

Das autistische Kind muß weder hübsch sein, noch intelligente Eltern haben. Ich glaube, autistische Kinder gibt es in allen Bevölkerungsschichten und in allen Intelligenzgraden. Den einzigen Unterschied sehe ich darin, daß einige Eltern es selbst merken und gegensteuern und andere das Glück haben, jemanden zu finden, der ihnen sagt, was los ist. Die Entwicklungschancen und -möglichkeiten eines sich anders verhaltenden Menschen hängen meines Erachtens viel von seiner Umwelt und eben auch von seiner Intelligenz ab.

Unser Kind lernte zunächst nicht über Nachahmen. Der zentrale Bereich, zu beobachten, zu reagieren und zu sortieren, war gestört. Dirk mußte anders lernen. Autistische Menschen können lernen. Das beweisen sie immer wieder. Nur leider sehen wir ihre besonderen Fähigkeiten meistens nur als ein Wunder an und nicht als einen Beweis ihrer vielfältigen Möglichkeiten und Fähigkeiten.

Die Mutter erlebt vielleicht schon im ersten Lebensjahr, daß sich ihr Kind von ihr abwendet. Das tut sehr weh. Im Laufe der weiteren Entwicklung entfernt sich das Kind immer weiter von ihr und vom normalen Verhalten. Das Kind ist nur noch sehr schwer zu erreichen. Vieles von dem, was die Mutter glaubt, ihm Gutes zu tun, wird vom Kind falsch aufgenommen und einsortiert. Die Wahrnehmungszentrale, die nur begrenzte Mengen verarbeiten kann, ist überfordert. Der Aufbau von Grundlagenwissen ist lückenhaft und gestört. Das Kind merkt sein Unvermögen und ist inzwischen schon ängstlich geworden. Es entwickelt Verhaltensmuster, die ihm Garantien bieten. Zu diesen Garantien gehört auch die gleichbleibende Umgebung. Eine fremde Umgebung ist nicht kalkulierbar, und fremde Menschen sind ebenfalls nicht zu berechnen. Alles Fremde oder Neue wird abgelehnt. Neues zu lernen, muß in kleinen Schritten erfolgen und positiv erlebt werden. Ein Kampf beginnt. Soziale Schwierigkeiten stehen im Vordergrund. Der Mensch möchte dem Kind etwas nahebringen, aber das Kind will nicht.

Früher gab es vielleicht eine geduldige Oma, die dem Kind, ohne das es verlangte, das gab, was es brauchte. Das Kind konnte sich eine Zeitlang normal entwickeln und wirkte relativ unauffällig. Dann kommt aber das zweite Lebensjahr, und es werden erhöhte Anforderungen an das Kind gestellt. Jetzt wird es für das Kind problematisch, denn diese Forderungen kann es mangels Basiswissen und Sprachverständnis nicht erfüllen.

Es wird mit Sprache aufgefordert. Es hat Sprache gehört und aufgenommen, aber nicht zuordnen können. Einzelne Wörter wurden vielleicht in Verbindung mit Dingen gesprochen: Ei – Ball – Papa – Mama. Das Kind hat bewiesen, daß es sprechen kann. Jetzt soll es noch mehr sagen und wird entsprechend gefordert. Das Kind wird hart angefaßt, um der sprachlichen Aufforderung Nachdruck zu verleihen: Bleib hier –, steh still –, laß das –, komm her – usw. Dieses Anfassen wird als unangenehm erlebt und entsprechend gespeichert. Es hat Erfahrungen über die Haut durch Anfassen in Verbindung mit Sprache gemacht. Es erinnert sich an diese unangenehmen Situationen und meidet sie. Sie werden aber von ihm verlangt: „Gib der Tante die Hand!" Die Tante ist eine liebe Frau und hat dem Kind nie etwas getan. Sie hat aber Hände; vielleicht hat es sie einmal unangenehm erlebt, kalt, naß, kräftig, schlagend usw. Es versteht außerdem nicht, was es machen soll. Es kann das, was man von ihm verlangt, nur ahnen. Die Tante reicht dem Kind die Hand. Das Kind hat aber Angst und schreit. Die Tante sagt: „Du bist aber böse", bezieht das Schreien auf ihre Person und sieht nicht die Panik, in der das Kind sich befindet. Dabei ist Tante doch so lieb. Das Kind sitzt so gerne auf ihrem Schoß und läßt sich von ihr streicheln. Nur die Hand geben will es nicht.

Es kann auch so sein, daß es der Tante immer wieder die Hand geben will, weil es sie weich und warm erlebt hat und gar nicht genug davon bekommen kann, und dann wird es vielleicht der Tante zu viel. Anderen Menschen verweigert es die Hand. Es kann sich nicht sprachlich äußern, und so bleibt der Grund für das unterschiedliche Verhalten ein Geheimnis und wird als Laune oder Bösartigkeit ausgelegt.

Das Kind hört den ganzen Tag Sprache, die es weder Sachen noch Personen zuordnen kann. Es fühlt sich nicht angesprochen und reagiert nicht. Nur bei ihm bekannten Geräuschen und bekannten Worten reagiert das Kind.

Die Stimme der Mutter kennt das Baby, es kann sie aber nicht verstehen. Normalerweise bildet sich das passive Sprachverständnis vor dem aktiven. Ich habe mein Kind sicherlich schon mit drei oder vier Monaten aufgefordert: „Komm mal zur Mama", und ihm die Hände gereicht. Es hat meine Hand aber nicht annehmen können, weil die zentrale Schaltung defekt war, und es konnte auch meine gesprochenen Wörter der geforderten Handlung nicht zuordnen. Die Handlung in Zusammenhang mit der Sprache ist nicht in das Kind gedrungen. Das Kind hat mich enttäuscht, weil es nicht reagiert hat. Das Kind ist auch enttäuscht, weil ich es nicht hochgenommen habe, aber das Kind kann seine Enttäuschung mir auch nicht verständlich machen. Bei weiteren ähnlichen Aufforderungen wird das Kind auch nicht anders reagieren können.

Noch ein Beispiel: Man bietet dem Kind ein Spielzeug an, in Verbindung mit Sprache: „Auto!" Das Kind kann nicht nach dem Auto greifen, weil die Zentrale nicht den Befehl: „Nimm das Auto in die Hand" aussendet. Man wiederholt die Aufforderung, und das Kind versteht immer noch nicht, was man will. Man geht jetzt davon aus, das Kind will das Spielzeug nicht haben. Die Mutter legt das Spielzeug zur Seite, weil das Kind nicht danach gegriffen hat. Die Chance für das Kind, das Wort „Auto" mit dem Material und seinen entsprechenden Wahrnehmungen zu verbinden, ist vorbei. Ein anderes Mal gibt man dem Kind das Auto wortlos in die Hand, obwohl es die Hand nicht danach ausgestreckt hat.

Das Kind hat Schwierigkeiten mit der Wahrnehmungsverarbeitung, was seine Eltern aber noch nicht wissen. Das Kind hat nun das Auto in der Hand und hält es zunächst nur fest. Dann will es das Auto in den Mund stecken. Das wollen die Eltern aber nicht und versuchen, es zu verhindern. Das Bedürfnis danach ist bei dem Kind aber sehr groß. Sie verhindern es, und das Kind zieht daraus irgendeine andere Erfahrung. Sie haben vielleicht seinen Arm festgehalten und somit verhindert, sein Bedürfnis zu stillen. Die Hand, welche die Hand des Kindes angefaßt hat, war vielleicht ein wenig rauh oder kalt oder feucht oder, oder. Die Hand war es, die für das Kind jetzt sehr wichtig wird. Es wird abgelenkt von seinem Bedürfnis und konzentriert sich auf die Hand. Die Hände, die es anfassen zum Pflegen, Füttern, Streicheln, Wegnehmen, Bestrafen, Hände, die festhalten und Hände, die streicheln. Das Kind kann nicht feststellen, was die fremden Hände vorhaben. Es wehrt sich vielleicht gegen jedes Anfassen.

Dann ist da das Auto. Es wird sich vielleicht beim nächsten Mal weigern, gerade dieses Auto oder etwas Blaues oder Ähnliches anzufassen und schreit schon, wenn sie nur damit in seine Nähe kommen. Warum das Kind jetzt schreit, wird Ihnen ein Geheimnis bleiben. Auch später wird es diese Situation nicht erklären können. Wir hatten Probleme mit dem Anfassen einer Tasse, viele Jahre lang. (Ich glaube, es waren mehr als fünf Jahre.) Was der Auslöser für diese Weigerung war, konnte nie geklärt werden. Es muß im ersten oder Anfang des zweiten Lebensjahres etwas passiert sein, was mein Kind nicht verarbeiten konnte und was diese schlimme Störungen auslöste.

Alle diese Enttäuschungen bei der Mutter und auch bei dem Kind hinterlassen Spuren. Das Kind verliert den Blickkontakt, weil dauernd etwas von ihm verlangt wird, was es nicht erbringen kann, und die Mutter verliert die Lust und Geduld, weil sie keine Resonanz findet. Das Kind entwickelt sich langsam. Die Eltern glauben, es sei zufrieden, oder sie ahnen schon, daß hier etwas nicht stimmt. Die Ärzte wiegen die Eltern in Sicherheit; es gibt ja „Spätentwickler". Blickkontakt und die Fähigkeit zu lachen gehen oft schon im ersten Lebenshalbjahr eines Menschen verloren. Das beweisen die vielen Aussagen von Eltern, die sagen: „Mein Kind hat mich nie angesehen", „Mein Kind hat mich nie angelacht, es hat lieber zur Decke gelacht!"

Wieviel habe ich vergessen, einfach übersehen oder verdrängt. Das, was ich damals über die Verhaltensstörungen meines Sohnes aufgeschrieben habe, erscheint mir und auch Dirk heute unglaublich. Daß das alles doch einmal passiert ist und daß es tatsächlich solche Probleme einmal gab, bestätigen uns heute Freunde.

Dirk ist fast zwei Jahre alt. Erst jetzt weiß ich ungefähr, was mit meinem Kind los ist, was es nicht kann. Die Grundlagen für typische Verhaltensmuster sind gelegt. Einige typische Muster sind schon klar erkennbar. Viele Störungen werden trotz besten Bemühens nicht zu vermeiden sein. Aber mit meinem Wissen um die Gründe kann ich die Intensität und Dauer beeinflussen.

Autistischen Menschen zu helfen, ist schwer. Noch schwerer ist es allerdings, mit ihren Problemen zu leben, ihre Verhaltensstörungen mitzutragen, sie zu ertragen und auch stumm und ohne das Verständnis anderer die Belastung täglich neu verkraften zu müssen. Autistische Menschen leiden zu sehen, ohne helfen zu können, und auch mit der Belastung zu leben: „Wenn du könntest, dann ... – aber leider kannst du nicht", ist auch nicht einfach. Autistische Menschen können sehr stark sein, weil sie in der Lage sind, nur „eine Sache" zu sehen. Sie kämpfen auch nur für „eine Sache" und „nur für sich". Die sozialen Aspekte können sie meist nicht sehen. Und da sie nur für eine Sache kämpfen, können sie länger aushalten als Eltern, die nicht nur „eine Sorge" haben. Die physische und psychische Kraft der autistischen Menschen sollte niemand unterschätzen.

Die Kinder werden größer und stärker und die Aggressionen nicht immer gut beherrschbar.

Welche Störungen waren im Alter
von zwei Jahren schon klar erkennbar?

- Blickkontakt gestört
- Feinmotorik äußerst mangelhaft
- keine Neugier
- er schlug mit dem Kopf auf harte Gegenstände
- Sprachverständnis nicht vorhanden
- Sprache – kein Wort – nur ab und zu Laute
- suchte keine Hilfe bei den Eltern
- konnte nicht spielen
- lehnte andere Menschen ab
- wehrte sich gegen Ortswechsel
- konnte nicht kauen
- äußerte keine Bedürfnisse
- lehnte Ansprache ab – zog sich ins Bett zurück
- Beschäftigung stereotyp
- zielloses Hin– und Herlaufen
- für uns unbegründetes Lachen
- reagierte nicht auf Geräusche
- Schmerzempfinden unsicher
- lehnte Berührung durch andere Menschen ab
- Vorliebe für bestimmte Materialien

Das dritte Lebensjahr

Was hatten wir mit unseren Engagement und vielen Fragen, die stets unbeantwortet blieben, erreicht? Oder – sagen wir anders, angerichtet?

Unser Kind hatte sich von uns isoliert. Das haben wir weder gewollt, noch ist uns bewußt geworden, daß wir es waren, die das Kind zum Rückzug zu sich selber bewegt haben. Und wie haben wir das gemacht?

Wir haben unser Kind immer wieder aufgefordert: „Komm mal her. – Laß das. – Wie heißt du? – Sag mal deinen Namen. – Du heißt ... Sag das mal. – Die Tante möchte deinen Namen wissen. – Komm zur Mama. – Sag mal Mama! – Diesen sprachlichen Aufforderungen von Eltern, Freunden, Bekannten, Verwandten, Ärzten, Psychologen und allen, die sonst noch mit dem Kind zu tun hatten, konnte das Kind nicht nachkommen. Dirk war noch nicht zwei Jahre alt und verstand kein Wort. Daß Dirk nicht in der Lage war, wie andere Menschen zu lernen, wußte noch niemand. Und so haben wir alle fleißig seine Isolierung bewirkt. Jetzt sagt man: „das Kind isoliert sich"; es will nicht angesprochen werden. Ich möchte den Erwachsenen sehen, der sich in gleicher Situation anders verhält als das Kind. Das Kind kann nicht anders reagieren, da es die Forderungen nicht versteht und somit ihnen nicht nachkommen kann. Die Schuld wird dem Kind zugewiesen. Unser Fehlverhalten, in dem wir immer wieder Fragen stellten, obwohl wir längst hätten erkennen müssen, daß das Kind die Fragen nicht versteht, zeigt, daß wir nicht sensibel genug waren.

Das Produkt unserer gutgemeinten Leistung sah nach zwei Jahren folgendermaßen aus:

- Wenn man unser Kind ansprach, drehte es sich um und ging ins Bett.
- Es ging nicht mehr in fremde Häuser.
- Es duldete keine fremden Menschen in unserer Wohnung.
- Durch Menschen sah es hindurch.
- Es sprach nicht, und verstand nicht ein Wort.
- Wenn es nicht im Bett lag, saß es stumpfsinnig, einen Gegenstand drehend, in einer Ecke.
- Es sah uns nicht mehr an.
- Es lachte nur noch, wenn wir im anderen Raum waren.
- Es verschaffte sich Bewegung, indem es permanent hin und her lief.
- Die Schwester durfte den Bruder nicht anfassen.
- In öffentlichen Verkehrsmitteln mußte Dirk auf dem Schoß sitzen.
- Er traute sich nicht, alleine zu essen.
- Er faßte keine fremden Gegenstände mehr an.

Das sind alles „Störungen" und keine Behinderungen. Unser Kind lebt in Gesellschaft, und es muß Spielregeln lernen und sich anpassen. Es hat aber bisher kein Wort Sprache verstehen gelernt. Welche Möglichkeiten zum Erlernen der sozialen Spielregeln hat es, wenn die normalen Wahnehmungsempfindungen gestört sind, Sprache nicht zur Verfügung steht und Verständnis für Zusammenhänge fehlt.

Unser Sohn hat ein Verhalten entwickelt, welches stark vom normalen abweicht. Dieses andere Verhalten muß er zwangsweise zu seinem eigenen Schutz entwickeln, um sich vor permanenten Überforderungen und auch gegen Unterforderungen zu schützen. Dieses Verhalten wirkt sich hemmend auf seine weitere Entwicklung aus. Die soziale Störung zeigt sich als besonders problematisch. Das Kind ist schwer erreichbar, und dadurch sind auch die normalen Entwicklungsmöglichkeiten eingeschränkt. Die Weiterentwicklung scheint zu stagnieren, und die Störungen verstärken sich.

Der Teufelskreis beginnt. Alle Versuche, ihm zu helfen, richten sich zunächst gegen die Störung und treffen aber den Menschen.

Dirk spielte stereotyp, weil er sich beschäftigen mußte und weil er das Spielzeug nicht anders zu nutzen wußte. Er lehnte fremde Menschen ab, weil er sie nicht verstehen konnte. Er verstand seine Eltern nicht; wie konnte er hoffen, daß er andere Menschen verstehen lernen würde. Dirk schlug mit dem Kopf auf den harten Boden, um seine Forderungen durchzusetzen. Hilflos steht man als Eltern daneben. Jedes Eingreifen scheint die Situation nur noch zu verschlimmern.

Es gibt so viele Therapiearten, und alle wollen nur das Beste für das Kind oder für die Gesellschaft? Ja, es muß etwas passieren, aber was?

Der Therapieversuch in den Städtischen Krankenanstalten in Ludwigshafen war gescheitert. Um mir trotzdem zu helfen, hatte man versucht, mir klarzumachen, was mit meinem Kind los ist.

Auf meiner Suche nach Erklärungen für das andersartige Verhalten blieb ich erfolglos. In vielen Büchern sind die Verhaltensauffälligkeiten, die auch ich beobachtet hatte, beschrieben, aber eine Möglichkeit, wie man gewaltlos helfen kann, habe ich nicht gefunden. Ich sah die Entwicklung unseres Kindes positiv und konnte mich nicht mit den vielen für mich hoffnungslos erscheinenden Fallbeispielen abfinden. Diese Fallbeispiele zu lesen, war für mich Folter. Ich konnte sie nicht glauben und wollte es auch nicht. Ich suchte nach einem eigenen Weg.

Normalerweise geht man auf ein Kind so zu, wie man es für sich selbst für am besten hält. Dieser Weg führte bei Dirk in die Isolation. Ich hatte festgestellt, daß mein Kind nicht so reagieren und lernen kann wie seine Schwester. Also mußte ich einen Weg finden, der von ihm und zu den Dingen führt. Denn nur so konnte er eine Chance bekommen, ein ähnliches Ziel zu erreichen.

Wenn ein Kind den ganzen Tag im Bett liegend die Decke anstarrt, kann es nichts lernen. Ich konnte den kleinen Menschen, der sich gegen alles wehrte, dort nicht liegenlassen und darauf hoffen, daß er über Zufälle Erfahrungen macht. Einen Weg zu Dirk zu finden und ihn aus dem Bett zu holen, brauchte Zeit: Wir sind Eltern und nicht auf Sonderfälle eingerichtet. Wir sind unausgebildet und mit den Schwierigkeiten, die auf uns zugekommen, hoffnungslos überfordert und überlastet. Die positive Motivation wird einer verzweifelten Mutter leider oft durch Negativbeispiele im Leben oder aus Büchern genommen. Uniformierte Ärzte und Berichte über ähnlich schwierige Kinder in Einrichtungen tragen nicht dazu bei, uns hoffnungsvoll einzustimmen. Wir sehen das stumme, in sich gekehrte Kind, das seine Not nicht äußern kann.

Eine Brücke zwischen Eltern und Kind scheint es nicht zu geben. Sie müßte gebaut werden, aber wie? Woher sollen wir täglich neue Kraft schöpfen, woher Ideen nehmen? Das Kind scheint jeden Schritt abzulehnen.

Wir sind einfach nur Eltern, und das Engagement für unser Kind wird ein Kampf gegen alle und oft sogar auch ein Kampf gegen die eigene Familie.

Ich war fest entschlossen: Im Bett liegend kann mein Kind nichts lernen. Das sollte nun anders werden.

Das Jahr hat 365 Tage, und „jeden Tag eine gute Tat", das setzte ich mir damals als Aufgabe. Um die Einhaltung dieser mit mir selbst getroffenen Vereinbarung bemühe ich mich heute noch. 18 Jahre sind inzwischen vergangen.

„Jeder Versuch, sich mitzuteilen,
kann nur mit dem Wohlwollen der anderen gelingen!"
Max Frisch

Das fröhliche Lachen kehrt zurück

Im Bett kann unser Sohn nichts lernen! Das hatte ich inzwischen schmerzlich festgestellt. Ich suchte nach einer Möglichkeit, an unser Kind heranzukommen. Dirk sang inzwischen jeden Abend eineinhalb bis zwei Stunden Kinderlieder. Ich kaufte Liederbücher und Schallplatten, um neue Lieder zu lernen. Dirk lernte aber nur, die Lieder zu singen, die ich ihm vorsang. Lieder, die er von der Schallplatte hörte, sang er nicht. Erst als ich das Lied von der Schallplatte nachsang, sang auch er es. Mit zwei Jahren war sein Repertoire schon sehr umfangreich.

Wenn er passiv im Bett oder in einer Zimmerecke lag oder stereotyp Gegenstände drehte, legte ich Schallplatten auf, um ihm wenigstens ein Geräusch zu bieten. Ich konnte nicht den ganzen Tag Bilderbücher mit ihm ansehen und besingen. Er selbst nahm die Bilderbücher zunächst nicht alleine in die Hand.

Wenn ich einkaufen ging und eine Bekannte auf dem Weg traf, konnte ich stundenlang mit ihr erzählen. Dirk stand ruhig neben mir und hielt meine Hand fest. Er äußerte keine Bedürfnisse und war nicht ungeduldig. Das war unheimlich. Ich sprach in seinem Beisein mit Bekannten über meine Sorgen und wußte genau, daß er kein Wort von dem, was ich sagte, verstehen konnte. Man warnte mich oft davor, in seiner Gegenwart über ihn zu sprechen, aber was sollte ich machen? Ich hatte mein Kind ständig um mich. Von seinen Reaktionen her wußte ich inzwischen genau, daß er nicht taub war, aber mit Sprache nichts anfangen konnte.

Dirk war gerade zwei Jahre alt, als ich mich entschloß, ihm täglich ein Wort beizubringen. Mit welchem Wort sollte ich beginnen? Spontan fiel mir beim Essen das Wort „haben" ein. Ich reichte ihm ein Brot und fragte: „Haben?" Ich wußte, daß er das Brot annehmen würde. Dann reichte ich ihm das nächste und sagte wieder nur: „Haben" und nur das eine Wort. Ich sprach ihn immer nur mit dem einen Wort an: „Haben?" „Haben!" Ich habe zwei Tage lang ihn nur mit „haben" angesprochen und versucht, ihm klarzumachen, was das Wort bedeutet. Am zweiten Tag sprach er das erste Wort gezielt nach „Haben". Dirk hatte das erste Wort verstanden und richtig eingeordnet.

Welche Freude das war, kann ich kaum beschreiben. Das freudige Gesicht, endlich verstanden zu werden, auch wenn es zunächst nur ein Wort war, werde ich nie vergessen.

Als zweites sollte er seinen Namen lernen, also: „Dirk haben". Er wurde nur noch mit seinem Namen angesprochen, und wir mußten uns beherrschen, die vielen Kosenamen wie „Schätzchen, Baby, Männlein, Herzchen" usw. ab sofort nicht mehr anzuwenden. Es galt nur noch: „Dirk haben." Weiter ging es mit „Papa" und „Mama". Mit diesen gezielt eingesetzen einzelnen Wörtern kam er sofort klar. Er sprach sie nach, und sein Verhalten änderte sich von Tag zu Tag. Wir hatten eine gemeinsame Sprache, auch wenn sie nur aus ein paar Wörtern bestand.

Dirk wurde zugänglicher, er hatte plötzlich einen Namen, er konnte mit „Haben" Wünsche äußern. Wir besangen weiterhin Bilderbücher, denn ansprechen konnte ich ihn nur mit den wenigen Wörtern, deren Bedeutung er gelernt hatte. Ich stellte sehr bald fest, daß er die erlernten Wörter nur in Situationen einsetzte, in der er sie gelernt hatte. Auf Wörter, die er noch nicht kannte, reagierte er nicht.

Er hatte verstanden, daß Sprache eine bestimmte Aussage hatte. Darauf konnte er sich verlassen. Diese eine Aussage, die er kannte, begann er zu verteidigen. Daß ein Wort mehrere Bedeutungen haben kann, war sehr schwierig für ihn.

Er verbrachte immer weniger Zeit im Bett. Spielzeug und Gegenstände des täglichen Lebens lernte er mit Namen kennen. Es waren immer nur einzelne Wörter, Gegenstände oder Tätigkeiten. Schritt für Schritt ging plötzlich die Entwicklung voran. Dann kam das Zusammenlegen von Gegenständen und Aussagen darüber, z. B. „Tür zumachen", „Schuhe anziehen", „Dirk essen", „Dirk aua", „autofahren", „Licht anmachen" „Dirk hingefallen", „Heike Kindergarten".

Dirk lernte schnell. Sprache hatte nun eine Bedeutung für ihn und war plötzlich interessant. Er hatte sich überwunden, selbst zu sprechen, und hatte jetzt für sich ganz andere Möglichkeiten entdeckt.

Wenn er uns etwas sagte, bekam er Antwort. Er wurde verstanden. Die bisherige permanente sprachliche Überforderung war jetzt etwas gebremst. Er hörte zwar den ganzen Tag Sprache, konnte sie aber noch nicht verstehen. Wir sprachen in ganzen Sätzen und hatten abstrakte Worte darin, die er erst viele Jahre später lernte. Dirk lernte Wort für Wort die Bedeutung der Sprache. Er lernte, Dinge zu benennen und etwas über sie auszusagen. Und er lernte ganze Sätze, die er von uns hörte. Die Bedeutung dieser ganzen Sätze war ihm aber fremd. Wahrnehmungen und Sprache waren zwei getrennte Welten.

Er begann, die Lieder nicht mehr zu summen, er sang jetzt abends mit Text, alle Strophen, die ich ihm vorsang. Auch über Tag sang er immer öfter. Ich konnte jetzt mein Kind ansprechen, und es konnte mir begrenzt folgen oder antworten. Ich forderte mich jeden Tag, Wahrnehmungen und Gegenstände in einen nachvollziehbaren Zusammenhang zu bringen. Jeden Tag ein neues Wort oder einen neuen Begriff. Ein Wort, das er einmal für einen Gegenstand oder eine Sache gelernt hatte, verteidigte er mit der ganzen Kraft seines kleinen Körpers. Es war fast unmöglich, ihm Änderungen oder Alternativen nahezubringen. Immer häufiger schlug er mit dem Kopf auf die Steinfliesen oder gegen die Zimmerwände. Er war freudig bereit, seinen Sprachschatz zu erweitern, aber er verteidigte seine erlernte Sprache wie einen Schatz. Änderungsversuche, weil ich auch Fehler machte, bewirkten verzweifelte Zornesausbrüche mit Selbstverletzungen. Es mußten immer wieder Lösungen gefunden werden, die er akzeptieren konnte. Das war nicht leicht. Er war noch körperlich klein und beherrschbar, und seine Reaktionen wurden für mich immer klarer kalkulierbar. Ich wußte genau, was er ablehnte und wie er in bestimmten Situationen reagieren würde. Ich versuchte, mit Konsequenz und auch mit Druck zu arbeiten. Ich gab vor, was er lernen sollte und welches Verhalten ich ihm abgewöhnen wollte. Nur sehr selten hatte ich spontan Erfolg. Meine Vorstellungen seiner Leistungsfähigkeit waren völlig überhöht. Meine Bemühungen erschienen mir oft erfolglos. Es vergingen oft Monate, und als dann mein und sein Erfolgsdruck nachließ, zeigte er mir plötzlich, daß er das, was ich ihm über lange Zeit beizubringen versucht hatte, verstanden hatte. Das war dann der Moment, der mir neue Kraft gab. Er hatte bewiesen, daß er lernen konnte.

Dirk hatte mit einem Wort zu sprechen angefangen, und nach dem Ende des dritten Lebensjahres sprach er bereits in ganzen Sätzen, die er aber nicht verstand. Er verstand nur einzelne Wörter. Ganze Sätze plapperte er nur nach. Wir sprachen in ganzen Sätzen, also sprach auch er so. Bei den anderen Familienangehörigen hörte er Fragen und Antworten. Auch er wollte auf Fragen antworten. Obwohl er noch nicht wußte, was eine Frage war, versuchte er zu antworten, und zwar mit irgend einem Satz, den er einmal aufgenommen hatte. Diese Antwort stand in keinem Zusammenhang mit der Frage. Er aber schien zufrieden; er hatte geantwortet. Meine Reaktion war totales Unverständnis, was ich ihm sicherlich auch zeigte: „Red nicht so einen Quatsch oder Unsinn!"

Hatte ich meinem Kind das Wort „Quatsch oder Unsinn" beigebracht? Ganz bestimmt nicht. Auf Fragen bekam ich nur noch Antworten, die nichts mit der Frage zu tun hatten. Ich mußte feststellen, ich konnte mich mit meinem Kind immer noch nicht unterhalten. Es konnte etwas über Dinge aussagen, aber auf meine Fragen konnte es nicht eingehen.

Aggressionen und Störverhalten nahmen zu. Dirk konnte sich inzwischen verständlich machen, und die allgemeinen Anforderungen wurden altersbezogen immer höher. Jetzt endlich platzt der Knoten, und er lernt alleine weiter, so habe ich sicherlich manches Mal gedacht. Aber leider war das nicht so. Dirk wurde weiterhin von uns permanent gefordert und überfordert. Er bemühte sich, mit uns klarzukommen, aber wir verstanden ihn nicht. Er antwortete auf unsere Fragen in seinem Verständnis, und wir wandten uns resigniert ab. Es war so schwer, ihm etwas verständlich zu machen. Ich hatte nur die eine Möglichkeit, ihm über Dinge etwas zu sagen. Gefühle oder abstrakte Worte konnte er nicht verstehen. Ein Gespräch konnte man mit ihm nicht führen. Fragen konnte er nicht beantworten, und wir wußten nicht, daß er das nicht konnte.

Ein normales zweijähriges Kind fragt bereits „warum" und nimmt die Antwort in seinen Sprachschatz auf. Es lernt, zu vergleichen und lernt, Fragen zu stellen. Dirk hatte zwar inzwischen einen großen aktiven Sprachschatz, aber verstehen konnte er nur sehr wenig. Nur ich kannte seinen Sprachschatz, den ich täglich zu erweitern versuchte. Die anderen Familienmitglieder verstand er nicht. Sie sprachen ihn oft in ganzen Sätzen an, die er nicht umsetzen konnte. Ich mußte permanent vermitteln. Dies hatte zur Folge, daß er nur auf meine Ansprache hin reagierte. Auf meine Fragen reagierte er später mit Weglaufen.

Inzwischen war mir klar, daß Ärzte mir nicht weiterhelfen konnten. Nach ihren Aussagen war mein Kind nicht autistisch, weil es so freundlich war. Organisch war es gesund, also vermied ich es, weitere Ärzte aufzusuchen. Psychologen wußten auch keinen Rat.

Eine Folge der ständigen Arztbesuche war, daß Dirk nicht mehr in andere Häuser gehen wollte. Er wehrte sich dagegen mit Schreien und Toben und mit Kopf-auf-den-Boden-Schlagen.

Zu Hause hatte er das Wasser entdeckt. Er stand stundenlang am Waschbecken und bewegte das Wasser mit seinen Händen. Ich kaufte kleine Plastikfische, die er im Wasser hin- und herbewegte. Ich bastelte Holzfische, die er durchs Wasser ziehen konnte. Ich gab ihm Gegenstände ins Wasser, damit er unterschiedliche Materialien kennenlernte. Sein Löffel ging unter, ebenso sein Bus, der Bauklotz schwamm wie die Fische; die Seife war im Wasser für ihn kaum zu fassen, sie machte das Wasser trüb. Und so war ich ständig auf der Suche, ihn zu beschäftigen. Wenn er dann eine Zeitlang im Wasser gespielt hatte, schrie er plötzlich auf. Er hielt mir seine nassen Hände entgegen, ohne daß er sagen konnte, was damit los war. Er schrie nur. Es waren wieder die Hände. Jetzt wollte er mir etwas klarmachen, aber er konnte es mir nicht sagen. Weinend streckte er mir seine kleinen Hände entgegen, und ich konnte ihm nicht helfen. Hatte Dirk Schmerzen; war es vielleicht Rheuma? Der Arzt lachte über meine Vermutungen.

War das Spiel mit dem Wasser beendet, legte er die Fische auf dem Boden in eine Reihe. Mit Bausteinen legten wir Klötze in eine Reihe, das war dann ein Zug. Die Fische in einer Reihe waren auch ein Zug. Daß Fische in einer Reihe kein Zug sind, konnten wir ihm nicht verständlich machen.

Es ist so schwer, sich Gedanken darüber zu machen, daß dieser kleine Mensch, der über Geräusche und beim Toben so herzhaft lachen kann, ein schwerbehinderter Mensch sein könnte. Er sieht so niedlich, so normal aus. Das Gefühl, das Eltern haben, deren Kind sie nicht um Hilfe rufen kann, das nicht auf sie zukommt und mit ihnen schmusen will, das sie abzulehnen scheint, kann man nicht beschreiben. Eltern lieben ihr Kind, doch sie können es nicht erreichen und erleben täglich, daß es vor ihnen davonläuft.

Ärzte sprechen vom Spätentwickler; was wissen sie über autistische Wahrnehmungsverarbeitungsstörungen? Eltern stehen meistens erst einmal alleine da. Ebenso das Kind, das nicht mal von den Eltern verstanden wird. Die ständige Suche nach der Ursache des Andersseins und die Suche nach einer Lösung der Probleme lassen Eltern Tag und Nacht keine Ruhe. Mein ganzes Denken konzentrierte sich auf die Probleme mit diesem Kind. Meine Tochter war auch noch da. Sie entwickelte sich alleine. Beiden Kindern gerecht zu werden, war sehr schwer und auch manches Mal sicherlich nicht erreichbar.

Dirk verstand nur mich, also hing seine ganze Entwicklung an meiner Person. Ich kannte und erweiterte seinen passiven Sprachschatz. Ein Wettlauf mit der Zeit begann. In ein paar Jahren stand die Schule an. Der Unterschied zu anderen Kindern wurde immer gravierender. Kinder mit gleicher Behinderung kannte ich nicht. Es fehlte der Vergleich. Also konnte ich nur mit normalen Kindern vergleichen, und das war schmerzlich.

Neue Dinge an ihn heranzutragen, war schwer. Man mußte mit List und manchmal mit Druck und Gewalt arbeiten. Er wehrte sich gegen alles Neue. Ich kannte ihn inzwischen so weit, daß ich genau einschätzen konnte, wann ich ihn mit Druck oder Gewalt zu seinem Glück zwingen konnte. Er hatte Angst vor allen neuen Dingen und konnte sich nicht überwinden, freiwillig Fremdes zu akzeptieren. Ich wurde für seine Störungen und sein abartiges Verhalten von anderen Menschen verantwortlich gemacht. Alle Schwierigkeiten kämen von meiner Großzügigkeit. „Was haben Sie bloß mit diesem Kind gemacht, da fehlt es ja überall!"

Bei Therapieversuchen ging man immer von einem normalen Basiswissen aus. Das Kind sah normal aus und konnte lange schwere Sätze sprechen. Daß das Kind diese Sätze aber nicht verstand, konnte so leicht niemand überprüfen, und es glaubte mir auch niemand. Die Tatsache, daß das angeblich autistische Kind lange, schwere Sätze sprechen kann und lacht, waren Gründe genug für die Ablehnung der Diagnose. Autistische Kinder sprechen in der Regel nicht und sind auch nicht zugänglich. Diese beiden wichtigen Faktoren trafen bei Dirk nicht mehr zu. Dirks sonstiges Unvermögen wurde seinem Unwillen zugeschrieben, auf der Grundlage meiner mangelhaften Erziehungsfähigkeit.

In einigen Bereichen seiner Entwicklung war Dirk inzwischen altersgemäß. Immer noch sahen wir täglich Bilderbücher an. Dirk wehrte sich gegen diese Art Beschäftigung nicht, er signalisierte aber auch keine große Begeisterung. Ich merkte, daß es ihm wohl etwas Spaß machte, und so war es für mich in diesem Bereich wenigstens ein wenig ermutigend.

Dirk freute sich am meisten über Geräusche. Sie waren nur belustigend für ihn, und es wurde keine sprachliche Reaktion von ihm gefordert.

Es gab Geräusche, über die er herzhaft lachen konnte. Es dauerte ziemlich lange, bis wir dahinterkamen, warum er plötzlich laut lachte. Wir konnten keinen Grund feststellen. Erst viel später wurde mir klar, daß ich bestimmte Geräusche nicht mehr höre, z. B. Klappern mit Porzellan, Rühren im Topf, Quietschen einer Tür, Schließen einer Tür, Ablegen einer Zeitung auf dem Tisch, das Zischen eines Bügeleisens, Betätigen eines Schalters, Ziehen eines Topfes vom Herd, Geräusch des Staubsaugers, der Küchenmaschine, der Kaffeemühle, Waschmaschine usw. Dirk nahm, ohne in die Richtung der Geräuschquelle zu sehen, diese Geräusche auf und lachte herzhaft. Er konnte uns aber nicht sagen, warum und worüber er lachen mußte. Hätte er mit seinen Augen die Geräuschquelle gesucht, hätten wir eine Chance gehabt zu erfahren, was ihn so amüsierte.

In späteren Jahren stellte ich fest, daß viele autistische Menschen sich mit Geräuschen auseinandersetzen. So spielte mir vor Jahren ein junger Mann unterschiedliche Bahnhofsgeräusche von der Kassette vor. Ich würde diese Unterschiede nie feststellen, weil ich nicht auf den Gedanken käme, derartige Geräusche isoliert zu betrachten. Sie wären für mich Lärm und nicht wert, näher untersucht zu werden. Für diesen jungen Mann aber war die Akustik das Wichtigste an deutschen Bahnhöfen.

Was macht man mit einem Menschen, der nur wenig Sprache versteht und entsprechend selten auf Ansprache reagiert, wenn man ihm etwas zeigen will? Man geht zu ihm hin und nimmt ihn an die Hand oder auf den Arm und führt ihn dorthin, wo man ihm etwas zeigen möchte. Unser Dirk hatte gelernt, wenn man etwas zeigen möchte oder etwas haben will, muß man jemanden an die Hand nehmen und ihn dahin führen, wo man ihn hinhaben will. Wollte er etwas haben, kam er zu mir, nahm mich an die Hand und führte meine Hand zu dem Gegenstand. Er lernte zwar, den Gegenstand, den er haben wollte, zu benennen, äußerte seine Wünsche aber über lange Zeit nicht verbal. Er konnte Sätze im Echo nachsprechen, deren Bedeutung er noch nicht kannte, aber eigene Sätze konnte er aus seinem aktiven Sprachschatz noch nicht individuell bilden. Er wußte nicht, wie er seine Wünsche formulieren sollte. Wir konnten ihm diese Wünsche vorformulieren. Dieser Satz stand dann aber auch nur für diese bestimmte Situation zur Verfügung und wurde nicht selbstverständlich auf andere ähnliche Situationen übertragen. Wir konnten Dirk rufen, er uns aber nicht. Er mußte fünf Jahre alt werden, bis es uns Eltern endlich klar wurde, daß wir eine Möglichkeit für ihn suchen mußten, ihm beizubringen, daß er uns nicht immer abholen muß. Drei oder vier Tage lang haben wir nach dieser Möglichkeit gesucht und ihm klarzumachen versucht, daß er uns bei Bedarf mit „Mama komm", „Papa komm", „Heike komm" „Dirk komm" rufen kann. Als er die Spielregel begriffen hatte, hat er uns nie wieder an die Hand genommen und abgeholt. Diese lästige Verhaltensstörung war von einem Tag auf den anderen verschwunden, wie so viele andere später auch.

In dem Buch von Lorna Wing hatte ich von den starren Regeln der autistischen Kinder gelesen. Regeln, die Sicherheit bedeuten sollen. Ich bemühte mich, möglichst wenige Regeln in unser tägliches Leben einzubringen. Was diese „Sicherheit" bedeuten sollte, wußte ich damals noch nicht. Auf einer Regel allerdings bestand ich. Und das war, daß wir täglich gemeinsam ein Buch ansehen oder besingen.

In den Büchern gab es Buchstaben, und die waren immer gleich. Schon mit zwei Jahren interessierte sich Dirk für Schrift. Ich wollte der Schule nicht vorgreifen und ignorierte sein Interesse. Er wußte so wenig, da war Schrift für mich völlig unwichtig. Für ihn nahm die Schrift immer größere Bedeutung an. Wenn ich mit den Kindern unterwegs war rief Dirk plötzlich: „I, i, i" und zeigte auf die Fahrbahntrennnungsstriche. Der Zebrastreifen war ein E, ein Verkehrsschild ein O und ein Häusergiebel ein A. Dann fing er an, in der Reklame die Buchstaben wiederzuerkennen, und freute sich. Die Welt der Schrift interessierte ihn und eröffnete ihm neue Interessengebiete. Lange Zeit versuchte ich diese Entwicklung zu unterbinden, da ich darin keinen Sinn sah.

Ich wollte ihn zum Malen bewegen, aber nicht zum Schreiben. Es war sehr schwer, ihn zu motivieren, einen Stift anzufassen. Als ich es dann endlich geschafft hatte, begann er mit dem Buchstaben E mit vielen Querstrichen.

Jeder Entwicklungsschritt war der Sieg über einen Kampf. Jeder Erfolg war hart erarbeitet. Das Kind war wie Seife, paßte man einen Augenblick nicht auf, rutschte es einem aus den Händen und war weg. Wollte man es wiederholen, bedeutete das wieder Kampf. Diese Kämpfe brachten wenig ein. Einem verängstigten, sich wehrenden Kind kann man nichts beibringen, was Freude macht. Man mußte die Gelegenheit nutzen, und so wurde die Hausarbeit bei jedem Stande unterbrochen, sobald das Kind das Signal aussendete: Ich bin jetzt bereit, etwas zu tun. Spielsachen wurden dahin getragen, wo ich mich gerade aufhielt, damit ich jede Gelegenheit nutzen konnte, auf ihn eingehen zu können. Gab ich ihm Hilfestellung, wie ich es in der Therapie gelernt hatte, gab er sein Bemühen sofort auf. Mein helfendes Eingreifen hat er sicher als Kritik angesehen und sofort aufgegeben. Ich mußte sehr behutsam vorgehen.

War er aber entschlossen, etwas zu erreichen, dann war er nicht zu halten. Da mußte ein viereckiger Klotz in ein kleines rundes Loch, und es gab keine Möglichkeit, ihm klarzumachen, daß sein Vorhaben unmöglich ist. Er konnte dann stundenlang toben und schreien, ohne daß man ihn beruhigen konnte. Wenn man besonders großes Pech hatte, ging der Kampf am nächsten Tag weiter. Ohnmächtig stand man daneben. Er hatte sicher einmal einen kleinen eckigen Klotz in ein großes rundes Loch gesteckt und konnte nicht verstehen, daß die Größe des Klotzes hier entscheidend war. Einsicht war unmöglich zu erreichen, da er ja auch keinen anderen Klotz akzeptierte. Dieser eine mußte durch das Loch und kein anderer.

Wenn er einmal etwas gelernt und auch anzuwenden begriffen hatte, war es sehr schwer, ihm eine Variante anzubieten oder auch nur einen Schritt weiterzugehen.

Im Straßenverkehr verlangte ich von den Kindern absoluten Gehorsam. Sie durften den Bürgersteig nicht verlassen, ohne mir die Hand zu geben. Ich gestattete ihnen nicht einmal, etwas aus der Gosse aufzuheben. Die Gosse gehörte schon zur Straße. Ich hatte damit erreicht, daß sich die Kinder auf dem Bürgersteig frei bewegen konnten, ohne daß ich Angst haben mußte, daß sie auf die Straße laufen.

Während die Kinder im Krabbelalter waren, durften sie die Treppe nur rückwärts krabbelnd runter. Auch hier konnte ich sicher sein. Als sie dann sicher laufen konnten, mußten sie sich an den Geländerstäben festhalten. Hier war ich konsequent. Dirk war es gewöhnt, an meiner Hand zu gehen. Als er begann, die Treppe alleine rauf und runter zu gehen, suchte er immer wieder nach Halt an meiner Hand. Nur zu ungern faßte er die Geländerstäbe an. Schon das Berühren meiner Kleidung veranlaßte ihn, nach mir zu greifen und das Geländer loszulassen.

Ich konnte Dirk genau überblicken. Ich kannte seinen Wortschatz und seine Reaktionen auf neue oder fremde Gegenstände oder Personen. Andere Menschen konnten ihn nicht verstehen. Mußte ich zum Arzt und ließ ihn mit seiner Schwester kurze Zeit bei einer Bekannten, fand ich hinterher zwei aufgelöste Menschen vor. Dirk hatte die Bekannte an die Hand genommen und z. B. in die Küche geführt und die Hand gegen eine Schranktür geworfen. Dort hatte er vielleicht einmal etwas gesehen, was er jetzt haben wollte. Mangels Sprache war aber nicht herauszubekommen, um was es sich handelte. Da ich ihn genau überblicken konnte, war es mir meistens möglich, das Problem zu lösen.

Dirk brauchte wenig Schlaf. Nachts lag er lange Zeit wach im Bett. Abends sang er zwei Stunden lang seine Lieder. Mit etwa zwei Jahren mußte ich bereits den Mittagsschlaf absetzen, weil er abends nicht einschlafen konnte. Seine wenigen Aktivitäten machten ihn nicht müde. Immer wieder machte ich mir Gedanken darüber, was in einem Kopf vor sich geht, wenn man nur wenig Sprache verstehen und anwenden kann. Wovon träumt man? Träumt man in Bildern?

Tagsüber beschäftigte sich unser Kind mit Im-Wasser-Planschen, Reihen aus gleichen Gegenständen bauen, hin- und herlaufen.

Im Geschäft bekam er eine Papierfahne geschenkt. Ich zeigte ihm, daß das Papier raschelt, wenn man die Fahne schnell bewegt. Jetzt rannte er begeistert mit der Fahne hin und her und ließ das Papier rascheln.

„Die Fahne flattert"! Nachdem er etwa zwei Stunden hin- und hergerannt war, war er meistens so aggressiv, daß er die Fahne zerriß. Dann aber mußte eine neue Fahne her, aber woher? Die Geschäfte hatten geschlossen, oder es war Sonntag. Woher sollte ich eine neue Fahne nehmen, damit ich mein schreiendes, tobendes Kind beruhigen konnte? Ich bastelte eine Fahne, die er nach einem langen Kampf annahm. Aber auch diese Fahne wurde nach einiger Zeit wieder zerrissen und der Fahnenstock zerbrochen. Dieses stereotype Spiel machte Dirk zu aggressiv. Wenn ich diese Situation auf mich zukommen sah, blieb mir nichts anderes übrig, als das Haus zu verlassen und auf den Spielplatz zu gehen. Später, als Dirk sich daran gewöhnt hatte, daß ich ihm eine neue Fahne mache, bastelte ich Fahnen aus Stoff mit einem dicken Fahnenstock, die er nicht zerstören konnte. Jetzt ging es um das „Flattern der Fahne" und nicht mehr um das Geräusch.

Wenn Dirk sein „Fahnen-flattern"-Spiel beenden wollte, öffnete er einfach die Hand und ließ die Fahne fallen, ohne sich darum zu kümmern, wo die Fahne nun lag. Wenig später verlangte er dann seine Fahne, und wenn wir sie nicht finden konnten, tobte er, schrie und schlug mit dem Kopf auf die Erde, so lange, bis sie gefunden oder Ersatz geschaffen war. Hatte ich eine neue Fahne gebastelt und fand sich die alte wieder ein, rannte er mit zwei Fahnen hin und her. Meiner Tante schrieb ich im April 1977, als er noch keine drei Jahre alt war: *„Wenn ich mich nicht mit ihm beschäftige, läuft er ziellos in der Wohnung herum, will nur Musik hören, singt und ernennt jedes Stückchen Stoff oder Papier zur Fahne. Ich hoffe, daß diese Periode bald vorbei ist. Buchstaben interessieren ihn nach wie vor, auch Zahlen. Er hat das ABC bald durch. Heike ist schrecklich eifersüchtig, weil ich mich mit ihm mehr beschäftige."*

Was hatten wir erreicht? Dirk rannte mit seinen Fahnen hin und her. Er hatte gelernt, daß man Fahnen basteln kann. Er hatte eine andere Fahne akzeptiert. Er hatte anderes Fahnenmaterial angenommen und gelernt, daß wir ihm in seiner Not geholfen haben. Die neuen Fahnen trugen andere Symbole, andere Farben, der Fahnenstock war dicker und man konnte ihn nicht mehr zerbrechen. Er konnte Einfluß auf die Symbole auf der Fahne nehmen. Selbst zu malen, dazu war er noch nicht bereit.

Lernen aus der Stereotypie war angesagt. Es war der einzige Weg, an ihn heranzukommen. Wir mußten auf sein Spiel eingehen, um ihn zu fördern. Einen anderen Weg gab es nicht.

Dirks Spiel war übersichtlich und beschränkte sich auf die Dinge, die er kannte. Er spielte gerne mit dem Ball. Er warf ihn hoch oder spielte Fußball. Sobald jemand mitspielen wollte, interessierte ihn der Ball nicht mehr.

Seine Fische auf dem Wasser oder in der Reihe auf dem Fußboden verteidigte er. Zeigte man ihm, wie das Auto rollt, drehte er es gleich auf den Kopf und drehte es, oder er ging fort. Hatte er fröhlich gespielt und man ging auf ihn zu, ging er wortlos fort. Kinder konnten ihm Spielzeug fortnehmen, ohne daß er sich wehrte. Nur seine Fahnen, seine Fische und seinen Londoner verteidigte er.

Es ist schwer für eine Mutter, wenn sie mit dem Kind nur wenig sprechen kann. Man will dem Kind weiterhelfen und versucht immer wieder, ihm etwas beizubringen, aber nur wenige Versuche gelingen. Oft zeigt sich eine Resonanz erst Wochen später. Man sieht, daß das Kind lernen kann, aber es lernt sehr langsam und Schritt für Schritt. Oft macht man den dritten Schritt vor dem ersten, und es geht wieder rückwärts. Die beiden übersprungenen Schritte aufzuholen, bedeuten möglicherweise tagelangen Kampf und schlaflose Nächte. Man ist ja nur Mutter und hat das alles nicht gelernt. Psychologen und Ärzte zucken nur mit den Schultern. Wie oft habe ich mich gefragt, ob mein Kind überhaupt denken kann. Ich lauerte auf Reaktionen, die mir den Beweis bringen sollten. Wieviel konnte mein Kind inzwischen verstehen? Und hat es auch schon aus eigener Kraft gelernt? Permanente Überwachung, Kontrolle, Suchen nach Hilfen und Lösungen der anstehenden Probleme, Bewältigung der Störungen und der täglich im Haushalt anfallenden Arbeiten, Förderung der Tochter und Sorge für den Mann. Der Tag hatte 20 Arbeitsstunden, auch der Feiertag und der Urlaub.

Ich bin nur eine der vielen tausend Mütter, die ein behindertes Kind großziehen. Man spricht meistens nur von den armen Kindern; von den Müttern spricht fast niemand.

Unser Kind ist drei Jahre alt

- Es spricht in ganzen Sätzen, die es aber nicht versteht.
- Es kann nicht auf abstrakte Fragen antworten.
- Beim Angucken von Bilderbüchern kann es die Frage: „Was ist das?" als Frage beantworten.
- Es geht nicht mehr in fremde Häuser, es liegt bis zwei oder drei Stunden schreiend vor der Haustür.
- Wenn es etwas haben möchte, nimmt es uns an die Hand und führt uns zu dem Gegenstand.
- Wenn es etwas zeigen möchte, nimmt es unseren Zeigefinger.
- Es versteht „ja" und „nein" nicht. Für „ja" steht die Wiederholung der Frage, bei „nein" gerät es in Panik.
- Es kann noch keine Nahrungsmittel kauen.
- Es hat Angst, eine Tasse anzufassen.
- Es kann nicht sagen, daß es Halsschmerzen hat.
- Die Schwester und andere Menschen dürfen es nicht berühren.
- In öffentlichen Verkehrsmitteln gerät es in Panik.
- Es lehnt Zärtlichkeiten ab.
- Es kann die Hände nicht koordinieren, spielt und arbeitet meist mit nur einer Hand.
- Es greift zögernd.
- Es ist unempfindlich gegen Kälte und Hitze.
- Es kann keine Gefahrensituationen einschätzen.
- Es sucht keine Geselligkeit.
- Es reagiert nicht auf Ansprache fremder Menschen.
- Türen müssen immer offen stehen.
- Es interessiert sich sehr für Schrift.
- Es singt sich abends zwei Stunden lang in den Schlaf.
- Sein Liederrepertoire ist auf rund 300 Lieder mit vielen Strophen angewachsen.
- Es tobt gerne mit seinem Vater.
- Erste Versuche, mit der Schwester zu spielen – ohne sie anzufassen.
- Es faßt im Kinderzimmer immer mehr Spielzeuge an.
- Es geht gerne auf Spielplätze.
- Es schaukelt gerne.
- Über Geräusche kann es laut und herzlich lachen.

Das vierte Lebensjahr

In meiner Erinnerung war der Sommer 1977 sehr heiß, und wir hatten bereits im April hochsommerliche Temperaturen. An den Wochenenden fuhren wir zu unserem Wohnwagen am Altrhein. In der Woche ging ich nachmittags mit den Kindern auf Spielplätze. Die Bundesgartenschau war vor ein paar Jahren in Mannheim und hatte einen herrlichen Park entstehen lassen, mit vielen Spielplätzen. Dirk lernte zu schaukeln und ging gerne auf die Rutsche. Mit Sand konnte er immer noch nichts anfangen. Es gab dort viel Wasser, und Dirk warf Steine ins Wasser: „Platsch!" Er freute sich besonders über die vielen Fahnen aus glattem Plastikstoff, die er immer wieder befühlen mußte.

Wir fuhren mit der Straßenbahn zur Gartenschau. Dirk hatte die Fahrt zur Krankengymnastik noch nicht verarbeitet, und so war die Fahrt mit der Straßenbahn für ihn jedesmal mit Ängsten verbunden.

Wenn das Wetter nicht so gut war, gingen wir ins Hallenbad. Kinder hatten freien Eintritt, und so war ich oft mit fünf oder sechs Kindern dort. Heike spielte mit den anderen Kindern, während ich mich ganz um Dirk kümmern konnte. Wollte Dirk mal nicht ins Wasser, untersuchte ich seinen Hals, und meistens war er rot. Er konnte nicht sagen, daß er Schmerzen hatte. Zu Hause spielte er normal, so daß ich das nicht bemerken konnte. Auch wenn er hohes Fieber hatte, änderte er sein Spielverhalten nicht.

Das Klima in Mannheim war für Dirk sehr ungünstig. Im Sommer war es sehr warm und schwül, und Dirk hatte eine Bronchitis nach der anderen. Von Geburt an kurierten wir an Erkältungskrankheiten, und die Bronchitis drohte chronisch zu werden. Obwohl es uns landschaftlich in Mannheim-Sekenheim gut gefiel, wollten wir aus diesem Klima fort. Mein Mann bekam eine neue Anstellung in Hamburg. Ich kam mit den Kindern nach Hamburg, damit wir gemeinsam eine passende Wohnung suchen konnten. Unseren großen Wohnwagen stellten wir auf einem Campingplatz mitten in Hamburg ab. Dort lebten wir bis Juli 1978, bis unser Haus fertig gebaut war. Heike brachte ich jeden Morgen in den Kindergarten, und mit Dirk, der immer noch panische Angst vor öffentlichen Verkehrsmitteln hatte, fuhr ich oft stundenlang U- und S-Bahn und Bus.

An die Zeit im Wohnwagen denke ich noch gerne zurück. Es war ein strenger Winter, aber im Wohnwagen hatten wir immer unsere 22 bis 24 Grad Wärme. Die einzige Schwierigkeit war das Waschen in öffentlichen Waschsalons, weil Dirk immer ungeduldig war. Trotz der Schwierigkeiten mit unserem Kind haben wir uns oft gefragt, wozu wir eigentlich ein Haus brauchen. In den Monaten Februar und März wurde mein Mann noch einmal nach Mannheim versetzt, so daß wir in unserer alten Wohnung wohnen und schon mit den Umzugsvorbereitungen beginnen konnten.

An einem Sonntag im Frühjahr: Wir waren mit den Kindern wieder auf einem Spielplatz, und Dirk war gut gelaunt. Er saß auf der Schaukel, und ich gab ihm Anschwung, weil er noch nicht alleine schaukeln konnte. Ich hatte nicht aufgepaßt und ihm falsch Schwung gegeben. Dirk fiel von der Schaukel runter, direkt auf den Kopf. Er weinte kurz und war anschließend sehr still. Er spielte wieder mit Sand und war nicht mehr so fröhlich wie vorher. Wir fuhren nach Hause, und zu Hause lag Dirk ungewöhnlich ruhig auf dem Boden und spielte. Am nächsten Tag ging ich mit ihm zum Arzt. Sein Verhalten war so sonderbar. Er konnte mir nicht sagen, was ihm wehtat, ob er Kopfschmerzen hatte oder ob ihm schwindlig oder übel war. Es konnte eine Gehirnerschütterung sein.

Die Wartezeit beim Arzt war für mich immer sehr aufregend und anstrengend. Dirk ging in ungewöhnlicher Art auf andere Patienten zu, was mir sehr peinlich war. Was sollte ich den Leuten sagen? Ich wußte doch selbst nicht, was mit meinem Kind los war. Er befühlte ihre Kleidung, sprach im Echo. Wenn sie ihn ansprachen, reagierte er nicht oder sagte irgend etwas, ohne Sinn und Zusammenhang. Man konnte ihm nichts erklären, und er reagierte meistens nicht. Zwei Stunden Wartezeit war reine Nervensache, und meistens waren wir alle ziemlich geschafft, die Kinder von Erklärungen und Verboten, die Dirk doch nicht verstand und für mich reine Rechtfertigungen waren, und ich – wovon schon.

Der Arzt, beobachtete mein hin- und herlaufendes Kind nur kurze Zeit und meinte dann, daß es sich hier nicht um eine Gehirnerschütterung handeln könne. Das Kind wirke auffällig und müsse unbedingt in therapeutische Behandlung. Dirk, der mit Gegenständen in der Hand wedelnd durch das Behandlungszimmer lief, reagierte wie gewöhnlich nicht auf seine Ansprache. Der Arzt empfahl mir, einen Neurologen aufzusuchen, oder mich an das Werner–Otto- Institut in Alsterdorf zu wenden.

Zwei Wochen später hatte ich einen Termin bei dem empfohlenen Neurologen. Hier warteten wir wiederum mehrere Stunden im Wartezimmer, und ich war mal wieder völlig fertig. Es waren nicht alleine die Kinder, die mich fertigmachten, auch ich hatte Angst vor dem Arzt. Ich wußte ja, daß ich wieder sein andersartiges Verhalten schildern mußte. Ich wußte auch, daß man mir Schuld zuwies, und ich hatte Angst vor der Zukunft. Dirk bescherte mir in seinem Verhalten immer wieder neue Überraschungen. Wie sollte ich ruhig bleiben! Nach zweieinhalbStunden war meine Nervenkraft verbraucht. Ich konnte nicht mehr warten. Ich ließ mir meinen Krankenschein wiedergeben und rief im Werner-Otto-Institut an. In einem langen Telefongespräch erklärte ich das Verhalten meines Kindes und bekam innerhalb von zehn Tagen einen Vorstellungstermin.

Auch hier wurde wieder die Diagnose „Frühkindlicher Autismus" völlig ausgeschlossen, weil Dirk fröhlich spielte, wenn auch stereotyp, und er konnte sprechen. Ein weiterer Punkt war, daß er auf andere Menschen zuging, wenn auch in einer etwas seltsamen Art und Weise. Diese Verhaltensweisen paßten nicht in das Erscheinungsbild „Frühkindlicher Autismus". Er bekam Spieltherapien verordnet, und wir fuhren zunächst zweimal wöchentlich eine Stunde ins WOI (Werner-Otto-Institut).

Die Gespräche mit den Ärzten und Therapeuten und auch die Therapien brachten uns nicht weiter. Die behandelnde Psychologin schlug uns daher vor, Dirk sechs Wochen stationär aufzunehmen. In der ersten Woche sollte ich mit dort wohnen, um Dirk die Eingewöhnung zu erleichtern. Weitere vier Wochen sollte er dann alleine dort sein, und in der letzten Woche wollte man mir dann einen Weg aufzeigen und mich mit entsprechenden Therapien vertrautmachen.

Ein paar Tage, bevor Dirk stationär im Werner-Otto-Institut aufgenommen werden sollte, kam er auf mich zu. Er umklammerte mein Bein und drückte seinen Kopf dagegen. Es war das erste Mal, daß er Zuneigung zeigte.

Es ist mir sehr schwergefallen, ihn fortzugeben. Seine Entwicklung stagnierte nicht, und er entwickelte sich ständig weiter, nur erwählte er einen anderen Weg, als den normal üblichen.

Das WOI kannte Dirk von den Therapien. Jetzt waren es andere Räume, und Kinder waren da. Ich war auch da, so daß ihm der Ortswechsel nicht so schwerfiel. In seinem Schlafverhalten hatte sich im letzten Jahr etwas verändert, was ihm jetzt Probleme machte.

Bis unser Haus bezugsfertig war, lebten wir einige Monate im Wohnwagen auf dem Campingplatz. Die Kinder schliefen in Etagenbetten, Heike oben und Dirk unten. Unsere Tochter kam jede Nacht gegen zwei Uhr in unser Bett und schlief in meinem Bett weiter. Abends hatte ich Dirk etwa eine Stunde lang in den Schlaf gesungen. Nachdem er dann ungefähr zwei Stunden geschlafen hatte, lag er von etwa elf Uhr bis ein oder zwei Uhr wach. Brauchte auch er meine Nähe? Ich ging zu ihm. Fragen konnte man ihn nicht, man bekam nur Antworten aus dem Echo. Ihm etwas zu sagen, zu erklären oder ihn zu trösten, war auch schwer, denn er verstand so wenig. Drei bis vier Stunden pro Nacht lag mein Kind wach, aber still im Bett. Das belastete mich sehr; ich konnte auch nicht schlafen, und ich wußte keinen Grund für seine Schlaflosigkeit. Ich nahm ihn auf den Arm und trug ihn in mein Bett. Kaum hatte ich ihn in mein Bett gelegt, stand er auf und ging in sein Bett zurück. Das war etwas Neues für ihn, und das konnte er nicht akzeptieren. Diese Schlaflosigkeit wiederholte sich Nacht für Nacht, und ich versuchte weiterhin, ihm klarzumachen, daß er zu mir kommen kann, genau wie seine Schwester. Ich sang ihm leise vor. Aber auch das konnte ihn nicht an mein Bett fesseln. War er zuerst spontan aufgestanden und in sein Bett zurückmarschiert, so wurden allmählich die Zeiten, die er in meinem Bett zubrachte, immer länger. Waren es zunächst nur Sekunden bis zu seinem Aufbruch ins eigene Bett, war es nach einer Woche schon eine Minute. Nach rund zwei Wochen, ich hatte es aufgegeben, ihm helfen zu wollen, kam er alleine in mein Bett und blieb dort zunächst erst mehrere Stunden, später dann bis zum Morgen. In meinem Bett schlief er sofort wieder ein, und in Zukunft gab es keine schlaflosen Nachtstunden mehr für ihn. Das Problem aber war, daß unsere Tochter sich nachts auch aufmachte, um in meinem Bett den Rest der Nacht zu verbringen. Mein Mann konnte nicht mit den Kindern im Arm schlafen, so daß ich jetzt in jedem Arm ein Kind liegen hatte. Jetzt gab es für mich schlaflose Nächte.

Ich bat Heike, die bereits seit zwei Jahren in meinem Bett schlief, ob sie nicht versuchen könnte, jetzt alleine in ihrem Bett zu schlafen. Sie war inzwischen fast fünf Jahre alt und so verständig, daß sie die Schwierigkeiten, die sich für mich ergeben hatten, einsah. Dirk kam jetzt jede Nacht zu mir ins Bett. Ich war glücklich darüber, daß mein Kind endlich einmal auf mich zukam. Ich ahnte damals noch nicht, was daraus werden sollte.

Jetzt war Dirk im WOI und konnte nicht in mein Bett kommen. Die Betten waren vergittert, am Tage für die Kinder nicht zugänglich, wie er es zu Hause gewohnt war, und in einem fremden Raum. Er sollte zusammen mit anderen Kindern schlafen. Es war für uns beide sehr problematisch. Er mußte sich fügen, und ich mußte zusehen, wie er sich quälte. Ich schlief im Arbeitszimmer des Kinderarztes. Ich hatte in seinem Bücherregal das Buch von J. K. Wing „Frühkindlicher Autismus" entdeckt. Ich las die halbe Nacht. So viele Symptombeschreibungen paßten auf mein Kind. Außerdem hing im Schwesternzimmer ein großes Plakat mit 94 Auffälligkeiten des autistischen Syndroms. Von den 94 Symptomen konnte ich 72 als bei meinem Sohn gegeben erkennen. Als ich das den Schwestern sagte, erntete ich nur ein verständnisloses Lachen. „Nein, das ist etwas ganz anderes!" Man zeigte mir einen autistischen Jungen, der auch stationär dort war. Dieser Junge sprach nicht, er versuchte ständig, sich die Hand in der Tür einzuquetschen, sich in die Hand oder den Arm zu beißen, oder er lag irgendwo in der Ecke, völlig apathisch, und war auch nicht ansprechbar.

Der Junge war ein paar Jahre älter als Dirk. Diese beiden Menschen konnte man in ihrem Verhalten nicht vergleichen. Was sollte ich davon halten? Ich hatte noch nie ein autistisches Kind gesehen.

Ich las abends und auch während der Mittagszeit in dem Buch von J. K. Wing und fand immer mehr Übereinstimmungen und Erklärungen für das so andersartige Verhalten von Dirk.

Tagsüber beschäftigte ich mich mit meinem Kind. Dirk konnte noch nicht mit anderen Kindern spielen, und wenn er nicht gefordert wurde, baute er nur Reihen oder lief hin und her. Seine Konzentrationsfähigkeit war auf kurze Zeit begrenzt. Wenn er etwas haben wollte, nahm er mich an die Hand. Bekam er seinen Willen nicht, schrie und tobte er.

Dirks Hände waren, weil er sich nichts zutraute und stereotyp spielte, ungeübt. Er hatte große feinmotorische Schwierigkeiten. Ich kannte seine Probleme, und zu Hause nahm ich jede Gelegenheit wahr, ihn zu fordern. Hier hatte ich nicht nur viel Zeit für ihn, sondern auch viele Spiele, so daß uns die Zeit nicht lang wurde. Ich suchte die Spiele für ihn heraus, bei denen ich wußte: Hier macht er mit. Er konnte noch nicht nach Spielregeln spielen. Ich wandelte die Spiele so ab, daß er gezielt greifen mußte. Er hatte viel Freude am „Flopp und peng und krr"-Spiel und merkte vielleicht auch selbst, daß er immer gezielter greifen lernte. Beschäftigte ich mich nicht mit ihm, spielte er stereotyp.

Dirk hatte große Schwierigkeiten, kleine Gegenstände mit Daumen und Zeigefinger zu greifen. Er versuchte immer wieder, andere Finger zu benutzen, und er vermied es, die Fingerspitzen zu benutzen. Er merkte selber, daß er so nicht klarkam, ihm zu helfen, war nur schwer möglich. Alles Lernen mußte spielerisch erfolgen.

Aus den Mühlesteinen bauten wir Türme, oder wir drehten die Mühlesteine. Die „Mensch ärgere Dich nicht"-Männchen hüpften auf Mühlesteine. Aus Bauklötzen bauten wir Puppenstuben – „Mensch ärgere Dich nicht"-Männchen waren die Menschen, die bösen Kinder, die den Tisch umwarfen oder ein Haus bauten. Aus Domino-Steinen bauten wir lange Mauern oder Türme usw.

Ich mußte feststellen, daß es nicht gerne gesehen wurde, daß Gesellschaftsspiele zweckentfremdet wurden und schon gar nicht, wenn man Spielfiguren aus verschiedenen Spielen in ein Spiel integriert.

Es war mir unmöglich, meinem Kind, das nur begrenzt Sprache verstand, das sozial große Schwierigkeiten hatte, im Spiel nur den Spaß sah, Spielregeln beizubringen. Jeder Versuch, nach Spielregeln zu spielen, scheiterte.

Bücher wurden Tunnel, und Autos verschwanden darin oder wurden durchgeschoben. Im WOI spielte ich den ganzen Tag, und wir hatten viel Spaß.

Einmal am Tag ging Dirk für eine Stunde zur Therapie. Ich durfte nicht dabeisein. Wenn ich mich nicht mit Dirk beschäftigte, baute er aus Bauklötzen Reihen, erklärte sie zum Zug. Zu Hause war niemand, der seine Reihen zerstörte, aber hier waren Kinder, die mit großem Vergnügen sein Spiel zu stören suchten. Sie freuten sich, wenn er dann anschließend tobte, mit dem Kopf auf den Boden schlug, schrie und alle möglichen Gegenstände durch die Gegend warf. Ich versuchte, ihm zu helfen, aber niemand konnte ihm die Reihe wieder so aufbauen, daß er damit zufrieden war.

Zu Hause schob er Autos über Fliesen oder über den Wohnzimmerschrank. Er suchte bestimmte Resonanzböden, denn Geräusche interessierten ihn mehr als Autos. Wenn er sich stereotyp eingespielt hatte, war er nur noch sehr schwer zu erreichen. Ihn dann für etwas anderes, neues, zu begeistern, war fast unmöglich. Hier im WOI konnte er, wenn er nicht abgelenkt wurde, stundenlang Autos über den Schrank oder Fußboden rollen. Diese stereotypen Beschäftigungen brauchte er leider auch, denn er konnte sich nur kurze Zeit konzentrieren.

An den Aktivitäten in der Gruppe konnte Dirk sich nur selten erfolgreich beteiligen. Er kannte noch keine Spielregeln. Ihm schnell etwas zu erklären, war nicht möglich. Alles, was er lernen sollte, mußte in kleinen Schritten erfolgen. Der erste Schritt, er mußte neugierig gemacht werden – und das war schon sehr schwer. Dann kam die Sprache dazu, die mußte er verstehen, sonst ging sie in Echo über. Ein weiterer Schritt war das Soziale. In der Gruppe sah er nur sich. Rücksicht war ihm fremd.

Es ist alles schwer zu erklären, denn in den meisten Fällen brachte auf beiden Seiten der beste Wille nicht den erwünschten Erfolg. Oft blieben ihm einzelne Erfahrungen in Erinnerung, an die man später anknüpfen konnte.

Dirk hatte immer wieder das Problem, wenn er spontan etwas alleine machen wollte, war das meistens falsch oder gerade jetzt nicht erwünscht. Der Rückruf oder Tadel veranlaßten ihn, sich entweder massiv zu wehren oder sich zurückzuziehen.

Dirk kannte weder die Lieder, die im WOI gesungen wurden, noch durften ihn die Kinder beim gemeinsamen Spiel anfassen. Er wehrte sich gegen die gemeinsamen Aktionen wie gewöhnlich mit Schreien und Toben und mit dem Kopf auf den Boden schlagen. Man mußte ihn beim gemeinsamen Spiel festhalten, denn sonst rannte er mit Gegenständen in der Hand wedelnd hin und her.

Das Essen war auch hier problematisch. Die Kinder mußten sich ihr Brot selber schmieren. Dirk hatte Angst, das Messer anzufassen, und auch bei der Tasse zögerte er noch immer. An manchen Tagen schaffte er es nicht, die Tasse anzufassen. Die eine gemeinsame Woche im WOI verging sehr schnell. Ich hatte bemerkt, daß man mich kritisch beobachtet hatte.

Mit den Schwestern und Ärzten war abgesprochen worden, daß wir unser Kind am Wochenende einen Tag nach Hause holen durften. Das erste Wochenende sollte er allerdings alleine dort bleiben. Besorgt fragte ich telefonisch nach, wie es meinem Kind gehe. Dirk geht es sehr gut, bekam ich zur Antwort. An dem folgenden Wochenende sollte ich ihn aber nicht besuchen. Seine Entwicklung sei so positiv, und es könnte sein, wenn er seine Mutter sieht, daß er dann einen Rückschlag erleidet. Schweren Herzens fügten wir uns diesem Wunsch. Die folgenden drei Wochen sah ich mein Kind nicht, und an die geplanten vier Wochen wurde noch eine weitere Woche angehängt. Das ist mir sehr schwergefallen.

Als mein Mann und ich Dirk nach fünf Wochen wiedersahen, war er völlig verändert. Unser munteres Kind war sehr still geworden, die Echosprache war völlig verschwunden, er hampelte beim Spazierengehen nicht mehr neben uns her, sondern ging ordentlich an der Hand. Wir waren begeistert von dem veränderten Verhalten.

Die letzte Woche im WOI war angebrochen. Ich durfte wieder dabeisein. Dirk bekam täglich eine Therapiestunde, bei der ich jedoch nicht, wie abgesprochen, dabei sein durfte. Dirk hatte in den fünf Wochen erheblich an Gewicht verloren. Er schmierte sich jetzt sein Brot alleine und griff, ohne zu zögern, nach der Tasse. Er äußerte die wenigen Wünsche, die er hatte, verbal. Er suchte nicht mehr nach meiner Hand, wenn er mir etwas zeigen wollte. Die Kinder zerstörten seine Reihen, und er baute sie wieder auf, ohne ein Wort zu sagen, ohne zu schreien. Dirks Mimik war um einiges ärmer geworden. Er lachte nicht mehr. Seine muntere Echosprache war völlig verschwunden. Er erschien mir sehr apathisch. Wenn er jetzt spielte, sprach er nicht mehr dabei. Wie war es möglich, in so kurzer Zeit einen Menschen derart zu verändern? Ich weiß bis heute nicht, was sie mit ihm gemacht haben. Ich bekam keine Verhaltensanweisungen und auch keine Erklärungen. Ich war weder bei Therapien dabei, noch wußte ich, mit welchen Methoden sie mein Kind derart verändert hatten.

Dirk war wieder zu Hause. Er sprach jetzt sehr wenig, aber wenn er etwas haben wollte, sagte er es. Wir nahmen ihn so, wie er war. Zunächst waren wir begeistert, doch schon bald merkten wir, daß er sehr unglücklich war. Er äußerte keine Wünsche und Bedürfnisse mehr, weil er sie sprachlich nicht ausdrücken konnte, und an die Hand hat er uns auch nicht mehr genommen. Somit hatte er keine Möglichkeit mehr, sich uns mitzuteilen. Wir stellten fest, daß er permanent resignierte und sich mit allem zufriedengab. Da er uns nicht mehr an die Hand nahm, konnten wir ihm sprachlich nichts erklären und ihm somit auch nichts anbieten. Er hatte jetzt keine Möglichkeit mehr, Wünsche oder Bedürfnisse zu äußern. Fragen stellen konnte er noch nicht, und Fragen beantworten war nicht möglich. Die Kommunikation war noch schwieriger und sein Gesicht war total ausdruckslos geworden. Er kämpfte nur noch selten und ließ sich sehr viel gefallen, ohne eine Reaktion zu zeigen.

Hier zu Hause war niemand mehr, der ihm seine Reihen zerstörte, und es gab keine Kinder, die er anfassen mußte. Vor dem Badezimmer und der Toilette hatte er panische Angst. Wir ignorierten diese Verhaltensweisen, und nach einigen Wochen waren sie verschwunden.

Werner-Otto-Institut der Alsterdorfer Anstalten

Herrn Dr. med. C.   2. Januar 1979
Dr. Ab/St
Sehr geehrter Herr Kollege,

wir berichten Ihnen über das Kind Dirk, geb. am 25.10.1974, das sich vom 25.9. bis 27.10.78 in unserer stationären Behandlung befand.

Diagnose: Schwere Verhaltensstörungen, allgemeine Entwicklungsverzögerung.
Anamnese: Die Vorgeschichte setzen wir als bekannt voraus. Jetzt wurde der Junge stationär aufgenommen, um eine intensive psychologische Therapie durchzuführen. Gleichzeitig wurde zeitweise die Mutter stationär aufgenommen, um die Interaktion zwischen Mutter und Kind zu beobachten und der Mutter Anleitungen für den Umgang mit dem Kind zu geben. Der Junge versucht, durch Schreien, Toben, Beißen sein Ziel zu erreichen. Eine emotionale Bindung lehnt er ab, nur gelegentlich schmust er mit der Mutter. Dirk hat im Spiel Stereotypien entwickelt, er baut gern Reihen, wedelt gern mit Papierblättern. Er kriegt einen Wutanfall, wenn die Reihen zerstört werden. Mit anderen Kindern kann er nicht spielen, sie stören ihn.
Sprache: Dirk spricht zwar lange schwierige Sätze, verständigt sich aber am liebsten durch Gesten und Schreien. Er nimmt die Mutter auch an die Hand, um ihr etwas zu zeigen.
Verrichten des täglichen Lebens: Er kann mit der Gabel alleine essen, läßt sich aber füttern, beißt Brot ab, kaut. Kein selbständiges An- und Ausziehen, keine Sauberkeit.
Befund: 3,11 jähriger Junge, Systolikum, sonst intern o. B. Fährt ständig Autos hin und her, baut Reihen, wedelt mit Gegenständen. Spricht beim Spielen vor sich hin. Wehrt sich gegen Berührung. Schwer ablenkbar.
Kopf: Leicht abgeflachter Hinterkopf, Mimikarmes Gesicht. Augenmotilität und Pupillenreaktion regelrecht.
Sprache: Häufiges Wiederholen von Sätzen oder Fragen, kaum Antworten, zum Teil verstümmelte Worte.
Arme/Feinmotorik: Beidseitiges Hantieren, rechte Hand wird bevorzugt. In Rücken- und Bauchlage keine Auffälligkeiten. Im Langsitz stimulierbare Sitzkyphose.
Hüften/Beine: Hüfte gut abspreizbar. Dorsalflexion aktiv/passiv 90/75 Grad. Muskeltonus leicht hypoton, Gelenke etwas überstreckbar. Reflexe seitengleich regelrecht.
Motoskopie: Sehr flink in den Bewegungen. Krabbeln alternierend. Aufsetzen mit Abstützen. Aufstehen aus dem Bärenstand. Stand breitbasig, sicher. Gang mit Abrollen, Laufen etwas tapsig, dabei leicht assoziierte Mitbewegung der Hände. Zweibeinhüpfen unauffällig, Einbeinstand und Strichgang nicht demonstriert.
Phoniatrische Untersuchung: Expressive Sprache in kurzen, gut artikulierten Sätzen mit deutlichen Stereotypien und Perseverationen. Mundmotorik o. B.
Verlauf: Zunächst wurde das Kind in seinem Verhalten hier beobachtet. Dabei zeigten sich die bereits bekannten Stereotypien wie Gegenstände wedeln, Reihen bauen, Autos hin und her schieben. Außerdem versuchte Dirk, durch ständiges Schreien und an der Hand Zerren zu erreichen, daß ihm alle Anforderungen abgenommen werden.

Dies zeigte sich besonders bei der Interaktion zwischen Mutter und Kind. Die Mutter ging sofort auf Dirks Geschrei ein, sie half ihm in jeder Situation sofort. Sie ließ ihm nicht die Möglichkeit, selbst etwas zu tun. Unter intensiver psychologischer Therapie bei Frau A. sowie durch heilpädagogische Behandlung auf der Station änderte sich allmählich sein Verhalten. Er lernte es, daß seine Reihen zerstört wurden, er reparierte sie selbst wieder. Kinder stören ihn gar nicht mehr in seiner Umgebung, er selber kann allerdings noch nicht mit anderen Kindern spielen. Seine Wünsche äußert er verbal, er spielt gern mit Bällen und tobt gern. Die Stereotypien sind deutlich geringer geworden. Auch die Essenssituation hatte sich erheblich gebessert. Er greift spontan nach dem Becher und trinkt daraus, ohne Schreien und Abwehr. Er ißt Brot allein, sucht sich den Belag aus und versucht sogar, Brot zu bestreichen. Ein Toilettentraining wurde begonnen, mußte aber abgebrochen werden, da der Junge erheblichen Widerstand leistete.

Der Mutter wurde verbal und durch Demonstration klargemacht, wie sie auf das Verhalten des Jungen reagieren sollte. Dirk hatte hier deutliche Fortschritte gemacht. Es ist zu hoffen, daß bei adäquater Behandlung zu Hause sich diese Fortschritte stabilisieren.

Mit kollegialem Gruß Dr. J. S. – Dr. A.

***

Ich hatte im WOI das Buch von J. K. Wing gelesen und es mir inzwischen selbst besorgt. Die autistische Verhaltensrichtung sah ich bei unserem Kind in vielen Bereichen bestätigt.

Dirk hatte seinen vierten Geburtstag im WOI gefeiert. Jetzt war ein knappes halbes Jahr vergangen, und Dirk war wieder der alte: unser munter plapperndes Kind. Er hatte sich weiterentwickelt, wenn auch anders als seine Schwester. Noch immer suchte ich nach einem Beweis, daß er denken könne, denn ich konnte sein Verhalten und auch seine Reaktionen immer noch klar vorhersehen und entsprechend kalkulieren.

Jeden Tag ein Buch anzusehen, diesem Vorsatz blieben wir treu. Dirk lebte mit vier Jahren in der Märchenwelt der Bücher. Die Realität war ihm weitgehend fremd. Er konnte mit seinen Sinnen nur in ganz geringem Maße Dinge verarbeiten. Seine Schwester, die mit ihm in einem Zimmer spielte und schlief, übersah er. Sie suchte in ihm immer wieder den Spielpartner, aber sie brauchte ihn nur zu berühren, so schrie er oder entwand sich ihrer Umarmung. Sein Körper schien wie Gummi, ohne Knochen, und geschickter als er konnte sich wohl niemand bewegen. Der Fußboden lag voller Spielzeug und im Zimmer standen Tische, Stühle und andere Möbel. Er trat weder auf Spielzeug, noch stieß er sich im Laufen an Ecken oder Kanten. Er überschätzte sich nie und hatte seinen Körper voll unter Kontrolle.

Sehr spät, eigentlich zu spät, ist uns so richtig klargeworden, wie man einem solchen Kind zu einem selbständigen Leben verhelfen kann. Als uns bewußt wurde, daß seine ganzen Handlungen und auch seine Sprache erlernt und nicht nachgeahmt waren, war uns die weitere Art, wie wir mit ihm umgehen mußten, klar. Wir mußten viel mehr Verständnis aufbringen und neue Lernschritte systematisch aufbauen.

Die Sprache hat er Wort für Wort erlernt, und bis zu seinem sechsten Lebensjahr reagierte er nur auf meine Ansprache. Nur ich wußte genau, was er verstehen und verarbeiten konnte. Auf die Ansprache anderer Menschen reagierte er nicht. Sie hatten einen anderen Satzbau, und es kamen kleine Worte darin vor, die er noch nicht verstehen konnte. Das Gesagte war für ihn derart verwirrend, daß er sich abwendete, als habe er nichts gehört. Erst als ich vermittelnd eingriff und den Satz für ihn verständlich aufbereitete, war er in der Lage und auch bereit, zu reagieren oder zu antworten.

Diese Verhaltensstörung, daß er auf Ansprache anderer Menschen nicht reagierte, war in späterer Zeit sehr schwer abzubauen. Wie schwer es ist, eine solche Störung abzubauen, habe ich in diesem Zusammenhang dann am eigenen Leibe erlebt. Ich habe mich immer wieder dabei ertappt, daß ich selbst bei den simpelsten Forderungen, denen er lange gewachsen war, helfend eingriff. Noch heute fällt es mir oft schwer, nicht einzugreifen, um ihn vielleicht in eine von mir erwünschte Richtung zu drängen. Von den Kindern erwartet man, daß sie ihr Verhalten anpassen. Wie schwer das ist, habe ich bei mir selbst oft festgestellt.

Das Buch von J. K. Wing hatte mir im Verständnis weitergeholfen. Ich suchte in den Reaktionen meines Kindes nach einer Ursache seines andersartigen Verhaltens. Fast alle Verhaltensauffälligkeiten, mit denen wir und Dirk manchmal über Jahre zu kämpfen hatten, basieren auf einem Wahrnehmungsunverständnis in den ersten Lebensjahren. Viele für ihn unbegreifliche Situationen wurden so verarbeitet, daß sie bei ihm Angst auslösten.

Dirks Sprachverständnis war noch sehr gering, und die Verarbeitung der aufgenommenen Wahrnehmung war oft problematisch und verlief fehlerhaft. Dazu kommt, daß Dirk nicht entsprechend nachfragen konnte. Seine Ängste nahmen zu, und wir Eltern sahen nur selten eine Möglichkeit, ihm helfen zu können. Frühere unverarbeitete Erlebnisse haben Verhaltensstörungen ausgelöst, die uns über Jahre das Leben schwergemacht haben.

Um das aktive Sprachverständnis und um die Verbesserung der Feinmotorik bemühten wir uns weiterhin täglich. Etwas gemeinsam zu machen, war immer noch sehr schwer. In seinem Stereotypiebereich wurde er immer zugänglicher und akzeptierte Varianten.

Dirk hatte zu malen und zu schreiben begonnen. Zunächst schrieb er *nur einzelne* Buchstaben, wie i, a und o. Auf der Straße interessierte er sich immer mehr für Reklame und Straßenschilder. Die Buchstaben in der Reklame fand er in seinen Büchern wieder.

Plötzlich hatte Dirk Angst vor Licht, wir durften abends kein Licht mehr anmachen und mußten im Dunkeln sitzen. Diese panische Angst vor Licht entwickelte sich von heute auf morgen. Er schrie und tobte in altbekannter Weise, sobald jemand das Licht anmachte. Er legte sich ins Bett, und wir schalteten das Licht wieder ein. Sobald er aufstand, ging das Theater wieder los. Wir konnten doch nicht alles mit uns machen lassen. Diese vielen Probleme über Tag, und immer kommt aus heiterem Himmel ein neues hinzu. Permanent ist man auf der Suche nach Ruhe. Es ist nicht immer die Ruhe, die ich für mein Kind suche, sondern es ist die Ruhe, die ich für die Familie und auch für mich suche.

Wir gingen mit Dirk zum Fenster und zeigten ihm den Mond. Er betrachtete ihn zunächst skeptisch, dann bekam er auch davor panische Angst. Wie konnte man ihm helfen? Bisher hatte er nichts gegen Licht gehabt. Er hat es ein- und ausgeschaltet, ohne Probleme. Ich glaube, daß hier eine ganz bewußte Wahrnehmungsverarbeitung stattgefunden hatte. Vielleicht hatte er in die Sonne gesehen und festgestellt, daß das unangenehm war. Die Sonne hat er auf das grelle Licht übertragen und hatte nun

Angst vor Licht. In dieser Zeit hatten wir auch Fotos machen lassen, die mit Blitzlicht aufgenommen wurden. Vielleicht hat ihn der Blitz derart erschreckt, daß er so ängstlich reagierte.

Die Abendbrotzeit wurde verschoben auf die Zeit, in der normalerweise das Licht eingeschaltet wurde. Essen tat er sehr gerne, und ohne Licht, im Dunkeln, war das auch für ihn nicht einfach. Er war zunächst ziemlich hilflos. Er schaltete selbst das Licht ein und wieder aus. Immer wieder versuchte er, sich selbst zu helfen. Er wollte ja essen, aber im Dunkeln? Machten wir das Licht an, geriet er in Panik, und es gab keine andere Möglichkeit, als das Licht wieder auszuschalten. Wir versuchten es mit einer weniger starken Glühbirne. Jetzt konnte er das Licht schon etwas länger ertragen. Er entwickelte weitere Ängste. Wir hatten ihm den Mond gezeigt. Er hielt sich die Augen zu, um den Mond nicht zu sehen. Er bekam Angst vor Straßenlaternen.

Ein paar Tage hatten wir Schwierigkeiten mit dem Licht im Haus. Dann hat er das Licht wieder akzeptiert. Die panische Angst vor dem Mond hielt etwas länger an. Ich bastelte eine Fingerpuppe als Mond, und wir spielten Mondgeschichten. Wir sangen verstärkt Lieder vom Mond, und wir malten den Mond. Immer begleitet mit Geräuschen, war er bereit, mitzumachen und auch mitzuspielen. Dann war von jetzt auf gleich dieses Thema vorbei, und ein neues stand an. Eine panische Angst löste die andere ab.

Obwohl er Wasser über alles liebte, war er über ein halbes Jahr weder bereit, in die Badewanne zu gehen, noch zu duschen. Er mußte gewaschen werden, und das war bei seiner motorischen Unruhe nicht immer einfach. Warum er Angst besonders vor Duschen hatte, weiß ich nicht. Ich kann nur vermuten, daß es wieder mit der Wahrnehmungsverarbeitung zu tun hatte. Er konnte als kleiner Junge unter einer heißen oder kalten Dusche stehen, ohne daß er es als unangenehm empfinden oder entsprechend äußern konnte.

Wir standen immer wieder vor einem Rätsel. Eben noch hat er begeistert unter der Dusche gestanden, jetzt reagiert er panisch, wenn er nur in die Nähe kommt. Das Sprachverständnis war immer noch recht mangelhaft, und von daher gab es nur wenige Möglichkeiten, ihm sprachlich etwas klarzumachen. Er konnte uns auch nicht sagen, was ihn beängstigte und warum er auf einmal so anders reagierte. Wir mußten einen Weg suchen, um ihm die Angst zu nehmen. Mit Gewalt und Druck konnte man in diesem Fall nichts erreichen. Er war in Panik und für realistische Erklärungen nicht aufnahmefähig.

Die bisherigen Erfahrungen lehrten uns, daß ihn nur ein Weg in kleinen, einsichtigen Schritten von seiner Angst befreien konnte. Oft war ein von uns bemessener kleiner Schritt viel zu groß für ihn. Eine solche falsche Einschätzung und Überforderung warf uns in unseren Bemühungen noch weiter zurück. Oft war es auch so, daß die vielen kleinen Schritte nicht zu groß für ihn waren, sie zeigten aber erst sechs oder acht Wochen später ihre Wirkung. Andere Schritte brachten spontanes Verständnis. Geduld, viel Zeit, viel Fantasie und viel Einfühlungsvermögen führten uns langsam weiter.

Das nicht vorhandene passive Sprachverständnis und die damit verbundene nicht mögliche Sprache gab Dirk ungeahnte Möglichkeiten zur Entwicklung von Störungen. Ich glaube, daß bestimmte Verhaltensstörungen, die als typisch autistisch eingestuft werden, zwangsläufig auch bei anderen Kindern auftreten, die Schwierigkeiten mit der Verarbeitung der Wahrnehmungen haben.

Das verhaltensgestörte Kind erlebt möglicherweise die fassungslose Reaktion der Gesellschaft als Verstärker. Es weiß nicht, daß gerade diese Reaktion nicht normal ist. Das Kind erlebt aber immer wieder die gleichen fassungslosen Reaktionen auf sein Fehlverhalten (es kann sich leider nicht angepaßt verhalten), und leider lernt es, daß man so reagiert. Es lernt, genau zu kalkulieren, und weiß, was folgt. Was es sicherlich nicht weiß, ist, daß es damit seine Familie traktiert. Das Kind kennt Reaktionen, aber noch keine Strafe.

Ich glaube nicht, daß es ein Rezept zur Vermeidung von Verhaltensstörungen geben wird. Das andersartige Verhalten (= Verhaltensstörung) resultiert aus der anders verstandenen Wahrnehmung. Eine Aufarbeitung dieser falsch verarbeiteten Wahrnehmung erscheint zunächst unmöglich. Man weiß noch nicht, wo der Fehler in der Wahrnehmensverarbeitung liegt. Das Kind hat eine Erfahrung gemacht, die es nicht erzählen kann.

Das Kind ist schon älter. Das ehemalige Problem der Wahrnehmungsverarbeitung ist aufgearbeitet, die Verhaltensstörung aber ist geblieben. Oder die Verhaltensstörung wird mit Strafe bekämpft. Es werden neue Problembereiche geschaffen, und das grundlegende Problem wird in eine andere Richtung gedrängt oder verdrängt. Zunächst hat man Ruhe; was später kommt, kann man nicht kalkulieren. Einem normalen Kind versucht man, die Situation zu erklären. Bei unserem Kind brachte uns leider „nur Sprache" nicht weiter.

Zweiter Teil

Die erfolgreiche Suche nach Verständigung

Dipl.-Psychologe Hartmut Janetzke – Leiter des Hamburger Autismus-Instituts
(aus dem Film „Ein Leben ohne Lächeln?" – 1993)

Wir müssen versuchen, bei den Kindern
die Ängste zu überwinden.
Dabei darf unser Angebot nicht zu neu sein,
und es muß hinreichend klein dosiert werden,
so daß die Kinder mit dem, was wir anbieten,
auch etwas anfangen können.

Es entscheidet nicht unsere gute Absicht,
sondern immer die Resonanz,
ob unser Angebot von den Kindern angenommen
und gut verkraftet werden kann.

Wenn uns das gelingt,
dann können wir sicher sein, uns auf dem
„richtigen Wege zu befinden"!

Angst vor einer anderen Umgebung

Als Dirk gut ein Jahr alt war, hatte er eine Bronchitis mit hohem Fieber. Ich war immer noch auf der Suche nach einem guten Kinderarzt. Ein Arzt, den man mir empfohlen hatte, wohnte rund 15 Kilometer entfernt. Ich brauchte jetzt einen Arzt und setzte mich mit meinem hoch fiebernden Kind ins Auto. Beim Arzt angekommen, warteten wir zunächst ziemlich lange im Wartezimmer. Dann wurden wir in die Behandlungskabine bestellt, und hier warteten wir nochmals länger als eine Stunde auf den Arzt. Ich hatte Dirk ausgezogen und saß nun mit meinem fiebernden Kind in einem Raum von etwa sechs Quadratmetern. Grauer Boden, schwarze Liege, weiße Wände, ein schwarzer Stuhl. Nachdem wir über eine Stunde in diesem tristen Raum gewartet hatten, fing Dirk an zu schreien. Dirk schrie sehr selten, aber wenn er einmal angefangen hatte, war er sehr schwer zu beruhigen. Das hängt dann wieder mit der Wahrnehmung und dem Reaktionsvermögen zusammen. Er reagierte so schon schlecht, und wenn er angefangen hatte zu schreien, war ich machtlos. Der Arzt im weißen Kittel, stürzte in die Kabine und horchte Dirk ab. Dirk schrie immer noch. Der Arzt gab ihm eine Spritze gegen das Fieber. Dirk schien diese Spritze gar nicht wahrgenommen zu haben, denn er schrie weiter. Der Arzt gab ihm eine zweite Spritze zur Beruhigung. Aber Dirk beruhigte sich nicht. Er schrie auch auf dem Heimweg im Auto weiter. Erst als er in seinem Bett lag, beruhigte er sich und schlief ein. Von diesem Tage an hatte ich Schwierigkeiten, mit Dirk in fremde Häuser zu gehen.

Die Fahrt zur Gymnastik, die ständigen Arztbesuche, Besuch bei Freunden, die alle etwas von ihm erwarteten, was er nicht geben konnte; das waren Erlebnisse in fremden Häusern, die er nicht angenehm erlebt hatte. Als Dirk laufen konnte, war er nur noch selten bereit, ein fremdes Haus zu betreten. Was konnte ich tun? Mein kleines, ängstliches Kind klammerte sich an mir fest und versuchte zu verhindern, daß ich mit ihm ein fremdes Haus betrete. Als er aufgefordert wurde, mitzukommen, schlug er mit dem Kopf auf das Straßenpflaster, schrie und stampfte mit den Füßen. Alle erreichbaren Gegenstände warf er durch die Gegend. Die Angst vor dem fremden Haus war zu groß. Ich wollte und konnte mich nicht immer nur nach seinem Willen richten, nachgeben und zu Hause bleiben. Mehr als zwei Jahre lang hatte ich mit Dirk diese Schwierigkeit.

Bekannte besuchen zu wollen, wurde langsam zur Horror-Vorstellung. Zwei, drei Stunden lang konnte er vor der Haustür liegen und schreien. Die Situation war mir so peinlich, aber ich war machtlos. Als ich wieder einmal eine solche Aktion überstanden hatte und sehr betroffen nach Hause ging, ist mir in einer schlaflosen Nacht plötzlich Dirks Situation klargeworden.

Ich konnte mit meinem Kind nur wenig sprechen. Ich sprach mit Dirk in einer gezielt klar durchdachten Sprache, die mit wenigen Worten eine Sache erklärt. Abstrakte Worte und Attribute kannte und verstand er noch nicht. Wenn ich mit Heike sprach, sprach ich mit ihr so, wie mit anderen Menschen, denn sie war sehr sprachgewandt. Ihr hatte ich nun gesagt, wohin wir gehen, und Dirk stand daneben oder war irgendwo im Raum. Dirk aber konnte die normale Art der Sprache nicht verstehen. In alter Gewohnheit nahm ich Dirk wortlos an die Hand, und wir gingen los. Diese Situation ist mir plötzlich bewußt geworden.

Der Tag war allein schon durch mein Problemkind so voll, daß ich keinen Plan aufstellte, was ich gerade heute mit Dirk machen oder unternehmen könnte. Alles, was ich versuchte, ihm klarzumachen, war spontan und situationsabhängig. Alles war wichtig zu lernen, aber „alles" war zu viel für ihn. Ich mußte das Wichtigste rausfiltern. Wenn ich versuchte, spezielle Lernsituationen zu schaffen, so ging das meistens daneben. Er merkte den Druck und war weg. Also nahm ich das, was der Tag oder die Situation uns anbot; so ist es sicher auch normal.

Dirk verstand zwar inzwischen relativ viel, aber er wußte nie, was in einem fremden Haus auf ihn zukam. Er wurde unvorbereitet neuen Situationen ausgesetzt. Dirk konnte sich noch nicht spontan auf neue Dinge und Personen einstellen und war somit hoffnungslos verunsichert. Wenn er dann erst einmal in Panik geraten war, konnte man ihm nichts mehr erklären. Ich hatte jetzt sein Problem erkannt und konnte nach einer Lösung für ihn suchen.

Im Kinderzimmer spielte Dirk inzwischen mit fast allen Spielsachen, wenn er sie auch oft anders verwendete. Er zeigte hier nur noch selten Ängste. Das Wort Kinderzimmer wurde jetzt klar definiert. „Dirk spielt im Kinderzimmer." Er verstand das Wort und die damit zusammenhängende Situation. Das Kinderzimmer war für ihn jetzt ein Raum, in dem er nichts zu befürchten hatte. Wollten wir jetzt jemanden besuchen, bereitete ich mein Kind ein paar Stunden vorher darauf vor. „Wir gehen zu Stefan, Dirk geht ins Kinderzimmer." Es war fast nicht zu glauben. Dirk freute sich und machte keine Schwierigkeiten, das Haus zu betreten. Er fragte: „Dirk spielt im Kinderzimmer?" (Fragen: „Wo ist das Kinderzimmer?" konnte er noch nicht.) Man zeigte ihm das Kinderzimmer, und er war zufrieden. Ich hatte die Problemlösung für ihn gefunden. Von dem Tage an, als mir klar war, daß ich wie in diesem Falle über Jahre Fehler gemacht hatte, suchte ich bei künftigen Problemen erst einmal nach, ob ich auf dem richtigen Weg zu ihm bin.

Ich habe dann immer wieder Fehler in meinem Verhalten dem Kind gegenüber festgestellt und dann mehr an der Änderung meines Verhaltens gearbeitet, als an dem meines Kindes. Wenn ich die Ursache für Dirks Problem gefunden hatte und mein Verhalten so einstellte, daß er die Angelegenheit verstehen konnte, verabschiedete sich die Störung.

Wer über Sprache nachdenkt, sollte nicht nur nach der Bedeutung, sondern nach dem „Gebrauch" des Wortes fragen.
Wir sollten nach Wegen suchen, wie wir uns verständigen können.

***

Echosprache

Mit zwei Jahren lernte Dirk, die ersten Worte zu sprechen und zu verstehen. Dieser Sprachschatz wurde täglich erweitert. Er erweiterte seinen Sprachschatz auch selbst, indem er unsere alltägliche Sprache aufnahm. Diese Sprache verstand er aber nicht, sie wurde zum Echo.

Zwischen dem dritten und vierten Lebensjahr sprach Dirk fast nur im Echo. Sein allgemeiner, aktiver Sprachschatz reichte für die alltäglichen Belange und die Anforderungen, die man an ihn stellte. Er wollte sich auch unterhalten, aber er konnte es noch nicht. Um einem einfachen Gespräch folgen zu können, gehört sehr viel Sprachverständnis. Das bißchen, was er verstehen konnte, reichte nur für das Nötigste. Erst viele Jahre später war er in der Lage, an einem allgemeinen Gespräch teilzunehmen.

Dirk sprach mich mit einem abstrakten Satz an, den er irgendwann einmal aufgenommen hatte. Ich antwortete ihm sinngemäß auf diesen Satz. Da er aber den abstrakten Satz nicht verstanden hatte, war er überrascht über meine Antwort. Die Antwort gab ich ihm in einer Sprache, die er verstehen konnte, und bezog mich auf „seinen" Satz. Er sah mich dann erstaunt an, weil er plötzlich wieder Boden unter den Füßen hatte; er erwachte aus seiner Traumwelt. Mit meiner Antwort forderte ich ihn heraus, und er mußte aus meiner Antwort eine Situation rekonstruieren, die er mit seinem Satz herausgefordert hatte. Seine Echosprache hatte keine Basis; ich hatte ihm aber eine Basis angeboten. Das war ein Problem für ihn, das er nicht lösen konnte. Die einzige Chance, aus der Situation herauszukommen, war, mit der Echosprache zu antworten. Eine normale Reaktion ist dann „dieser Quatsch", und man wendet sich ab. Wir haben uns beide nicht verstanden und beide gleich reagiert, er steigt zurück in seine Traumwelt, und ich wende mich ab. Das Problem für Dirk blieb bestehen, er wollte sich unterhalten, also blieb ihm nichts anderes übrig, als mit sich selbst zu sprechen.

Dirk lernte täglich dazu. Seine zwischen dem dritten und vierten Lebensjahr praktizierte Echosprache wurde immer mehr Verstandessprache. Der aktive und passive verständliche Sprachschatz war jetzt so weit entwickelt, daß Dirk Sprache schneller verarbeiten konnte. Er hatte ganze Sätze aufgenommen und lernte, die entsprechenden Wahrnehmungen sinnvoll zu verarbeiten und in seinen aktiven verständlichen Sprachschatz einzuordnen. Dies konnte er allerdings nicht alleine, er brauchte ständig Hilfe. Diese Echosprache war ein Zeichen seiner Kommunikationsbereitschaft. Dadurch, daß er Wörter einzeln in ihrer Bedeutung gelernt hatte, war es auch möglich, einzelne Wörter im Text situationsbedingt zu erklären. Dabei mußte ich immer wieder auf Erfahrungen oder ihm bekannte Situationen zurückgreifen, um es ihm verständlich zu machen. Die Bücher, die wir täglich in die Hand nahmen, konnte ich jetzt teilweise schon vorlesen.

Ein großes Problem war, daß Dirk nicht nachfragen konnte. Da konnte es passieren, daß ich ihm etwas erklärt habe und glaubte, er habe es so verstanden, wie ich es versucht habe, ihm klarzumachen. Er aber hatte die Sache anders verstanden und bestand nun auf seiner Auslegung. Eine Situation zu korrigieren, war äußerst schwer.

Ich stand für mein Kind Tag und Nacht zur Verfügung. Für seine weitere positive Entwicklung war das sehr wichtig, denn ich hatte einen guten Überblick über seinen Wissensstand.

Nur so konnte ich die permanent sprachliche Überforderung etwas auffangen und täglich versuchen, seine Lücken etwas aufzufüllen.

Bei diesen ganzen Lernprozessen muß man sich immer wieder darüber klarwerden, daß es sich hier um ein „Kind" handelt, das „lernen will", aber nicht so kann wie wir und wie wir es wollen. Es muß spielerisch erfolgen, und mit dem Ergebnis muß es etwas anfangen können; es muß für das Kind „greifbar", „begreifbar" und nachvollziehbar sein.

Heute weiß ich, daß unser Kind zunächst nicht so viel auf einmal aufnehmen konnte. Das, was man einem solchen Kind anbietet, sollte nicht nur sehr klein dosiert werden, sondern es sollte mit dem Ergebnis im täglichen Leben etwas anfangen können. Wenn ich beispielsweise in Filmen behinderte Kinder puzzeln sehe, werde ich traurig. Ich selbst puzzle gerne, und ich weiß aber, daß es für mich reiner Zeitvertreib ist und ich daraus auch nichts lernen kann. Ich lache beim Puzzeln nicht, ich bin alleine, und puzzeln macht mich aggressiv, wenn ich nicht weiterkomme. Diese puzzelnden Kinder verlieren in meinen Augen kostbare Lebens-Lernzeit.

Wenn wir scheinbar mühelos mit Freunden plaudern,
vollbringt unser Gehirn „Höchstleistungen".
Das Verstehen geht sehr schnell.
Der Kaffee ist fe...
Der Rest braucht nicht ausgesprochen zu werden.
Das Gehirn hat aus den vielen Wörtern, die mit „fe" beginnen,
schon das Wort „fertig" ausgewählt, bevor es ausgesprochen wurde.
Wir verstehen also nicht nur den Satz, weil wir Wörter verstehen,
sondern auch die Wörter, weil wir den Satz verstehen.
Und den Satz, weil wir die Situation verstehen.

Eine Frage zu verstehen, ist gar nicht so leicht

Wie viele Fragen müssen wir beantworten, bevor wir nur „eine" Frage beantworten können? Wie viele Worte muß man verstehen, um nur „einer" Aufforderung nachkommen zu können? Wer berücksichtigt, daß ein Mensch mit der non-verbalen Sprache große Schwierigkeiten hat? Wer macht sich vorher Gedanken darüber, wenn er einem wenig verstehenden Menschen eine kleine Frage stellt? In der Merkmalliste der autistischen Verhaltensweisen wird immer wieder erwähnt, daß autistische Kinder auf Fragen nicht antworten können, daß sie bei Ansprache weglaufen. Warum?

Ein Beispiel – eine ganz einfache Frage aus unserer Erfahrung: „Möchtest du ein Bonbon haben?" so wurde Dirk gefragt. Die Frau zeigte Dirk das Bonbon, und Dirk nahm es an.

Für Dirk begann ein Problem. Er hatte das Bonbon in der Hand. Die Frage war beantwortet, als er das Bonbon in die Hand nahm. – Non-verbal!

Eine Menge weiterer Fragen standen jetzt für ihn an.

Was ist das für ein Bonbon? Das Papier kennt er nicht, also ist das Bonbon eine Überraschung. Er hat etwas bekommen und muß sich bedanken; eine gesellschaftliche Geste. – Tadel, wenn es nicht spontan von ihm selbst kommt.

Bevor er das Bonbon auspackt, möchte er wissen, wie es schmeckt. Das kann weder er noch ich wissen; er muß es auspacken und probieren.

Geschmack – ein weiteres Problem: Geschmack muß sprachlich auch definiert werden. Süß schmeckt nicht für jeden gleich süß. Was mir schmeckt, braucht meinem Kind noch lange nicht zu schmecken.

Also, das Bonbon wird ausgepackt und angesehen. Vom Äußeren her wird der Geschmack abgecheckt. Das Papier ist klebrig und die Hände jetzt auch. Wir haben kein Wasser zur Verfügung. Die Hände sind nicht gerade sauber, und er soll sie nicht ablecken. Ein weiteres Problem mit klebrigen Händen.

Jetzt soll ich das Bonbon probieren und ihm sagen, wie es schmeckt. Das mache ich nun schon seit Wochen oder Monaten, und ich weigere mich.

Ich will endlich Ruhe haben und nicht jedes Bonbon anlecken und meinen Kommentar dazu geben.

Dirk gerät in Panik: Bisher hat Mama immer zuerst probiert, warum gerade jetzt nicht mehr. Denkt Dirk, ich habe ihn jetzt nicht lieb?

Ich will aber nicht, weil ich möchte, daß er sich selbst äußert, selbst probiert. Er soll sich selbständig mit Geschmack auseinandersetzen.

Dirk hat Angst, er ist total verunsichert. Da ist einmal das Bonbon, dessen Geschmack er nicht kennt; es könnte scharf oder sauer sein, und da ist die Mama, die auf einmal nicht mehr probieren will. Panik perfekt ...

Dirk schreit und zerrt an mir, und wir kämpfen über eine Stunde miteinander. Wir sind beide am Ende, und das Sprichwort sagt: „Der Klügere gibt nach!"

Ich glaube nicht, daß ich klüger war, ich mußte es nur werden. Der Kampf war sinnlos und hatte uns keinen Schritt weitergebracht. Unsere Kleidung war ziemlich ramponiert. Dirk hatte böse Beschimpfungen hinnehmen müssen – nicht nur von mir – und letztendlich erreicht, was er wollte. Ich habe das Bonbon probiert, ihm gesagt, wie es schmeckt, und von der Sekunde an hatten wir beide Ruhe. Er mußte zwar noch ein paarmal eine Bestätigung für den Geschmack haben, aber das Thema war für ihn jetzt erledigt. Beim nächsten Bonbon werden in uns beiden schmerzliche Erinnerungen wach. Wir werden darauf zu sprechen kommen und weiter an uns arbeiten müssen.

Die Frage: „Wie schmeckt das Bonbon?" hat ein normales Kind schnell abgescheckt.

Unser Kind konnte das im Alter von vier bis fünf Jahren noch nicht. Die Worte „ja" und „nein" sind ein weiterer Problembereich und sehr schwer zu erklären und zu verstehen. Ihre Bedeutung mußte Dirk auch noch lernen.

Ein anderes Beispiel im Sprachverständnis:

Die Aufforderung „hinsetzen" kann man auf vielfältige Art und Weise ausdrücken. Derjenige, der zum „Hinsetzen" auffordert, will etwas Bestimmtes ausdrücken. Vielleicht sagt er nur ein Wort und drückt weitere Forderungen non-verbal aus. Das nonverbal Ausgedrückte macht die Situation vielleicht für das Kind noch schwieriger.

„Dirk hinsetzen" – So sprechen wir nicht mit einem Kind. Wir sagen:

Setz dich „hin"!

Setz dich „da" hin!

Setz dich „dort" hin!

„Bitte" setz dich hin (endlich)!

Möchtest „du" sitzen?

Möchtest du „sitzen"?

„Willst" du sitzen?

„Wo" willst du sitzen?

Willst du dich „nicht" hinsetzen?

Du kannst dich „da" hinsetzen.

„Da" kannst du dich „nicht" hinsetzen „Setz dich!"

„Würdest" du dich bitte hinsetzen (genervt).

„Kannst" du dich nicht mal hinsetzen … usw.

Hinzu kommen entsprechende Mimik, Gestik, Betonung und Lautstärke der Sprache.

Für ein wahrnehmungsgestörtes Kind ist das sehr schwer zu verstehen. Dirk hörte das Wort „hinsetzen" heraus, und alles andere probierte er. Er kannte die Worte „jetzt, hier, da, dort, nicht, mal, möchtest, willst, kannst, würdest, bitte …" aber nicht ihre Bedeutung in diesem Zusammenhang. Dirk konnte nur ahnen, was man von ihm verlangte. Noch schwerer wurde es für ihn, wenn man verschiedene Worte hintereinander in einem Satz unterbrachte, wie „würdest du dich bitte mal dort" hinsetzen.

Die Reaktion unseres Kindes ist in einem solchen Fall zögerlich, spontan oder falsch. Die Forderung wird wiederholt, und der Tadel folgt. Das Kind hat versucht, das von ihm Verlangte zu erbringen, es aber nicht geschafft. Wie wird es beim nächsten Mal reagieren?

***

Bilderbücher

Mehrmals täglich sahen wir uns ein Buch an. Dirk war fasziniert von Buchstaben, und ich sollte ihm vorlesen. Richtig vorgelesen, hätte Dirk nur wenige Sätze verstehen und keinen Zusammenhang erkennen können. Die kleinen Worte mit ihren vielfältigen Bedeutungen, die fast immer in einem speziellen Zusammenhang stehen, machten das Verstehen von Texten sehr schwer. In Bildergeschichten konnte man sehr gut einen Zusammenhang mit seinem aktiven Wortschatz erklären. Auch die kleinen Pixi-Bücher waren nicht so schwer verständlich. Das Bild zum Text war sehr wichtig. Jeder Satz wurde auf unbekannte Worte untersucht. Manchmal brauchten wir mehrere Stunden, um nur ein Wort zu erklären. Ich legte großen Wert darauf, daß er die einzelnen Worte verstehen lernte. Es nützte ihm nichts, daß er Worte nur nachsprach.

Dirks Problem war die Wahrnehmungsverarbeitung: die Sprache in ihrer Bedeutung zu verstehen. Alles, was er lernen sollte, mußte spielerisch und in kleinen Schritten aufgebaut werden. Sobald man eine melodische Sprache oder Laute einsetzte, war Dirk leichter zu motivieren. Sein Spiel, seine Sprache und auch seine Interessen waren durch seine speziellen Schwierigkeiten sehr begrenzt. Eine Variante ins Spiel zu bringen, war „etwas Neues". Dirk war sehr schwer zu motivieren, sich diese Variante auch nur anzusehen. Ich mußte immer wieder viel Phantasie entwickeln, um ihn zu faszinieren. Diese Art Spiel war für ihn sehr wichtig, denn sie bedeutete gezieltes Lernen. War der erste Schritt gelungen, standen die weiteren Chancen gut.

In seinem Stereotypiebereich war es inzwischen einfacher möglich, an ihn heranzukommen und auch Varianten in ganz kleinen Schritten einzubauen. Jedes gemeinsame Spiel mußte mit Lauten und Tönen begleitet werden. Er selbst suchte sich immer wieder neue stereotype Schwerpunkte. Ein stereotypes Spiel löste ein anderes ab, ohne daß wir nachvollziehen konnten, was diesen Wechsel bewirkt hatte.

***

Die Realität sieht ganz anders aus

Dirk lebte in einer Märchenwelt, in seinen Büchern. Die Realität war ihm fremd. Er kannte den Hund aus seinen Büchern. Einen richtigen Hund übersah er. Der richtige Hund sah auch anders aus als in seinen Büchern. In den Büchern gaben wir dem Hund eine Stimme, der wirkliche Hund hatte eine eigene Stimme. Den Hund im Buch konnte man mit dem Zeigefinger auf dem Papier anfassen, der wirkliche Hund hat ein Fell, er riecht, und wenn man ihn anfaßt, reagiert er, er brummt und knurrt, und das hört sich lustig an. „Laß den Hund noch mal knurren!" – „Laß die Katze noch mal fauchen." Die reale Gefahr ist für ihn nicht sichtbar. Er amüsiert sich über das, was er hört, und es ist fast unmöglich, ihm eine Gefahr zu vermitteln. Schaffen wir es, ihm die Gefahr des knurrenden Hundes zu vermitteln, wird er vielleicht vor allen Hunden Angst haben, und unter Umständen haben wir dann einen Grund für Panik geschaffen, der dann nicht nur ihm, sondern auch uns das Leben schwermachen wird. Welchen Weg soll man wählen?

Dirk Tiere nahezubringen, habe ich möglichst vermieden, weil ich feststellen mußte, daß das sehr schwer ist. Er sah die Tiere, hatte aber nie das Bedürfnis, sie anzufassen. Dabei habe ich es auch lange Jahre belassen. Wir hatten über Tag so viele andere, wichtigere Probleme zu meistern, das reichte aus. Man sollte nicht nur sich selbst, sondern auch beim Kind Prioritäten sehen und sich entsprechende Grenzen setzen.

Dirk nahm das, was er auf Bildern sah, mit den entsprechenden verbalen Erklärungen und Namen auf. Die Realität aber ist anders. Die tatsächlichen Dinge haben andere Seiten, die im Buch nicht zu sehen sind, nämlich die Vor- und Rückseiten, sie haben Oberflächen, Temperaturen, Gewichte, sie können gefährlich für Kinder, aber nicht für Eltern sein, sie sind wichtig oder unwichtig – und was man noch alles über Gegenstände aussagen kann.

Durch die Schwierigkeit der Wahrnehmungsverarbeitung hatte Dirk sich getraut, nur wenige Dinge anzufassen. Durch die Bücher wurde sein Vokabular umfangreicher. Jetzt mußte er immer wieder ermuntert werden, die Dinge aus den Büchern mit der Wirklichkeit zu vergleichen. Da war die Milchkanne, die in Wirklichkeit anders aussieht. Im Buch hat sie kein Gewicht, jetzt ist sie schwer, weil sie gefüllt ist. Leer ist sie leicht und mit einer Hand tragbar. Eine gefüllte Milchkanne ist schwer. Ein normales Kind nimmt selbstverständlich jetzt beide Hände zum Tragen. Dirk wußte sich nicht zu helfen. Für eine Hand war die Kanne zu schwer. Er brauchte Hilfestellung. Gab man ihm Hilfestellung, glaubte er, man wolle ihm die Arbeit abnehmen und ließ die Kanne los. Er mußte dann erneut ermuntert werden, sein Vorhaben alleine auszuführen. Er sah darin, daß er es alleine versuchen solle, keinen Sinn. Lob brachte auch nicht den erhofften Erfolg, also bot er mir den Kampf an.

Ehrgeiz, etwas alleine machen zu wollen, hatte er nicht. Nicht nachmachen zu können, war sein Problem, und es nach Aufforderung doch zu tun, war nicht seine Sache. Bei seinem stereotypen Spiel hatte er keine Mißerfolge, und keiner korrigierte ihn. Warum sollte er sich bemühen?

Aus der Echosprache wußten wir, daß er alle Worte, die wir nicht erarbeitet hatten, nicht verstandesmäßig anwenden konnte. Also war das Hauptaugenmerk jetzt darauf gerichtet, ihm zu der Sprache die realen Dinge zu erklären. Und das wieder Wort für Wort. Er selbst konnte erzählen, aber auf Fragen zu antworten, war er nur begrenzt in der Lage. Ich wußte damals noch nicht, daß ich ihm keine Fragen stellen durfte.

Dirk war immer um mich herum, immer in meiner Nähe. Ich war ständig bemüht, jede Gelegenheit zum Lernen zu nutzen. Das Spielzeug wurde dahin getragen, wo ich mich gerade aufhielt. Wenn mein Mann abends nach Hause kam, störte ihn das viele Spielzeug im Wohnzimmer. Es wurde in sein Zimmer getragen. Dagegen protestierte er. Er wollte noch spielen und nicht alleine in seinem Zimmer sein. Ich sollte nach oben kommen, oder er wollte hier unten spielen. Was konnte ich tun? Über Tag hatten wir schon diverse Kämpfe ausgefochten – nun schon wieder? Entweder mußte mein Mann auf mich verzichten, oder er mußte ihm gestatten, hier unten weiterzuspielen. Mein Mann hatte nicht die Nerven, diesen Kampf, der stundenlang dauern konnte, durchzustehen. Bei diesem Kampf flogen Sachen durch die Gegend, Dirk schlug mit dem Kopf auf den Boden, schrie, stampfte mit den Beinen, zog und zerrte an mir, biß in meine Kleidung, und vieles andere war möglich. Er durfte also weiterspielen, und wir lebten weiterhin im Chaos. Um das Bedürfnis meines Mannes nach Ordnung zu befriedigen, versuchte ich immer wieder, ihm wenigstens den chaotischen ersten Anblick, wenn er nach Hause kam, zu ersparen. Kurz bevor er nach Hause kam, trug ich die Spielsachen in Dirks Zimmer oder spielte in seinem Zimmer mit ihm. Kam mein Mann aber zwei Minuten später, war sämtliches Spielzeug wieder runtergetragen, oder nachdem ich meinen Mann begrüßt hatte, trug Dirk das Spielzeug, mit dem wir vorhin noch in seinem Zimmer gespielt hatten, nach unten, und das Chaos war wieder perfekt. Kraft zum Kämpfen am Abend brachte ich immer seltener auf. Der Tag war ein einziger Kampf um „heute", „jetzt", „gleich", „sofort" und und und ...

Mein Mann war sauer; ich war machtlos. Ich begann mich zu betäuben. Betrunken konnte ich weinen und besser einschlafen. Am nächsten Tag verlangte Dirk um fünf Uhr von mir „Mama aufstehen", und da ging kein Weg dran vorbei. Der Kopf war schwer, ich wäre gerne noch liegengeblieben, aber das kannte er nicht und hätte es auch nicht geduldet. Erst Jahre später konnte ich mich nach einem wochenlangem Protest dagegen wehren.

Kampf. Dafür brauchte ich starke Nerven und viel Zeit. Der Erfolg war zweifelhaft. Ich wurde immer wieder verurteilt: „Das könnte er mit mir nicht machen!" Mit zu vielen Menschen habe ich wegen dieser Aussage den Kontakt abgebrochen. Ich hätte ihnen gerne mal mein Kind in bestimmten Situationen überlassen. Auch im Werner-Otto-Institut: „Die Mutter reagiert sofort auf sein Schreien", sie haben wechselndes Personal und einen anderen Bezug zu meinem Kind. Sie können es jederzeit abgeben und tragen in Zukunft keine Verantwortung. Auch die Zeit, in der sie das Kind betreuen, ist begrenzt. Ich bin 24 Stunden am Tag Mutter von zwei Kindern und Ehefrau. Ich kann meine Sorgen nicht einfach ablegen, wenn mein Job beendet ist, und mich erholen. Auch ich habe Belastungsgrenzen, die meistens überschritten werden, und Kampf brauchte ich nicht zu suchen.

Öffentliche Verkehrsmittel

Mit Bahn und Bus waren wir im ersten und zweiten Lebensjahr zur Krankengymnastik gefahren. Dirk lehnte die Krankengymnastik ab. Bereits im ersten Lebensjahr hatte Dirk mir zu verstehen gegeben, daß er den Straßenlärm nicht verkraften konnte. Mit drei Jahren hatte er panische Angst in Bahnen, Zügen und Bussen. Während der Bahnfahrt saß er mit schmerzverzerrtem Gesicht auf meinem Schoß und war nicht ansprechbar. Er murmelte pausenlos „ratata, ratata, ratata" vor sich her. Sprach man ihn an, wurde seine Stimme lauter, und er signalisierte uns, daß er nicht fähig war, etwas anderes aufzunehmen. Das, was draußen an ihm vorbeizog, war für ihn unsichtbar. Der Zug machte ihm einerseits Angst, andererseits reizte ihn die Bahnfahrt.

Er sagte uns: „Die Bahn macht ratata." Ich erklärte ihm: „Die Schwellen machen das Geräusch." Das war aber falsch. Wenn ich ihm einmal etwas falsch erklärt hatte, war es fast unmöglich, diese Aussage zu korrigieren.

Während wir in Hamburg im Wohnwagen wohnten, fuhr ich mit ihm täglich U- und S-Bahn. Ich wollte damit erreichen, daß er seine Angst zu überwinden lernt, denn er hatte nichts zu befürchten.

Seine Angst im Zug war so groß, daß er nicht bereit war, im Abteil den Fußboden zu berühren. Eine Zugfahrt von Mannheim nach Hamburg werde ich nie vergessen. Alleine, mit beiden Kindern und Gepäck, bestieg ich den Zug. Dirk saß auf meinem Schoß und wollte unter keinen Umständen den Fußboden berühren. Alles, was die Kinder brauchten und ich aus der Tasche holen wollte, mußte ich mit meinem Kind auf dem Schoß oder Arm erledigen. Als Heike dann auf die Toilette mußte, war die Panik perfekt. Mit Dirk auf dem Arm, versuchte ich, Heike zu helfen. Dirk zog und zerrte in panischer Angst an mir und schrie fürchterlich. Heike war noch keine fünf Jahre alt und trug das alles mit Fassung. Die anderen Mitreisenden hatten den Kampf mitbekommen. Sie konnten sich der Kritik nicht enthalten.

Ich versuchte, das Thema Zug spielerisch aufzuarbeiten. Wir bauten aus Kinderstühlen einen Zug. Als wir dann Eßzimmerstühle hatten, standen diese nur noch zu Essenszeiten und nur nach einem erbitterten Kampf um den Tisch.

Dirks stereotypes Zugspiel war sehr ergiebig. Hatte ich es erreicht, mitspielen zu dürfen, konnte ich in dem gemeinsamen Spiel viele Bereiche der Wahrnehmung ansprechen und ihn so für neue Dinge und Sichtweisen gewinnen. Da er das „Thema Zug" nicht an bestimmte Formen gebunden hatte, konnten wir dieses Spiel beliebig ausbauen und diverse Materialien einsetzen. Er konnte stundenlang spielen. Und das war für mich der Beweis, daß er in der Lage war, sich über eine längere Zeit konzentrieren zu können.

Wir bauten Züge aus Muggelsteinen, Knöpfen, Bausteinen, aus länglichen Holzstäben, nahmen Muggelsteine als Räder und setzten Männchen aus dem „Mensch ärgere Dich nicht"-Spiel als Menschen hinein. Mehrere Legosteine hintereinander gelegt waren Züge, und so viele andere Materialien eigneten sich zum Zugbau. Wir fingen an, Züge zu malen. Züge in Büchern wurden angesehen und besprochen. Die Züge in den Büchern wurden fotokopiert, so daß er sie anmalen konnte. Später kamen die Züge in seinen Geschichten immer wieder vor. Der Zug war ein Thema, was sich wunderbar und unendlich ausschmücken ließ.

Dirk wünschte sich sehnlichst eine Modell-Eisenbahn. Wir wußten, daß er motorisch damit überfordert gewesen wäre. Bei anderen Kindern hatten wir beim Spiel mit der Lego-Eisenbahn seine Schwierigkeiten erlebt. Er bekam Tobsuchtanfälle, wenn er mit der Situation, etwa einen Wagen auf die Gleise zu stellen, nicht fertig wurde. Er brauchte auch im Spiel ständig Hilfe oder Anregung, sonst resignierte er. Mit einer Eisenbahn, wie er sie sich wünschte, konnte er noch nicht fertigwerden. Die Probleme, die es geben würde, konnten wir vorhersehen, und auf weitere Schwierigkeiten wollten wir gerne verzichten. Dadurch, daß wir beim Spiel viele Materialien einsetzten, trainierten wir seine Feinmotorik. Er wurde zwar langsam immer geschickter, aber seinen sehnlichen Wunsch wollten wir immer noch nicht erfüllen.

Auf einmal interessierte er sich für Kopfstützen im Zug, und wenig später auch für die im Auto. Diese Kopfstützen durften wir nicht mehr berühren. Wenn wir sie doch anfaßten, wurde er sehr wütend. Bei solchen Wutanfällen schlug er immer wieder mit dem Kopf auf den Boden. Dieses Kopfschlagen war seine Waffe, als ob er wußte, daß mir jedes Mal der Atem stockte. Ich hatte Angst, daß er sich einmal ernstlich verletzen könnte. Denn in seiner Rage war er nicht wählerisch. Da konnte er auch gegen eine Glasscheibe donnern. Ich war also immer darauf bedacht, ihn nicht herauszufordern, damit solche Reaktionen vermieden werden konnten. Von einer Situation bis zum Kopfschlagen ging alles sehr schnell. Ein Kind faßte seine Kopflehne an, er schrie, und dann schlug er auch schon.

Diese Kopfstützen waren für Dirk das wichtigste Detail am Zug. Auf die Rückenlehnen der Stühle legte er Sofakissen. Die fielen leicht runter, was ihn sehr ärgerte. Das war dann ein Grund zum Schreien. Schimpfen oder meckern konnte er nicht, also blieb ihm als ärgerliche Reaktion nur ein Tobsuchtanfall. Ich half ihm dann, die Kissen wieder so zu legen, wie er es wünschte.

Dann begann er, Kopfstützen zu malen. Im Auto durften wir den Kopf anlehnen, aber die Kopfstützen nicht anfassen. Ein Wutanfall im Auto war nicht besonders angenehm.

Wie er gerade auf Kopfstützen gekommen war, ist uns ein Rätsel geblieben. Er weiß es auch nicht. Jahrelang waren diese Kopfstützen ein Reizthema für ihn, und um ständigen Ärger zu vermeiden, tolerierte man sein seltsames Spiel.

Ich konnte es nur so sehen: Das eine Kind spielt mit Puppen, das andere mit Autos, ein weiteres interessiert sich für Tiere und Dirk halt für Kopfstützen.

Jahre später, als er etwa 15 Jahre alt war, hielt Dirk sich im Auto an der Kopfstütze fest, und meine Tochter bat ihn, sie doch loszulassen. Daraufhin sagte Dirk wörtlich: „Jetzt stellst du dich genauso an wie ich früher!" Wir sahen uns an und mußten laut lachen. Es war das erste und einzige Mal, daß er sich zu seinen früheren Reaktionen äußerte. Zu anderen uns befremdenden Reaktionen heute befragt, weiß er keinen Grund zu nennen.

Dirk wünschte sich immer wieder eine richtige Eisenbahn. Die Modell-Eisenbahnanlagen der Väter von Freunden in Kellern oder auf dem Speicher wurden getestet, so daß wir diverse Male feststellen konnten: Er schafft es noch nicht. Wir kauften ihm eine Eichhorn-Holz-Eisenbahn. Das war für ihn keine Eisenbahn. Er hat zwar mit dieser Bahn gespielt, aber akzeptiert hat er diese Eisenbahn nicht. Selbst bei dieser einfachen Eisenbahn hatte er noch große motorische Schwierigkeiten.

Seine Motorik wurde aber immer besser. Die nächste Eisenbahn war eine Fischer-Technik-Eisenbahn. Auch diese Bahn akzeptierte er nicht. Einen Zug auf die Gleise zu stellen, fiel ihm zunächst noch sehr schwer. Wir mußten ihm helfen. Wenn er es alleine versuchte und nicht schaffte, wurde er wütend. Half ich ihm, gab er seine Initiative auf und überließ alles mir.

Diese ständigen Wutanfälle waren schlimm, aber es war für ihn die einzige Möglichkeit, auf sich aufmerksam zu machen. Er war noch nicht in der Lage, um Hilfe zu bitten. Er kam nicht auf uns zu. Er konnte weder fragen, noch konnte man ihm etwas nur mit Worten so erklären, daß er es begreifen konnte. Er war in Not und rechnete wohl damit, daß sofort jemand kommt und ihm hilft. Es war von ihm aus nicht böse gemeint. Für seine Mitmenschen war er in solchen Situationen eine Plage. Ich ließ alles stehen und liegen und versuchte zu helfen, um Schlimmeres zu verhindern.

Ich kann mir vorstellen, daß die Selbstverletzungen autistischer Menschen auch ein solches Signal sein können.

Ich hatte inzwischen festgestellt, daß Dirk nicht nur lernen, sondern auch denken kann. Er brauchte nur einen anderen Weg, Dinge und Situationen begreifen zu lernen, als andere Menschen. Ihn mußte die Sache zunächst einmal interessieren, und dann war es notwendig, daß man sie ihm, in kleinen Schritten aufgebaut, verständlich machte. Dirk traute sich weniger zu, als er zu leisten imstande war. Oft war es notwendig, daß ich ihn zwang, eine Sache alleine zu erledigen. So konnte ich aber nur vorgehen, wenn ich genau wußte, daß er hinterher Spaß an der Sache hat. So zum Beispiel ein Jahr später,: Alleine Fahrradfahren reizte ihn. Er traute sich aber nicht, das für ihn bestimmte kleine neue Fahrrad auch nur anzufassen. Zunächst legte ich nur ein Bonbon auf den Sattel. Dieses Bonbon vom Sattel zu nehmen, kostete ihn viel Überwindungskraft. Dann sollte er nur den Lenker einmal anfassen. Das Bonbon durfte er sich erst dann vom Sattel wegnehmen, wenn er einmal den Lenker angefaßt hatte. Mehr verlangte ich nicht. Er hat lange Zeit mit sich gekämpft, und letztendlich hat das Bonbon gewonnen. Mit schmerzverzerrtem, aber strahlendem Gesicht hat er das hart erarbeitete Bonbon gelutscht. Über eine Woche habe ich mit ihm arbeiten müssen, daß er sich auf das Fahrrad setzt. Immer wieder habe ich ihm beweisen müssen, daß er das, was ich von ihm verlangte, wirklich alleine kann. Die für ihn schmerzliche Einsicht ließ ihn dann strahlen. Als Dirk dann endlich losfahren konnte, war er überglücklich.

Leider waren nicht alle Ziele, die ich mir einfach vorstellte, in von mir vorgegebenen kleinen Schritten erreichbar. Oft mußte ich resigniert aufgeben. Doch manchmal war der schon abgeschriebene Erfolg nach Wochen plötzlich da. Es gab weder eine Regel noch ein Erfolgsrezept.

Der Fischer-Technik-Bahn folgten einzelne Güterzug-Wagen der Fleischmann-Eisenbahn. Mit denen war er auch nicht zufrieden, er wollte Personenzugwagen und Lokomotiven haben. Wenn er mit dem Zug fuhr, saß er auch nicht in einem Tankwagen oder Güterwagen, er wollte Personenwagen haben. Diese waren mir für seine ungeschickten Hände noch zu kostbar, so daß wir jetzt auf die Playmobil-Eisenbahn auswichen. So ein schönes Spielzeug, aber immer noch nicht die richtige Bahn. In diesen Zug durften beispielsweise keine Menschen einsteigen. Die Bahn durfte nur immer im Kreis fahren, und niemand durfte den Zug anfassen. Die Freude dauerte nicht lange. Wir kamen an der Modell-Eisenbahn nicht vorbei. Inzwischen waren aber Jahre vergangen, und die Feinmotorik hatte sich ständig verbessert. Ebenso sein Verständnis, sein Verhalten, einfach – seine gesamte Entwicklung war so positiv, daß wir jetzt seinem Verlangen gerne nachkamen. Heute ist die Modellbahn für ihn ein normales Hobby, wie für jeden anderen Menschen oder Vater auch.

Wenn einem die Stereotypie „auf den Geist geht"

Wie man damit umgehen kann – ein Beispiel: Bus und Bahn als Stereotypie

Ausgangspunkt bei uns: Angst

Wohin geht die Reise – ohne entsprechendes Sprachverständnis schwer zu erklären
Sich mit diesem Thema beschäftigen

Überwindung der Angst:
Wir haben:
Züge in Büchern angesehen,
Abbildungen mit Zügen kopiert und angemalt,
Züge ausgeschnitten,

Stift in die Hand nehmen
Farbe benennen
Umgang mit der Schere lernen
Möglichkeit, die Schere auch für andere Materialien einzusetzen,

ausgeschnittene Bilder eingeklebt (Kataloge, Prospekte)

Möglichkeit ein Buch nach eigenen Vorstellungen herzustellen, Kommunikationsmöglichkeit Kennenlernen von Kleber; wie fühlt sich Kleber auf der Hand an

zum eigenen Buch Geschichten erfunden,

Hier ist Schrift interessant:
Man kann Ausschneiden, Malen und Schreiben verbinden
Ohne Kommunikation nicht möglich
Anregungen des Kindes aufnehmen grenzenlose Möglichkeiten angstauslösende Situationen anzusprechen und auszuformulieren

Züge aus anderen Materialien gebaut,

Legosteine, Bauklötze, modellieren aus Teig,
Züge aus Holz basteln, aus Pappe, evtl. Bausätze verwenden, benennen von Farbe und Formen.

mit Zügen der Spielzeugindustrie gespielt,
Stühle hintereinandergestellt, sie waren für unser Kind auch ein Zug.

Die Motorik wird auch hier geschult
Lernen, Hilfe anzunehmen

Manchmal durften wir mitfahren.

Wie man ein Thema auch anfaßt, die Sinne und auch die Motorik werden geschult. Wichtig ist, daß es Spaß macht. Der Fantasie sind keine Grenzen gesetzt.
   Jedes Engagement fördert das Wissen, trainiert die Motorik und bietet dem Kind die Möglichkeit, Ängste überwinden und „kommunizieren" zu lernen.

Der Kindergarten

Dirk war im Kindergartenalter. Einen Kindergartenplatz zu bekommen, war sehr schwer. Unsere Tochter ging nachmittags in den Kindergarten. In diesem Kindergarten war es so üblich, daß die Mütter im Sommer noch eine halbe Stunde oder Stunde dort blieben und sich unterhielten. Die mitgebrachten Geschwisterkinder spielten mit den Kindergartenkindern. Dirk saß in der Sandkiste. Er ließ den Sand durch seine Hände rieseln und griff hier und da mal nach einem Spielzeug. Die Kinder konnten ihm die Spielsachen wegnehmen, ohne daß er sich wehrte, sie überschütteten ihn mit Sand, ohne daß er sich rührte. Ich sah, daß er völlig wehrlos war, und mir war klar, daß er in einem normalen Kindergarten mit großen Gruppen nicht klarkommen konnte.

Dirk war anders als andere Kinder, aber was mit ihm los war, wußte ich immer noch nicht. Ein fröhlicher Spätentwickler! Ich erkundigte mich nach anderen Kindergärten im Ort und erfuhr, daß die Gruppen im Städtischen Kindergarten wesentlich kleiner waren als im kirchlichen Kindergarten. Ich wollte Dirk dort unterbringen. Als ich offen aussprach, daß mein Kind in der Entwicklung zurück und eventuell autistisch sei, wurde es offiziell mit der Begründung abgelehnt „Behinderte Kinder darf der Städtische Kindergarten nicht aufnehmen". Über diese diskriminierende Haltung habe ich mich jahrelang geärgert. Was ich für mein Kind brauchte, war dort vorhanden: eine kleine Gruppe und engagierte Kindergärtnerinnen.

Der Verdacht auf Frühkindlichen Autismus war ausgesprochen, und ich wollte meinem Kind helfen. Ich suchte weiter. Als ich einer Kindergärtnerin im Kindergarten meiner Tochter meine Sorgen erzählte, erzählte sie mir, daß die Lebenshilfe einen Kindergarten aufmachen wollte. Ich hatte vorher nie von einer Einrichtung gehört, die „Lebenshilfe" hieß. Ich hatte bisher auch nie etwas mit Behinderten zu tun. Ich rief sofort dort an. Die Mitarbeiter der Lebenshilfe waren mit der Gründung einer Kindergartengruppe beschäftigt. Im Frühjahr 1979, Dirk war vier Jahre alt, stand Dirk als drittes Kind auf der Liste. Weitere Kinder sollten im Laufe der Zeit noch dazukommen. Nachdem die normalen Formalitäten erledigt waren, konnte auch Dirk in einen Kindergarten gehen. Er wurde morgens mit dem Bus abgeholt und mittags zurückgebracht. Ich hatte zum ersten Mal das Gefühl, jetzt bekommst du Hilfe.

Mit den Mitarbeitern der Lebenshilfe führte ich lange Gespräche und erklärte ihnen die Eigenarten unseres Sohnes. Gemeinsam sollte es jetzt vorangehen. Für meine Tochter hatte ich jetzt endlich etwas mehr Zeit.

Dirk fiel es sehr schwer, stillzusitzen. Besonders beim Essen lief er immer im Zimmer herum. Eine Tasse spontan und richtig anzufassen, war ihm immer noch nicht möglich. Es kostete ihn jedesmal wieder große Überwindung. Auch sein Brot faßte er nur ungern an. Was man ihm im Werner-Otto-Institut antrainiert hatte, war nach ein paar Wochen wieder vergessen. Manchmal jedoch konnte er spontan und ohne zu zögern greifen, später traute er sich wieder nicht. Das Essen war, wie so vieles andere, eine Katastrophe. Ich fühlte mich in vielen Bereichen macht- und hilflos. Aufzugeben war nicht meine Art, ich kämpfte um Weiterentwicklung und Einsicht bei meinem Kind und um Verständnis bei meinen Mitmenschen.

In der Lebenshilfe brachte man ihm bei, daß er beim Essen am Tisch sitzenbleiben muß.

Dieses Verhalten übertrug sich dann allmählich auch auf zu Hause, worüber ich sehr glücklich war.

Dirk sang immer noch täglich mehrere Stunden. Am Abend sang er sich selbst in den Schlaf. Die Kindergärtnerin stellte sich vor: „Ich heiße Sabine", und Dirk sang spontan los: „Sabinchen war ein Frauenzimmer", mit allen Strophen. Nach Aussagen der Kindergärtnerin hat er zweimal das Lied vorgesungen. Dann muß irgend etwas vorgefallen sein, denn Dirk sang vom zweiten Tag in der Lebenshilfe über Jahre nicht mehr einen Ton. Er war nicht mehr zu motivieren, auch nur eine Zeile zu singen oder auch nur mitzusingen. Leider konnte ich nicht herausfinden, was der Grund dafür war. Sprachlich war er nicht in der Lage, mir den Grund zu sagen, und von den Mitarbeitern der Lebenshilfe konnte ich auch nur erfahren, daß er zweimal das Lied vom Sabinchen gesungen hat und mehr nicht.

Von den Mitarbeitern der Lebenshilfe erfuhr ich, daß Dirk gerne puzzelt. Zu Hause war das nicht mehr der Fall. Er spielte mit allen anderen Dingen, aber puzzeln lehnte er ab. Hier im Lebenshilfekindergarten hatte er einige Spielkameraden, und eine Weiterentwicklung war deutlich festzustellen. Dirk interessierte sich nach wie vor für Buchstaben, ansonsten spielte er, wenn er alleine spielte, stereotyp. Er stand morgens zwischen fünf und *viertel* nach fünf Uhr auf und wenn er sich dann einspielte, hatte ich Schwierigkeiten, ihn in den Kindergarten zu schicken. Er war gut vier Jahre alt und noch nicht sauber. Die Ängste vor der Toilette, die er im WOI entwickelt hatte, waren vergessen, und jetzt wurde systematisch spielerisch das Sauberkeitstraining erarbeitet.

Mein Kinderarzt fühlte sich mit den Problemen, die ich ihm erzählte, überfordert. Er überwies mich an Frau Flemig. Mit meinem derartig extremen Kind bekam ich, was auf der einen Seite so überragende Fähigkeiten hat und auf der anderen Seite in der Entwicklung so weit zurück ist, schnell einen Termin.

Dirk stellte ich nun Frau Flemig vor und erzählte ihr von meinen Sorgen und Beobachtungen. Wie alle, die ich um Hilfe ansprach, zeigte sich auch Frau Flemig sehr interessiert und verschrieb Dirk diverse Therapien. Sie stellte fest, daß das, was ich über mein Kind erzählte, sehr interessant war. Mit der Therapie müsse sofort begonnen werden, aber auf Therapietermine mußte ich lange warten. Bei einem weiteren Gesprächstermin unterhielt sich die Ärztin nur mit meinem Mann, der aber leider relativ wenig über seinen Sohn zu sagen wußte.

Vorstellung im Hamburger Autismusinstitut

Kurze Zeit später, als ich festgestellt hatte, daß ich bei Frau Flemig nicht weiterkam, meldete ich mich im Institut für Autistische Verhaltensstörungen in Hamburg an. Zum ersten Mal hatte ich das Gefühl: Hier bist du richtig, hier werden deine Sorgen ernstgenommen, denn mein Kind wurde nicht mehr bewundert. Dirks besondere Fähigkeiten wurden als normal angesehen und auch seine sonstigen Absonderlichkeiten. Eine Therapie wurde vereinbart, nur mit der Genehmigung sollte es wieder schwierig werden. Ich mußte erfahren, daß diese speziellen Therapien nicht von der Krankenkasse bezahlt werden, weil sie von Psychologen ausgeführt werden. Ich mußte Landesmittel beantragen, und zwar Mittel aus der „Wiedereingliederungshilfe", die einkommensunabhängig gezahlt werden. Eine betroffene Mutter hatte mir gesagt, daß sie ein Jahr gebraucht hat, bis ihr diese Mittel bewilligt wurden. Sie hätte immer wieder bei der Behörde nachfragen müssen.

Ich war nicht bereit, so lange zu warten und die Demütigung des ständigen Bittens zu ertragen. Die Therapie stand meinem Kind zu, und die Landesmittel waren dafür zur Verfügung zu stellen. Ich trat hartnäckig und entschlossen auf. Zu kämpfen war ich inzwischen gewöhnt. Die Beamtin sagte mir bereits zu Anfang des Gesprächs, daß ich keine Chance bei ihr hätte. Leider kam ich mit netten Worten und Argumenten nicht weit. Ich wußte, Dirk braucht diese Therapie und sie aus eigenen Mitteln zu bezahlen, wäre nicht lange möglich gewesen. Außerdem wußte ich bei diesem Kind nicht, was noch alles auf mich zukommen würde. Im Werner-Otto-Institut hatte man mir schon gesagt, daß die Zukunft nicht rosig sein würde. Als ich dann mit meinen Argumenten und Nerven am Ende war, brach ich auf einem Stuhl zusammen und mußte weinen. Als die Beamtin mich so weinen sah und mein in der Ecke stereotyp spielendes Kind sah, sagte sie: „Sie bekommen 25 Therapiestunden, und hören Sie jetzt auf zu weinen!" Weitere Therapien wurden anstandslos genehmigt.

Im Oktober 1979 konnte Dirk endlich mit den Therapien beginnen, die auf seine speziellen Schwierigkeiten ausgerichtet wurden. Dirk war jetzt fünf Jahre alt. Zweimal in der Woche fuhr ich nach Hamburg, zu Herrn Miller, der damals Leiter des Instituts war. In einer der ersten Stunden nahm eine Therapeutin eine Spielstunde auf Video auf, in der ich mit Dirk im Zimmer alleine spielte. In der dann folgenden Stunde beschäftigte sich eine Therapeutin mit Dirk, während Herr Miller mit mir über die Videoaufzeichnungen sprach. Ich war sehr erschrocken über mein Verhalten beim Spiel. Der Videofilm zeigte eine lustlos spielende Frau. Wie konnte es dazu kommen?

Dirk spielte immer dasselbe und jeden Tag wieder von neuem. Ich konnte sein stereotypes Spiel kaum noch ertragen. Das war deutlich auf dem Videofilm zu sehen. Lustlos, unmotiviert, unkonzentriert und meckernd bemühte ich mich, mit meinem Kind zu spielen. Ich sah ein, so konnte ich Dirk nicht fördern. Herr Miller machte mir klar, daß ich nur Erfolg haben kann, wenn ich positiv auf Dirk zugehe. Die Sache muß für ihn interessant sein, sonst wendet er sich seinem stereotypen Spiel wieder zu.

Ich hatte Dirks Spielangebot uninteressiert aufgenommen, weil es aus meiner Sicht immer gleich und insofern für mich langweilig war. Ich konnte aus diesem Spielangebot nichts machen.

Wie konnte es geschehen, daß Dirk mich zum positiven Spiel motiviert? Jetzt war ich an Reihe, zu lernen. Herr Miller zeigte mir, wie ich mich mit neuem Material interessant machen kann, wie ich reagieren sollte, wenn das Interesse des Kindes nachläßt, und vieles andere mehr.

Dirks Sprachverständnis war noch sehr gering, seine Feinmotorik war sehr schlecht, seine Echosprache noch sehr stark, und er reagierte nur auf das, was ich sagte. Im Vergleich zu anderen gleichaltrigen Kindern konnte und wußte Dirk sehr wenig. Die Verhaltensstörungen in der Abwehr gegen Neues waren immer noch sehr stark. Mit meinen Möglichkeiten, die ihn im Verhältnis zu anderen, ähnlich autistischen Kindern relativ weit gebracht hatten, war ich am Ende. Ich mußte lernen, mein Verhalten ihm gegenüber zu ändern, ich mußte mehr an mir als an meinem Kind arbeiten.

Sich selbst zu überwachen, zu überprüfen und zu korrigieren, ist sehr schwer und nicht von heute auf morgen zu lernen. Ich brauchte viele Jahre, um mit Selbsteinsicht mein eigenes, teilweise emotionales Verhalten kontrolliert zu Dirks Gunsten zu verändern.

Wollte ich bei Dirk etwas erreichen, so mußte ich es so anlegen, daß er zunächst neugierig und dann motiviert wurde, angstfrei an die Sache heranzugehen. Dirk konnte nicht auf Fragen antworten. Herr Miller erklärte mir, warum er das nicht kann und daß er das langsam lernen muß. Es wurden Therapieziele erarbeitet, und der Erfolg blieb nicht aus. Während der Woche schrieb ich meine Schwierigkeiten, meine Sorgen und Fragen auf, und in der nächsten Stunde konnte ich alles erfragen. Die Einzelstunden wurden Doppelstunden; die Therapeutin spielte mit Dirk, während ich mit Herrn Miller sprechen konnte. Das waren für mich bis heute unvergeßliche Stunden. Ich habe dort verstehen gelernt, welche Schwierigkeiten ein Mensch hat, der seine wahrgenommenen Eindrücke nicht verarbeiten kann.

Eine Frage bewirkt ein Nachdenken über den Sachverhalt. Dirk konnte aber in erster Linie nur Dinge benennen und etwas über ihre Art oder Tätigkeit aussagen. Der Sprachschatz wurde zwar täglich durch unser Lesen erweitert, doch noch nicht ausreichend genug, um abstrakt denken zu können. Ein Therapieziel war, einfache Fragen zu stabilisieren, und ich durfte ihn nur noch fragen: Wo ist das? Was ist das? Wie ist das?

Diese Fragen sollten zunächst nur in Verbindung mit einem Gegenstand gestellt werden, den er direkt wahrnehmen konnte oder der in Bilderbüchern abgebildet zu sehen war. So sollte ihm ermöglicht werden, gezielt antworten zu können. Alle Fragen, die er nicht nach einer angemessenen Wartezeit beantworten konnte, sollte ich vorgeben. Die Frage durfte nicht unbeantwortet bleiben. Andere Fragearten als diese drei sollten ihm nicht gestellt werden, damit er nicht in Schwierigkeiten kommen konnte. Bei diesen drei Fragearten, mit der entsprechenden Hilfestellung, hatte er eine Chance, die richtige Antwort zu geben. Er hatte es nicht mehr nötig, auszuweichen und fortzulaufen oder durch Schweigen oder Wegsehen sich aus der Situation zu schleichen.

Die Antworten wurden anlautiert: „Wo ist das Baby?" – „Das Baby liegt im Kinderwagen." Sagte er das Wort Kinderwagen nicht in einer angemessenen Zeit, mußte ich ihm helfen. Anschließend wiederholte ich die ganze Antwort. Beim nächsten Mal hatte er dann die Möglichkeit, selbst die richtige Antwort zu geben.

Alle anderen Familienmitglieder, Freunde und Verwandte bat ich darum, ihn auf die gleiche Art und Weise anzusprechen, damit er keinen Grund mehr bekäme, auszuweichen. Alle richteten sich danach, und Dirk wurde nicht nur zugänglicher, er konnte auch immer mehr Sprache verstehen.

Die Mitarbeiter der Lebenshilfe, die mit Dirk zu tun hatten, kamen nach Hamburg; sie wurden ebenfalls in die anstehende Therapie eingewiesen.

Dirk entwickelte sich im Lebenshilfekindergarten zunächst sehr positiv. Leider wurde er mit der Zeit aggressiv, was ich bisher an ihm nicht kannte. Dieses Verhalten mußte eine Ursache haben, und die suchte ich.

Heike brachte ich in den Kindergarten und hatte so die Möglichkeit, täglich mit den Erziehern zu sprechen. Dirk aber wurde mit dem Auto abgeholt und mittags nach Hause gebracht. Ich hatte keine Gelegenheit über das, was täglich im Kindergarten anstand, zu sprechen. Am Anfang war der Kontakt sehr eng, später ließ er nach. Im Mitteilungsheft wurde auch nur das angesprochen, was den Erziehern wichtig erschien. Was für Dirk wichtig war, wußten sie vielleicht nicht. Als ich mit den Mitarbeitern der Lebenshilfe über Dirks aggressives Verhalten sprach, erfuhr ich unter anderem, daß die Kindergartengruppe stark angewachsen war und daß sie personell unterbesetzt und somit überfordert seien. In dieser Notsituation wollten wir Eltern helfen, und täglich kam eine Mutter zum Spielen in die Einrichtung. Als ich dort war, wußte ich sofort, warum Dirks Entwicklung zur Zeit so rückläufig war. Den Erziehern wurden bei ihrem Besuch im Hamburger Autismus-Institut die Schwierigkeiten der Sprach-Wahrnehmungsverarbeitung erklärt, und es wurde ihnen nahegelegt, sich mit Dirk in möglichst kurzen knappen Sätzen zu unterhalten. Ihnen wurde auch erklärt, daß Fragen für Dirk problematisch sind.

Ich hatte mich mit meinem Wortschatz seit Jahren auf mein Kind eingestellt. Wie konnte ich erwarten, daß andere das auch können und tun? Dirk war in dieser Einrichtung völlig überfordert. Die Kinder sprachen anders als er – und die Erzieher auch. Reagierte er in meiner Gegenwart nur auf meine Ansprache, so waren es hier viele Kinder, die ihn ansprachen und deren Sprache ihm Schwierigkeiten bereitete.

Dirk wurde den ganzen Vormittag hoffnungslos mit allen möglichen Fragen und Aufforderungen konfrontiert, die er nicht verstehen und somit auch nicht befolgen konnte. Er machte auf Aufforderung irgend etwas und wurde entsprechend kritisiert, korrigiert und auch bestraft, was er wiederum auch nicht verstehen konnte. Alle anderen Kinder, die eine andere Behinderung hatten, kamen gut zurecht. Dirk, das einzige Kind, das Probleme mit der Sprachverarbeitung hatte, konnte nur den Weg rückwärts antreten. Daher also die Aggressionen im häuslichen Bereich. Ich sprach im Autismus-Institut über diese Situation und auch mit den Erziehern. Es änderte sich aber leider nichts. Ich wollte, daß mein Kind sich weiterentwickelt; aus diesem Grunde hatte ich ihn in diese Einrichtung gegeben. Verhaltensauffälligkeiten, die Dirk vor längerer Zeit abgelegt hatte, waren plötzlich wieder da.

Kurzentschlossen entschied ich mich, mein Kind nach Hause zu holen und ihn alleine weiterzufördern. Ich hatte das Autismus-Institut, wo ich Rat und Hilfe bekam. Aus diesem Grunde fiel mir die Entscheidung nicht schwer. Ich hatte ein Ziel und relativ wenig Zeit, um dieses zu erreichen. Dirk brauchte vor allen Dingen Sicherheit; er brauchte eindeutige Aussagen. Hier so und dort so, konnte er nicht verkraften. Die Mitarbeiter der Lebenshilfe waren verärgert, vielleicht verständlich, aber mir war die positive Entwicklung meines Kindes wichtiger.

***

Überforderungen vermeiden

Dirks Vorliebe zu Puzzles bestand darin, sie als Bild zu sehen. Wenn er sie fertig ge-puzzelt hatte, konnte er lange davor sitzen, und wenn sie in seinen Stereotypie-Be-reich paßten, konnte er sie stundenlang ansehen. Er sah auf diesen Bildern wesentlich mehr als wir und auch andere Dinge als wir. Fehlte ein Teil, war ein Fleck auf dem Bild oder war das Bild verknickt, standen uns schlimme Stunden oder Tage bevor. Die Antworten: „Das geht nicht" oder „das weiß ich nicht" konnte er nicht verstehen. Wir hatten zwar schon erreicht, daß bestimmte Spielzeuge, wenn sie kaputt waren, ausgetauscht werden konnten, aber reparieren, wenn das Teil nicht neu beschafft werden konnte, war für ihn schlimm. Allein schon der Verlust eines Spielzeugs war eine schwere Belastung für die ganze Familie. Ein normaler Mensch kann sich diese Panik sicher nicht vorstellen. Oft war der winzige Fleck auf einem Bild Anlaß für stundenlange stereotype Fragen, hundert-, zweihundert- oder dreihundertmal die gleiche Frage, auf die es zwar für uns eine Antwort gibt, aber Dirk konnte die Antwort nicht verstehen und auch nicht akzeptieren. Der ganze Tag war ein einziger Kampf, und wenn mein Mann nach Hause kam, das Spielzeug lag wieder im ganzen Wohnzimmer verstreut, obwohl ich es zehn Minuten vorher nach oben getragen hatte, brauchte er nur noch ein Wort zu sagen, und ich brach in stundenlanges Weinen aus. Der Griff zur Flasche brachte im Gehirn eine Dämpfung und am nächsten Tag den Kater. Mein Kind war wieder voll da, und ich mußte es auch sein.

Das Alter von fünf bis acht Jahren war besonders belastend. Die Verhaltensstö-rungen wurden aufgebaut und machten die Weiterentwicklung von Dirk und unser Leben sehr schwer.

Ich mußte mich mit Dirk beschäftigen und versuchen, ihn seiner Entwicklung entsprechend zu fördern und Überforderungen möglichst zu vermeiden. Die Zeit der Einschulung rückte immer näher. Hatte man mir im Werner-Otto-Institut am letzten Tag seines stationären Aufenthaltes auch gesagt, ich solle froh sein, wenn ich „dieses Kind überhaupt in eine Schule bekäme", so gab ich die Hoffnung auf eine normale Schule nicht auf. Dirk liebte Schrift und konnte alle Buchstaben lesen. Er fing an, Laternen zu malen und auch einzelne Buchstaben zu schreiben. Bücher anzu-sehen, war Bestandteil seines täglichen Lebens.

Wir begannen, selbst Bücher herzustellen. Ich kaufte eine Kladde und schnitt aus der Zeitung das aus, was ihn interessierte. Er klebte dann die Bilder ein. Dann schnitt er aus und klebte ein, und anschließend malte er diese ausgeschnittenen Bilder an. Das war jetzt „sein Buch", in das er das kleben konnte, was er wollte, und auch Ma-len war erlaubt. Normale Bücher durften in keiner Weise verändert werden. Dirk war begeistert.

Meine Tochter schenkte ihm Bilder, die er einklebte, auch Fotos; jetzt wurde alles in sein Buch eingeklebt. Über die neue Beschäftigung war er sehr glücklich.

Der Zug war immer noch Thema Nr. 1. Ich kaufte Eisenbahnmodelle zum Aus-schneiden. Hier zeigte er sich sehr interessiert, denn die neuen Möglichkeiten, daß er selbst Bücher nach seinen Bedürfnissen herstellen konnte, daß er ausschneiden lernte, bewirkten wieder einen Schritt weiter weg von seinem stereotypen Spiel. Zunächst schnitt ich aus, dann er, ich falzte die Sachen und klebte sie zusammen. Dirk war so begeistert, daß er stundenlang mit mir arbeiten konnte. Ich besorgte Autoprospekte und schnitt die Autos so aus, daß man die Tür öffnen konnte, und innen klebte ich dann das Armaturenbrett ein. Diese Autobilder, bei denen man die Tür aufmachen konnte, faszinierten ihn. Er konnte sie stundenlang ansehen.

Das Hobby meines Mannes ist Segeln, und wir hatten uns ein Kajüt-Segelboot gekauft. Dirk konnte inzwischen das Boot malen, und um ihn weiter mit einem anderen Thema zu beschäftigen, bastelten wir jetzt ein Boot aus Pappe. Mit diesem Boot – weitere folgten – konnte er stundenlang spielen. Er setzte Playmobil-Männchen hinein und erfand Geschichten. In erster Linie aber spielte er unseren Bootsalltag nach.

Leih mir deinen Finger

Wenn wir uns Bilderbücher ansahen, nahm Dirk meinen Zeigefinger, um auf etwas zu zeigen. Er benutzte also nicht seinen eigenen Zeigefinger. Daß er mit seinem eigenen Finger auch zeigen konnte, wußte er nicht. Wir versuchten, ihm zu erklären, daß er seinen eigenen Finger nehmen solle, und weigerten uns, ihm unseren Finger zum Zeigen zu leihen. Daraufhin geriet er in Angst und Panik, weil er glaubte, uns nun nichts mehr verständlich machen zu können. Dann verlangte er von uns, daß wir seinen Finger umfassen und damit zeigen.

Es hat Wochen gedauert, bis uns ein Weg einfiel, der ihm klarmachte, daß er seine eigenen Finger benutzen solle, wenn er uns etwas zeigen will. Zwischen dem vierten und fünften Lebensjahr hatten wir es dann endlich geschafft. Wenn er einmal etwas verstanden hatte, war die Störung von heute auf morgen vorbei, und es hat keinen Rückfall gegeben.

***

An die Hand nehmen

Ähnlich wie das Zeigen mit dem fremden Finger war das Verhalten mit dem „an die Hand nehmen". Ab dem zweiten Lebensjahr nahm Dirk uns an die Hand, wenn er etwas haben wollte. Er führte uns zu dem Gegenstand hin, obwohl er inzwischen in der Lage war, seinen Wunsch verbal äußern zu können. Hier fehlte lediglich die eine Komponente: Gewußt wie! Mit Gewalt und Konsequenz war bei ihm keine Einsicht zu erreichen. Wie seit vielen Jahren schon kam er zu uns, um uns an die Hand zu nehmen, damit wir sein Bedürfnis befriedigen. An die vielen Störungen gewöhnt man sich. Ab und zu nimmt man den Kampf auf, aber meistens ist er vergeblich. Dieses Verhalten paßte auch in die Liste der Verhaltensauffälligkeiten, was sollte man tun? Wir befanden uns also in Gesellschaft vieler Menschen mit gleichen Störungsbildern. Trotzdem ärgerte uns dieses Verhalten immer wieder von neuem, weil wir es für so unnötig hielten. Es war aber im Gegensatz zu den vielen anderen Störungen nicht belastend. Wenn wir seiner Forderung nachkommen konnten, hatten wir Ruhe. – Ein jahrelang praktiziertes Verhalten ändern zu wollen, klappte meist nicht auf Anhieb. In den meisten Fällen hatte ich spontane Ideen, die ich ausprobierte, als die Stimmung noch gut war. Spielerisch probierte ich dann die Idee aus, und manchmal hatte ich Glück. Heute glaube ich zu wissen, wo ich den Grund für diese Verhaltensweisen suchen muß. Hier ist das Kind der Meinung, daß sein Weg der einzig möglich ist. (Wir haben in der gleichen Situation viele mögliche Wege zur Verfügung – der Weg des Kindes ist für uns der Weg seiner Störung, und die wollen wir verändern.) In einem anderen, ihm unbekannten Weg sieht das Kind seine Sicherheit gefährdet und gerät in Panik. (Sicherheit bedeutet: Wenn ich mich so verhalte, passiert das, was ich erwarte.) Diese Sicherheit braucht das Kind aber, um angstfrei leben zu können (Neues bringt Unsicherheit und Angst.) Der Versuch, den Problembereich unvorbereitet und mit großen Schritten anzugehen, könnte für beide Seiten sehr hart werden. Manchmal hat man Glück und erreicht Einsicht und Erfolg relativ schnell. Wie eine Sache ausgeht, konnte ich nie vorhersagen. Auf jeden Fall brauchte ich viel Zeit, viele Ideen und meistens auch viel Kraft, um die Sache durchzustehen. – Die meisten Kämpfe waren wenig erfolgreich. Sieg der Vernunft und des Verstandes waren oft das Erfolgsrezept. Ein Kampf bedeutete, daß sich Dirk ganz auf das eine Problem konzentrieren und somit seine ganze Kraft einsetzen konnte, was ich mir nicht leisten konnte. Ich hatte noch andere Dinge zu tun. Und „so gesehen" war der Entschluß zum Kampf nicht immer leicht, und oft war von mir auch der Zeitpunkt falsch gewählt. Ein solcher Kampf um Verhaltensänderung oder Einsicht hatte oft genug Zwänge zur Folge, die man weder vorhersehen, noch gebrauchen konnte, denn sie bedeuteten noch einen Problembereich mehr.

In diesem Fall des „an-die-Handnehmens" war die ganze Familie beteiligt und beschloß, Dirk das Rufen beizubringen. Heike ging in ihr Zimmer und rief von oben: „Mama, komm bitte zu mir", aber so, daß er es hören konnte. Ich rief dann zurück: „Ich komme sofort", und begab mich in ihr Zimmer. Dann rief mein Mann von unten: „Heike komm bitte runter", und ich sagte Dirk: „Der Papa hat Heike gerufen." Heike rief meinem Mann zu: „Ich komme" und ging zu meinem Mann. Wir forderten Dirk auch auf zu rufen und reagierten gezielt und spontan. – Es hat ein paar Tage gedauert, bis Dirk dieses Spiel begriffen hatte. Er hat uns anschließend nie wieder an die Hand genommen. Eine langjährige Störung war verschwunden.

Spieltherapie

Über Jahre habe ich Verhaltensauffälligkeiten aufgeschrieben und beschrieben, ich habe nach Gründen dafür gesucht und auch nach Abhilfe und Hilfe für unser Kind. Wenn man anderen Menschen eine so schwierige Sache erklären will, kommt man manchmal aus dem Nachdenken nur schwer heraus. Beim Aufschreiben der Problematik wurde sie mir immer klarer, und ich fand immer häufiger Erklärungen und konnte nach Lösungen suchen, die meinem Kind in seiner Not helfen. Und auch jetzt sehe ich Nischen, die ich ohne das Beschreiben der Schwierigkeiten vielleicht nicht so klar gesehen hätte.

Ich kann mein Kind heute als Partner ansehen und brauche keine spezielle Ansprache mehr. Aber wie war es früher, ich war mit meinem Säugling und Kleinkind zu den Ärzten gelaufen und hatte immer wieder Verhaltensauffälligkeiten geschildert. Bis heute hat mir noch niemand gesagt, daß das, was ich schildere, keine Behinderungen sind, sondern Störungen. Darauf mußte ich leider selbst kommen.

Dirk ging zur Spieltherapie im Wohnort. Die Therapie fand hinter verschlossener Tür statt. Mein Kind konnte mir später nicht berichten, was es gespielt hatte. War die Stunde beendet, holte die Therapeutin schon den nächsten Patienten rein. Ein Gespräch war nicht mehr möglich. Ich konnte auf diese Erlebnisse als Beispiel nicht zurückzugreifen. Es blieb für Dirk eine Erfahrung, die er alleine aufarbeiten mußte. Das Spielzeug oder Material, mit dem geübt oder gearbeitet wurde, gehörte in diesen Raum, zu dieser Person und war nicht übertragbar. Hatten wir zu Hause das gleiche Spielzeug, so war es nicht dasselbe. Es wurde anders benutzt und anders gesehen. Ein halbes Jahr lang habe ich um einen Gesprächstermin gebeten, ohne Erfolg. Da ich nie wußte, welcher Problembereich bearbeitet wurde, und ich somit nicht nacharbeiten konnte, habe ich die Therapie abgebrochen.

Die Fahrt zur Therapie kostete Zeit, die Therapie selbst dauerte 45 Minuten, der Rückweg brauchte auch wieder Zeit, und ich mußte meine Tochter entweder mitnehmen oder irgendwo unterbringen. Ich entschloß mich, diese Zeit, die für die Therapie notwendig war, selbst konzentriert meinem Kind zukommen zu lassen. Zwei Stunden mehrmals in der Woche, nur für das Kind da zu sein, dabei nicht ans Einkaufen denken, den Abwasch vergessen und die Bügelwäsche außer Sicht bringen, wurde ein Erfolgsrezept, was ich heute noch gerne an Eltern weitergebe. Das soll aber nicht heißen, daß diese Zeit die Therapie ersetzen soll. In meinem Fall brachte die Therapie leider keine sichtbaren Erfolge. Einen Therapeuten als Berater oder Gesprächspartner hätte ich so manches Mal dringend gebraucht.

Zwei Stunden nur für das Kind da zu sein, mit ihm zu spielen, ohne Druck und ohne einen Erfolg erreichen zu wollen, ohne etwas zu verlangen, ohne Kampf, war für mich auch ein Erlebnis. Mein Kind hatte Gelegenheit, auf mich zuzukommen, es konnte erleben, daß ich Zeit für es hatte, geduldig war und nichts Unmögliches verlangte. War ich bis dahin nur in Hetze unterwegs von einer Beschäftigungstherapie zur Krankengymnastik, Logopädie, und die Tochter hatte auch noch diverse Sport-, Musik- und Zeichenstunden, so machte mir dieses Erlebnis klar, daß ich, wenn ich mir regelmäßig die Zeit nehme, viel mehr erreichen kann.

Draußen

Unsere Spaziergänge mit den Kindern waren fast immer ziemlich kurz, weil jedes Mäuerchen zum balancieren wahrgenommen wurde. Auf Gehwegplatten wurde gehüpft und gesprungen, es wurden Klatschlieder gesungen, die Heike aus der Schule mitbrachte, es wurden Marienkäfer beobachtet und parkende Autos angesehen. Für alles nahm ich mir viel Zeit, alles wurde mit Sprache begleitet und erklärt. Da konnte es passieren, daß wir in 90 Minuten nur 300 Meter weit gegangen sind. Aber was hatten wir alles erlebt und erklärt! Da waren Wolken am Himmel, und da flogen Vögel, die zwitscherten, da waren Bäume mit großen Blättern und Sträucher mit Stacheln, da krabbelten Schnecken und blühten Blumen – für normal aufnehmende Menschen nichts Besonderes. Dirk kannte die Natur und auch die Lebewesen nur aus Büchern. In der Realität hatten sie ihm Angst bereitet, er hat sie übersehen, und jetzt konnte er sie erleben, in Ruhe und begleitet mit Sprache.

Die Spielstereotypien nahmen merklich ab. Heike durfte ihren Bruder anfassen, und manchmal spielten sie sogar zusammen.

Verhaltensstörungen

Die meisten typischen Verhaltensstörungen hatten sich bis zum Alter von fünf bis sechs Jahren aufgebaut. Mit zunehmendem Sprachverständnis begann dann ein allmählicher Abbau. Jetzt, mit rund sechs Jahren, begann Dirk mit Sprachstereotypien: Eine Frage mußte er immer wieder stellen, und sie mußte immer wieder so beantwortet werden, wie er es gerne hören wollte.

Die Merkmalliste der Verhaltensstörungen bei autistischen Kindern erscheint mir heute als eine ganz logische Folge aus der Problematik mit der Wahrnehmungsverarbeitung.

Ein Mensch mit Wahrnehmungsverarbeitungsstörungen muß meines Erachtens zwangsläufig dieses typische Verhalten entwickeln. Es ist mir unklar, wie ein Mensch autistische Verhaltensstörungen ohne die entsprechende Wahrnehmungsbeeinträchtigung entwickeln kann. Also erscheint es mir logisch, daß nicht die Störung das Problem sein darf, sondern die Ursache. Leider wird meistens an der Störung gearbeitet, und die Ursache bleibt unberücksichtigt. Eine Weiterentwicklung ist so kaum zu erwarten. Ein Mensch, der autistische Verhaltensweisen entwickelt hat, kann sich nur begrenzt alleine helfen. Er bedarf zumindest zunächst ständiger Hilfe und Erklärung. (Wenn er es alleine könnte, hätte er zu seinem Schutz diese Verhaltensweisen nicht entwickelt.) Dadurch, daß ich Sprache und Wahrnehmung, wie beim normalen Kleinkind nachvollzogen habe, war Dirk ab einer entsprechenden Entwicklungsstufe in der Lage, selber Sätze zu bilden. Fertige Sätze zu trainieren, führt schnell zum Erfolg; Selbständigkeit im Gebrauch der Sprache wird man wahrscheinlich aber nicht erreichen.

Ein Kleinkind lernt zunächst, Dinge zu benennen, bevor es etwas über sie aussagen kann. Autistische Menschen bedienen sich auch gerne der Einwort-Sätze, weil alles andere viel zu schwer für sie ist.

Da ich bewußt und gezielt die Sprache angebahnt habe, die sich unter den gegebenen Schwierigkeiten wahrscheinlich von alleine nicht entwickelt hätte, konnte ich sie auch gezielt ausbauen. Die heute für Dirk selbstverständliche, normale, variable Sprache ist sicherlich ein Beweis für die Richtigkeit meiner auf lange Sicht angelegten Arbeit.

Am 3 Februar 1985 (zehn Jahre) schrieb ich auf, daß Dirk jetzt anfängt, sich in ein Gespräch einzumischen, und daß er leichte Fernsehfilme verfolgen kann. Er fragt nach seiner Kindheit und steuert oft erstaunliches Wissen dazu bei. Anhand von Fotos werden plötzlich Erinnerungen verarbeitet.

Stereotypes Verhalten war für mich immer das Signal „Langeweile". Ich versuchte, Dirk mit allen möglichen Angeboten von seinen Stereotypien abzulenken, was meistens, aber nicht immer gelang. Außer dem Fahnenschwenken hat Dirk keine motorischen Stereotypien entwickelt.

Wenn er über eine längere Zeit unterfordert war, entwickelte er Spiel-Stereotypien, und oftmals konnte ich auch motorische Veränderungen feststellen. So verdrehte er die Hände seltsam vor seinem Gesicht oder probierte Mimiken aus. Das war dann für mich das Signal: „Dein Kind braucht Futter." Besonders vor den Ferien, wenn ich in Urlaubsvorbereitungen steckte, und auch vor Weihnachten war Dirks Verhalten verändert. Da er aus eigener Kraft nicht lernen konnte, mußte ich mir Zeit für ihn nehmen.

Wenn ich das nicht tat, stagnierte die Entwicklung, oder aber er fiel in längst vergessene Verhaltensweisen zurück.

Ein normales Kind holt sich selbst Anregungen. Aber bei Dirk fehlten immer noch Grundlagen, was ihm das selbständige Erarbeiten einer Sache unmöglich machte. Ich konnte immer nur probieren und aus Verweigerung und Störverhalten meine Fehleinschätzung ablesen. Meist hatte sein von der Norm abweichendes Verhalten seine Ursache in meiner unzureichenden oder zu schnellen Aufarbeitung einer Sache. Die Lernschritte waren zu groß oder für ihn so nicht zu begreifen. Die Störungen und auch sein Schreien durfte man nicht böswillig auslegen, sie sollten als ein Schrei nach Hilfe betrachtet werden. Hätte man seine gesamten Verhaltensstörungen ausgeschaltet, hätte er keine Chance mehr gehabt, mit uns zu kommunizieren. Ich weiß, wie schwer es ist, an ein passives Kind heranzukommen. Ein schreiendes Kind zeigt, daß etwas in ihm lebt, wogegen es sich wehrt. Auch wenn uns das nicht gefällt, ist es doch ein Beweis, daß es die Sache an sich heranläßt. Jetzt liegt es an uns, ihm helfen zu wollen oder zu können.

Verhaltensstörungen sind Verhaltensweisen, die wir als Verhalten „ab von der Norm" bezeichnen. Die Wahrnehmungsverarbeitung unseres Kindes war nicht normal. Feststellen konnten wir das nur durch sein andersartiges Verhalten. Wenn ich nun die Störungen beseitigen will, weil ich dem Kind normal etwas beibringen möchte (die Störungen blockieren eine normale Entwicklung, so heißt es in Fachbüchern) kann daraus meines Erachtens nichts werden. Das Kind hat mit seinen Störungen gesagt: „Ich bin anders", und so sollte man es akzeptieren und versuchen, ihm aus „seiner Sichtweise" heraus gerechtzuwerden. Die Katze beißt sich in den Schwanz. Mit einem konsequenten Abbau der Störungen, ohne an der Ursache zu arbeiten, kann man nur stumme, resignierende, sich selbst zerfleischende oder tobende, aggressive Ungeheuer erzeugen. Das aber wollen wir nicht erreichen.

Die Verhaltensstörung „des sich Isolierens" sehe ich als Selbstschutz vor Überforderungen an. Auch permanentes Schreien kann signalisieren: „Laß mich in Ruhe, ich versteh das nicht". Das durch andere Menschen Hindurchsehen sagt vielleicht: „Verlang nichts von mir, ich verstehe dich sowieso nicht" oder „Ich trau dir nicht!"

Die an das Kind gestellten Anforderungen, dem Entwicklungsstand gerecht zu dosieren, ist sehr schwer. Eine normale Entwicklung basiert zum größten Teil auf Erfahrungen, die sich das Kind selbst verschaffen konnte. Die Erfahrungen, die ein autistisches Kind gemacht hat, waren nicht immer so positiv, daß es gern daran erinnert wird. Auf ein derart schwieriges Kind ist eine junge Mutter nicht vorbereitet und alles, was sie macht, ist improvisiert und instinktiv. Sie setzt normale Maßstäbe und kann dem Kind in keiner Weise gerechtwerden.

Das normale Kind setzt sich selbst die Maßstäbe und fordert sich entsprechend, es will vieles alleine machen, so daß die Mutter nur nachzukommen braucht. Aber hier, bei unserem Kind, fehlten diese selbst eingeleiteten Entwicklungen, es fehlte auch die Möglichkeit, alleine etwas zu er- und verarbeiten. Meine Tochter hat mir vorgelebt, wie eine normale Entwicklung aussieht. Bei Dirk war das alles anders.

Ich wurde eine kritisch beobachtende Mutter. 1986 schrieb ich auf: „Stelle ich heute eine neue Verhaltensstörung fest, sehe ich erst einmal in den Spiegel. Bin ich ruhig und ausgeglichen? Bin ich nervös oder hektisch? Schreie ich die Kinder zu oft an? Habe ich zu viele Programme und lasse ihm zu wenig Zeit zum Spielen? Überfordere ich die Kinder? usw. Die Kinder zeigen mir in ihrem Verhalten meine Fehler. Es ist manchmal sehr schwer, sich selbst einzugestehen:

Hier hast du versagt, und manchmal mag man auch gar nicht anders sein.

Seit zwölf Jahren bin ich nur für die Kinder da, da ist kaum eine Minute Zeit für mich gewesen, ich durfte nicht krank sein und nicht ausgehen.“

Sprachverständnis

Ein Mensch, der ein Handicap hat, hat mit sich und der Umwelt große Schwierigkeiten.

Fast nichts erscheint mehr selbstverständlich. In unserem Fall war jeder Wahrnehmungsbereich ein Problembereich für sich.

Beim behinderten Menschen werden die Anforderungen in der Motorik, und hier speziell in der Feinmotorik, in Schule und Elternhaus, geringgehalten. Jede Hilfestellung, jedes Engagement kostet kostbare Zeit der Mutter oder des Erziehers. Besondere Fähigkeiten zu erkennen, wird schwerfallen, da ja auch das Angebot gering ist. Auf die Kulturtechnik des Schreibens wird leider keinen, oder wenig Wert gelegt. Auf die Hände, die durch die geringen Anforderungen untrainiert sind, wird immer Rücksicht genommen. Ich habe jedoch bisher noch nicht erlebt, daß jemand im Sprachbereich Rücksicht auf das Sprachverständnis eines anderen Menschen genommen hat. Ein bestimmter Sprachschatz gilt als normal und selbstverständlich, auch im Umgang mit nichtsprechenden und nichtverstehenden Kindern.

Menschen, die uns bereits mitgeteilt haben, daß sie nicht sprechen können oder wollen, werden rücksichtslos mit Sprache, die sie nicht oder nur teilweise verstehen, konfrontiert. Und damit noch nicht genug, wir erwarten Handlungen oder Reaktionen als Antwort auf unsere massive Sprache. Nichtverstehende Menschen erhalten in unserer Gesellschaft oft genug Kritik und Unverständnis. Und wie oft müssen sie erfahren, daß man sie nur wegen ihrer Sprachproblematik anders oder abwertend behandelt.

Von jedem Schulkind wird verlangt, daß es wenigstens versucht, jeden Tag etwas zu schreiben. Die Fähigkeit, das Lesen lernen zu dürfen, wird den behinderten Menschen meist nicht einmal angeboten. Einem Menschen, der lesen kann, eröffnen sich Welten. Langeweile braucht er nicht mehr zu haben. Aber ihm das beizubringen, erfordert ein wenig mehr Mühe als normal. Sollte das ein Grund sein, es nicht zu probieren?

Oh, diese Lücken

Wir alle haben sie, manchmal stören sie uns, manchmal merken wir sie gar nicht. Beim autistischen Kind sind sie gewaltig, und die sieht fast jeder. Die Eltern haben versagt, sie haben dem Kind so vieles nicht beigebracht. Die Liebe, Geduld und vielen kleinen Tricks haben nichts genützt. Der Fremde weiß nichts von dem Schweiß, den Tränen, die auf beiden Seiten geflossen sind. Der Fremde sieht nur die Lücken.

Die Uhr zum Beispiel, die muß ein Kind doch kennen. In einem bestimmten Alter beherrscht jeder die Uhr. Das Kind kann schreiben und lesen, aber die Uhr kennt es nicht – unbegreiflich. Da stimmt doch etwas bei den Eltern nicht.

Jeder Mensch besitzt eine innere Uhr, und mit der fortschreitenden Entwicklung verliert in vielen Bereichen die innere Uhr an Genauigkeit, und die äußere Uhr wird dominant. Wir brauchen eine Armbanduhr, Küchenuhr, Fernsehuhr, weil es auf die Minute ankommt. Bei einem Kind auch? Ja, sobald es in die Schule kommt. Spätestens dann muß es auch nach der Uhr leben.

Wie war das im häuslichen Bereich? Die Mutter sagt, ich habe mich verschlafen, es ist schon sieben Uhr, Vater verpaßt seinen Bus. Er kann jetzt erst um 7.15 Uhr fahren. Er hat also noch zehn Minuten Zeit. Oder es ist sieben Uhr, um diese Zeit stehe ich jeden Morgen auf. Mittags um ein Uhr gibt es Essen, und abends um fünf Uhr kommt Papa nach Hause. Um vier Uhr geht Mama zum Sport und wenn sie abends ausgeht, sagt Mama meistens: „Wir müssen los, es ist schon spät!"

Was sagt einem Kind die Uhr? Ob es fünf Minuten vor eins ist oder fünf Minuten nach eins – was macht's. Wenn es die Uhr kennt, dann sieht das anders aus. „Du hast gesagt, um ein Uhr gibt es mein Lieblingsessen, – jetzt ist es schon zehn Minuten später. Hast du mich vergessen, oder willst du, daß ich verhungere? Sonst bist du immer um ein Uhr fertig", und pausenlos geht es in diesem Stil weiter.

Ich habe von verschiedenen Müttern gehört, daß sich die Kinder weigerten, die Uhr zu lernen oder zu benutzen. Vielleicht, weil sie sie bereits kennen und viele negative Erfahrungen damit gemacht haben, die sie uns wiederum nicht mitteilen können oder wollen. Vielleicht auch, weil sie immer wieder hören, daß man pünktlich sein muß, daß man zu spät dran ist, daß man zu spät kommt ... Alles Negativerfahrungen, vielleicht auch verbunden mit Drohungen. Jetzt sollen die Kinder die Uhr lernen und sich nach ihr richten, obwohl sie bisher gut ohne sie ausgekommen sind.

Dieses elterliche und schulische Verlangen kann zur Qual für alle werden. Der eine, der nicht will, und der andere, der nicht einsehen will oder verstehen kann, daß der andere so etwas leichtes nicht lernt. Was im Kopf des autistischen Kindes vorgeht, können wir – wenn überhaupt – nur schwer erraten oder begreifen.

Blickkontakt und non-verbale Sprache

„Mein Kind hat mich nie richtig angesehen, oder es hat durch mich hindurchgesehen", so berichten viele Eltern.

Die Kinder haben schon früh die Erfahrung gemacht, daß von ihnen etwas verlangt wird, wenn sie jemanden ansehen. Einer Forderung, die auf sie zukam, sobald sie jemanden ansahen, konnten sie nicht nachkommen. Sie machten die Erfahrung: Besser keinen Blickkontakt! Dieses Wegsehen erwies sich als Schutzfaktor und wurde zur Gewohnheit; wir sagen, zur Störung.

Es ist nicht einfach, gezielt einen bestimmten Bereich aus dem Blickfeld zu schaffen. Wenn wir bestimmte Dinge nicht sehen wollen, müssen wir unseren Blick verändern, denn die Augen können wir nicht schließen. Wir können die Hand über die Augen halten und somit unser Blickfeld einschränken, wir können stieren und sehen verschwommen, wir können aber auch so zur Seite, nach unten oder oben sehen, daß wir bestimmte Dinge übersehen oder durch sie hindurchsehen.

Wenn ich nicht angesprochen werden möchte, sehe ich auch durch Menschen hindurch; mein Desinteresse signalisieren meine Augen.

„Autistische Menschen scheuen den Blickkontakt, oder sie sehen durch die Menschen hindurch."

Autistische Menschen, die den Blick abwenden, werden aufgefordert, den Gesprächspartner anzusehen. Wenn ein Zuhörer dem Gesprächspartner in die Augen sieht, geht man davon aus, daß er zuhört. Wenn ich jemandem etwas erzähle, und derjenige, dem ich etwas sage, sieht gerade jetzt aus dem Fenster, habe ich das Gefühl: „Der hört gar nicht zu."

Aus Erfahrung weiß ich, daß Dirk immer zuhört, aber nicht immer versteht. Dirk wendet den Blick nicht ab, er sieht nur nicht hin. Eigentlich sollte das nicht weiter schlimm sein. Und doch – ein großer Teil unserer Sprache erfolgt non-verbal, und diese Sprache kann man nur lernen und deuten, wenn man Menschen ins Gesicht sieht.

Wenn ich sage, leg das „da" hin, weiß ich nicht, wohin ich was legen soll.

Und was hat das mit der Wahrnehmungsverarbeitung zu tun? Als Dirk noch klein war, konnte er seine Flasche sehen, aber nicht nach ihr greifen. Er konnte den Knall hören, aber hat sich nicht erschreckt. Er hörte ein Geräusch, konnte es aber nicht mit dem Blick orten. Dieses Hinsehen oder Nichthinsehen war bei Dirk auch ein gestörter Wahrnehmungsbereich. Dirk mußte lernen, hinzusehen. Aber das alles wußten wir als Eltern nicht, und so bemühten wir uns jahrelang nur um Sprache und Sprachverarbeitung.

Daß die Mimik und Gestik auch zur allgemeinen Sprache gehört, wurde mir erst bewußt, als Dirk gezielte Fragen stellte: Was heißt das, wenn ein Mensch „so" (Mimik) macht. Es ist schwer zu unterscheiden, daß einmal der nichtvorhandene Blickkontakt aus der Wahrnehmungsverarbeitungsstörung (Nichthinsehen, weil das Kind nicht weiß, daß es ohne Blickkontakt die Aufforderung nicht verstehen kann) und einmal aus der Überforderungssituation (Blickkontakt meiden, aus Angst vor Überforderung) resultieren kann. Dirk hat als Baby, wie Filmaufnahmen beweisen, auch nicht hingesehen. Er hat es aber nur selten nötig gehabt, aus Gründen der Überforderung wegzusehen, weil uns schon sehr früh klar war, daß hier ein Nichtkönnen und kein Nichtwollen vorlag.

Ich glaube, daß durch die Wahrnehmungsverarbeitungsstörung ein psychischer Schaden entstehen kann, dessen Auswirkung stärker sein kann als die Störung der Wahrnehmungsverarbeitung.

Die Schwierigkeiten, die das Kind hat, werden zunächst übersehen und unterschätzt. Das Kind kann nur psychisch reagieren und nimmt diese Reaktion als normal an. Wir reagieren mit Gegendruck, weil wir korrigieren wollen, und bewirken damit den Rückzug. Das Kind hat keine andere Möglichkeit.

Ein Mensch, der anderen Menschen beim Gespräch nicht ins Gesicht sieht, wird die mimische Sprache nicht erlernen. Ein autistischer Mensch, der dem Blick immer ausgewichen ist, wird, wenn er aufgefordert wird: „Guck mich an!" in einem Gesicht wenig sehen.

Wenn nun ein autistischer Mensch aufgefordert wird, jemandem ins Gesicht zu sehen, steckt meist eine ernste Sache dahinter. Selten fordert man ihn auf, in ein lustiges Gesicht zu blicken. Autistische Menschen, die mir ins Gesicht gesehen haben, hatten meistens einen leeren Blick, der nicht eine Gefühlsregung verriet.

Als unser Sohn klein war, konnte er sich über Geräusche, die man in Verbindung mit einer Grimasse machte, herzlich freuen. Um sich über die Grimasse freuen zu können, mußte er uns ins Gesicht sehen. Er hatte keine Angst davor, denn er wußte, daß die Geräusche nur Spaß bedeuteten und keine Anforderungen an ihn stellten. Er lernte dabei auch, daß der Tonfall und die Lautstärke der Sprache etwas aussagen können. Diese Faktoren waren auch Auslöser für seine Sprachstereotypien, denn Dirk hatte herausgefunden, daß ein bestimmter Tonfall eine verbale Zustimmung ins Gegenteil verwandeln kann.

Ein normal wahrnehmender Mensch verarbeitet bereits während des Hinhörens einen Satz. Wird er aufgefordert, diesen Satz wörtlich zu wiederholen, wird ihm das in den meisten Fällen sehr schwer fallen. Denn er konzentriert sich auf die Aussage des Satzes, aber nicht auf die Reihenfolge der einzelnen Wörter. Oft weiß man bereits bei Beginn des Satzes, wie er enden wird und was er aussagen soll. Der Sprach-Verarbeitungsprozeß findet vor, während oder nach der Aussage statt. Das einzelne Wort ist gar nicht so wichtig.

Ich habe immer wieder erlebt, daß man Kinder, Jugendliche und auch autistische Menschen auffordert, einen Satz zu wiederholen. Dirk hatte früher keine Probleme damit, eine lange und schwere Aufforderung wörtlich zu wiederholen.

In einer normalen Entwicklung laufen Sprachspeicherung und Sprachverarbeitung parallel. Dirk konnte alleine aber nur Sprache speichern. Bei der Verarbeitung brauchte er ständig Hilfe. Dem Lehrer nützte es also wenig, wenn er die Frage wiederholen ließ. Denn forderte er ihn auf, das zu tun, was er gerade wiederholt hatte, fragte er, was er tun solle. Heute ist Dirk in seiner Sprachverarbeitung so weit fortgeschritten, daß auch ihm die wörtliche Wiederholung einer Aufforderung schwer fällt.

Ein schwieriger Bereich in der Sprachverarbeitung war und ist teilweise noch heute der Bereich der abstrakten Worte. Auch die Mehrfachbedeutungen eines Wortes müssen einzeln aufgearbeitet werden, und früher gab es bei solchen Worten oft Probleme. Ob es sich hier um ein Fußballtor oder ein Eingangstor handelt, ist normal sofort erkennbar. Dirk mußte in solchen Situationen oft nachfragen und erntete dann entsprechende Kritik. – „Denk mal nach!" Dann mußte er selbst lachen. Aber solche Situationen kommen auch heute noch vor. Ich denke, auch das ist normal.

Eine Pantomime kann uns mehrere Stunden interessante Geschichten erzählen, ohne auch nur ein Wort zu sprechen.

Autistischen Menschen wird nachgesagt, daß sie mimikarme Gesichter haben. Wie sollen sie die Mimik- und Gestiksprache erlernen, wenn sie sie nicht verstehen? Die Sprache der Gestik können wir den Kindern erklären, aber die Mimik ist eine eigene Sprache. Sie ist vielseitig und auch widersprüchlich.

Ein Kleinkind, nimmt von Geburt an Sprache auf, ohne sie zu prüfen. Es wendet sie später an und kontrolliert sie mit dem Erfolg. Das autistische Kind konnte Sprache nicht so aufnehmen und ausprobieren. Wenn Eltern autistischer Kinder das Sprachproblem erkannt haben, liegen sie ständig auf der Lauer. Jederzeit bereit zur Korrektur, jederzeit klar zu weiteren Forderungen.

Dirk hat mit zwei Jahren angefangen, Sprache gezielt aufzunehmen, und erst mit fünf Jahren war er in der Lage, einen normalen kurzen Satz zu verstehen und zu verarbeiten. Wieviel Kritik und Unverständnis mußte das Kind bis dahin einstecken. Bei allen Entwicklungen wird meist völlig übersehen, daß hier nicht nur ein Entwicklungs- und Sprachrückstand aufgeholt werden muß, sondern gleichzeitig auch noch eine normale Weiterentwicklung stattfindet, die auch noch erwartet wird. – Also ein doppelter Leistungsanspruch. Das Handicap wird gerne übersehen. Man stellt fest, hier ist ein Potential vorhanden, was bei entsprechendem Einsatz die Möglichkeit bietet, den Rückstand aufzuholen. Dabei wird das Kind und seine sozialen Schwierigkeiten vergessen. Nur die Leistungsfähigkeit zählt und der höchstmögliche Schulabschluß.

Ich erlebe in der Schule immer wieder, daß Lehrer mir sagen: „Das kann er nicht, oder das begreift er einfach nicht." Ich muß ihnen dann leider zustimmen, obwohl ich davon überzeugt bin, daß das nicht stimmt. Denn wenn ich das durchlese, was ich bisher geschrieben habe, kann ich nur sagen: „Noch nicht!"

Es ist gut, daß der Mensch ein Leben lang Zeit hat zu lernen. Ich gestatte meinem Kind, sich Zeit zu nehmen. Leider hat es für sich selbst nur wenig davon übrig.

Eine Chance, normal zu sein und normal lernen und leben zu dürfen, hat man in unserer Gesellschaft nur, wenn man mit sechs Jahren schulreif ist. Hat man in diesem Alter, nicht diese gesellschaftliche Norm erreicht, steht es mit der Zukunft dieses Menschen meistens schlecht. Sondereinrichtungen schützen zwar vor dem allgemeinen Leistungsdruck, sie bedeuten aber auch ein Ausgemustertsein, meist auf Lebenszeit. Ich verstehe Eltern, die Problemkinder dem Leistungsdruck aussetzen; ich habe es auch getan.

Ich wünsche dir:

Menschen,
die dich mögen, so wie du bist,

Menschen,
die dir Mut machen,

Menschen,
die dich anregen, ohne zu verlangen,

Menschen,
die dich trösten, wenn du traurig bist
und nicht sagen kannst, warum,

Menschen,
die dir weiterhelfen, wenn du alleine nicht weiterweißt,

Menschen,
die Verständnis für deine Ängste haben und dir
helfen, sie zu überwinden,

Menschen,
die dich schützen, vor all dem, was du nicht verstehst,

Menschen,
die Zeit für dich haben,

Menschen,
die geduldig warten können,

Menschen,
die dich lieben, ohne Gegenliebe zu erwarten.

Loben

Bereits kurz nach der Geburt versucht der junge Mensch, Selbständigkeit zu erreichen, indem er seine Bedürfnisse anfordert. Im Laufe der Weiterentwicklung bemüht er sich dann, diese Bedürfnisse selbst zu befriedigen. Er wird neugierig und will alles mit seinen Wahrnehmungsorganen aufnehmen und verarbeiten. Er verarbeitet für uns Eltern unmerklich und meistens unsichtbar, täglich große Mengen von aufgenommenen Eindrücken und Erfahrungen. Wir stellen dann fest: „Das kann unser Kind schon", und loben es. Das Lob gehört zum täglichen Alltag und bedarf normal keiner Erklärung.

Bei unserem Kind sah der Alltag anders aus. Die Entwicklung mußte gefördert werden, Entwicklungsfortschritte waren harte Arbeit, und der Erfolg war das Ziel gemeinsamer Arbeit. Ob da immer ein Lob ausgesprochen wurde – ich weiß es nicht mehr. Ich glaube, hier fand mehr ein Aufatmen statt. Und mit zwei Jahren waren die Störungen schon so schwerwiegend, daß unser Kind Angst vor der Ansprache hatte, also sprachlich ausgedrücktes Lob Ängste verursachte. Anfassen war auch problematisch, nur Streicheln genoß Dirk. Aber ich glaube kaum, daß er dieses Streicheln als Lob aufgefaßt hat. Ich habe es auch nicht gezielt als solches eingesetzt. Ich wußte zum damaligen Zeitpunkt nicht einmal, was mit meinem Kind los war, wie ich auf es zugehen sollte, ohne ihm Angst zu machen. Lob – was bot er mir, was ein Lob verdient?

Als Dirk fast fünf Jahre alt war und im Hamburger Autismus-Institut über dieses so wichtige Thema gesprochen wurde, stellte ich fest, daß ich bei meiner Tochter immer schnell dabei war, sie zu loben, aber bei meinem Sohn stellte ich bei mir große Schwierigkeiten fest. Ein sprachlich klar ausgesprochenes Lob ging mir schwer über die Lippen. Die kleinen, winzigen Fortschritte waren für mich eine Selbstverständlichkeit und nicht lobenswert. Ich mußte lernen, die kleinen Schritte, auch wenn sie gemeinsame harte Arbeit waren, anzuerkennen und entsprechend zu würdigen.

Dirk mußte lernen, was ein Lob bedeutet. Er lernte, daß er für das, was er alleine oder gut macht, gestreichelt wurde und „Das hast du fein gemacht" gesagt wurde. Man lacht bei einem Lob. Er begann, das Lob anzufordern, für alle Dinge, die er machte. Der Wert spielte für ihn keine Rolle, aber für mich. Er verlangte das Lob, und wenn ich es ihm verweigerte, dann brach Panik aus. Wie kann man einem Menschen beibringen, was ein Lob wert ist und was nicht? Wir hatten wieder einen Problembereich mehr geschaffen, das Bewerten von Leistungen.

Dirk war weder neugierig noch ehrgeizig. Wenn ich allerdings sein Durchsetzungsvermögen genau betrachte, dann war er schon ehrgeizig, sein Ziel zu erreichen. Das kleine Kind versucht schon sehr früh, Dinge alleine zu erledigen, und erfährt dadurch eine Selbstbestätigung. Es ahmt nach und vergleicht seine Leistung mit der anderen. Es ist stolz auf seine Leistung und will besser oder schneller werden. Die Korrektur anderer ist Kritik – und die will es ausschalten indem es versucht, seine eigene Leistung zu verbessern: „Das kann ich alleine."

Dirk hatte mit zwei Jahren schon aufgegeben. Er bemühte sich nicht, ahmte nicht nach und verglich seine Leistungen nicht. Es ist seltsam, als Eltern vergleicht man ständig die Leistungen und steht fassungslos davor, daß dieser Mensch keinen Ehrgeiz zu besitzen scheint. Um die Wette schneller und besser zu sein zu wollen als die anderen, war Dirk nicht klarzumachen. In der Schule, im Sport- und Schwimmverein, immer forderte man den Wettkampf, den Dirk nicht verstand. Er brachte seine Leistung und verglich sich nicht mit den anderen. Dirk konnte schon sehr früh gut und schnell schwimmen, aber ihm klarzumachen, daß er sich bemühen sollte, noch schneller zu werden, war unmöglich. Der Schwimmerverein wußte nichts mit ihm anzufangen. An einem Training ohne Kampfgeist war man nicht interessiert.

Dirk freute sich über ein gutes Diktat und genoß die Bewunderung seiner Klassenkameraden. Eine schlechte Arbeit traf ihn zwar, aber er konnte nicht verstehen, warum sie schlecht ausgefallen war. Er lernte seit vielen Jahren alles, auch das, was andere nicht zu lernen brauchen, in dem er das für ihn unbekannte Wort speicherte und zu Hause erfragte. Da er mich täglich mit ungewöhnlichen Fragen konfrontierte, kann ich die Problematik der erschwerten Wahrnehmungsverarbeitung so detailliert beschreiben. Ich versuche immer wieder, seine Fragen aufzuschreiben, aber das bringt keinen Gewinn. Dirks Fragen sind ein Fallbeispiel und ganz sicher nicht übertragbar. Man muß die Wahrnehmungsproblematik begreifen und den Menschen mit seinen Schwierigkeiten annehmen, dann kann man ihm auch helfen. Gemeinsam viele kleine Schritte können zum Erfolg führen.

Ein Wort zu viel

Dirks Sprachverständnis war erlernt und nicht aufgenommen. Mit dem Erlernen des Sprachverständnisses mußten vorher aufgenommene Wahrnehmungen korrigiert werden. Die gesamte Echosprache mußte einen Hintergrund bekommen, sie mußte verstandesmäßig aufgearbeitet werden. Dirk benutzte in dieser Echosprache Attribute und andere Worte zufällig richtig. Die Richtigkeit war ihm nicht bewußt, weil er die Bedeutung dieser Worte nicht kannte. Das ist eigentlich völlig normal, denn ein kleines Kind analysiert auch keine Worte im Zusammenhang mit dem, was es ausdrücken möchte. Viele Jahre Spracherfahrung und der Deutschunterricht in der Schule arbeiten solche Worte auf.

Dirks Sprachverständnis begann mit zwei Jahren und fand in einer anderen Art und Weise als normal statt. Einzelne Wörter wurden bewußt aufgenommen und angewendet. Die Echosprache war sehr umfangreich, aber Verständnis war nicht vorhanden. Wir konnten also auf das, was er uns mitteilte, weder zurückgreifen noch etwas aufgreifen und weiterführen. Ich erinnere mich daran, daß er wie in einem Traum sprach. Sprach man ihn an, wurde er wach, und die Realität holte ihn ein. Er konnte nicht reagieren, weil das, was er gesagt hatte, für ihn keine Bedeutung hatte. Er hatte einen Satz nachgeplappert, aber nicht verstanden. Wir aber hatten den Satz verarbeitet und versuchten, mit ihm ins Gespräch zu kommen. Durch Zufall bekamen wir manchmal eine sinngemäße passende Antwort, aber in den meisten Fällen wich er uns dann aus und ging weg. Dirks Echosprache war unsere Umgangssprache, aber für Dirk teilweise unverständlich. Die Schlüsselwörter alleine reichten zum Verständnis nicht aus, und Mißverständnisse waren nur sehr schwer zu korrigieren.

Ich kontrollierte meine Sprache und erweiterte sie täglich gezielt. Erst als Dirk etwa sechs Jahre alt war, begann ich mit ihm normal zu sprechen, und in der ersten Zeit mußte ich ständig den Satz in gewohnter Weise aufarbeiten, denn die vielen kleinen abstrakten Worte verwirrten ihn völlig. Er war gewohnt, daß er jedes Wort, was ich ihm anbot, verstehen konnte, jetzt aber sprach ich wie seine Echosprache, und das war sehr irritierend. Diese veränderte Ansprache mußte jetzt sein, denn er reagierte nur auf das, was ich sagte. Bei anderen Menschen mußte ich immer wieder vermittelnd eingreifen. Dieses ständige Eingreifen und Erklären bewirkte, daß er sich bei einer globalen Ansprache nicht angesprochen fühlte und ständig auf die Vermittlung wartete. Diese Vermittlung kommt, auf jeden Fall und freundlich. Sie kommt auch immer wieder, weil „wir" und „uns" nicht mit Erfahrungen belegt ist. „Wir sind spazieren gegangen"; er sieht aber nur „Dirk ist spazieren gegangen". Wie hat er Sozialverhalten erlebt und erlernt? Er war als kleiner Junge so schwierig, daß er keine Freunde gewinnen konnte.

Er spielte stereotyp alleine oder mit mir. Ein Kräftemessen mit Gleichaltrigen oder ein Gruppenverhalten hat er nicht bewußt erlernt. Er kannte die Spiele nicht und bekam sie separat erklärt. Er konnte etwas nicht verstehen, man half ihm alleine. Die fehlende Neugier, kein Nachahmen in der Gruppe, alles Defizite, bei denen er Hilfe brauchte und auch bekam. Also wartete er immer darauf – mit Erfolg.

Damals war mir diese Problematik nicht so klar wie heute. Aber es ist wichtig, daß sie einem bewußt wird. Es ist ein ständiger Kreislauf, und ich habe immer wieder erlebt, daß eine Störung abgebaut und eine andere geboren wird. Ein Wort zuviel gesagt, und eine Welt bricht zusammen. Dieses eine Wort ist abstrakt und nur mit

Erfahrungen zu erklären, die aber nicht vorhanden sind, und von daher ist kein Verständnis möglich.

Die Diskussion um ein einziges Wort kann auch eine neue Störung auslösen. So hat uns das Wort „Mikroben" aus der Sesamstraße viele, viele Schwierigkeiten eingebracht. Mikroben kann man nicht sehen, aber sie machen krank, und krank möchte man nicht werden. Da werden die Hände gründlich und übergründlich gewaschen, und immer wieder wird nachgefragt, und immer wieder muß bestätigt werden, daß man jetzt nicht mehr krank werden kann. Vielleicht entstehen so auch die Waschzwänge bei vielen autistischen Menschen.

Dirk bekam Wutanfälle, wenn er etwas nicht akzeptieren oder verstehen konnte. Diese Wutanfälle besagten, daß ihm die Sache sehr wichtig war. Wir werten diese Sache vielleicht anders. Diese Wutanfälle, in der Öffentlichkeit ausgetragen, sahen andere Menschen als schlechte Erziehung, als böse an. Und wenn dann jemand sagte: „Du bist aber ein böses Kind", brach für ihn eine Welt zusammen. Er tobte wegen einer Sache, aber er war doch nicht böse. Jetzt mußte er getröstet werden, und das war nicht einfach. Ich hatte jahrelang Angst vor diesem Wort, wenn es andere Menschen aussprachen.

Bücher über Autismus

Als ich 1976 das erste mal das Wort Autismus hörte, suchte ich nach Literatur darüber. Das Lexikon war nicht ergiebig, und als ich dann das Buch von Lorna Wing gelesen hatte, wußte ich schon etwas mehr darüber. Einige der beschriebenen Verhaltensweisen konnte ich schon damals bei meinem Kind feststellen, aber insgesamt sah ich die Entwicklung meines Kindes viel positiver als die aufgeführten Fallbeispiele. Diese trostlos geschilderten Schicksale wollte ich für mein Kind nicht als Zukunft sehen. Dirk lachte gern und wurde immer zugänglicher.

Ich las auch, daß autistische Menschen intelligent sein sollen. Intelligenz konnte ich bei Dirk noch nicht feststellen, wohl aber eine positive Lebenseinstellung, und die paßte nicht auf die Fallbeispiele.

Mir schickte dann jemand einen Artikel aus einem Heft von Reader Digest zu. Hier wurde ein Fall geschildert, in dem ein Vater beschrieb, wie er seine autistische Tochter mit Prügel geheilt habe. Am Schluß bedankte sich die Tochter noch, daß der Vater sie mit dieser Maßnahme geheilt habe. Dieser Bericht hat mich fertiggemacht, und ich war schockiert, daß eine seriöse Zeitschrift solch einen Artikel abdruckt.

Ich habe dann das Buch von J. K. Wing gelesen und wieder Parallelen im Verhalten meines Kindes gefunden. Die Fallbeispiele konnte ich wieder nicht lesen.

Geholfen hat mir diese Literatur wenig, sie hat lediglich die von mir beobachteten Symptome bestätigt.

Ich stellte bei mir fest, daß mich alles, was ich über Autismus las, sehr belastete. Ich konnte nächtelang nicht schlafen, und oft war ich so wütend, daß ich beschloß, nie wieder etwas darüber zu lesen. Ich habe mir trotzdem noch einige Bücher gekauft, sie angefangen und dann verschenkt, auch ein sehr teures Buch von Bruno Bettelheim.

Die immer wieder beschriebenen typischen Störungen stellte ich auch bei meinem Kind fest, aber ich sah sie anders und ging auch anders damit um. Die beiden Bücher „Noah" und „Noahs Schritte ins Leben" waren fesselnd geschrieben, und während des Lesens hoffte ich immer auf eine Wende in der Sichtweise der Eltern, aber leider vergebens. Ich leide mit den Kindern, kann ihnen aber nicht helfen.

Der kürzlich im Fernsehen ausgestrahlte Film von Birger Selin hat mich so betroffen gemacht, daß ich mich entschloß, meine Aufzeichnungen doch zu überarbeiten.

Am 9. November 1984 schrieb ich folgenden Bericht, nachdem ich wieder Buchbesprechungen über spezielle Therapien gelesen hatte, die mich sehr ärgerten.

Eltern wissen im ersten Lebensjahr noch nicht, was mit ihrem Kind los ist, sie streicheln es, nehmen es liebevoll in den Arm, sprechen es an und versorgen es. Wenn das Kind zwei Jahre alt ist, stellen sie erschrocken fest, daß das Kind nicht reagiert, wenig oder nicht spricht und sich zurückzieht. Aufgrund seiner Störung ist es dazu auch nicht in der Lage. Das Kind wird beim Namen gerufen; es reagiert nicht. Was sagt ihm der Name? Für den normal wahrnehmenden Menschen sagt er: Die Mutter will etwas von mir, ich muß zu ihr gehen. Das Kind hat in den ersten zwei Lebensjahren schon eine Menge gelernt. Das wahrnehmungsgestörte Kind hat verhältnismäßig wenig gelernt. Es reagiert nicht auf Ansprache und wird manchmal hart und böse angesprochen. Es wird eventuell bestraft, weil es nicht gekommen ist, oder hart angefaßt. Das Kind erlebt, daß die Mutter böse mit ihm ist, ist aber unfähig, entsprechend zu reagieren, und kann auch die Situation nicht richtig einschätzen. Es lernt, daß diese Situation unangenehm für es war. Beim nächsten Rufen wird es genau so „nicht reagieren", denn die Sprache besagt ihm nichts, weil es sie nicht versteht, und ist von daher nur ein Geräusch. Es ist unfähig, sich mit diesem einen Wort selbst zu erkennen und dann noch einer Forderung nachzukommen. Ein Mißverständnis folgt dem nächsten. Die Mutter ruft: „Halt, stopp!" Diese Worte hat ein normal lernendes Kind in einen entsprechenden Bereich einsortiert und kann entsprechend reagieren. Das autistische Kind konnte Sprache nicht so einsortieren, daß sie in bestimmten Situationen abrufbar ist. Sprachlich gesehen, lebt das Kind im totalen Chaos.

Das Kind kann Berührungen, die mal liebevoll gemeint sind, mal böse, weil es nicht sofort reagiert hat und zur Mutter gekommen ist, mal unbewußt erfolgt sind, mal korrigierend waren, nicht differenzieren. Das Kind wird immer unsicherer, und als erstes zieht es sich aus der sprachlichen Situation zurück, denn die ist für es die schwierigste. Dann folgt die Wahrnehmung über die Haut, die Berührung. Was will die Mutter von mir? Meint sie es lieb oder böse? Es entwickeln sich Ängste, daß selbst die liebevoll gemeinte Berührung und Zuwendung als unangenehm aufgenommen wird. Die Angst überwiegt und läßt langsam kein Gefühl mehr ankommen. Einem Menschen, dem man nicht traut, schaut man ungern in die Augen. Das autistische Kind meidet den Blickkontakt. Einen Menschen, dem man in die Augen schauen kann, spricht man gerne an. Unser Kind wollte nicht angesprochen werden, es könnte ja eine Forderung auf es zukommen. Es zog sich lieber zurück. Einem Menschen, der Forderungen stellt, die ich nicht erfüllen kann, die ich nicht verstehe, und das täglich aufs Neue, kann ich auch nicht mehr in die Augen sehen und bin gezwungen, ihm aus dem Weg zu gehen.

Kopfschlagen

Dirk war noch nicht zwei Jahre alt, als er begann, sich gegen die permanente Überforderung massiv zu wehren. Er schlug mit dem Kopf auf den Boden. Mir war damals unbegreiflich, daß ihm das nicht weh tat. Daß hier mangelnde Wahrnehmungsverarbeitung in der Schmerzempfindlichkeit eine Rolle spielen konnte, war mir nicht bewußt. Es kann auch sein, daß diese Schmerzunempfindlichkeit sich erst im Laufe der Zeit entwickelt hat, denn manchmal meldete er Schmerzen an. Hier könnte auch eine ohnmächtige Angst vor allen gegebenen Situationen das bewußte Erleben des Schmerzgefühls überdecken. Da heute noch, mit zehn Jahren, eine große Unsicherheit im erlebten Schmerzbereich besteht und er uns seit Jahren ständig nach dem Grad des von uns angenommenen und von ihm erlebten Schmerzes fragt, weiß ich nicht, ob es sich hier um eine im Laufe der Jahre entwickelte Verhaltensstörung handelt oder um eine zentrale Störung. Da alle anderen Wahrnehmungsorgane inzwischen wie bei einem gesunden Menschen funktionieren, bleibt der Schmerzbereich für mich noch unklar.

Als Dirk damit begann, mit dem Kopf auf den Boden zuschlagen, sah ich das zunächst als eine Trotzreaktion an und ignorierte sie. Später passierte dieses Kopfschlagen auch bei Situationen, die mir unklar waren. Eine Zeitlang ließ ich ihn gewähren, wie man mir geraten hatte. Als seine Reaktionen sich aber verstärkten, versuchte ich gegenzusteuern, indem ich mit ihm schimpfte und versuchte, ihn davon abzuhalten. Sobald er frei war, setzte er sein Signal fort. Ich hatte wohl nicht verstanden, was er wollte. Ich hatte Angst um seinen Kopf und gab ihm einen Klaps auf den Po. Ohne Erfolg. Er war nicht davon abzubringen. Ich mußte erfahren, daß Dirks Angst die Schmerzen, die er sich selbst beibrachte, überdeckten. Sie wurden einfach nicht mehr wahrgenommen, und damit wurde es gefährlich. Ich war unfähig, mein Kind zu verstehen, seine Probleme zu erkennen, auch war mir noch nicht bewußt geworden, daß er zu diesem Zeitpunkt kein Wort verstand. Unglücklich nahm ich mein Kind in den Arm und mußte meine Ohnmacht eingestehen. Weinend bat ich mein Kind, doch mit dem Kopfschlagen aufzuhören, aber er konnte mich ja nicht verstehen. Wenn er sich jetzt wieder niederbeugte, schrie ich ganz laut: „Nein" In diesem Alter hielt er noch bei lauter Sprache erschreckt inne. Ich konnte dann mein Kind schnappen und liebevoll auf es einreden und streicheln. Das Kopfschlagen wurde dann seltener und war auch nicht mehr so intensiv. Hatte ich mein Kind verstanden? Bis zum Alter von zehn Jahren kam dieses Kopfschlagen vereinzelt immer wieder vor, aber dann in Situationen, in denen er tatsächlich mit dem Kopf durch die Wand gehen wollte.

Wenn ich jetzt dieses Kopfschlagen in den Stereotypiebereich einbeziehe, so kann ich schon glauben, daß sich Kinder stundenlang damit beschäftigen können. Die Wahrnehmung im Gefühlsbereich wurde bereits im Kleinkindalter durch die wahnsinnige Angst so überdeckt, daß der Schmerzbereich unterentwickelt blieb oder sich überhaupt nicht entwickelte. Den Schmerz, den das Kopfschlagen verursacht, kann das Kind nicht mehr wahrnehmen. Ursprünglich als Signal gedacht, wird er in den Stereotypiebereich übernommen. Ich kann mir vorstellen, daß viele Autoaggressionen einmal so begonnen haben und später mit der ursprünglichen Bedeutung nichts mehr zu tun haben.

Dirk hat Sprache in Verbindung mit der Wahrnehmung erlernt. Der Gefühlsbereich war schwer zu erklären. In meinen ersten Aufzeichnungen (mit etwa zwei Jahren) steht, daß er Schmerz lokal ausdrücken kann mit: „Aua da." In späteren Jahren war das nicht mehr der Fall.

Kraftlos

Dirks Echosprache war mit viereinhalb Jahren sehr stark. Den ganzen Tag sprach er ohne jeglichen Bezug vor sich hin, so daß man seinen eigenen Gedanken kaum noch nachkommen konnte. Radio zu hören oder sich mit Gästen zu unterhalten, war nur schwer möglich. Die Freunde waren schon rar geworden. Ich hatte als Gesprächsstoff auch nur ein Thema, die Probleme mit meinem Kind. Ich konnte mich weder auf eine Zeitung noch auf ein Buch konzentrieren. Auch mein Mann wollte nicht immer nur etwas von seinen Kindern hören. Aber es blieb mir auch leider keine Zeit, daß ich mich um etwas anderes kümmern konnte. Die Probleme, die für mich über Tag anstanden, sah mein Mann nicht, und am Abend wollte er auch nichts davon wissen. Er hatte in der Firma seine Sorgen, mit denen ich mich wiederum nicht auseinandersetzen konnte. Und an den Wochenenden fuhren wir nach Ratzeburg, in unseren Wohnwagen.

Zeitweise war ich so fertig, daß ich die Kinder nur noch anbrüllte. Ich sagte Dirk Dinge, für die ich mich hätte schämen müssen. Er verstand sie zum Glück nicht. Nachher hat mir das sehr leid getan, aber eine Entschuldigung kannte er nicht, und so nahm ich mir immer wieder vor, daß das nicht noch einmal passieren dürfte.

Wir hatten weder Oma noch Tante, die mir die Kinder auch nur einen Tag abnehmen konnte. Die Urlaube verbrachten wir auch im Wohnwagen an irgendeinem See, damit mein Mann seinem Hobby Segeln nachkommen konnte.

Vor Aggressionen sind auch Eltern nicht gefeit, vor allen Dingen dann nicht, wenn sie tagein, tagaus derart belastet sind. Und darunter müssen dann ungerechterweise die Kinder leiden. Das Traurige daran ist, sie dürfen sich nicht einmal dagegen wehren, denn Eltern erwarten Gehorsam, und das ist ungerecht. Ein Wort zu viel von den Kindern, und ich kochte über. Der Weg zur Flasche war dann nicht weit. Die Zeiten des totalen seelischen Zusammenbruchs waren periodisch. Zunächst passierte es in Abständen von drei Monaten, wobei im Sommer die Urlaubsvorbereitung und im Winter der Weihnachtsmonat besonders schlimm waren. Ich konnte nicht mehr einschlafen und bekam regelmäßig Beruhigungsspritzen. Eine andere Möglichkeit gab es für mich nicht. Dann wurden die Abstände kürzer, alle zwei Monate und danach alle sechs Wochen hing ich an der Spritze. Ich hatte niemanden, mit dem ich sprechen konnte. Mein Mann, beruflich stark angespannt, kam gegen 19 Uhr nach Hause, und am Wochenende brauchte er auch seine Entspannung.

Hin und wieder las ich einen Artikel über Autismus oder ein Buch. Alles war so traurig und so aussichtslos. Ich sah das anders. Ich sah die nicht stillstehende positive Entwicklung unseres Kindes und wurde über solche Artikel jedesmal sehr wütend. Auch Eltern autistischer Kinder, die ich inzwischen kennengelernt hatte, sagten mir, daß es letztendlich doch nur zu den Werkstätten langen würde. Ich solle mich nicht so abquälen. Wenn ich auch zeitweise total fertig war, ich war nicht bereit, aufzugeben. Immer wieder konnte ich Entwicklungsschübe erleben, die mir Mut und Kraft gaben.

In all den Jahren habe ich meine Kraft zum Durchhalten dieser schweren Erziehungsarbeit aus den Entwicklungsfortschritten meiner Kinder geschöpft. Meine Tochter, die uns vorlebte, wie die Entwicklung eines Menschen normal abläuft, und unser Sohn, der mit gezielten Schritten eine Hürde nach der anderen meisterte. Dirks fröhliches Wesen und seine positive Lebenseinstellung veranlaßten mich immer wieder, nach neuen Wegen zu seiner Hilfe zu suchen. Meine Fehler nahm er mir nicht übel, und so konnten wir kontinuierlich vorankommen.

Andere Menschen sehen immer nur den Ist-Zustand, weil sie nicht wissen, wie es einmal aussah. Aus dieser Sicht wird er immer wieder verurteilt: „Das kann er nicht, und das auch nicht." Ich muß dem zustimmen, denn die Leute haben ja recht. Ich kann ihnen nicht erzählen, wie es einmal war und daß ich ihre Worte umsetze in: „Das kann er schon und das auch!" Sie würden es nicht verstehen. Gerade gestern, am 1. Mai 1994 habe ich für eine heute anstehende Arbeit in der Berufsschule eine Menge Basiswörter erklärt. Viel zu spät für ihn, um eine gute Arbeit zu schaffen, aber die Zeit ist knapp geworden, und es ist mir wichtiger, er kann die Basiswörter umsetzen, als sie nur auswendigzulernen. Dirk muß aufholen und gleichzeitig mithalten. Das ist sehr schwer und dabei erlebt er leider keinerlei Anerkennung für seine Mühe und seinen Einsatz, was ein Mensch letztendlich braucht, um ein gesetztes Ziel erreichen zu können.

Es ist so wichtig, daß Dirk mir ohne Hemmungen seine Sorgen und Probleme erzählen kann. Daran kann ich ermessen, wie schwerwiegend sich die Wahrnehmungsverarbeitungsprobleme der ersten Lebensjahre auf das spätere Leben auswirken. Daher ist es mein Bemühen, daß Eltern anhand meiner Aufzeichnungen Probleme ihrer Kinder erkennen und ihnen helfen können. Später wird alles so viel schwerer, wie es in der Autismusliteratur genügend beschrieben wird.

Behinderte Menschen – ein Problem für die Gesellschaft?

Das, was man aus dem Leben behinderter Menschen berichten kann, ist aus der Sicht der Betroffenen meist traurig. Das Leben der Betroffenen und auch die Perspektiven der Familien sind anders.

In Gesellschaft habe ich oft das Bedürfnis, über diese Menschen zu sprechen, und muß immer wieder feststellen, daß die meisten Menschen sehr wenig über Behinderungen wissen. Man will Behinderten helfen, weiß aber nicht wie. Bei Menschen, die durch einen Unfall oder durch Krankheit plötzlich hilfsbedürftig geworden sind, sieht man den Verlust der Gesundheit und versucht, sich mit dem Gesundheitsverlust zu identifizieren. „Wenn ich nicht mehr laufen könnte ...“

Bei angeborenen Behinderungen, die man nicht sofort sieht, erfolgen oft Schuldzuweisungen an die Eltern. Das, was Eltern erleben, erdulden, ertragen und erleiden, bleibt meist in den eigenen vier Wänden verborgen. Wer immer über sich und sein Schicksal klagt oder es auch nur erwähnt, wird schon bald keinen Freund oder Partner mehr haben. Auch wenn einem ständig elend zumute ist, Eltern müssen dieses von der Norm abweichende Leben still gestalten.

Das mangelnde Sprachverständnis verschafft über Tag so viele Verständigungsschwierigkeiten, daß die Fortschritte oft übersehen werden. Nur mit Kampf, Druck und Anpassung, würde man ganz sicher nicht viel erreichen. So könnten Entwicklungsfortschritte nur in Verbindung mit weiteren Verhaltensstörungen erreicht werden. Ich bin der Meinung, daß nur in einer positiven, angst- und aggressionsfreien Situation ein Mensch so lernen kann, daß er künftig gern und freiwillig auf diese Situation zurückgreift. Dieses Zurückgreifen auf Erlebtes und Erlerntes ist die Grundvoraussetzung für Weiterentwicklungen im Wahrnehmungsbereich, denn so lernt auch ein nicht wahrnehmungsgestörter Mensch. Auf eine angst- und druckvoll erlebte Situation greift niemand gerne zurück, dagegen erinnert man sich gerne an glückliche, lustige Stunden.

Man sieht in erster Linie das, was fehlt oder nicht stimmt. Man vergleicht ständig den Menschen mit anderen Menschen. Man versucht, die Löcher zu stopfen, und weiß zunächst nicht wie und mit welchem Material. Der Ausgang eines Versuchs ist immer ungewiß, wird er angenommen oder total abgelehnt, wird er verstanden oder nur in die Stereotypie übernommen. Am idealsten ist natürlich, wenn ein Impuls vom Kind kommt und man entsprechend in die Situation einsteigen kann. Ein Einschleichen in stereotype Spielweisen ist auch nicht immer leicht. Ein Nachmachen von stereotypen Bewegungsmustern halte ich beispielsweise für sehr gefährlich. Die stereotypen Spielweisen sollten bereichert werden mit anderen Materialien, Geschichten, anderen Räumlichkeiten, und vor allen Dingen Geräuschen, die das Kind liebt. Jetzt aus meiner Erinnerung zu beschreiben, wo in früheren Jahren die Erfolge und Gründe zur Freude lagen, fällt mir schwer. Ich muß immer wieder auf meine Aufzeichnungen zurückgreifen und Erinnerungen zurückholen. Ich sehe meinen Sohn heute, und da liegen die Probleme in weiter Ferne. Wenn wir über seine früheren Verhaltensweisen sprechen, müssen wir lachen. Kaum zu glauben, daß das, was ich bisher geschrieben habe und noch schreiben werde, einmal Wirklichkeit und Alltag waren.

Am 5. Februar 1985 schrieb ich folgendes: „Wenn man das alles liest, glaubt man, außer Problemen gab es nichts. Kampf und Ringen um Verständnis den ganzen Tag. Ganz so schlimm ist das nicht. Die schlimmsten Jahre lagen zwischen dem vierten und siebten Lebensjahr. In dieser Zeit habe ich mich ganz intensiv mit meinem Kind auseinandergesetzt und möglichst vermieden, Langeweile aufkommen zu lassen. Langeweile war das Ausleben einer Stereotypie, stumpfsinniges Dahingucken, Ausspielen eines Ticks. Unter Ticks verstehe ich das Interesse an nur einer oft auch banalen Sache. Bei uns waren es unter anderem Kopflehnen bei Autos, Toiletten, Duschen, Wasserhähne und Brücken. Ich habe eine kleine Tochter, die mir sehr viel Freude macht. Sie feiert ihren Geburtstag, ihre Karnevalsparty und ihr Spaghetti-Essen. In den ersten Jahren verzog sich Dirk in sein Zimmer, weil er mit den Kindern nicht mitspielen konnte. Beim Essen war er aber dabei. Die anderen Kinder akzeptierten ihn, sie sprachen ihn an und versuchten auch, mit ihm zu spielen. Wenn man diese Kinder heute (1985) darauf anspricht, so meinen sie, daß er ein wenig komisch sei, aber nett.

Viel Freude hatten wir, wenn ein gesetztes Ziel erreicht war, ein Problem, eine Verhaltensstörung verschwand. Oft fehlte nur eine ganz simple Erklärung zu seinem Verständnis. Wenn die Verhaltensstörung, die mit dem Problem zusammenhing, verschwunden war, war das für uns alle eine Erleichterung.

Unsere Tochter brachte viele Kinder ins Haus. Dirk war immer dabei, aber nur selten in der Lage, am Spiel der anderen teilzunehmen. Er störte die Kinder nur selten. Heikes Sozialverhalten entwickelte sich anders als das der Klassenkameraden. Sie kümmert sich um die Schwachen in ihrer Klasse und unterstützte sie. Dadurch hatte sie oft Schwierigkeiten mit den anderen Klassenkameraden.

Dirk besuchte Sonderschulen in Hamburg. Er hatte keine Klassenkameraden in der Nachbarschaft, keine Freunde. In schulischen Leistungen wie Schreiben, Rechnen und Lesen ist er seinen Altersgenossen gleich. Auch er wollte Freunde haben, aber woher nehmen? Wer spielt schon gerne mit einem Behinderten, und welche Mutter erlaubt es? Die Kinder sollen von einander lernen, und was lernt man von einem Behinderten?

Jetzt möchte er alles das machen, was seine Schwester früher gemacht hat. Er möchte Parties feiern. Sein zehnter Geburtstag war ein toller Erfolg. Die neun geladenen Kinder wollten nicht nach Hause, Dirk war mittendrin und machte alles mit Begeisterung mit.

Diese ständigen, hart erkämpften Erfolge sind für mich zur Freude geworden. Ich habe da gewonnen, wo viele nicht weiter wußten, aufgaben oder keine Kraft mehr hatten. Das geheimnisumwitterte autistische Kind ist, wenn man versucht, es zu verstehen, gar nicht so geheimnisvoll. Eltern brauchen dringend Hilfe und Verständnis, um das ich mit meinen Aufzeichnungen ringe. Ich schreibe die Schwierigkeiten mit unserem Kind auf und auch unsere Lösungen. Andere Schwierigkeiten, die wir nicht hatten, sind vielleicht auch zu lösen, wenn man der Sache auf den Grund geht. Ich will mit meinen Aufzeichnungen denjenigen Mut machen, die resignieren, vor allen Dingen den jungen Müttern. Ich möchte ihnen aber auch den Glauben nehmen, ein Wunder könne geschehen oder ein Knoten könne platzen, und das Kind wäre plötzlich normal. Der Knoten muß bei den Eltern platzen. Wer an Wunder glaubt und darauf wartet, versäumt kostbare Zeit.

Ist mein Kind intelligent? 6. September 1985

Ich hörte davon, daß autistische Kinder sehr intelligent seien und daß die Intelligenz nichts mit der Behinderung zu tun habe. Ich konnte das damals nicht verstehen. Jahrelang suchte ich nach einem Beweis, daß mein Kind zu den intelligenten autistischen Menschen gehört. Die Hoffnung auf Heilung gibt man nicht auf. Intelligente Kinder haben vielleicht bessere Chancen, so könnte man glauben. Auch soll es verschiedene Arten und Schweregrade geben.

Ich habe mir viele Gedanken darüber gemacht. Warum hat Autismus nichts mit Intelligenz zu tun? Das war für mich nicht zu verstehen. Mein Kind, das mich täglich bis zur Erschöpfung forderte, ließ mir keine Zeit zum Lesen von Fachliteratur, so daß ich mir die notwendigen Informationen nicht beschaffen konnte. Ich mußte die Antworten auf meine Fragen selbst suchen. Durch das Aufschreiben der Entwicklung meines Kindes mußte ich mich mit vielen Problemen auseinandersetzen und machte mir somit mehr Gedanken, als ich es sonst wahrscheinlich getan hätte.

Dirk, der ja alles lernen mußte, war wie ein Computer, abrufbar, und was nicht gespeichert war, wurde nicht registriert und verursachte totales Chaos. Als Dirk fünf Jahre alt war, lauerte ich regelrecht auf einen Beweis seiner Intelligenz. In allem, was er sagte und machte, sah ich nur das Erlernte. Das Sprachverständnis war noch mangelhaft und die Echosprache sehr stark. Mit etwa sechs Jahren stellte ich dann endlich fest, daß Dirk in der Lage war, eine Sache seiner Vorstellung entsprechend zu erledigen. Er baute immer häufiger die vorgegebenen Sätze nach seinem Verständnis um. Es wurde leichter, ihn zu fördern. Mit sieben Jahren fragte er endlich: „Warum?".

Ein normales zweijähriges Kind fragt schon „warum?" Dirk konnte erst fünf Jahre später einen Grund erfragen. Viele Entwicklungen sind ohne Nachfragen sicherlich nicht möglich. Ein Kind, das nicht nachfragen kann, ist abhängig von dem, was wir ihm anbieten und vermitteln können. Treffen wir nicht die richtige Entwicklungsstufe, so können Entwicklungsrückschläge folgen, oder aber ein falsches Verständnis für das, was wir versuchen zu erklären, wird aufgebaut.

Wo kann ich nach einem Beweis für die Intelligenz suchen, und was nützt einem autistischen Kind die Intelligenz? Der Gedanke, daß die autistischen Menschen, die mich nach meinem Namen gefragt haben und mir dabei in die Augen gesehen haben – oder auch nicht –, intelligent sein könnten, war mir immer unverständlich. Wie kann dieser Mensch seine Intelligenz zeigen oder gar beweisen, wenn er nicht einmal seine Umwelt begreift. Er entwickelt Fähigkeiten, die weit über das Normale hinausgehen. Er trainiert sich in Gebieten, wo er Erfolge hat, und wird hier nicht nur von seiner Umwelt unterstützt, sondern erfährt auch eine Würdigung seiner Leistung. Ein Junge hat Freude am Rechnen. Er wird auf diesem Gebiet gefördert und unterstützt. Es ist vielleicht das einzige, was er richtig begreift. Er wird bewundert, und er genießt die wenigen Augenblicke, die er ernstgenommen wird. Er erscheint als Wunderkind. Er kann sich voll und ganz nur auf ein Thema konzentrieren, und immer und jederzeit bekommt er das, was er braucht: Unterstützung und Anerkennung.

Zu dieser totalen Konzentration ist ein normaler Mensch in diesem Alter selten fähig, weil er auch noch andere Dinge wahrnimmt und lernt.

Ist dies ein Beweis von Intelligenz, und welchen Nutzen hat dieser Mensch davon?

Sein Fachgebiet ist sein Thema, was er immer und überall anbringen will, über das er mit allen Menschen sprechen will. Mein autistisches Thema war lange Jahre mein Kind. An etwas anderes konnte ich nicht denken, über etwas anderes konnte ich nicht sprechen. Ich drängte mich mit meinem Thema ins Gespräch, denn auch ich brauchte die Anerkennung meiner Leistung. Dieses Buch ist letztendlich auch ein Stück meines autistischen Verhaltens. Zwangsläufig beherrschten die autistischen Verhaltensweisen meines Kindes, viele Jahre meines Lebens. Daher habe ich mich gründlich und zeitweise einseitig mit nur diesem Thema beschäftigt.

Es ist sehr schwer, den Autismus zu begreifen. Das wird mir immer wieder bestätigt. Die Fachbücher sind für die meisten betroffenen Eltern sehr schwer zu lesen. Auch Erzieher, die mit diesen Menschen zu tun haben, haben mit dem Verständnis Schwierigkeiten. Man sollte dabei immer bedenken, daß jedes autistische Kind einen anderen Erlebnishintergrund hat und von daher möglicherweise anders reagiert. Ich bin sicher, ein Patentrezept, was allen hilft, wird es auch in Zukunft nicht geben. Therapien sind in den seltensten Fällen übertragbar. Jedes Schicksal verläuft anders, und da die meisten Kinder nicht sprechen können, ist es nur schwer zu ergründen, warum sich dieser Mensch in dieser Situation gerade so verhält. Erst wenn wir uns in die Lage unserer Kinder versetzen und versuchen, sie und ihre Reaktionen zu verstehen, können wir einen Weg zu ihnen suchen.

Mit den Verhaltensstörungen haben uns die Kinder signalisiert, daß sie uns „so" nicht verstehen. Also müssen wir uns in ihre Lage versetzen. Denn nur wir haben die Gabe, einen Weg zu ihnen zu suchen. Denken wir noch einmal an das friedliche Kind im Kinderwagen, das unfähig ist, sich bemerkbar zu machen, weil es nicht weiß, wie man sich verhalten muß, wenn man Hunger hat, oder das Kind, das pausenlos schreit und mit nichts zu beruhigen und abzulenken ist, weil es noch nicht resignieren will und mit seinem Geschrei zunächst alle Anwesenden mobilisiert und dann schließlich nicht mehr weiß, warum es schreit. Später wird auch das schreiende Kind, wenn es keine Hilfe bekommt, resignieren, genau wie wir Eltern, wenn wir bei unserem Kind keine wesentlichen Entwicklungsfortschritte sehen.

Gedanken am 22. März 1994. Im Januar dieses Jahres habe ich begonnen, meine Aufzeichnungen zu überarbeiten. Seitdem versuche ich ständig, diese Aufzeichnungen mit Erinnerungen zu beleben. Ich spreche Menschen an, mit denen ich früher öfter zusammen war, und bekomme immer wieder Bestätigungen und Ergänzungen.

Wenn ich unser Kind heute ansehe, fällt es mir schwer, das Vergangene zu glauben. Gleichzeitig stelle ich bei mir fest, wie kritisch ich anderen gegenüber geworden bin und wie ich immer noch schützend die Hand über mein Kind halte.

Unser Sohn bewegt sich heute sicher in der Gesellschaft der normalen Menschen. Das, was er an Entwicklung noch nicht aufgeholt hat, wird von der Gesellschaft scharf verurteilt. Die Schwierigkeiten, die dieser Mensch in seiner Entwicklung bisher hatte, stehen nicht in seinem Gesicht geschrieben. Er hatte einen jahrelangen Rückstand aufzuholen und mußte sich gleichzeitig altersgemäß weiterentwickeln. Das ist eine Leistung, die man keinem normalen Menschen zumuten möchte. Obwohl er diese Leistung vollbracht hat und jetzt in der normalen und nicht behinderten Gesellschaft lebt, wird er für das, was er noch nicht kann, täglich kritisiert. Hier muß ich immer wieder positiv eingreifen. Dieses permanente Eingreifen der Mutter verstehen die meisten Menschen nicht. Sie sehen darin eine Bevormundung, eine Erziehung zum Muttersöhnchen. Das ist weder mein Ziel, noch ist die Stütze, die ich ihm gebe, so ausgelegt, ihn unselbständig zu machen.

Das, was Dirk noch nicht kann oder sofort versteht, wird kritisiert, und Kritik wird meist in Verbindung mit Verletzungen der Person geäußert: „Wie, das kannst du nicht?" „Ich habe dir das schon etliche Male erklärt!" usw. Nur ein sehr starker Mensch kann das auf Dauer aushalten, ohne entsprechend zu reagieren. Fragen bringen oft dasselbe Resultat. Wenn man jetzt bedenkt, daß autistische Menschen erst in späteren Jahren lernen, Fragen zu stellen, weiß man auch, wieviel Nachholbedarf gedeckt werden muß. Dirk hat mit fünf Jahren die erste Frage geäußert. Normalerweise fangen Zweijährige an, zu hinterfragen. Das sind drei Jahre Nachholbedarf plus altersgemäße Fragen.

Dazu kommt, daß durch das mangelnde Sprachverständnis viele Antworten zur Zeit nicht verarbeitet oder verstanden werden können. Für dieselbe Frage und Antwort, die ein dreijähriges Kind mit normaler Wahrnehmung verarbeiten kann, braucht ein autistisches Kind unter Umständen Wochen und Monate.

Von unserem Sohn, der heute 19 Jahre alt ist, wird normales Denk- und Handlungsvermögen verlangt. Dem gerecht zu werden, ist für ihn nicht immer einfach. Wenn ich später seine schulische Entwicklung beschreibe, sollte man sich selber einmal fragen, ob diese Leistung, die hier vollbracht wurde, je von einem normal wahrnehmenden Menschen verlangt werden würde. Lehrer und Erzieher sind mit der Verurteilung oft sehr schnell. Hilfestellung einem Menschen zu geben, der alles lernen kann, aber leider noch nicht immer alleine, bedeutet zusätzliche Arbeit. Behinderten Hilfestellung zu geben, „dazu sind wir nicht ausgebildet" (wie oft habe ich das zu hören bekommen); Wer hat uns Eltern ausgebildet? Welche Eltern haben noch die Kraft, gegen die permanenten Ungerechtigkeiten anzugehen? Das Gesetz steht auf der Seite der Nichtbehinderten, und da ist die Ausgrenzung verankert. Man muß normal veranlagten Menschen keine Behinderten "zumuten". Aber was passiert nach einem Unfall oder Schaden nach einer Krankheit? Dann sitzt man plötzlich in dem selben Boot, ist genau so wehrlos und wird mit der Zeit auch von den Mitmenschen vergessen.

Freunde in guter Zeit findest du weit und breit. Freunde in der Not – geht nicht einer in dein Boot.

Sag mal „ja"

„Haben" war das erste Wort, das Dirk bewußt und gezielt aussprach. „Haben?" als Frage wurde mit „Haben!" beantwortet. „Dirk essen?" wurde mit „Dirk essen!" beantwortet. Die Wiederholung der Frage, mit einer etwas anderen Betonung, stand als Ersatz für das Wort „ja".

Im Laufe der Sprachentwicklung waren wir glücklich, auf Fragen eine Antwort zu erhalten. Andere Antworten als die Wiederholung der Frage sollten wir in den ersten Jahren nicht bekommen. Wir machten uns damals keine Gedanken darüber. Da ich Dirks Sprachentwicklung bewußt und gezielt steuerte, war ich nicht nur sehr kritisch, sondern manchmal sogar sehr fordernd. Das Maß dessen, was Dirk verkraften konnte, war mir unbekannt. Ein tagelanger Kampf konnte positiv wie negativ ausgehen. Die negativ verlaufenden Kämpfe überwogen.

Dirk verlangte auch von uns als Antwort die Wiederholung seiner Frage. Antworteten wir mit „ja, Dirk kann das haben", – war für ihn die Frage ungültig. Das „Ja" hatte er nicht erfragt, er kannte die Bedeutung nicht, es mußte weg. Dieses „Ja" verunsicherte ihn derart, daß er erregt die Frage wiederholen mußte. Der Anfang der Sprachstereotypie begann bereits jetzt, ohne daß wir es bemerkten. Seine Frage mußte so, wie er sie gestellt hatte, beantwortet werden. Das besagte auch, daß seine Fragen immer mit „ja" beantwortet werden mußten. Ein „Nein" akzeptierte er nicht. Auch dieses Wort kannte er noch nicht. „Nein" lernte er aber bald in Verbindung mit seiner Sicherheit. Auf sein Kopfschlagen reagierte ich mit einem lauten „Nein"-Schrei. Es war ihm nicht ganz unbekannt. Aber in Verbindung mit einer Frage geriet er in Panik, ebenso, wenn wir der Antwort das Wort „ja" zufügten. Man gewöhnte sich an diese Art der Fragenbeantwortung, und zum Kämpfen war man nicht immer aufgelegt. Als er im Alter von vier Jahren schon ein beträchtliches Sprachvermögen besaß, war ich immer öfter zum Kampf um das „Ja" bereit. Ich beantwortete seine Fragen nur mit „ja", was er nicht akzeptierte. Mein Mann und ich stellten Fragen und antworteten nur auf ihn gerichtet mit „ja". Alles half nicht. Länger als zwei Tage Kampf um ein Wort konnte ich nicht aushalten. Auf die Bitte hin „Dirk, sag mal ja!" antwortete er mit „Sag mal ja!" „Du sollst nur ja sagen!" kam „Du sollst nur ja sagen." Er hatte den Sinn des Wortes „ja" nicht begriffen. Was heißt „ja"? Wenn man eine Frage nicht versteht und sagt einfach „ja", passieren unter Umständen Dinge, die man nicht gewollt hat. Dem folgt dann der Vorwurf: „Du hast doch ja gesagt." Jetzt sind manche Dinge nicht mehr rückgängig zu machen.

Wir versuchten, einfache Bedürfnisse mit „ja" zu beantworten. Aber auch das war eine Katastrophe. Dirk verlangte die Wiederholung des ganzen Satzes. Er geriet in Angst und Panik, zog und zerrte an uns, Stunden um Stunden, Tage um Tage. Der eine Satz, den wir nicht wiederholen wollten, beherrschte ihn total. Er konnte weder spielen noch essen, bis wir den Satz wiederholt hatten. Das waren qualvolle Situationen für ihn und auch für uns. Dabei wollten wir ihm doch nur helfen. Immer wieder suchten wir nach Möglichkeiten, ihm das Wort „ja" zu vermitteln, in Abständen von Wochen und Monaten. Eine Idee nach der anderen brachte keinen Erfolg.

Dann endlich, Dirk war fast fünf Jahre alt, schafften wir es mit Hilfe der Schrift. Schrift faszinierte ihn bereits seit dem zweiten Lebensjahr. Mit fünf Jahren begann ich damit, Buchstaben zum Lesen zu verbinden. P + a = pa, m + a = ma, d + i = di.

Mit einer entsprechenden Überbetonung machten diese Übungen viel Spaß. Da von ihm aber keine Resonanz kam, gab ich mein Bemühen in Bezug auf Lesen schnell wieder auf.

Irgendwann – plötzlich kam mir die Idee. Ich schrieb auf seine Hände „ja" und „nein".

Dann ließ ich ihn lesen „jaaaaaaa" – „neieieieieiein". Immer wieder, die Betonung war sehr wichtig. Dann beim Essen reichte ich ihm das Brot und fragte: „Möchtest du das Brot haben?" und zeigte schnell auf seine Hand, auf der das „ja" stand. Er laß „ja", und ich gab ihm schnell das Brot in die Hand. Er war ziemlich verdutzt und verlangte zum ersten Mal nicht die Wiederholung der Frage. Sofort schloß ich die nächste Frage an. „Möchstest du trinken?" und zeigte wieder auf die Hand mit „ja". Er laß das Wort, sah mich an und strahlte. Er hatte das Wort „ja" begriffen, und wir spielten das Spiel weiter mit jeweiligem Zeigen auf die entsprechenden Hände. Dieses Spiel spielten wir mehrere Tage hintereinander. Verbunden mit Kitzeln, Geräuschen und viel Lachen wurde der Erfolg gefestigt. Dirk war etwa fünfeinhalb Jahre alt, als er das kleine, so wichtige Wort in seiner Bedeutung begriffen hatte. Wieviel Kummer hatte dieses kleine Wort uns viele Jahre lang gemacht! Die Verhaltensstörung war von diesem Tage an verschwunden.

In späteren Jahren hatten wir mit dem Wort „ja" nochmals große Schwierigkeiten, und zwar in Bezug auf unsere Mimik und Betonung. Mimik und auch Betonung können die Bedeutung von „ja" aufheben und bringen somit wieder Unsicherheit für das Kind.

Diese non-verbalen Ausdrucksmöglichkeiten waren Auslöser für Sprachstereotypien.

Anlautieren

Wenn ich eine Frage beantworten will, muß ich zunächst begreifen, was der Mensch von mir wissen will. Dann löse ich den zweiten Denkvorgang aus, indem ich mich selbst frage, wie ich dazu stehe. Die Antwort lautet entsprechend.

Dirk hatte gelernt, Dinge zu benennen, etwas über sie auszusagen. Dann hatte er die Antworten auf die Fragen „Wo, wie, was ist das" in Verbindung mit der entsprechenden optischen Wahrnehmung gelernt. Als diese Fragen gefestigt waren, konnte man sie auch abstrakt stellen. „Wo ist dein Ball?" „Hol deinen Ball." Weitere Antworten auf Fragen mußten angebahnt werden.

In der Therapie im Hamburger Autismus-Institut lernte ich dann, wie man dem Kind durch Anlautieren das Antworten erleichtert. Was daraus auch werden kann, habe ich am 4. Februar 1985 aufgeschrieben.

Im Werner-Otto-Institut hatte man versucht, ihm die Bedeutung von „ich" und „du" beizubringen. Diese Art hatte er damals nicht verstanden. Er ging auf Menschen zu und erklärte: „Du, ich bin Frau Schmidt." Hier wußte er bereits, daß diese Person Frau Schmidt war. Jetzt ging er auf fremde Menschen zu. Er stellte sich vor sie hin und fragte mich: „Der Mann heißt …" Ich kannte diesen Mann nicht und wußte nicht sofort zu antworten. Dann kam die Frage schon etwas erregt „Der Mann heißt …" und kurz danach schon fast in Panik „Der Mann heißt …" Dirk wurde immer lauter und erregter, er begann die Frage zu schreien. Ich konnte ihm diese Frage nicht beantworten. Die Antwort „Das weiß ich nicht" konnte er nicht akzeptieren. Ich weiß in seinen Augen so viel, warum weiß ich das nicht und helfe ihm in seiner Not. Daß auch ich in Not war, sah er, vielleicht auch deshalb seine Panik. Aus Erfahrung sah er meinem Gesicht an, daß ich hilflos war. Er brauchte aber eine Antwort für sein Spiel und war in größter Not. Ich nannte irgendeinen Namen: „Mayer". Erlöst erklärte er: „Du, ich bin der Herr Mayer." Dann ging er weiter zur nächsten Frau, und dasselbe Spiel begann. „Die Frau heißt …" Mit der Zeit gab sich Dirk mit meinen aus der Luft gegriffenen Antworten nicht mehr zufrieden. Er wollte von den Menschen wissen, wie sie heißen. Fragen stellen konnte er noch nicht. Besonders peinlich war das dann auf dem Hamburger Hauptbahnhof. Ich wußte, was auf mich zukam, und postierte uns möglichst in die Nähe einer Person, die freundlich aussah und wenn Dirk dann mit seinem Spiel begann „Die Frau heißt ..." ging ich auf diese Person zu und fragte sie nach ihrem Namen. Die Menschen um uns herum hatten das Spektakel beobachtet, und man half mir dann lächelnd in meiner Not. Aus dieser Situation heraus ergab sich dann, daß Dirk lernen mußte, nach dem Namen einer Person „Wie heißt du?" zu fragen. Auch diese Frage wurde in der Öffentlichkeit trainiert. Ich habe Dirk immer wieder aufgefordert: „Wenn du wissen willst, wie das Kind heißt, mußt du fragen: „Wie heißt du." Zunächst habe ich für ihn gefragt und dann mit Kampf von ihm verlangt, daß er selbst fragt. In seiner Not überwand er sich zu dieser Frage, und als er ein paarmal Erfolg hatte, war er glücklich. Er verlor die Unsicherheit bei der Frage nach dem Namen von fremden Menschen und später dann auch das Interesse, weil er mit den Namen alleine nichts anfangen konnte.

Dieses Anlautieren war zunächst eine große Hilfe, dann kamen langsam die Schattenseiten zum Vorschein. Schließlich waren wir für ihn Vorbild. Wir gaben ihm einen halben Satz vor, den er nur noch zu vollenden hatte. Mit der Vorgabe hatten wir für ihn den Denkvorgang eingeleitet. Er lernte daraus – so macht man das. Und dann kam er mit der gleichen Methode zu uns. Er sagte: „Das ist ein –", und wir mußten den Satz in seinem Sinne beantworten: „Auto." Er war zufrieden. Wir fragten ihn nach abstrakten Dingen und auch nach der Vergangenheit. Mit unserem Anlautieren lösten wir immer wieder Denkvorgänge aus, die ihm letztendlich lehrten, was Fragen sind und wie man sie beantwortet.

Dirk fragte uns dann „Da war gestern ein ..." Wir wußten nicht, was er meinte. Genau wie mit der Frage „Der Mann heißt ..." wurde er lauter und geriet in Panik. Was war gestern nicht alles geschehen. Dirk besitzt ein ausgezeichnetes Gedächtnis. Er wußte genau, daß nur der Gefragte die Antwort geben konnte. Meistens verlangte er eine Antwort aus seinem speziellen Interessengebiet. Manchmal fiel uns die Antwort leicht, manchmal gerieten auch wir in Panik, wenn wir nicht dahinterkamen. Die Frage wurde solange gestellt, bis sie in seinem Sinne beantwortet war. Stunden- und tagelang konnten uns unbeantwortete Fragen belasten und verfolgen. Auch dem Lehrer, der verzweifelt aus der Schule anrief, konnten wir nicht helfen, denn nur er konnte die Antwort wissen.

Diese Phase hat eineinhalb Jahre gedauert. Da er bereits lesen konnte, baten wir ihn später um den Anfangsbuchstaben der Antwort. Er war sehr schnell dazu bereit, denn das Mitteilen des Anfangsbuchstabens war der Beginn für ein neues Spiel. Er war auch bereit, weitere Buchstaben zu verraten, so daß wir seine Panik beim Nichtbeantworten eingrenzen konnten.

Wir hatten mit dem Anlautieren begonnen, und Dirk hat auf diese Art und Weise gelernt, Fragen zu beantworten. Wir haben auch die negativen Auswirkungen der Anlautiermethode kennengelernt. Bis man hinter einen Fehler kommt, vergeht kostbare Zeit. Man versucht, den Fehler auf verschiedene Art und Weise zu korrigieren, und das kostet wiederum kostbare Zeit. Eine Korrektur kann auch wieder Probleme mit sich bringen. Als die beste Möglichkeit hat sich dann immer wieder erwiesen, daß man versuchen muß, das Kind zu verstehen, und Kämpfe sollte man möglichst vermeiden. Ein falsches Verständnis liegt auf beiden Seiten vor.

Diese vielen Kämpfe bleiben unangenehm in Erinnerung, beim Kind wie auch bei uns. Helfen, tun sie selten. Verstehen bringt Erlösung von der Unsicherheit und Ungewißheit, Verstehen nimmt nicht nur den Kindern, sondern auch uns die Angst und bringt die Kinder dem Ziel der Weiterentwicklung ein Stück näher.

Durch das mangelnde Sprachverständnis geht es leider nicht ohne Kämpfe um Verständnis. Man sollte jedoch versuchen, einen unnötigen Kampf, der vielleicht um Ordnung geht, zu vermeiden. Diese Kämpfe, so meine Erfahrung, können sich in zwanghaftem Verhalten, sei es in Sprache oder Spiel, derart festsetzen, daß sie zu einer weiteren unnötigen Belastung werden können. Hier zu sagen, was man unter unnötig verstehen kann, ist individuell verschieden zu sehen. Jeder Mensch, das problematische Kind, seine Eltern und auch die Erzieher sind verschiedene Individuen, jeder setzt seine persönlichen Schwerpunkte. Hier sollte man versuchen, sich auf einen gemeinsamen Schwerpunkt zu konzentrieren, damit das Kind die Möglichkeit bekommt, eine bestimmte Situation ganz klar verstehen zu lernen.

Eine gute Zusammenarbeit zwischen den Menschen, die mit dem Kind zu tun haben, ist für mich eine Grundvoraussetzung, wenn man autistischen Menschen helfen will. Ich mußte immer wieder feststellen, wenn diese Zusammenarbeit nicht funktionierte, stand nicht nur die Entwicklung still, es gab auch Zwänge, Depressionen, Isolierungen und auch Aggressionen.

Diese Verhaltensweisen machten mir dann zu Hause das Leben oft sehr schwer.

Ich habe in all den Jahren das Glück gehabt, meistens mit Lehrern zusammenzuarbeiten, die mit mir an einem Strang zogen. Nur so konnten wir den heute so positiven Entwicklungsstand erreichen.

Im Geschäft

Für Eltern sind die untypischen Verhaltensweisen ihres kleinen Kindes in der Öffentlichkeit meist sehr peinlich, und sie stehen hilflos da und können nur abwarten, bis sich die Situation wieder beruhigt. Man braucht manchmal ein dickeres Fell. Oft habe ich mich dabei ertappt, daß ich mit meinem Kind in einer Art und Weise schimpfte oder sprach, von der ich genau wußte, das Kind versteht nicht ein Wort von dem, was ich zu ihm sage. Es war reine Rechtfertigung.

Wie soll man reagieren? Da läuft plötzlich und unerwartet mein Kind mit dem Einkaufswagen los, fährt die Leute an und wartet auf deren Reaktion. Was die Leute zu ihm sagen, versteht das Kind nicht. Ich als Mutter, weise das Kind zurecht, wissend, daß es kein Wort versteht.

Was soll ich machen? Ich muß einkaufen. Das Kind ist zu groß, um es in den Einkaufswagen setzen zu können. Festhalten kann ich mein Kind auch nicht. Es reißt sich los und entwischt. Hält man es gewaltsam fest, tobt und schreit es. Das ist den Kunden und Geschäftsleuten auch nicht recht. Beides zu vereinbaren, ist schwer, einmal Ware aus dem Regal zu nehmen und ständig das Kind im Auge zu behalten.

Dann gab es eine Zeit, da hat er im Geschäft die Waren aus dem Regal genommen und angeleckt. Wollte man ihn davon abbringen, schmiß er sich auf den Boden, schlug mit dem Kopf auf den Boden und schrie und tobte, was seine Stimme hergab. Man konnte weder gestatten, daß er die Lebensmittel anleckte, noch konnte man ihm gestatten, auf dem Boden mitten im Weg zu liegen. Man konnte nur immer hoffen, daß diese Phase möglichst schnell vorbeiging. Die Mitmenschen sahen ein trotziges Kind und eine total hilflose Mutter. Das Bild war eindeutig: Unfähigkeit.

Einkaufen war eine Plage. In Kaufhäusern mußte ich mein Kind zwischen Stoffballen suchen. Dirk stellte in unbeobachten Momenten die Rolltreppe ab. Er suchte ständig nach Toiletten, und später wollte er alle Süßigkeiten probieren.

***

„Ich hab' dich lieb!"

Ich umarmte mein Kind und sagte ihm: „Ich hab' dich lieb!" Ich hatte das Bedürfnis, diese schönen Worte meinem Kind zu sagen. Dirk nahm diese Liebeserklärung ohne Regung zur Kenntnis. Ich wiederholte diesen Satz an mehreren Tagen hintereinander und versuchte, ihm mit Streichen und Schmusen klarzumachen, was diese Worte bedeuten. Da keine Reaktion erfolgte, er keine Freude zeigte, gab ich auf und sagte es ihm nicht mehr. Diese, als ein Bedürfnis ausgesprochenen Worte ohne jegliche Resonanz zu sehen, machten mich traurig. Was hatte ich erwartet?

Wochen vergingen, als Dirk eines Abends plötzlich seine Ärmchen um meinen Hals schlang und sagte: „Mama, ich hab' dich lieb!" Ich wußte nicht, wie mir geschah. Ich war überglücklich. Er hatte die Worte doch verstanden und gab sie mir jetzt als Geschenk zurück. Wir schmusten, und wir freuten uns. Dirk hatte mir etwas gesagt, was Freude in mir ausgelöst hatte. Welch tolle Erfahrung! Dirk probierte die Reaktion auch bei anderen Familienmitgliedern aus und hatte den gleichen Erfolg. Tolle Worte, die so viel Freude bereiteten. „Ich hab' dich lieb", wurde erweitert auf die Tätigkeit „liebhalten". Jetzt wurde geschmust. Dieses „Liebhalten" genoß er, und weil es ein Spiel geworden war, wollte er immerzu „liebhalten". Mehrmals in der Stunde kam er zum „Liebhalten".

Er ging zu den anderen Familienmitgliedern, aber denen wurde das ein wenig zu viel. Die anfängliche Freude an dem Spiel funktionierte nicht mehr so richtig. Er weitete dieses Spiel auf die Klassenkameraden aus. Jetzt wurden Lehrer und Klassenkameraden „liebgehalten". Aber auch ihnen wurde das Spiel lästig. Dirk bestimmte, wen und wie oft er liebhalten wollte. Die Klassenkameraden begannen, sich dagegen zu wehren, und schlugen ihn. Dirk lernte daraus, wer nicht „liebgehalten" werden will, der muß geschlagen werden. Wenn sich jetzt jemand gegen sein „Liebhalten" wehrte, schlug er ihn.

Dann kam er eines Tages mit einem schlimm verletzten Gesicht nach Hause. Die linke Gesichtshälfte war blutverkrustet bis rund um das Auge. Was war passiert? Ich rief den Lehrer an, er konnte es mir nicht sagen. Fragte man Dirk: „Bist du hingefallen?" antwortete er „ja". Das alleine konnte es aber nicht gewesen sein. „Hat dich jemand gehauen?" – „Ja." – „Hat dich jemand geschubst?" – „Ja." – „War das im Klassenraum?" – „Ja." – „War das draußen?" – „Ja." Dirk war seinerzeit an der Schule für Sprachbehinderte und kein Kind war in der Lage, die Situation sprachlich zu erklären. Wahrscheinlich hatte er wieder „liebhalten" wollen, und daraus ist eine Prügelei geworden, in deren Verlauf er hingefallen ist und getreten wurde. Richtig geklärt werden konnte die Verletzung nie. Dirk hat auf jeden Fall von diesem Tage an nicht nur geschlagen, sondern auch getreten. Er schloß auch Lehrer nicht aus. Zu Hause fing er auch damit an, was ich aber sofort verboten habe. Er hatte es hier sehr schnell begriffen, in der Schule trat er aber weiter. Wer nicht „liebgehalten" werden wollte, wurde jetzt getreten. Das war schlimm. Die Eltern beschwerten sich, die Kinder hatten blaue Beine. Ich war machtlos. Die anstehenden Weihnachtsferien kamen mir zu Hilfe. Ich erklärte ihm immer wieder, daß man nicht schlagen und treten darf. Ich versuchte, allen Konfrontationen aus dem Weg zu gehen, um wieder Ruhe einkehren zu lassen. Als die Schule nach den Ferien wieder begann, hatten wir es geschafft. Dirk konnte auf „Liebhalten" und Treten verzichten. Es war wieder ein hartes Stück Arbeit, ein Schritt weiter, und ein Erfolg.

Gibt es das wirklich?

Es ist sehr schwer, einen Menschen zu motivieren, etwas anzusehen, der in vielen Jahren erfahren hat, daß er mit neuen Dingen alleine nichts anfangen kann. Er weiß, daß er ständig Hilfe bekommt, weil er sie braucht. Also wartet er erst mal ab, wann er Hilfe bekommt. Eine Verhaltensstörung! Außer dieser Störung – Abwarten – gibt es viele andere mögliche Reaktionen, und deren Auswirkungen sind auch nicht immer problemlos.

Dirk jedenfalls wartete auf Hilfe, und die Hilfe anderer Menschen erfolgte leider nicht immer auf die freundliche und liebevolle Art, weil dieses ständige Warten auf Vermittlung für andere Menschen auch lästig war. Er war Neuem gegenüber sehr skeptisch, und nur ungern war er bereit, darauf zuzugehen. Der normal wahrnehmende Mensch ist von Natur aus neugierig und bleibt es unter normalen Umständen auch sein Leben lang. Das autistische Kind hat durch die vielen Erfahrungen, die es nicht positiv erleben konnte, und durch das Fehlen grundlegender Kenntnisse kaum eine Chance, etwas Neues für sich positiv zu erforschen. Es benötigt also ständig diese Hilfe. Die Grenzen der angemessenen Hilfen und Forderungen richten sich jeweils nach dem Entwicklungsstand und sind von daher unterschiedlich. Die kleinen Hilfen müssen nach Erreichen der eigenen Fähigkeit wieder abgebaut werden. Aber diese kleinen Hilfen gehörten zu der Sache und wurden entsprechend verlangt. „Das kannst du alleine" war ein mühsam in Angst abgerungenes Verlangen und nicht das Bedürfnis: „Ich kann das alleine." Der Erfolg war begleitet mit einem schmerzverzogenen Gesicht und einem Lachen: „Dirk kann das alleine" – eine Erfahrung unter Ausübung von Druck zum positiven Erlebnis.

Ob nun dieses „Selbstkönnen" als positives Erlebnis in Form von Selbstbewußtsein oder Stolz von Dirk gewertet wurde, kann ich nicht sagen. Ich habe diesen Druck nur ausgeübt, wenn ich sicher war, daß er es „ganz sicher" alleine kann, und das Erlebnis ist für ihn „ganz sicher" positiv.

Ich habe meine Tochter immer wieder an die Schularbeiten erinnert, und sie damit fürchterlich genervt, und mich natürlich auch. Sie war in der zweiten Klasse und wußte sehr wohl selbst, daß sie diese Arbeiten erledigen mußte. Im Hamburger Autismus-Institut machte Herr Miller mir klar, daß Vertrauen, was man in eine Person setzt, besser ist als ständige Ermahnungen. Künftig sagte ich meiner Tochter: „Ich weiß, daß du deine Hausaufgaben alleine machst, wenn du es möchtest!" Ich setzte allerdings einen Zeitpunkt, bis 18 Uhr abends, fest. Sie ist nie ohne Hausaufgaben zur Schule gegangen, und es gab künftig auch keine Schwierigkeiten mehr. Es ist mir sehr schwergefallen, die permanenten Ermahnungen zu unterdrücken und das in das Kind gesetzte Vertrauen selbst zu akzeptieren.

Dirk verstand es meisterhaft, intelligente Fragen zu stellen, ohne sie zu verstehen. Er konnte Geschichten lesen, ohne auch nur eine Ahnung vom Inhalt zu bekommen. Diese Scheinhaltung kann ein Außenstehender nur schwer feststellen. Er selbst konnte viel Theoretisches über eine Sache aussagen, aber Fragen zu dieser Sache konnte er nicht beantworten. Er konnte immer nur mit den gleichen theoretischen Sätzen antworten. Das Problem ist, daß Lehrer viel mehr dahinter vermuten und ihre Forderungen entsprechend einstufen. Um mit der Situation der Überforderung fertigwerden zu können, entstehen zur Ablenkung neue, für uns störende Verhaltensmuster wie Desinteresse, motorische Störungen, Aggressionen und zwanghaftes Verhalten.

In der Schule lernt der Mensch fast nur über Bücher. Er schreibt und spricht über das Gelesene. Auch unser Sohn hat in den ersten Lebensjahren fast nur über Bücher gelernt. Zunächst haben wir die Bücher besungen, dann Dinge besprochen, verglichen, erklärt und später vorgelesen und erklärt. Er war nicht realistisch, denn er lebte in der Welt seiner Bücher. Er kannte eine Sache aus dem Buch. Gleiche Dinge in der Wirklichkeit sah er nicht. Dinge waren wenig bis wesentlich äußerlich anders. Die realen Dinge bestehen aus unterschiedlichem Material und Temperaturen, haben Eigenschaften und können angenehm empfunden oder gefährlich sein. Diese Merkmale kann man in Büchern nicht sehen; man muß sie theoretisch vermitteln. Ein Hund beißt, aber nur wenn man ihn ärgert, und Beißen tut weh. Was ist ärgern, und was bedeutet beißen? Das Schmerzempfinden ist ein weiteres Problem. Das Bügeleisen ist heiß, es ist auch kalt, und es ist schwer. Im Sommer ist es bei Sonnenschein warm, und im Winter ist es trotz Sonnenschein kalt.

Ich hatte mir das Ziel gesetzt, Dirk jeden Tag mindestens ein Wort beizubringen und jeden Tag ein Buch anzusehen. Wenn man sich nun vorstellt, daß ein neues Buch mit Begeisterung aufgenommen wurde, dann war das nicht der Fall. Dirk hat immer wieder freiwillig auf ihm bekannte Bücher zurückgegriffen. Sie bedeuteten Sicherheit im Verständnis für ihn. Ein neues Buch bedeutete jedesmal Überzeugungsarbeit. Ob dieses neue Buch angenommen wurde, war immer offen.

Für Dirk geeignete Kleinkinderbücher zu finden, war nicht leicht. Einzeln abgebildete Gegenstände auf einer Seite interessierten ihn nicht. Ich kann mir vorstellen, daß diese Bücher für Kinder, die Gegenstände im Buch mit Gegenständen im Haushalt vergleichen, interessant sind. Dirk konnte mit einzelnen Haushaltsgegenständen aber nichts anfangen. Ali Migutsch bringt in seinen Büchern so viel Leben unter, daß sie für uns jahrelang immer wieder interessant waren. Zunächst war es so, daß Dirk mit meinem Finger auf ein Tier oder entsprechende Situation zeigte, und wir sangen ein Lied dazu. Später wurde die Situation besprochen und erklärt. Um ein Buch interessant für ihn zu machen, mußte man viele Laute und Grimassen in den Text einbauen. Dann freute er sich und war ganz bei der Sache. Ich habe hauptsächlich nach Büchern ohne Text, die eine Geschichte in Bildfolge erzählten, wie „Vater und Sohn" gesucht. Hier mußte man das Bild mit eigenen Worten beleben und die Geschichte erzählen. Bücher mit Text mußten vorgelesen und erklärt werden. Das war schwieriger, weil hier die einzelnen Worte interpretiert werden mußten. Um die Worte zu erklären, brauchte ich Beispiele, die er verstehen konnte, und die wiederum standen nicht in Verbindung mit den Bildern, die wir uns gerade ansahen. Das bedeutete dann zu lernen, während es in den Bildergeschichten nur um die Aussage der Bilder ging. Ich benutzte beim Erzählen keine für ihn fremden Worte. Das war dann reiner Spaß. Außerdem hatte Dirk die Möglichkeit, diese Geschichte auf seine Weise zu interpretieren.

Mit der Zeit wurden die realistischen Bücher langweilig, denn Situationen aus den Büchern konnten nur selten in unser Leben übertragen werden. Über Bücher hatte unser Kind so viel gelernt, so daß ich immer wieder nach neuem Material suchte, um ihn auch weiterhin zu fesseln. Es gab so viele unrealistische Bücher, die Kinder begeisterten, wie die Comik-Hefte. Ich überlegte mir, daß dies ein neues interessantes Gebiet werden könnte, obwohl ich mir nicht sicher war, inwieweit es Dirk von Nutzen sein konnte. Einen Vergleich mit der Realität sah ich zunächst nicht. Meine damaligen Bekannten lehnten diese Art Kinderbücher total ab, weil einige Kinder, und das ging auch über die Medien, nur noch wie Donald Duck sprachen. Diese Gefahr sah ich nicht, weil unsere Kinder noch nicht in der Lage waren, sich selbst Bücher zu beschaffen, und ich somit diese Literaturrichtung steuern konnte. Fernsehen war ihnen fast unbekannt, denn das Abendbrot legte ich auf 18 Uhr fest, also Sesamstraßenzeit, und ansonsten wurde der Fernseher erst ab 20 Uhr eingeschaltet, und dann gingen die Kinder ins Bett. Es gab nur gemeinsames, gezieltes Fernsehen, aber ausprobieren, was heute alles gesendet wird, gab es nicht.

Dirk war inzwischen fast fünf Jahre alt. Er lebte in seiner eigenen, unbelebten Bücherwelt. Ich probierte die unrealistischen Bücher aus. Dirk sah einen Hund, der eine Hose trägt und sprechen kann. Das war eine andere Welt. Ein Elefant, der mit einer Maus spielt, und eine Maus, die autofahren kann, eine Katze mit Hut, die auf zwei Beinen geht, und ein Mensch, der größer ist als ein Haus, ein Mensch, der ein Pferd trägt usw. Jetzt ging es nicht mehr darum, Sprache zu erklären, sondern jetzt mußte beobachtet und verglichen werden. „Hast du schon einmal einen Hund mit Hut und Brille gesehen?" Nein, wir mußten herzlich lachen. Und als wir auf der Straße einen Hund sahen, fragte ich Dirk „Wo hat der denn seine Hosen gelassen?" – „Ob der ohne Brille sehen kann, und ob der so sprechen kann wie wir?" Wieder mußten wir lachen. Immer wieder veranlaßte ich Dirk, den Hund genauer anzusehen, ob er Schuhe trägt, ob er vielleicht doch sprechen kann, wie der wohl mit Röckchen aussehen würde. Und ob vielleicht in die Straßenbahn gleich ein Elefant einsteigt? Bei diesen Vergleichen mußten wir viel lachen und hatten so viel Spaß, daß Dirk fast überhaupt nicht merkte, daß er über die der unrealen Welt in die reale Welt hineinwuchs. Er sah plötzlich Dinge, die er vorher total ignoriert hatte. Er verglich die unrealen Dinge mit der Wirklichkeit und stellte selbst die Unterschiede fest. Es war ein lustiges, spielerisches Lernen, an dem wir alle viel Freude hatten.

Lag Dirk sonst bei Tierparkbesuchen fast nur auf dem Boden und sah nichts als den Sand, den er durch seine Hände rieseln ließ, so erzählte er jetzt munter von den Tieren aus den Büchern, sah die Tiere an und sprach sie auch an: „He, wo ist deine Hose?"

Als wir das Buch vom kleinen Wassermann, von Otfried Preußler, gelesen hatten, suchte er am Wochenende am Wasser heimlich nach dem kleinen Wassermann. Er fragte mich: „Mama, meinst du, daß der kleine Wassermann Fleisch mag oder Honig?" – „Wie nennt der kleine Wassermann wohl Gullasch?" Wir erfinden ein Wort und lachen. Später beobachtete ich, daß Dirk sich Zeitungen und Bücher aus der Kleinkindphase ansah. Er stellte jetzt selbständig Vergleiche an.

Was zunächst ein spielerisches Lernen war, brachte in späteren Jahren Zweifel. Gibt es das wirklich? Zu unterscheiden, was realistisch und unrealistisch ist, in Bezug auf Tiere, ist nicht so schwer. Situationen, die Menschen betreffen, sind schwerer einzuschätzen. Die Frage: „Gibt es das wirklich?" ist oft schwer zu beantworten. Man kann sie nicht beweisen oder ausprobieren. Situationen haben eine Vorgeschichte und ein Nachspiel, was auf den ersten Blick nicht gesehen wird. Da ist ein Foto, ein Ausschnitt aus einer Situation, ein Unfall. Was kann man alles darüber aussagen. Man erklärt vielleicht, das Kind hat nicht aufgepaßt, genau wie du gestern. Dem Kind auf dem Foto ist etwas passiert, ihm nicht. Die Erklärung genügt nicht. „Es hätte passieren können!" Wie erkläre ich das Wort „hätte"? Ihm ist nichts passiert, also hat er aufgepaßt. Wir haben das anders gesehen. Also, wenn etwas passiert, hat man nicht aufgepaßt! Das kann stundenlange Diskussionen geben. Dirk ist total in Panik, und wir versuchen immer wieder, einen Weg zu finden, um ihm eine bestimmte Situation zu erklären.

Wir können nicht aufgeben, die Sache muß geklärt werden, sonst bekommt Dirk keine Ruhe. Solche Situationen konnten uns tagelang beschäftigen.

Wie erkläre ich das Wort „tot"?

Unsere Nachbarin ist nach langer schwerer Krankheit gestorben. Ein Mensch stirbt bei einem Verkehrsunfall. Auf dem Zeitungsbild ist ein toter Krieger abgebildet. „Dieser Mensch ist tot." Was ist das? Schläft der Mensch? So ähnlich ist das, aber dieser Mensch wird nie wieder wach. Träumt der Mensch? Vielleicht. Er kommt in den Himmel. Ist es im Himmel warm, und kann man da spielen? Sind die Freunde auch da, und kann ich sie sehen? Wir denken uns eine Geschichte über das Leben im Himmel aus. Es wird eine schöne Geschichte.

„Mama, ich will auch mal tot sein und im Himmel sein!" – „Das geht nicht, dann kannst du nie wieder zu uns kommen." – „Ich kann euch aber vom Himmel aus sehen und ihr könnt mich besuchen." – „Das geht nicht." – „Warum geht das nicht?"

Die Diskussion endet in Panikstimmung, weil wir ihm nicht vermitteln können, daß er das nicht ausprobieren kann. Er will es aber. Alles Reden über dieses Thema endet in einer Katastrophe. Es gelingt uns nicht, Dirk klarzumachen, daß, wenn er einmal tot ist, er nicht mehr so wie er jetzt lebt, zu uns kommen kann.

Wenn er jetzt mittags aus der Schule kommt und ich nicht sofort die Haustür öffne, um ihn zu empfangen, rennt er ums Haus und schreit: „Mama, Mama, bist du etwa tot?" Den Nachbarn erklärt er: „Mama ist tot", „Mama macht die Tür nicht auf!" Immer, wenn ich jetzt nicht mehr sofort auf sein Rufen reagiere, schreit er: „Bist du etwa tot?"

Auf der anderen Straßenseite wohnt ein Schulfreund, den er oft besucht. Viele Jahre lang haben wir versucht, ihm die Gefahr des Straßenverkehrs nahezubringen. Wir haben ihm gezeigt, wie man die Straße beobachten muß, bevor man sie überquert. Viele Jahre durfte er nur an der Hand begleitet die Straße betreten. Aber dann kommt der Zeitpunkt, daß man als Eltern das Risiko eingehen muß. Wir konnten unser Kind, das leidenschaftlich gern Fahrrad fuhr, nicht mehr festbinden. Die Verkehrsregeln kannte er wie alle Kinder in seinem Alter. Wenn er jetzt seinen Freund auf der anderen Straßenseite besuchen wollte, wollte er unbedingt alleine gehen. Ich durfte ihn nicht über die Straße begleiten. Heimlich beobachte ich ihn. Aber ich mußte einsehen, daß ich ihn alleine gehen lassen mußte.

Er beschäftigte sich mit dem Tod, und bei unseren Warnungen erwähnten wir immer wieder, wie gefährlich der Straßenverkehr ist und daß man, wenn man nicht aufpaßt, sehr leicht totgefahren werden kann. Dirk rannte absichtlich vor Autos. Ich hörte die Bremsen quietschen, und die Nachbarin erzählte mir mit bleichem Gesicht, daß Dirk beinahe überfahren worden wäre. Auf diese Situation angesprochen, erklärte er mir ganz klar: „Ich will mal wissen, wie das ist, wenn man tot ist!" Da fehlen einem die Worte. Stunden-, tage- und wochenlange Diskussionen hatten ihm das unwiderrufliche Totsein nicht erklären können. Die Straßenüberquerung wurde zum Problem. Noch oft hörte ich die Bremsen quietschen, und Nachbarn erzählten mir von schlimmen Situationen, ohne daß ich Vernunft erreichen konnte. Irgendwann war dieses Thema dann vorbei, wie so viele andere auch.

In dieser Zeit ging es mir gesundheitlich ziemlich schlecht. Ich hatte einen 16-Stunden-Tag ohne daß ich mir eine Pause gönnen konnte. Diese permanente Überforderung zeigte sich so, daß ich mehrmals am Tage Schwindelanfälle bekam. Mein Herz raste los, und im Kopf hatte ich das Gefühl der Kälte und Blutleere. Der Gedanke, im Haus ohnmächtig zu werden, war ein Alptraum. Ich stellte mir vor, daß

Dirk auf mir herumturnen würde mit seinem Geschrei. „Mama, bist du etwa tot?" In solchen Situationen rannte ich immer vor die Haustür, teilweise bis zum Bürgersteig, und wartete, bis der Anfall vorbei war. Ins Bett legen konnte ich mich nicht. Das hätte Dirk nicht akzeptiert, weil er es von mir nicht kannte. Auch auf seine Fragen mußte ich reagieren, egal ob es mir gut oder sehr schlecht ging. Tat ich das nicht, geriet er in Panik und war nicht zu halten. Dann schrie und tobte er, hielt sich an mir fest, warf Sachen durch die Gegend, und manchmal schlug er noch mit dem Kopf. Ihn in solchen Situationen zu beruhigen, war sehr schwer. Am besten war es, solche Situationen erst gar nicht aufkommen zu lassen. Aber es war unmöglich, dies immer zu vermeiden. Das hätte auch bedeutet, daß er sich mit allen seinen Forderungen hätte durchsetzen können. Das Gegenteil hätten wir auch erreichen können, denn ohne Engagement war er desinteressiert und passiv. Er brauchte nicht angesprochen zu werden. Er wäre in sich gekrochen, unerreichbar für jedermann, und seine Entwicklung hätte wieder stillgestanden.

Ich hatte von Anfang an ein Ziel: Ich will mein Kind selbständig machen, denn ich will nicht bis an mein Lebensende an mein Kind gebunden sein. Ich hatte erkannt, daß mein Kind lernen kann. Wenn der Weg des Lernens auch anders verlief, so habe ich mich darauf eingerichtet, ein paar Jahre auf alles, was mich und meine Interessen betrifft, zu verzichten, und habe jede freie Minute in mein Kind gesteckt.

Ich habe nicht auf Wunder gewartet und mir das Leben nicht leichtgemacht. Mein Ziel habe ich erreicht. Und darüber sind wir alle sehr glücklich.

Was können Babys?

Der Mensch wächst in einer bestimmten Umgebung auf, es sind Menschen um ihn herum, Möbel, Natur. Der junge Mensch nimmt diese Umgebung mit seinen Wahrnehmungsorganen auf und verarbeitet sie. Die Wahrnehmungsorgane kommunizieren untereinander, sie geben Botschaften innerhalb des Gehirns weiter.

Das Baby ist ein kleiner Mensch. Ohne den speziellen Namen „Baby" ist es auch ein Mensch. Dirk hat Babys genauso wenig beachtet wie andere große und kleine Menschen. Daß Babys vieles nicht können, was große Menschen können, konnte er somit auch nicht beobachten. Ein Baby war für ihn ein kleiner Mensch. Ein Kind hat ein anderes Wissen und Können als ein Erwachsener. Auf manche Fragen können Kinder und Erwachsene die gleiche Antwort geben, auf manche Fragen gibt es total unterschiedliche Antworten. Auch unter den Erwachsenen und Kindern gibt es auf die gleiche Frage manchmal unterschiedliche Antworten.

Für uns ist das selbstverständlich, daß diese Unterschiede vorhanden sind. Dirk, wußte das nicht. In den ersten Lebensjahren konnte er auch keine Fragen stellen und sich somit ein Gebiet erarbeiten. Als er acht Jahre alt war, stellte er dann folgende Fragen:

Machen Babys Matchboxautos kaputt? Machen Babys Wicking-Autos kaputt? Können Babys sprechen? Warum können sie nicht sprechen? Mögen Babys alles essen? Rufen Babys ihre Mama, wenn sie sich wehgetan haben? Warum können Babys nicht laufen? Lassen Babys den Wecker fallen? – In der Schule hatte die Lehrerin mit ihm Baby gespielt, und jetzt war das Baby für ihn interessant.

Er konnte Babys zwar überall sehen, aber er hatte sie bisher völlig übersehen. Somit konnte er auch ihre Fähigkeiten nicht einschätzen. Durch dieses Babyspiel in der Schule war er auf sie aufmerksam geworden und erfragte ihre Fähigkeiten.

„Ist das Wasser ein bißchen warm?"

Von wo bis wo und wann und wie lange ist etwas warm?

Über das Wort warm machen wir uns keine Gedanken mehr. Auch ein normales Kind nicht. Warm lernt man über Erfahrung, jahrelange Erfahrung.

Ich erklärte Dirk das Wort „warm". Das Schwimmbadwasser ist warm. Ich gehe ins Wasser, und es erscheint mir kalt. „Mama hat gesagt, das Wasser ist ein bißchen warm!" Ein bißchen warm ist also kalt. Die Milch ist warm, also kein bißchen warm, sondern warm. Die Milch bleibt stehen, und dann ist sie kalt. Dirk will aber nur warme Milch trinken. Ich mache sie wieder warm. Jetzt ist sie zu heiß geworden, wir müssen pusten und warten. Wird die Milch warm, wann wird die Milch warm. Gleich – wann ist gleich? Nachher – wann ist nachher? Du mußt warten. Dirk hat aber Durst. Die Zeit vergeht mit anstrengenden Diskussionen. Ich halte es nicht mehr aus, ich gieße kalte Milch dazu. Panik ergreift mein Kind. Was hatte ich nun wieder gemacht?

Aus der Dusche kommt warmes, heißes oder kaltes Wasser. Es ist doch nur eine Dusche. Im Schwimmbad gibt es eine Dusche für kaltes Wasser und viele mit warmem Wasser. Wasser kann man mischen. Milch kann man kalt oder warm trinken, Limonade ist immer kalt, manchmal sehr kalt. Was ist sehr kalt? Was ist kalt? Das Wasser im Gartenschlauch ist kalt. Manchmal ist es auch ein bißchen warm, weil der Schlauch in der Sonne gelegen hat. Das Wasser im Planschbecken ist morgens kalt und mittags ein bißchen warm. Die Hände sind kalt vom Wasser. Das Wasser ist aber ein bißchen warm.

Das ist alles sehr schwer. Was andere Menschen über Sprache jahrelang lernen konnten, wird jetzt für Dirk zum Problem. Er erlebt Wahrnehmungen in einem Alter, in dem sich normale Kinder mit ganz anderen Dingen auseinandersetzen. Diese Wahrnehmungserfahrungen sind aber notwendig, wenn ich Sprache richtig anwenden will. Jahrelang hat er mich nach der Wassertemperatur gefragt. Schon als er alleine mit dem Fahrrad ins Schwimmbad fuhr, mußte ich mitkommen, meinen Fuß ins Wasser stecken und erklären: „Das Wasser ist ein bißchen warm."

In meinen Aufzeichnungen steht, daß er ein Jahr lang nicht unter die Dusche ging. Ich habe ihn einmal zu Hause unter einer sehr heißen Dusche angetroffen. Ob hier eine Erfahrung der Auslöser dafür war, weiß ich nicht. Die Duschen waren jahrelang ein Problem für sich, ebenso die Toiletten. Er malte eine lange Zeit nur Duschen in allen Versionen und erfand Geschichten dazu. Es war ein Thema, was ihn sehr fesselte, aber warum gerade Duschen, ist mir ein Geheimnis geblieben. Die Hintergünde für spezielle Interessengebiete waren nur selten festzustellen.

Es hat geschneit

Im Winter 1979/80 ging Dirk zur Vorschule. Die Schulzeit betrug täglich eineinhalb Stunden, von 8.00 bis 9.30 Uhr. Dirk konnte noch nicht alleine zur Schule gehen, und seiner Schwester konnte ich ihn nicht anvertrauen. Mit ihm irgendwo hinzugehen, war sehr mühsam. Er trottete ständig träumend hinter mir her. Meistens fuhr ich mit dem Fahrrad. Ein Fußweg zur Schule dauerte länger als eine halbe Stunde. Ich mußte ihn morgens zu Hause schon antreiben und dann auf dem Schulweg rief ich immer nur „Dirk, komm doch."

Es hatte geschneit, und wir konnten den Schlitten auf dem Schulweg mitnehmen. Dirk fuhr sehr gerne Schlitten, aber wenn er einmal darauf saß, war er nur schwer zum Absteigen zu bewegen. Wenn Dirk den ganzen Weg auf dem Schlitten sitzt, kommt er als Eisblock in der Schule an, dachte ich. Der Gehweg muß laut Gesetz vom Schnee freigeräumt werden. Einige Hausbesitzer kommen diesem Gesetz schon sehr früh am Morgen nach, einige gar nicht, einige sind sehr gründlich und streuen anschließend noch Salz und Granulat. Dies bedeutet, daß wir mit unterschiedlichen Bodenverhältnissen fertigwerden müssen.

Dirk saß auf seinem Schlitten. Das Nachbargrundstück war zwar gründlich freigeschoben, aber es hatte sich erneut eine dünne Eisschicht gebildet, die es mir erlaubte, den Schlitten weiterzuziehen. Dirk sah weder Schnee noch Eis und freute sich darüber, daß Mama ihn zog. Dann erreichten wir einen Nachbarn, der nicht freigeschoben hatte, so daß wir sogar laufen konnten, ein großes Grundstück. Doch dann kamem wir zu dem gründlichen Nachbarn, und wir hatten weder Schnee noch Eis. Ich bat Dirk, abzusteigen. Er sah keinen Grund dafür. Hatte ich ihn vorhin nicht auch über eine Bürgersteigfläche gezogen? Er wehrte sich in der üblichen Art und Weise Ich trug den Schlitten, und an der anderen Hand zog und zerrte an mir mein verärgertes Kind. Dann kamen wir zu einem Stück, wo nur Granulat gestreut war, und der Schlitten zog sich nur sehr schwer. Mama sollte laufen. Manchmal konnte ich laufen, manchmal nicht, weil ich keine Kraft mehr hatte. Stärker gestreute Bürgersteige, die nicht freigeschoben waren, wechselten sich mit eisfreien, vereisten, wenig gestreuten, nicht freigeschobenen Bürgersteigen ab. Dirk sollte auf- und absteigen. Um nur einen Kampf zu umgehen, zog ich oft mit letzter Kraft den Schlitten über eis- und schneefreie Flächen. Wenn Dirk absteigen mußte, lief er schreiend und stampfend und manchmal kopfschlagend hinter dem Schlitten her. Der Schulweg war für mich ein einziger Kampf. Für ihn waren die unterschiedlichen Bodensituationen unbegreifbar. Ich konnte mir morgens auch nicht die Zeit nehmen, es ihm zu erklären. Auf dem Rückweg standen wir nicht unter dem Zeitdruck, so daß ich ihm etwas erklären konnte.

Gerade in diesem Alter war Dirk so problematisch, daß ein einziges Wort unvorstellbare Panik in ihm auslösen konnte. Seine Reaktionen konnte man nicht als böswillig auslegen, sie entstanden aus der Unsicherheit über die momentane Situation und dem eisernen Willen nach der für ihn lebensnotwendigen Sicherheit.

Um 8.10 Uhr verließ ich die Schule wieder, war um 8.30 Uhr zu Hause und startete bereits 40 Minuten später wieder, um ihn abzuholen.

Nachmittags gingen wir dann auf den Rodelberg. Hier konnten wir den Schnee ungetrübt mit viel Freude genießen, hatten dann aber das Problem, daß Dirk sich auf dem Schlitten beim Rodeln nicht festhielt. Er mußte immer wieder dazu aufgefordert werden. Es war fast so, als ob er darauf wartete. Schon früher hatte ich festgestellt, daß sein Reaktionsvermögen im letzten Moment funktionierte. Wenn er hinfiel, stütze er sich noch rechtzeitig mit den Händen ab, um nicht aufs Gesicht zu fallen. Er nahm diese ständigen Aufforderungen nicht übel und kam ihnen sofort nach.

Tut das weh?

Am 30. Mai 1983 schrieb ich:

Seit zwei Jahren werden wir gefragt, ob das weh tut, ein bißchen, viel, ganz doll oder gar nicht.

In meinen ersten Aufzeichnungen, als Dirk etwa zwei Jahre alt war, steht, daß er Schmerz empfinden und lokalisieren kann. In späteren Notizen steht dann, daß er das nicht kann. Jetzt fragt er bei jeder Kleinigkeit nach dem Schmerzgrad, den wir scheinbar an seiner Stelle empfinden.

Dirks Entwicklung verlief in kleinen, unregelmäßigen Schritten. Einzelne Bereiche waren besser, andere lagen total brach, weil er keine Basis finden konnte, auf die er aufbauen konnte.

Dirk hatte sehr viele Ängste entwickelt. Um mit diesen Ängsten leben zu können, mußte er lernen, abzuschalten. Unverarbeitete Wahrnehmungen über die Haut können große, für unbegründete Ängste auslösen. Es kann sogar sein, daß das Schmerzempfinden zur unterdrückten Wahrnehmung wird. Dirk ließ sich nicht oder nur mit Angst anfassen. Hier könnte es sein, daß die Angst den Gefühlsbereich, Wahrnehmungen über die Haut, überdecken. Dirk hatte Erfahrung mit dem Angefaßtwerden gemacht und diese Erfahrungen vielleicht negativ gespeichert.

Seit einiger Zeit beobachte ich, wie ich und andere Erwachsene auf kleine Kinder zugehen. Dabei stelle ich fest, daß Erwachsene und ich auch gerne kleine Kinder anfassen, ohne Grund und Vorwarnung. Selten sehe ich ein kleines Kind, was sich spontan über dieses Angefaßtwerden freut. Wenn alle Bekannten, die ich auf der Straße treffe, mich irgendwo anfassen würden, ohne mir zu sagen, warum, glaube ich, würde ich bald nicht mehr aus dem Haus gehen wollen.

Warum das Kind Angst hat, werden wir mangels Sprache nur schwer ergründen können.

„Tut das weh?" Mit sieben Jahren fing Dirk an, uns diese Frage ständig zu stellen. Mit sieben Jahren fragte Dirk die ersten Male: „Warum?" Beide Fragen, „warum" und „tut das weh?", gehören normal in die Altersstufe der Zweijährigen. Dirk lag also auf diesem Gebiet ca. fünf Jahre zurück. Ein normales Kind fragt auch nicht: „Tut das weh?" Hier kann man wieder feststellen, daß vieles in der Wahrnehmungsverarbeitung durcheinander und fehlgelaufen ist.

Dirk hat im Alter von sieben Jahren herrliche Bücher geschrieben, was andere Kinder in dem Alter nicht können. Er hat mit drei Jahren über 300 Lieder mit vielen Strophen singen können und hat sich trotz seiner Schwierigkeiten mit fünf Jahren selbst Lesen beigebracht.

Vieles, was ich früher aufgeschrieben habe, sehe ich heute etwas anders. So habe ich im Mai 1983 folgenden Text geschrieben, den ich nicht verändern möchte, weil er Tatsachen entspricht.

„Früher sagten wir immer, er fühlt den Schmerz, denn er weint, wenn er hinfällt. Heute ist mir klar, daß es etwas anderes war, was ihn zum Weinen veranlaßte. Es war der Schreck, er war hingefallen aus einem Grund, den er nicht verstand. Dieser Grund wurde mit zunehmendem Sprachverständnis erfragt und konnte ihm so verständlich gemacht werden.

Fiel ein fremdes Kind hin und weinte, so war ihm das unverständlich. Es wurde von ihm wiederum geschubst, damit es wieder weinte. Er lachte und freute sich über die Töne, die das Kind beim Weinen von sich gab. Er konnte weder ihren Schmerz verstehen, da er ihn selbst ja nicht sicher empfinden konnte, und sah somit dies als lustige, seltene Töne an.

Da ihm immer wieder Gründe für das Weinen erklärt wurden und er auch zunehmend den Schmerzgrad empfinden und sprachlich ausdrücken konnte, nehmen die berechenbaren Gefahrenquellen (Verkehr, Verletzung durch spitze Gegenstände) ab, aber die unberechenbaren in erheblichem Maße zu. Er probiert aus, wann Kinder weinen, aufgrund welcher Vorkommnisse. Kinder werden gezwickt, geschlagen, gekratzt, getreten. Dann freut er sich, daß sie weinen. Für uns und die Kinder unverständlich. Er selber verzog bei den angegebenen Mißhandlungen nur selten eine Miene.

Um diesem Verhalten entgegenzuwirken, habe ich dieselben Methoden bei ihm angewandt und ihm erklärt, daß das sehr wehtut. Es mag brutal klingen, aber nur durch diese harmlosen Schmerzzufügungen konnte er lernen, was Schmerz ist, und auch am eigenen Körper empfinden lernen. Er lernte, wie andere Kinder darauf reagieren, nämlich mit Weinen, und er lernte, daß man weint, wenn man sich wehgetan hat. Heute will er immer Gründe wissen, um sich das Weinen erklären zu können. Oft sind es Gründe, die er nicht verstehen kann, weil sein Erfahrungs- und Entwicklungsbereich diesen Vorgang ihm nicht verständlich machen kann. Er will es aber wissen und drängt mit Fragen, mit Echo und gibt nicht nach. Er gerät in Panik, weint selber, schreit und tobt und veranlaßt somit den Gesprächspartner, nach einer Lösung in seinem Sinne zu suchen, so unangenehm, unangemessen und auch ungezogen es zu sein scheint. Um ihn von seinem Zwang zu erlösen, den Grund des Weinens zu erfahren, müssen wir oft erfinderisch sein. Es hilft ihm nicht, ihn abzulenken. „Das weiß ich nicht", ist für ihn zur Zeit noch nicht verständlich und akzeptabel. Findet man einen für ihn akzeptablen Grund, dann wird dieser Grund weiter erforscht und erfragt. Hier tritt dann auch noch häufig die Echosprache auf. (Er zählt Gründe und Erklärungen auf, die in keinem Zusammenhang mit der Situation stehen.) Leider sind solche aus der Luft gegriffenen Erklärungen später Maßstab bei ähnlichen Vorkommnissen.

Zur Zeit will er immer wissen, warum Babys weinen."

Bei jeder kleinen Berührung seines Körpers mit einem Gegenstand fragte er uns: „Wenn man mit dem Arm so macht (er demonstriert, indem er kurz mit dem Ellbogen gegen die Tischkante stößt), tut das weh?"

Wenn er sich wirklich gestoßen hatte, fragte er: „Tut das ganz doll weh?" Er sah uns bei der Antwort ins Gesicht, und man konnte beobachten, wie er nach der von uns ausgesprochenen Antwort in sich ging und nach seinem eigenen Schmerzempfinden suchte. Oft war es so, daß er erst nachdem wir ihm mitteilten, daß es sicher „ganz doll wehtut" in der Lage war, das Gesicht schmerzvoll zu verziehen.

Schmerzempfinden steht in Verbindung mit einer Mimik. Schmerzempfinden bei sich selbst mußte Dirk erlernen. Er lernte damit auch sein Mimikspiel und konnte somit erst viel später in entsprechenden Situationen auf andere Menschen passend reagieren.

Wie unterschiedlich Schmerzwahrnehmungen entwickelt werden, zeigt sich auch daran, daß Menschen, die mit Brutalität aufwachsen, ein anderes Schmerzempfinden entwickeln als solche, die nie mit willkürlichen Schmerzzufügungen in Berührung kommen. Willkürliche Schmerzzufügung steht in enger Verbindung mit der Verletzung der Persönlichkeit. Beim Schmerzempfinden überdeckt bei manchen Menschen die Verletzung der Persönlichkeit das Schmerzempfinden.

Bei autistischen Menschen gibt es sicherlich viele unterschiedliche Gründe, daß auf den von uns angenommenen und von ihnen sicherlich auch empfunden Schmerz so verschieden reagiert wird. Eine Nichtäußerung des Schmerzes sollte nicht gleichbedeutend sein mit „Nichtwahrnehmen". Dem autistischen Menschen ist es vielleicht aufgrund seiner Wahrnehmungsschwierigkeiten nicht möglich, sich mit Mimik oder Sprache zu äußern. Er hat weder Mimik noch Sprache gelernt. Wie soll er sich äußern?

Für mich ist der autistische Mensch, der gesunde Wahrnehmungsorgane hat, normale Speicherungsfähigkeiten besitzt und trotzdem keine Möglichkeit hat, das, was er empfindet, mitzuteilen, der am schlimmsten behinderte Mensch. Er sitzt vor vollem Teller und verhungert. Und das bei vollem Bewußtsein.

Strafen – Schlagen – und
„Eltern sind vor Aggressionen auch nicht gefeit"

Als die Kinder klein waren, durften sie nicht, ohne mir eine Hand zu geben, den Bürgersteig verlassen, sonst gab es einen Klaps auf den Po, der symbolisch zu verstehen war.

Dirk zu bestrafen, wie hätte er das verstehen können? Wenn Dirk tobte und schrie, weil er etwas nicht verstand oder durchsetzen wollte, konnte ich ihn dafür nicht bestrafen.

Wieviel Engagement kostete es, Dirk „Lob" klarzumachen. Und jetzt Strafe? Strafe hat etwas mit „Böse" zu tun. Wer war hier „böse"? Es gab tagelange Diskussionen um das Bösesein. Ist „böse zu sein" nicht auch eine Erfahrungssache? Das Ende der Diskussion war, daß „böse zu sein" etwas Schlimmes ist und Dirk nicht böse ist.

Wenn ich mit meinem Kind einkaufen ging, Dirk aus irgendeinem Grund in Panik geriet und er weinend an mir zerrte, passierte es oft, daß die Menschen zu ihm sagten, daß er böse sei. Dieser Ausspruch machte alles viel schlimmer. Der Auslöser seiner Panik war vergessen, und er sagte nur noch, daß er nicht böse sei. Die Beteuerungen Dirk ist nicht böse, Dirk ist lieb, konnten tagelang andauern. Nachdem das ein paarmal in der Öffentlichkeit passiert war, hatte ich panische Angst davor, daß ein Mensch ihn noch einmal als „böse" bezeichnet. Bisher hatte er auf "böse" nicht reagiert, weil er den Sinn nicht kannte. Jetzt wehrte er sich dagegen. Seine Panik sah für andere ungezogen aus. Zu sagen, Dirk ist ein behindertes Kind, dazu war ich noch nicht in der Lage. Ich konnte mich überwinden zu sagen: „Dirk ist mein Sorgenkind." Sobald Situationen kamen, in denen sich andere Menschen einmischen konnten, baute ich vor und sagte gleich, daß ich ein Sorgenkind habe. Sofort zeigte man Verständnis, und die Situation in Bezug auf „böse" war gerettet. Die andere Sache, die die Panik ausgelöst hatte, konnte jetzt geklärt werden.

Strafen in der Form von Konsequenz, daß Dirk die Konsequenz aus einer Sache ziehen sollte, war auch viele Jahre lang nicht möglich. Ihm eine Situation sprachlich zu erklären, war harte Überzeugungsarbeit. Bei der Konsequenz, die sich zwangsläufig ergab, etwa ein kaputtes Spielzeug durch einen Wutanfall, wurde zunächst nur das kaputte Spielzeug gesehen und dies nicht in Zusammenhang mit seinem Wutanfall. Hier war Erfahrung der Lehrmeister und immer wiederkehrende Erklärungen.

Man durfte nicht müde werden, ihm immer wieder Dinge und Situationen sprachlich zu erklären. Dabei habe ich ihn immer wieder an andere Wutausbrüche, wo auch etwas kaputtgegangen war, erinnert. Er sollte lernen, daß er mit seinen Aggressionen auch Dinge zerstören kann, die ihm lieb und wert sind. Es kam oft vor, daß wir stundenlang über eine banale Sache reden und kämpfen mußten, wobei er ständig in panischer Angst war, die Sache könne nicht so ausgehen, wie er sie zu seiner Sicherheit brauchte. Neue Erfahrungen konnte er nicht kalkulieren, sie machten ihn kopflos.

Früher bestanden Sicherheiten darin, daß beispielsweise monatelang eine bestimmte Platte auf dem Plattenteller liegen mußte, daß in seinem Zimmer bestimmte Sachen einen bestimmten Platz hatten. Jetzt brauchte er Sicherheit in der Sprachaussage. Er brauchte bestimmte Antworten auf bestimmte Fragen. Und nur diese eine Antwort konnte sein schmerzverzerrtes Gesicht entkrampfen und ihm ein gequältes Lächeln entlocken. Die Sprachstereotypien waren quälend für ihn und auch für uns. Und aus dieser Qual heraus entstanden Paniksituationen mit Aggressionen. Dirk zu bestrafen, hätte er nicht verstanden.

Eine Sache wird nicht verstanden, trotz stundenlanger Erklärungen und Diskussionen. Immer wieder braucht er eine bestimmte Bestätigung, die ich nicht geben kann oder die er von mir so nicht akzeptieren kann. Meine Nervenbelastung ist nicht unendlich. Ich weiß mir nicht mehr zu helfen. Ich kann weder weglaufen noch mein an mir zerrendes in Panik redendes Kind abstellen. Ich kann es nicht ablenken und ihm nicht helfen. Ich weiß nicht mehr ein noch aus und schlage auf mein Kind ein. Das mangelnde Schmerzempfinden läßt nicht mal das Schlagen in ihn dringen. Er besteht auf seiner Frage, die er pausenlos und in Panik immer wieder und immer wieder stellt. Ich kann einfach nicht mehr und schlage weiter, auf seinen Po und Rücken, bis ich nicht mehr kann und weinend neben ihm niedersinke. Ich habe mir meine Hände an meinem Kind blau geschlagen. Das habe ich nicht gewollt, ich war ohnmächtig. Eine Entschuldigung verstand er nicht. Er konnte auch nicht hinhören. Ich saß auf dem Boden und weinte, und mein Kind gab nicht nach und stellte weiterhin nur die eine Frage, die ich nicht beantworten wollte oder vielleicht auch nicht konnte. Das ist zweimal passiert. Dirk war etwa acht Jahre alt. Ich mußte einen anderen Weg für solche Situationen suchen.

Ich erinnerte mich daran, daß Dirk vor ein paar Jahren bei einer Logopädin in Behandlung war, die mit mir unbedingt autogenes Training machen wollte. Ich hielt das für unnötig, weil der Meinung war, mein Kind brauchte Hilfe und nicht ich. Dirk hatte Sprachprobleme und nicht ich. Ich fand autogenes Training für mich völlig überflüssig. Ich war sehr unzufrieden. Da die Logopädin auch noch oft Therapiestunden absagen mußte, brach ich die Therapie ab. Bei Freunden erzählte ich immer, wie verrückt dieser Therapieansatz war. Jetzt wurde mir plötzlich klar, was die Logopädin bewirken wollte. Sie wußte sicherlich aus Erfahrung, welchen nervlichen Belastungen Eltern von Problemkindern ausgesetzt sind. Das autogene Training sollte bewirken, daß ich mich in solchen Situationen unter Kontrolle halten kann.

Zur gleichen Zeit etwa wurde ich im Hamburger Autismus-Institut im Vorstand aktiv. Mit der ersten Vorsitzenden gestalteten wir Elternabende, und ich lernte zum ersten Mal Eltern kennen, deren Kinder älter als mein Kind waren. Auf den Elternabenden berichteten sie über ihre Kinder und ihre Probleme. Ich erfuhr Dinge, die ich nicht wahrhaben wollte. Ich erfuhr, daß erwachsene Menschen ihre Eltern schlagen, sie liebhalten und ihnen dabei Rippen brechen, daß sie weglaufen und über Stunden gesucht werden müssen, daß sie mit Vorliebe auf das Dach steigen, nur schwer zu bewegen sind, von da wieder herunterzukommen, ich erfuhr von jungen Menschen, die in den Werkstätten nicht klarkommen, und ein junger Mann stand nicht mehr aus dem Bett auf, nachdem der Therapeut nicht mehr zur Verfügung stand. Ich hatte in Büchern schon von schrecklichen Entwicklungen gelesen, aber hier erfuhr ich von betroffenen Eltern direkt wie es ihnen ergeht. Das alles konnte mir bevorstehen? Nein, das darf nicht wahr sein.

Die Elternarbeit im Hamburger Autismus-Institut hat mir viel Einblick in die Not der Eltern verschafft. Ich lernte mit dem Eintritt in den Vorstand Herrn Dipl.-Psychologen Hartmut Janetzke kennen, der Leiter des Hamburger Autismus-Instituts ist.

Die derzeit aktiven Eltern hatte ältere Jugendliche. Themen der Elternabende waren Entmündigung und Sterilisation. Das waren für mich zu diesem Zeitpunkt sehr belastende Themen, denn Dirk schrieb und malte in dieser Zeit sehr viel. In seinen Büchern stellte er seine Kinder Britta und Flümi vor. Der Gedanke an eine Sterilisation verursachte bei mir Schmerzen.

Kinder, die ihre Eltern angreifen, das war für mich eine schreckliche Vorstellung. Doch wie kommt es dazu? Und was kann ich tun, daß es das bei uns niemals gibt? Mir rutschte in meiner Verzweiflung so manches Mal noch die Hand aus. Wenn Dirk nachmittags seine Hauaufgaben machte, wurden meine Nerven oft derart strapaziert, daß es leider nicht immer nur beim Brüllen blieb. Sprache für Dirk verständlich aufzuarbeiten, war nicht immer einfach und möglich. Er mußte sprachlich die Aufgabe verstehen lernen und sie schriftlich umsetzen. Symbolische Ohrfeigen sollten es sein, wenn auch sanfte, aber Gewalt war es, die ich gegenüber meinem Sohn ausübte. Ich nahm mir das Recht, ihn schlagen zu dürfen. Er sollte dieses Recht nicht haben. Wie sollte Dirk das verstehen?

In der Schule wurde er von Klassenkameraden geschlagen, und ich stellte fest, daß er inzwischen bei den Hausaufgaben nur noch in Abwehrstellung neben mir saß. Die Konzentrationsfähigkeit war entsprechend schwach. Ich wußte, daß er in der Schule Aggressionen ausgesetzt war, und wir erklärten ihm immer wieder, daß er sich dagegen wehren solle. Immer wieder zeigten wir ihm, wie er das machen solle, und Freunde halfen ihm dabei, indem sie Scheinkämpfe mit ihm ausführten.

Schlagen ist Gewalt gegen andere, und Dirk sollte sich nur verteidigen. Ich wollte nicht von meinem erwachsenen Sohn, der mir ganz sicherlich über den Kopf wachsen wird, geschlagen werden. „Ich fasse mein Kind nicht mehr an", und ich möchte von meinem Kind auch nicht angefaßt werden! – das war mein fester Vorsatz.

Es war schwer, sehr schwer, dieses Versprechen von meiner Seite aus einzuhalten. Ich habe Emotionen der Kinder zu werten und schätzen gelernt. Wie oft noch mußte ich bei mir feststellen, daß ich in Situationen geraten konnte, in denen ich alle guten Vorsätze vergaß. Zur damaligen Zeit hätte ich bei gleichem Verhalten meine Kinder aufs schärfste verurteilt. Ich mußte lernen, mich in extremen Situationen zu beherrschen. Elterliche Gewalt darf man an dem Schwächeren nicht ausüben.

Ich erinnerte mich jetzt an das autogene Training und nahm mir vor, dreimal tief Luft zu holen, bevor ich reagiere. Wenn ich mich auch körperlich in der Gewalt hatte, so waren meine sprachlichen Aggressionen auch nicht so ohne. Ich sagte meinem Kind Dinge, die mir hinterher sehr wehgetan haben. Dirk hat sie nicht verstanden, sie haben mich selbst sehr verletzt. Ich hatte doch einen unfähigen und nicht unwilligen und bösartigen Menschen vor mir. Ich wurde bösartig, und er war nur unfähig. Er sollte wie normale Menschen reagieren und funktionieren lernen, und dabei hatte ich seine schwere Vergangenheit ganz außer acht gelassen.

Wir lernten mit der Zeit: „Ich rühr dich nicht an" und „Du rührst mich nicht an!" Als mir dann später noch einmal die Hand ausrutschte und Dirk mir im Affekt dann meine Brille von der Nase schlug, entschuldigte sich Dirk sofort. Die Diskussion ums Schlagen ging von vorne los. Und das war auch für mich sehr lehrreich. Denn kurze Zeit später passierte meinem Mann dasselbe. Er hatte sich mit dem Zurückschlagen noch nicht auseinandergesetzt, und so konnte ich ihm die Situation erklären.

Ich hatte Dirk geschlagen, und er hatte zurückgeschlagen. Ich hatte wieder versucht, ihm klarzumachen, daß man Eltern nicht schlägt. Er sah das zwar nicht ein, respektierte es aber. Was ich ihm nicht verständlich machen konnte, war, daß sein Vergehen schlimmer sei als meins. Ich kam nach längerer Diskussion mit ihm zu dem Fazit, daß ich die Schuldigere war. Ich hatte meine Aggressionen nicht beherrscht, und er hatte nur reagiert. Ich war die Stärkere und hatte meine Überlegenheit ausgenutzt.

Ein autistischer Mensch ist nur ganz selten in der Lage, sich sprachlich zu wehren. Wie soll er Aggressionen loswerden, die vielleicht durch uns aufgebaut wurden? Wie oft habe ich in meiner Wut mein Kind wissentlich verletzt? Ich habe ihm immer wieder gesagt, daß ich ihn in ein Heim stecke, weil ich ihn nicht mehr ertragen kann. Er hat das verstanden und mit einer Sprachstereotypie darauf reagiert. „Ich bin und bleib zu Haus." Er hat mich damit getroffen und gleichzeitig mit seiner Intensität zu neuen Aggressionen getrieben, die ich wiederum an meinen Kindern abreagierte. So konnte es nicht weitergehen.

Meine nächtlichen Zusammenbrüche mehrten sich. Der Alkohol floß reichlich. Am Tage war ich halb betäubt, dann konnte mich nicht so viel erreichen. In der Psychiatrie werden die überdrehten Menschen auch ruhiggestellt. Ich hatte mir mit Alkohol die gleiche Wirkung verschafft. An manchen Tagen griff ich schon morgens zum Glas. Nach ein paar Tagen hatte ich mich wieder gefangen und konnte gestärkt und mit neuen Einsichten versehen neu starten. Ich stürzte mich auf meine Hobbys, fing eine neue Bastelei an, beendete den angefangen Pullover, ich nahm mir bewußt Zeit für meine Kinder und lernte wieder, Erfolge zu genießen. Ich war ruhiger, und die Kinder spiegelten meine gute Verfassung wieder. Sie waren ausgeglichen, lieb, und Probleme gab es nur wenige.

Diese Erfahrung, die ich wiederholt bei mir feststellte, gab mir zu denken. Ich hatte an der Entwicklung von Dirk weitergeschrieben. Ich hatte meine Aggressionen, die sich nicht speziell auf Dirk, sondern auf die Gesellschaft bezogen, der Schreibmaschine anvertraut. Ich stellte einen Zusammenhang zwischen meinem Verhalten und dem von Dirk fest. Mir wurde täglich klarer, daß ich an mir arbeiten mußte, wenn ich Dirk helfen wollte. Er konnte sich noch nicht auf normale Menschen einstellen. Das Problem für ihn mußte erkannt werden, und dann mußte ich von seiner Stufe aus eine Lösung für ihn entwickeln. Das war das Rezept, was ich zwar bisher schon in den meisten Fällen angewandt hatte, aber trotzdem feststellte, daß ich immer noch zu viel Druck auf ihn ausübte. Ich mußte noch mehr Verständnis und Geduld aufbringen.

Seine eigenen Fehler sehen zu lernen, sie einzugestehen, sich bei seinen Kindern für falsche Behandlung oder schlechte Laune zu entschuldigen, ist sehr schwer, und das kann man nicht von heute auf morgen erreichen.

Wieviele Scheiben hat Dirk einschlagen müssen, bis mir klar wurde, daß ich die Schuld dafür trage. Ich bin der Sprache so mächtig, daß ich mich damit wehren kann. Ich hatte mit diesem Vermögen, was er nicht hatte, ihn in die Enge getrieben, ihn in ausweglose Situationen gebracht – welche Möglichkeiten, sich zu wehren blieben ihm? Die Faust und die nächste Scheibe. Dann war Funkstille. „Bist du verletzt?" Dann kam mein dreimal tief Luft holen und manchmal meine Einsicht – zu spät? Eine Entschuldigung in diesem Moment auszusprechen, für die maßlose Ungerechtigkeit, die ich begangen hatte, dazu war ich nie fähig. Heute kann ich mit Dirk darüber sprechen, und er lacht. Er hat das alles nicht so tragisch gesehen. Ihn haben andere Dinge getroffen. Ich bin seine Mutter, die er, glaube ich, sehr liebt und der er viel verzeihen kann. Ich meine es sehr gut mit ihm, und das weiß er, auch wenn ich

immer noch manchmal tobe. Heute sagt er oft: „Mama, beruhige dich wieder!" –
„Was ist nur los mit dir?" – „So schlimm ist das doch gar nicht!" – „Reg dich ab!"
Und er hat recht. Mein großer Sohn versucht dann, seine kleine Mutter in den Arm
zu nehmen, und oft fühle ich mich dann gar nicht gut. Manchmal muß ich ihn auf
einen späteren Friedensschluß vertrösten, bis ich mich wirklich abreagiert habe. Dirk
braucht den Frieden, er muß sonst immer wieder auf dieses Thema zurückkommen.
Eine Sache muß erledigt werden. – Völlig normal! Oder?

Sprachstereotypien

Sicherheiten braucht jeder Mensch, der eine mehr, der andere weniger. Wir verschaffen sie uns, indem wir Verträge abschließen, Versprechen einholen und uns vergewissern, daß die Sache tatsächlich vorhanden oder „so und nicht anders" ist. Wir sind dazu in der Lage, uns Sicherheiten zu verschaffen, und erreichen damit einen gewissen seelischen Frieden.

Für das Kind bedeuten die Eltern Sicherheit. Eltern bieten Hilfe und Geborgenheit. Der kleine Mensch kann auf sich aufmerksam machen, mit Schreien die Eltern alarmieren oder aber mit Sprache auf sie zukommen. Es erfährt bei den Eltern Hilfe, Schutz und bekommt Wünsche erfüllt.

Und unser autistisches Kind? Es hatte zunächst keine Sicherheiten, denn es wußte nicht, wie es sich solche verschaffen kann. Diese lebensnotwendigen Richtlinien besorgte sich unser Kind in Form von Verhaltensstörungen. Das Wort „Verhaltensstörungen" besagt normal wahrnehmenden Menschen: Festhalten an von der Norm abweichenden Verhaltensmustern, die Erhaltung gleicher Umgebung, eigenes Ausgrenzen aus Überforderungssituationen oder unangemessenes Reagieren in bestimmten Situationen. Das Kind sieht diese Verhaltensweisen positiv, die Eltern negativ.

Ein Ausgrenzen aus der Situation hieß für Dirk, eine Sache nicht kennenzulernen, mit ihr keine Erfahrung zu machen und sie nicht mit Sprache belegen zu lernen. Die Sache wurde zum Unsicherheitsfaktor und löste Angst aus. Was machte Dirk? Er legte sich in eine Ecke, in der er sich abschottete. So lernte er zunächst, weder Sprache zu verstehen und Sprache anzuwenden, noch zu differenzieren zwischen Tonlage und -stärke, sowie die Sprache der Mimik. Er trainierte seine Motorik nicht und hatte keinen Kontakt zu anderen Menschen. Selbst ein kurzer Blick kann uns viel sagen; einem Menschen, der nicht hinsieht, sagt er nichts.

Dirk lernte sprechen. Sprachlichen Anforderungen konnte er jedoch nur begrenzt nachkommen. Auch sein Blickkontakt war gestört.

Man liest immer wieder: „Die Sprache ist monoton." Eine Sprache, die aus einer freudigen Situation stammt, dürfte nicht monoton sein. Sprachmelodie spiegelt auch Stimmungen wieder, und wie stand es um Dirks Laune? Sie müßte traurig gewesen sein, depressiv, weil er zwar alles aufnehmen, aber nicht verarbeiten konnte und somit aus unserem normalen gesellschaftlichen Leben ausgegrenzt war.

Dirks Echo-Sprache war zunächst auch monoton. Als er aber lernte, die Sprache für seine Bedürfnisse einzusetzen, sich durchzusetzen, war sie nicht mehr monoton. Sie wurde lauter, fordernder und manchmal signalisierte sie große Freude. Dirk stellte sehr schnell fest, daß er verstanden wurde und Sprache auch ein Machtmittel für ihn war.

Nachdem die Echo-Sprache in voller Blüte stand und er gelernt hatte, Fragen zu stellen, begannen die Sprachstereotypien. Er rang um eine Antwort auf seine Frage, die für uns nicht immer präzise genug gestellt war, um ihm eine klare Antwort geben zu können. Auch konnten und wollten wir ihm oft nicht die Antwort geben, die er hören wollte. Schließlich waren da Forderungen, denen wir weder nachkommen konnten oder wollten. Er konnte sich mit keiner Antwort einverstanden erklären, die ihm nicht paßte. Die Frage wurde immer wieder gleich gestellt. Oft war es auch so, daß er die Antwort nicht verstehen konnte oder er hätte sie nicht akzeptieren können. Sich eine Erklärung anzuhören, dazu war er in diesem Moment nicht bereit. Was er brauchte, war eine Antwort in seinem Sinne. Die Frage wurde so oft gestellt, bis er befriedigt war.

Ganz schlimm war das in einem Jahr während unseres Segelurlaubs. Er fragte während des gesamten Segeltörns: „Liegt das Boot schief?" – „Ja." – „Liegt das Boot ein bißchen schief?" – „Ja." – „Liegt das Boot ganz doll schief?"

Ein Segelboot liegt nun mal – ein bißchen, ganz doll und nicht schief. Diese Fragen mußten über Stunden von mir oder meinem Mann beantwortet werden. Manchmal fiel es mir sehr schwer, mich zu beherrschen. Auf dem Boot ist man ein Gefangener und muß ertragen. Stundenlang dieselbe Frage zu beantworten, läßt sicherlich niemanden ruhigbleiben. Ich konnte nicht weggehen und mir auch nicht die Ohren zuhalten. Wenn ich nicht bereit war zu antworten oder die Antwort stimmte nicht auf die momentane Situation, zog und zerrte er an mir herum mit schmerzverzogenem Gesicht. Die Qualen, die er ertrug, standen in seinem Gesicht. Ich war unfähig, ihn davon zu erlösen, denn die Beantwortung seiner Frage stimmte im Moment, aber das Boot ändert seine Lage ständig, so daß er sich aus seiner Qual nicht befreien konnte. Es gab wirklich „nichts", was ihn von seiner Fragerei abhalten konnte. Oft gab es Fragen, die ich nur mit ja beantwortete, um Ruhe zu bekommen. Aus dem anfänglichen „Nein" wurde ein „Ja, Dirk". Es konnte dann passieren, daß dieses „ja, Dirk" zehn-, zwanzig-, dreißigmal wiederholt werden mußte. In der Schule einigte sich die Lehrerin mit ihm darauf, daß er eine Frage höchstens dreimal stellen durfte. Hier hielt er sich an die Abmachung, und es gab keine Schwierigkeiten. Solche Regeln waren für mich unmöglich.

Jetzt habe ich mein „Nein" in ein „Ja" umgewandelt, damit ich Ruhe bekomme. Wie sage ich jetzt das „Ja"? Ich sage es in Lautstärke und Mimik so, daß es für andere Menschen als ganz klares „Nein" gedeutet werden kann. Dirk soll sich mit so einer Aussage zufriedengeben. Er weiß wohl, daß ich erregt bin. Er hat zu Anfang seine Frage ruhig gestellt, jetzt muß er um eine Antwort ringen, und ich bin sichtlich ärgerlich. Ich sage „ja", obwohl ich „nein" meine, und bin ärgerlich. Er ist sehr sensibel und merkt sofort, daß mit meiner Antwort etwas nicht stimmt. Er braucht daher immer wieder eine Bestätigung, eine ruhige, geduldige Antwort, aber die kann er von mir derzeit nicht bekommen. Ich will und mag nicht. Ich bin aggressiv, und er ist verzweifelt. Er ist in Panik, und ich bin in Wut. Ich will die Situation beenden und versuche, mich abzuwenden. Dirk kann das nicht zulassen. Seine Sicherheit ist in Gefahr. Er braucht eine sichere, geduldige Antwort, und dazu bin ich nicht bereit.

Solche Situationen endeten oft in einer Katastrophe. Mir ist damals noch nicht bewußt gewesen, daß ich diejenige war, die die Katastrophe herbeigeführt hatte. Der Dumme war auf jeden Fall Dirk.

„Regnet und schneit es draußen?"

Wir waren mit unserem Boot in Urlaub in Dänemark. Es war ein verregneter Sommer, und Dirk fragte mich, ob es draußen regnet. Ich war der Meinung, er brauche nur aus der Luke zu sehen und könne sich selbst davon überzeugen. Vielleicht ist er mit seiner Frage gerade in ein Gespräch geplatzt, oder ich hatte keine Lust, ihm zu antworten. Den Auslöser für das, was ich jetzt beschreibe, weiß ich nicht mehr. Die Auswirkungen habe ich jedoch nicht vergessen.

Ich verweigerte meinem Sohn die ruhige klare Antwort auf seine Frage. Er wiederholte sie, und ich weiß noch genau, daß ich von ihm verlangte, selbst festzustellen, ob es regnete. Zur Zeit, als er die Frage stellte, goß es in Strömen. Die Frage war für mich völlig überflüssig. Im Boot konnte man den Regen nicht nur durch die Fenster sehen, sondern auch hören. Ich weigerte mich über viele Stunden beharrlich, ihm eine Antwort zu geben. Es ging ihm hier sicherlich nicht mehr um eine Bestätigung, daß es tatsächlich regnet, sondern ums Prinzip. Vielleicht stellte er mir zunächst nur die Frage, um mit mir zu sprechen, wie andere Menschen auch – übers Wetter. Ich blieb trotzig und Dirk in Not.

Wir mußten raus, und wegen des schlechten Wetters besuchten wir ein Museum. Dirk ließ mich nicht eine Sekunde in Ruhe, er brauchte die Antwort und zerrte an mir mit schmerzverzogenem Gesicht. Er war in Panik und sprach sehr laut, so daß ich das Museum verlassen mußte. Als ich endlich aufgab und ihm die gewünschte Antwort gab, war es für ihn zu spät. Mit schmerzverzogenem, gequält lächelndem Gesicht konnte er nach Stunden von seiner Frage ablassen, aber eine Sprachstereotypie war geboren.

Ich habe dieses Erlebnis als sehr schlimm in Erinnerung und er sicherlich auch. Er fragte von diesem Tage an bei jeder Gelegenheit und zu jeder Zeit: „Regnet es draußen?" Die Sonne brannte vom Himmel, und Dirk mußte fragen „Regnet es draußen?" Er hätte besser gefragt: „Liebst du mich noch?" Er hätte eine liebevolle Antwort darauf bekommen. Die Frage nach dem Regen war so unsinnig wie so viele andere Fragen auch. Meine Reaktion auf seine Frage war für ihn Feststellung meiner Stimmung. Im Winter, als draußen Schnee lag, erklärte ich ihm, daß es im Winter, wenn Schnee liegt, nicht regnet, sondern schneit. Er müsse dann fragen: „Schneit es draußen?" Dirk konnte auf seinen Regen nicht verzichten, die Frage wurde erweitert: „Regnet und schneit es draußen?" Und das auch im Hochsommer.

„Ich bin und bleib zu Haus!"

Diese ständig Fragerei zerrte an meinen Nerven. Ich drohte ihm: „Ich kann deine Fragerei nicht mehr ertragen, wenn du damit nicht aufhörst, mußt du in ein Heim gehen." Daraufhin erklärte er mir: „Ich bin und bleib zu Haus", und das an manchen Tagen viele, viele Male. Ich habe nicht gezählt, wie oft.

„Kinder gehen ins Bett, wenn der Himmel schwarz ist!" erklärte ich ihm. Wenn er jetzt ins Bett ging, fragte er: „Ist der Himmel schwarz?" Im Sommer ist der Himmel um 20 Uhr nicht schwarz, vielleicht scheint sogar noch die Sonne. Ich sollte ihm bestätigen, daß der Himmel schwarz ist. Dazu war ich nicht bereit, weil es ja nicht stimmte. An dieser Frage und auch an der verlangten Antwort kann man ganz klar sehen, daß es ihm hier nicht um die Frage ging, sondern immer nur um einen Beweis meiner Zuneigung. Er verlangte von mir ein ruhiges: „Ja Dirk, der Himmel ist schwarz", vielleicht verbunden mit einem Streicheln. Ich aber sah nur die unsinnige Frage, die ich nicht den Tatsachen entsprechend beantworten wollte. Er aber brauchte gerade jetzt, nach einem harten Tag, einen Beweis meiner Liebe. Und diese Situation habe ich nicht erkannt.

Im Laufe der Zeit fügte er weitere für mich unsinnige Fragen an. Es wurden zehn bis fünfzehn Fragen, die er jeden Abend in gleicher Reihenfolge stellte, die er immer gleich beantwortet haben wollte. Die Antworten entsprachen nicht der Realität. Die Stimmung, in der ich seine Fragen beantwortete, war einzig für ihn wichtig. Stimmte die Stimmung nicht, wurde die Frage so oft gestellt, bis er sich damit zufriedengeben konnte.

Hatte ich Besuch und konnte mich nicht genügend um ihn kümmern, war ich hektisch oder fand er irgend etwas an mir nicht in Ordnung, wurden diese Fragen auch über Tag gestellt und auch viele, viele Male hintereinander.

Bei so vielen Schwierigkeiten über Tag übersieht man leicht den winzigen, aber wichtigsten Punkt, auf den es ankommt.

Die Sprachstereotypien brauchte Dirk viele Jahre. Sie verschwanden plötzlich, als ich mein Verhalten ihm gegenüber stark veränderte. Zu diesem Zeitpunkt war er, glaube ich, zehn oder zwölf Jahre alt.

Spielstereotypien und motorische Stereotypien kann man übersehen und tolerieren. Sprachstereotypien kann man nicht ausweichen und davonlaufen. Es waren sehr harte Jahre. Trotz nervender Sprachstereotypien war ich froh, daß Dirk mir etwas mitteilen konnte.

Er lernte täglich dazu, und es gab zu keiner Zeit einen Entwicklungsstillstand. Diese Erkenntnis gab mir Kraft und Mut, nicht aufzugeben.

Die schönen Stunden zu erwähnen, will ich nicht vergessen!

Ich schreibe hier fast nur von Schwierigkeiten, die zu bewältigen waren. Wir hatten auch jeden Tag unsere schönen Stunden, und an manchen Tagen gab es auch gar keine Probleme. In einem der nächsten Kapitel beschreibe ich Dirks Schreib- und Malentwicklung. Dieses Kapitel wird so schön, und einen Teil davon durfte ich jeden Tag erleben und genießen. Es gab so viele Situationen, die einem nicht nur Mut und Zuversicht gaben, sondern auch viel Lebensfreude vermittelten. Ich habe zwei Kinder, zwei Individuen, und wenn Dirk mir keine Kraft geben konnte, so war es oftmals meine kleine Tochter, die mich aufbaute mit ihrer Lebensfreude und auch mit ihrer Zuversicht. Einmal erklärte sie mir ganz klar: „Mama, wenn du Dirk in ein Heim gibst, gehe ich mit ihm, denn du weißt ganz genau, daß er nur bei uns lernen kann und im Heim kaputtgeht, wir schaffen das schon!" Gibt es eine schönere Liebeserklärung an einen so problematischen Bruder? Letztendlich haben wir es auch in einem langen, gemeinsamen Kampf geschafft und alle anstehenden Probleme und Störungen bewältigt. Es gibt kein schöneres Ergebnis.

Ich hatte den Vorsatz, bei meinen Anforderungen an Dirk von seiner Ebene aus zu starten. Ich entschloß mich, auf Kämpfe zu verzichten und nur noch Dinge mit Druck durchzusetzen, die unbedingt notwendig waren. Ich verordnete mir Ruhe und Gelassenheit, denn die ständigen Kämpfe der letzten Jahre konnten mich nur umbringen. „Eine kaputte Mutter nutzt niemandem!" Dirk entwickelte bei unseren ständigen Kämpfen nur unnötige Sprachstereotypien, und die brachten ihn nicht weiter und machten mich aggressiv.

Sein Sprachverständnis war inzwischen so gut, daß er immer mehr Erklärungen verkraften konnte. Durch unser tägliches Lesen und Erklären hatten wir viel Sprachverständnis erreicht.

Meine neuen Vorsätze bedeuteten, daß ich nicht an Dirk, sondern an mir arbeiten müsse. Dirk gab das Ziel vor und nicht mehr ich. Dirk oder nur die Schule gaben vor, was gelernt werden mußte, und ich habe aufgehört, die Löcher in seiner Entwicklung zu suchen, um sie dann zu stopfen, wann und wie "ich" es für richtig hielt. Wir nahmen die Löcher als gegeben hin; in gewisser Weise resignierten wir beide davor. Ich war sicher, irgendwann schafft Dirk es, alleine klarzukommen. Und auf einmal waren die Sprachstereotypien völlig verschwunden, auf die Echo-Sprache brauchte er nur noch ganz selten zurückzugreifen, er akzeptierte Änderungen, ohne dagegen zu kämpfen, er lernte „das weiß ich nicht" zu akzeptieren und wurde ein "sich normal verhaltender Mensch", allerdings mit Sprachverständnisschwierigkeiten und den dazugehörigen Entwicklungslöchern.

Dirk hatte jetzt einen Partner und konnte auf seine Sicherheiten verzichten. Er konnte mit seinen Sorgen und auch Wünschen zu mir kommen und hatte es nicht mehr nötig, zu kämpfen. Wir lernten zu diskutieren, ein Für und Wider abzuwägen, er lernte, aus Vernunftsgründen zu verzichten, und vieles andere mehr.

Im Laufe der Jahre hatte er die Sprache der Mimik zu deuten gelernt, und wenn ich jetzt „jaaaa" sage, weiß er genau, daß ich „nein" meine, und dann muß er wie früher nachhaken. Ist das nicht normal?

Eine behinderte Familie

Es kam oft vor, daß ich irgendwo war und mich über die Haltung und Einstellung meiner Mitmenschen fürchterlich aufregte. Ich konnte ihnen aus Taktgründen meine Meinung zu der Sache nicht sagen. Wenn ich dann nach Hause kam, setzte ich mich spontan an die Schreibmaschine und schrieb meine Wut und meinen Frust runter. So entstanden zwischen 1983 und 1990 etliche Kapitel, die ich mit wenigen Ergänzungen hier wiedergebe. Eine solche Frustentladung ist das folgende Thema, etwa 1986 bis 1988 geschrieben.

Wir haben ein behindertes Kind ...

Wenn Eltern das ruhig und gelassen aussprechen können, sollte man wissen, daß vorher Bettücher naßgeweint wurden, unzählige Hoffnungen und Wünsche begraben wurden, daß man auf viele Freunde verzichtet hat und mit dem behinderten Kind in eine Welt getaucht ist, in der man nur noch beschränkt am gesellschaftlichen Leben teilnehmen kann.

Ist bereits bei der Geburt sichtbar, daß das Kind behindert ist, sei es körperlich oder geistig, stellt man sich gleich darauf ein, mit Therapien noch einiges verbessern zu können. Jeden Tag ist man unterwegs, von einer Therapie zur anderen. Geschwisterkinder werden mitgeschleppt.

Zunächst gibt es kein geregeltes Familienleben mehr. Die Therapien und Arztbesuche kosten viel Zeit. Die Geschwisterkinder kommen zu kurz, die Haushaltsführung läßt zu wünschen übrig, der Mann fühlt sich vernachlässigt – und was ist mit der Mutter? Sie tut, was sie kann, sie geht teilweise über ihre Belastbarkeitsgrenze hinaus. Sie wird gereizt, müde, und auch tagsüber weint sie. Sie wird verurteilt, keinen perfekten Menschen geboren zu haben, sie kommt mit den Kindern nicht klar, und wie sie jetzt angezogen rumläuft ...

Wir wollen essengehen. Im Lokal legt sich Dirk auf den Boden. Die Gäste und der Ober gehen um ihn herum. Ich hebe mein Kind auf und setze es neben mich auf den Stuhl. Eine Minute bleibt es sitzen, dann ist es wieder unten. Schon treffen mich strafende Blicke. Mit wenigen Worten versuche ich meinem Kind klarzumachen, daß es zu mir kommen soll. Umsonst. Jetzt rutscht es unter den Tischen durch, zwischen den Beinen der Gäste. Ich gehe auf den Tisch zu, von dem aus mich wütende Blicke treffen, und hole mein Kind unter dem Tisch hervor mit den Worten: „Es ist unser Sorgenkind!" Der vorher wütende Blick verwandelt sich in Mitleid. Ich bringe das Wort „behindert" noch nicht über meine Lippen. Ich kann es noch nicht und will es auch noch nicht glauben. Das Essen kommt, und Dirk läuft mit dem Essen in der Hand weiterhin durchs Lokal. Zu Hause und auch im Lokal kann er während der Mahlzeiten nicht sitzenbleiben. Sein Bewegungsdrang ist zu groß. Ich sehe nur noch auf meinen Teller und ignoriere die anderen Gäste. Wir verlassen das Lokal erleichtert, wir sind wieder unter uns.

Wir gehen ins Kino, und Dirk rennt alle 20 Minuten auf die Toilette. Hin kommt er alleine, aber auf dem Rückweg brüllt er: „Mama, wo bist du?" Und an einer spannenden, dramatischen und traurigen Szene, in der alle Kinder den Atem anhalten, fängt Dirk fürchterlich an zu lachen und laut zu erzählen.

Soll man solch ein Kind in den Kleiderschrank stellen, bis man zurückkommt? Manchmal habe ich das Bedürfnis danach. Soll ich auf alle Unternehmungen verzichten? Nein! Auch ein behinderter Mensch hat ein Recht darauf, am öffentlichen Leben im Rahmen seiner Möglichkeiten teilzunehmen, und für die Gesellschaft ist es ein Leichtes, dieses andersartige Verhalten zu tolerieren. Aber wir haben es verlernt, mit unangepaßten Menschen umzugehen. Behinderte und Verhaltensgestörte sind aus der Gesellschaft aussortiert. In Sondereinrichtungen können sie ihr „Anderssein" ausleben.

Urlaub? Wohin mit dem Kind? Nehme ich es mit – ist das Urlaub? Gibt' es Entspannung? Kann ich mit Freunden irgendwann wieder unbeschwingt fröhlich sein, einmal feiern? Wo kann ich bleiben mit meinem Kind, was oft stundenlang grundlos schreit und mit seinem Geschrei die anderen Erholungssuchenden stört? Wo ich mit meinem Kind auftauche, werde ich beachtet, sei es kritisch, sei es mitleidig. Ich bekomme gute Ratschläge, von denen ich von vornherein weiß, sie sind nicht zu realisieren. Ich muß sie annehmen, um den Freund zu behalten, obwohl ich weiß, daß ich den Freund belüge. Eine Demütigung? Ja, man weiß, daß man die Unwahrheit sagt, man spielt das Spiel mit.

Man bleibt im Urlaub zu Hause. Der Mann ist abgespannt, er braucht dringend Entspannung, eine andere Umgebung, weg von der Arbeit und dem täglichen Einerlei. Nun ist er zu Hause und sieht das Chaos. Eine Welt, in der die Kinder den Tagesablauf bestimmen, in der kein ruhiges Gespräch mit dem Partner möglich ist, weil man ständig ein Auge auf die Kinder werfen muß. Für die Frau kommt der Faktor Mann dazu, der sich gerne mit ihr unterhalten möchte. Worüber? Über Dinge, zu denen die Frau keine Zeit mehr hat. Sie kommt nicht mehr zum Zeitunglesen, die Gespräche drehen sich nur um die Kinder. Davon möchte der Mann nichts mehr hören, er hat sie nun den ganzen Tag um sich. Er kommt selbst nicht mehr zum Lesen seiner Zeitung. Sonst konnte er sie im Zug lesen. Und jetzt? Er kommt nicht mal mehr dazu, ein Fußballspiel ungestört anzusehen. Am Abend, wenn dann endlich Ruhe ist, die Kinder im Bett liegen, ist auch der Vater fertig und möchte seine Ruhe haben. Er ist auch nicht mehr in der Lage, große Diskussionen zu führen. Er sieht jetzt das Elend, unfähig zu helfen, unfähig, sich entsprechend anzupassen, und freut sich schon auf das Ende des Urlaubs. Der Frau geht es ähnlich. Zu ihrem behinderten Kind hat sie einen unzufriedenen Mann zu betreuen, einen Mann, den sie liebt, der aber seinerseits übersieht, daß seine Frau dringend seine Unterstützung braucht, seine Liebe dringender braucht als alles Gut und Geld auf dieser Welt.

Freunde und Bekannte haben sich von der behinderten Familie zurückgezogen. Der Mann kann sich ihr tagsüber durch seine Berufstätigkeit entziehen und taucht nur abends in die müde Familie kurzzeitig ein, um zu essen und zu schlafen. Vielleicht ist ja noch eine Stunde Spiel für die Kinder drin. Die Frau lebt in dieser Welt und hat vorerst keine Chance, hier rauszukommen. Sie wendet sich an Gleichgesinnte – andere Frauen mit behinderten Kindern. Hier findet sie Verständnis, hier kann sie lachen, und hier stellt sie fest, es hätte ja noch schlimmer kommen können. Ein Trost? Ja, ein schwacher. Dieser kleine Trost gibt ihr wieder Kraft und Mut, weiterzumachen. Sie hat erfahren, daß Frau Meier geschieden ist, sie muß mit ihrem Schicksal alleine fertigwerden. Sie ist immer guten Mutes. Sie sagt, sie habe ja nur noch das Kind, und sie sei froh, sich von ihrem ständig meckerndem Mann getrennt zu haben. Ihr Kind ist schon älter, es lebt ganztägig in der Einrichtung, sie kann wieder arbeiten gehen. Frau Meier weiß, daß ihr Kind nie geheilt wird und daß es später einmal in einem Heim leben wird und in einer Werkstätte arbeiten muß.

Mein Kind ist noch klein. Hält mein Mann das durch? Halte ich das durch? Bei meinen Kindern könnte ich nicht berufstätig sein. Teilen wir das Gehalt, könnte keiner von uns vernünftig leben. Ich muß durchhalten, ich muß ihn bei Laune halten oder mich von meinem Kind trennen. Trennen? Hat unser autistisches Kind im Heim eine Chance? Ich weiß es nicht. Ich liebe den kleinen blonden Jungen so sehr, daß ich den Gedanken gleich wieder zur Seite schiebe. Ich muß durchhalten, ich muß meinen Mann lieben. Ich bin schwach und elend. Den ganzen Tag versorgen – Kinder und Haushalt. Und abends, wenn die Kinder im Bett sind, kann ich dann noch fähig sein, meinen Mann fröhlich und unbeschwert zu lieben? Ich kann es nicht, ich kann oft nur mein Schicksal beweinen. Der Mann, der in die müde, abgekämpfte Familie getaucht ist, hat den ganzen Tag Ärger in der Firma gehabt und hatte auf einen ruhigen Abend gehofft. Er ist sauer und nicht mehr bereit, die so positive Entwicklung unseres Kindes anzuerkennen. Für ihn ist jeden Abend zu Hause Chaos, und vergeblich versuche ich, Ruhe zu bewahren. Irgendwann ist meine Kraft am Ende, und ich gebe auf. Aber noch bin ich nicht so weit.

Den ganzen Tag sehe ich den Unterschied zwischen meinem gesunden und meinem behinderten Kind. Ständig muß ich vermitteln, helfen, beschützen, belehren und selber begreifen lernen, daß ich auch meine Grenzen beachten muß. Ich gebe mir so viel Mühe mit meinem Sorgenkind, und dennoch wird der Abstand zum gesunden Kind immer größer. Daran ändern auch die diversen Therapien nichts. Ich muß lernen, mit der Tatsache fertigzuwerden, daß mein Kind anders ist und Grenzen hat. Ich darf nicht resignieren, es gibt doch ständig Fortschritte. Oft sind es nur einzelne Worte, die Entwicklungssprünge bewirken. Oft merke ich überhaupt nicht, daß wir wieder ein Stück weiter sind, und mein Kind macht mich darauf aufmerksam: „Mama, hast du noch nicht gemerkt, daß ich abends nicht mehr sage: „Ich bin und bleib zu Haus?" – „Mama, hast du noch nicht gemerkt, daß ich abends im Bett keinen stereotypen Satz mehr sagen muß?" Ich sehe das, was nicht in Ordnung ist, und überlege ständig, wie kann ich ihm "das" beibringen, sodaß ich oft die positive Entwicklung übersehe oder sie nicht entsprechend anerkenne und würdige. Diese Würdigungen sind für das Selbstbewußtsein sehr wichtig, das weiß ich, aber im Wirrwarr der Probleme geht so manches Wichtige unter.

Über unser autistisches Kind weiß ich heute, daß die Entwicklungsgrenzen offen sind. Ich weiß, daß die Wahrnehmungsorgane in Ordnung sind und daß unser Kind in der Lage ist, alles das, was als Behinderung angenommen wird, mit Hilfe der Sprache erlernen kann.

Mein problematisches Kind ist inzwischen im Kindergartenalter. Der normale Kindergarten kommt nicht in Frage, denn mein Kind ist kein normales Kind. Es ist anders, aber daß es behindert ist, will ich nicht wahrhaben. Ein Behindertenkindergarten? Mein Kind sieht normal aus, ist es aber nicht. Hier in der Lebenshilfe haben die Kinder Schwierigkeiten mit der aktiven Sprache, was bei Dirk nicht der Fall ist. Unser Kind spricht, aber es versteht so wenig, es reagiert nicht auf die Sprache anderer. Die anderen Kinder sprechen nicht, reagieren aber auf die Sprache anderer. Mein Kind spricht mit sich selbst und auch mit anderen, aber es ist nicht in der Lage, ein Gespräch zu führen oder auf eine Frage zu antworten.

Ich bin froh, ein paar Stunden für mich zu haben. Mein Kind wird morgens mit dem Bus abgeholt und mittags zurückgebracht. Ein Behindertenbus hält vor unserer Haustür und holt mein Kind ab. Die Nachbarn sehen das. Sie wagen es nicht, mich darauf anzusprechen. Sie gehen mir und dem Gespräch aus dem Weg. Es ist an mir, das Gespräch auf die neue Situation zu bringen. Das Mitleid und die Sprachlosigkeit sprechen Bände. Die Klassenkameraden meiner Tochter fragten, warum Dirk nicht in den normalen Kindergarten geht. Die Antwort ist für ein Kind nicht einfacher als für mich. So werden wir eine behinderte Familie.

Wenn meine Tochter irgendwelche Aktivitäten von Seiten der Schule hat, an denen auch die Eltern teilnehmen, ist auch der chaotische Bruder dabei, von dem man sich gerne distanzieren würde. Es bleibt uns nichts anderes übrig, als mit Freunden und Klassenkameraden über den so schwierigen Bruder zu sprechen. Ich erzähle von seinen Problemen und davon, was er nicht kann. Wir finden unter den Kindern verständnisvolle Partner. Die Kinder, die in unserem Haus aus- und eingehen, nehmen Dirk mit seinen Problemen an.

Peinlichkeiten in der Öffentlichkeit

Dirk zog sich in Gesellschaft fast immer zurück, und so gab es relativ wenige negative Berührungspunkte mit anderen Menschen. Da meine Tochter für ihren Bruder nicht verantwortlich sein konnte, habe ich versucht, sie aus allen für sie schwierigen Situationen rauszuhalten. Es waren praktisch zwei Einzelkinder. Sie brauchte nie auf ihren Bruder aufzupassen oder für ihn dazusein. Meine Vorstellung war, das gesunde Kind nur am Rande an den Schwierigkeiten ihres Bruders teilhaben zu lassen. Dirk machte alle Unternehmungen mit, die zum Teil für ihn totale Überforderung bedeuteten, und für Heike nahm ich andere Kinder mit, damit ich mich voll auf Dirk konzentrieren konnte. Dadurch kam auch nie Eifersucht auf, denn sie durfte immer einen oder mehrere Freunde mitnehmen und war mir nie böse, daß ich mich ständig um ihren Bruder kümmerte. Wäre ich mit beiden Kindern alleine losgezogen, hätte es garantiert Probleme gegeben. So gesehen, waren alle Unternehmungen für beide Kinder erfolgreich, Dirk hatte die Mutter und kam aus dem häuslichen Stereotypiumfeld heraus, und Heike hatte mit ihren Freunden Gesprächspartner sowie gemeinsame, schöne Erlebnisse.

Ohne Konfrontationen in der Öffentlichkeit ging es leider nicht. Dadurch, daß Heike mit ihren Freunden zusammen war, merkte sie die Schwierigkeiten, die ihr Bruder in der Öffentlichkeit hatte, nur selten.

Ich hatte mir sehnlichst zwei Kinder gewünscht, und stolz wollte ich mit ihnen spazierengehen. An jeder Hand ein Kind, und jetzt war ich Situationen ausgesetzt, die für mich nicht nur peinlich, sondern auch demütigend waren. Da lag plötzlich Dirk in den Messehallen bei der Bootsmesse auf dem Boden, schrie fürchterlich, zerrte an mir, strampelte wie wild mit den Beinen, und wenn ich versuchte, ihn aufzuheben, schlug er nach mir. Unzählige strafende und verachtende Blicke trafen die unfähige Mutter. Unverständlich, daß ich auch noch mein Kind streichel. Ich hatte vergessen, etwas zu trinken mitzunehmen, und nun wußte Dirk nicht, woher er etwas zu trinken bekommen sollte. Sein Verhalten war ganz sicher nicht in Ordnung, aber wie sollte ich mich bis zur Klärung der Situation verhalten? Sollte ich ihn bestrafen?

Dirk konnte sich nicht ablenken, und solche Situationen mußten irgendwie gemeistert werden. Später, vielleicht am nächsten Tag, haben wir ruhig über diese Situation gesprochen und versucht, sie sprachlich zu klären. Wir haben ihn auch gefragt: „Hast du schon mal andere Menschen gesehen, die auf dem Boden liegen und schreien, weil sie nichts zu trinken mitgenommen haben?" Jetzt konnten wir über diese Situation lachen. Der Vergleich mit anderen Menschen wurde immer wieder angesprochen und regte ihn nicht nur zum Beobachten, sondern auch zum Nachdenken an.

Ich mußte lernen, einen offenen, ehrlichen und bittenden Weg zu gehen. Ich mußte lernen, zu verkraften, daß mein Kind und ich in der Öffentlichkeit aus Unwissenheit verurteilt werden. Ich mußte lernen, anderen Menschen die für sie abartige Situation zu erklären. Ich mußte auch lernen, sie um Hilfe zu bitten. Das war ein sehr schwerer Weg, aber für uns letztendlich sehr nützlich. Einem bittenden Menschen schlägt man ungern etwas ab. Es ist selten vorgekommen, daß auf mich jemand zukam und mir Hilfe anbot. Ich mußte auch lernen, daß ich nicht nur beobachtet, sondern auch stark kritisiert wurde. Ob es nun um „meinen krankhaften

Ehrgeiz" ging oder die „Unfähigkeit, meine Kinder richtig erziehen" zu können. Einen Grund, mich zu verurteilen, gibt es immer. Die Kritik erfährt man meistens nicht direkt, sondern über Dritte."

Integration

4. April 1988

Niemand kann auch nur ahnen, welch mühevoller Weg hinter diesem Wort steht. Ein behindertes Kind zu integrieren, heißt für den Lehrer permanentes Arbeiten mit den Nichtbehinderten, damit sie den Behinderten aufnehmen. Ich habe im vergangen Jahr erfahren müssen, wie schlimm es für ein Kind ist, wenn diese gezielte Integrationsarbeit vernachlässigt wird. Wie schwer ist es für ein behindertes Kind, wenn es in einer Klasse sitzt, in der „nicht ein Schüler" wagt, sich ihm gegenüber positiv zu zeigen, der Lehrer meckert und auf dem Schulhof ist niemand mehr, der mit ihm spielt. Am Nachmittag hat auch niemand Zeit zum Spielen. Drei Jahre lang war Dirk als Spielkamerad beliebt. Immer kamen Kinder ins Haus, um mit ihm zu spielen, um ihn zum Schwimmen abzuholen oder ihn zum Geburtstag einzuladen. Ein Lehrerwechsel und die ganze Integration ist dahin. Die Kinder aus der Parallelklasse, die früher in seiner Klasse waren, spielen weiterhin mit ihm, und auch hier versuchen die eigenen Klassenkameraden, einen Riegel vorzuschieben. „Mit dem spielt ihr noch?"

Oft sitzt Dirk in seinem Zimmer und weint leise vor sich hin. Vorher hat er bei diversen Kindern angerufen und ist zu ihren Wohnungen gefahren. Wenn er dann Geburtstag hat, ist er wieder sehr beliebt, denn die Geburtstage von Dirk waren als „toll" bekannt. Die Kinder umgarnen ihn, und er ist glücklich. Nach dem Geburtstag ist er wieder der „Blöde".

Man ist nur auf Bitt-Tour. „Nehmt mein Kind doch auf!" Im Kindergarten, in der Schule, in der Nachbarschaft, im Freundeskreis, in der Öffentlichkeit. Immer ist man Mittelpunkt. Immer wieder muß man erleben, wie man selbst verurteilt und das Kind verletzt wird, von Erwachsenen, wie von Kindern. „Die macht überhaupt keine Therapie, kein Wunder, daß der so ist!" Und ein Arzt sagte zu mir: „Was haben sie bloß mit dem Kind gemacht, da fehlt es ja überall!"

Ich höre von Eltern, daß sie ihre behinderten Kinder ungern noch mitnehmen, aus Angst vor der permanenten Kritik. Auch möchten sie nicht immer mit „Behinderung" in Verbindung gebracht werden, denn „man erlebt entweder Mitleid oder Ablehnung", selten Anerkennung.

Nur sehr schwer haben sich die Eltern damit abgefunden, ein Leben lang für ihr Kind dasein zu müssen. Sie verzichten künftig auf Urlaub, denn in welches Hotel kann man mit einem Kind gehen, das oft stundenlang für andere grundlos schreit, das keine Eßmanieren hat oder dem man die Behinderung ansieht. Mir ist es eine Zeitlang sehr schwer gefallen, mit meinem Kind in die Stadt zu gehen. Dirk war nicht in der Lage, vernünftig neben mir herzugehen. Ich hatte ein hampelndes, zappelndes, permanent redendes Kind an der Hand. Wenn ich ein paar Worte mit dem Verkäufer gesprochen hatte, fiel er mit Fragen ins Gespräch ein und gab nicht eher Ruhe, bis er mit Antworten befriedigt war. Wie kann da Urlaub Erholung bringen?

Die Mutter kann ihren erlernten Beruf lange Zeit nicht mehr aufnehmen, und somit muß die Familie damit auskommen, was der Vater verdient. Zahlt der Staat ein Pflegegeld, so ist das verdienstabhängig. Kapitalvermögen fällt nach dem Tod der Eltern dem Staat als Pflegegrundlage zu.

Wir Mütter sind alleine mit unseren Kindern, zusammengeschlossen mit Gleichbetroffenen, und kennen nur ein Thema – unser Kind. Der, der ein weniger schwer behindertes Kind hat, hat ein schlechtes Gewissen dem gegenüber, dem es schlechter geht. Es gibt Eltern, die haben kapituliert und die Hoffnung auf eine Besserung aufgegeben. Sie unternehmen nichts mehr, andere dagegen arbeiten gegen die vermeintliche Hoffnungslosigkeit und bewahren sich ein gutes Gewissen. Auch ich arbeite wie besessen. Die autistische Problematik wird leider immer noch als wenig erfolgversprechend angesehen, und ich muß leider noch oft hören, daß alle meine Bemühungen letztendlich wenig erfolgreich sein sollen.

Menschen verdrängen die Tatsache, daß diejenigen, die sich heute noch angeekelt von einem Behinderten abwenden, morgen durch Unfall oder Krankheit in dieselbe Situation versetzt werden können. Dann heißt es für sie auch, abgeschoben ins Abseits, eine sogenannte Last zu sein, ausgeschlossen zu werden aus dem bisher quirligen Leben, nur noch Zaungast auf dieser Welt zu sein.

Körperbehinderte Menschen können sich noch verbal wehren. Geistig behinderte Menschen brauchen einen Fürsprecher. Eltern sind ausgelaugt, weil sie ständig den Schutzschild neu aufstellen müssen. Behinderte werden behütet, aber aussortiert. Haben sie keinen Hüter, sind sie Freiwild; wer Lust hat, kann auf sie schießen. Es entstehen Wunden, die der Behinderte nicht melden kann und die somit nicht zu verbinden sind. Sie bleiben unsichtbar und können nicht heilen.

Aber hat ein geistig Behinderter nicht auch ein Recht auf eine freie Lebensgestaltung im Rahmen seiner Möglichkeiten? Wir sagen, wir beschützen ihn, in einer beschützten Werkstatt. Ist das wahr? Um seine Menschenrechte muß er ständig kämpfen.

Das Gebet eines Nachbarn, der verhindern wollte, daß ein Behindertenheim in seiner Nähe errichtet wird.

Lieber Gott, ich danke dir, daß ich nicht so bin wie die da,
verschone mich vor dem Anblick dieser Menschen,
gib ihnen ein Heim und fürsorgende Betreuer,
der Staat wird dir ein wenig helfen, diese Menschen zu ernähren,
die Eltern werden auch noch ihren letzten Pfennig hergeben,
denn die können sich eh keinen Urlaub leisten, und
außerdem vergib der Technik und der Medizin,
daß sie Fehler machen,
denn jeder macht mal Fehler.

Lieber Gott, laß das Behindertenheim weit weg
von meinem schönen neuen Häuschen entstehen,
denn schließlich will ich in meinem schönen Heim
meine Ruhe haben und nicht durch Geräusche verschreckt werden.

Lieber Gott, ich danke dir, daß ich gesunde Kinder habe,
und verzeih, daß ich sie nicht
mit dem behinderten Nachbarkind spielen lasse,
denn von dem können sie nichts lernen,
verzeih mir auch, daß ich denen nicht helfen kann.

Wir wollen in den Ferien in die USA fliegen;
laß uns alle gesund wieder zurückkommen.
Zu Weihnachten wollen wir dann wieder Lose kaufen;
du weißt ja, Aktion Sorgenkind, denn da gibt es tolle Gewinne.
Mit dem vielen Geld, das die da einnehmen, wird den Behinderten geholfen.
Ich will auch gerne Lose verkaufen.

Lieber Gott, ich danke dir,
daß du mir so viele Möglichkeiten bietest,
„Gutes zu tun". – Amen.

Das war die Reaktion auf einen Zeitungsartikel.

Heute, 11. März 1988, habe ich wieder einen Bericht eines Vaters über seine autistische Tochter gelesen. Ich würde ihn gerne anrufen und ihm seinen Irrtum erklären. Ich weiß nicht, wo ich ihn finde. Außerdem ist er nur einer von vielen, die sich fürchterlich irren. Da habe ich mich wieder an die Maschine gesetzt, um meine Aggressionen abzubauen, um hinauszuschreien, was ich empfinde, wenn man über autistische Menschen so überheblich schreibt. Ich verzeihe dem Vater, der durch seinen Beruf und seine Abwesenheit nicht im Haus seiner Tochter leben kann.

In uns Frauen wächst neues Leben, und wenn das Produkt nicht der Norm entspricht, wird es zurechtgerückt und eingeschränkt. Unsere Kinder werden zu Therapien verurteilt, deren Sinn weder sie selbst noch wir Mütter verstehen. Überall greifen wir in die Natur ein, und später sehen wir unsere Fehler ein. Oft ist es dann zu spät für Hilfe.

Ich habe sehr viel über die Integration nachgedacht und geschrieben. Es waren meist traurige Gedanken. Dirk war ein stilles Integrationskind. Integrationsklassen gab es zu seiner Schulzeit noch nicht. Er hätte auf die Lernbehinderten- bzw. Geistigbehindertenschule gehen müssen, weil er im Schulalter weder einen entsprechenden Entwicklungstand hatte, noch die nötige Schulreife besaß.

29. März 1989

Gedanken über Integration und Isolierung

Und wie sieht es heute aus? Es gibt Tage, da resigniere ich und glaube, daß ich es nicht schaffen werde, Dirk in unsere Welt zu integrieren. Das Problem ist heute nicht mehr, daß er schwierig ist, sondern das Problem ist die Gesellschaft. Sie übersieht und meidet Menschen, die nicht leistungsfähig sind. Dirk ist leistungsfähig, nur leider noch nicht zu dem Zeitpunkt, den die Gesellschaft als normal annimmt. Sein Sprachverständnis ist noch nicht altersgemäß, und von daher fragt er täglich soviel, daß es wohl kaum eine Sättigung geben wird und daß keine Grundlage in erreichbarer Nähe zu sein scheint. Wenn man glaubt, aufzuholen, ist wieder ein Jahr vorbei, und er müßte schon wieder weiter sein.

Wo sind die Kinder, die mit ihm spielen, damit er das Versäumte nachholen kann? Nur selten ist jemand dazu bereit. Ich denke oft über das Wort „Integration" nach. Was ist das? Was wollen wir integrieren? Einen Menschen! Warum soll er integriert werden, und warum ist er nicht integriert? Der ist doch anders als wir, behindert. Der wurde aussortiert!

162

Wer hat das gemacht? Die Gesellschaft! Wer will ihn denn jetzt integrieren? Die Gesellschaft! Tolle soziale Sache, was?

6. Mai 94

Ich habe noch um die Integration gekämpft. Es war eine stille Integration, denn zu einer offiziellen Integration, hätte meine Kraft damals nicht ausgereicht. Ich hatte das Glück, Lehrer kennenzulernen, die ganz einfach sagten: „Ich mach das!" Ich habe auch andere erlebt, die freiwillig das Erbe angenommen haben und Dirk als notwendiges Übel betrachtet haben. Wenn Dirk heute sagt, die sechste und neunte Klasse möchte er gerne aus seinem Leben verschwinden lassen, kann man ahnen wie es ihm dort ergangen ist. Noch vor einem Dreivierteljahr habe ich zum wiederholten Male beim Schulleiter und bei der Schulbehörde darum gekämpft, Dirk entsprechend seiner Bemühungen zu beurteilen. Leider vergebens.

In diesem Jahr werden an derselben Schule, auch in den höheren Klassen, Integrationsklassen eingerichtet, mit mehreren Lehrern in der Klasse und sicherlich mit einer abgeschwächten Benotung der Leistungen dieser noch nicht leistungsstarken Kinder. Daran kann man sehen, daß Integration in erster Linie ein Job ist, der Lehrerstellen schafft, und nicht in erster Linie eine Sache der Menschlichkeit. Das tut mir sehr weh. In Dirks Klasse gab es Kinder, die haben wochenlang die Schule nicht besucht, keine Hausaufgaben gemacht und sich am Unterricht nur selten beteiligt. Hier zeigte man Verständnis für die häuslich schlechte Situation.

Gleiche Lehrer, die sich jetzt offiziell um die Arbeit mit Behinderten bemühen, hatten es bis vor kurzem nicht nötig, sich aus menschlichen Gründen zu engagieren.

Ich träume vom einem Bett, für mich ganz alleine

Dirk schlief von Geburt an sehr wenig. Als wir im Wohnwagen lebten, wurde ich auf seine Schlafstörung aufmerksam. Ich holte ihn so lange nachts in mein Bett, bis er bei mir blieb und in meinem Arm einschlafen konnte.

Dirk kam von diesem Zeitpunkt an jede Nacht in mein Bett. Die Kinder gingen normal zwischen 19 und 20 Uhr schlafen, ich gegen 23 Uhr. Nachdem Dirk sich selbst oder ich ihn in den Schlaf gesungen hatte, schlief er bis 23 oder 0 Uhr und kam dann in mein Bett. Nachdem er mit Eintritt in die Lebenshilfe aufgehört hatte, sich abends in den Schlaf zu singen, lag er lauernd in seinem Bett und wartete darauf, daß ich ins Bett gehe. Dann kam er die Treppe hoch, um sich in mein Bett zu legen. Ich gewöhnte mich schnell an den kleinen Schlafgast.

Dirk war so schwierig, daß ich abends das Haus nicht verlassen konnte. Ich hatte keine Freunde, denen ich ihn anvertrauen konnte. Über sieben Jahre lang war ich schon nicht mehr ohne ihn weggegangen. Jetzt ging er in die Schule und ich mußte zum Elternabend gehen. Mein Mann blieb bei den Kindern und sollte Dirk ins Bett bringen. Das kannte Dirk nicht. Mama bringt ihn ins Bett und nicht Papa. Die Erklärung, daß ich um 20 Uhr nicht zu Hause sei, konnte er nicht verstehen, und einfach verschwinden konnte ich auch nicht. Ich sollte ihn ins Bett bringen. Um 19 Uhr begann der Elternabend, und so mußte ich Dirk bereits um 18 Uhr ins Bett bringen. Bevor ich das Haus verlassen konnte, mußte ich ihm versprechen, daß ich gleich wiederkomme. Das ich ohne ihn das Haus verlasse, war für ihn eine ganz neue Situation.

Dirk lag nun im Bett und sagte mit schmerzverzogenem Gesicht: „Mama kommt gleich wieder!" Er war in Panik und beruhigte sich selbst, indem er diesen einen Satz pausenlos wiederholte.

Als ich zu diesem Elternabend fuhr, wußte ich noch nicht, wie belastend dieser Abend für Dirk war. Ich wurde zur Elternvertreterin gewählt und mußte jetzt einmal im Monat an der Kreiselternratsitzung der Sonderschulen in Hamburg teilnehmen.

Als ich von diesem ersten Elternabend nach drei oder vier Stunden nach Hause kam, lag Dirk immer noch wach im Bett und sagte erleichtert: „Mama ist wieder da." Dann mußte ich schnell in mein Bett gehen, damit er einschlafen konnte.

Seit sieben Jahren war ich schon an das Haus gefesselt. Die Situation, die ich nun zu Hause vorfand, war für mich sehr belastend, und ich nahm mir vor, künftig nur in Ausnahmefällen abends wegzugehen.

In meinem Bett schlief Dirk immer sofort ein. Ich versuchte, ihn nun zu motivieren, direkt in mein Bett zu gehen. Ein halbes Jahr haben wir gebraucht, um ihn dazu zu überreden. Wir hatten es geschafft, daß mein Mann ihn in mein Bett bringen konnte, aber auf seinen stereotypen Spruch „Mama kommt gleich wieder" konnte er nicht verzichten.

Dirk war im Alter von sieben bis acht Jahren so schwierig, daß ich mich so manches Mal mit dem Gedanken trug, Dirk in ein Heim geben zu müssen. Ich war mit den täglichen Belastungen hoffnungslos überfordert.

Dirk, der sehr sensibel auf meine Stimmungen reagierte, entwickelte immer mehr Sprachstereotypien. Wenn ich ihn abends ins Bett brachte, reihte er etwa zehn Minuten eine Frage an die andere, die ich immer gleichbleibend und mit gleicher Betonung beantworten mußte. Da war unter anderem die Frage nach der Farbe des

Himmels. Die Antwort mußte „schwarz" lauten, auch bei strahlendem Sonnenschein.

Das Schlimme an der Farbe schwarz war, daß Dirk beim Einschlafen jetzt auf den schwarzen Himmel wartete und auch nur in der Zeit schlief, in der der Himmel schwarz war. Im Winter hatte er Schwierigkeiten, weil sein mangelndes Schlafbedürfnis ihn unsicher machte. Im Sommer war er bereits um vier Uhr morgens wach und lag strampelnd und erzählend neben mir. Er wollte um vier Uhr aufstehen, und ich mußte nach einer Möglichkeit für ihn suchen, daß er lernte, bis sechs Uhr zu warten. Dann aber mußte ich aufstehen, am Wochenende, an Feiertagen und auch im Urlaub. Ausnahmen duldete er nicht.

Dieser wenige Schlaf zehrte an meinen Nerven. Ich trank abends sehr viel Alkohol, und wenn ich dann weinend ins Bett ging, nahm ich mein schlafendes Sorgenkind in den Arm, um mich zu trösten. Dirk schlief so fest, daß er davon nichts zu merken schien. Am anderen Tag ging es mir oft schlecht, aber hinlegen konnte ich mich nicht, denn das kannte Dirk nicht. Er zog und zerrte an mir, bis ich wieder aufstand. Das brachte mir dann die Einsicht ein, daß Alkohol keine Lösung, sondern eine Belastung war, und ich mußte einen anderen Weg suchen, mit meinen Problemen fertigzuwerden.

Ich hatte das dringende Bedürfnis, mich am Wochenende einmal auszuschlafen. Ich wollte am Sonntag nicht immer um sechs Uhr aufstehen. Wie sollte ich Dirk das beibringen? Mit Worten war das nicht möglich, er konnte es nicht begreifen. Es blieb nur eine Möglichkeit, und das war der Kampf. Ich blieb in meinem Bett liegen, trotzte dem Zerren an mir und ertrug erregt gelassen das Schreien und Toben. Dieser Kampf wurde dann etwa zwei Stunden lang ausgetragen. Ein paar Sonntage zog mein Mann mit, dann gab er auf und erklärte Dirk, daß jetzt nur „die Männer" aufstehen, und Dirk ging nach einigem Zögern mit nach unten. Er kam aber immer wieder nach oben, um mich doch noch zum Aufstehen zu überreden. Immerhin war der Kampf ums frühe Aufstehen nicht mehr pausenlos. Ich hatte Erhohlungspausen erreicht. Mit der Zeit wurde sein Widerstand immer geringer, aber mich schlafen zu lassen, fällt ihm heute noch so manches Mal schwer.

Der Kampf ums frühe Aufstehen war abgeschwächt, jetzt mußte ich noch erreichen, daß Dirk in seinem eigenen Bett bleibt. Jeden Tag redete ich auf ihn ein, und Dirk versprach immer wieder, "heute bleibe ich in meinem Bett". Als dann die Nacht kam, machte er sich wieder auf, um in meinem Bett weiterzuschlafen. Alles Reden half nichts, auch alle materiellen Versprechen konnten ihn nicht motivieren. Es war wieder Kampf angesagt. Ich brachte ihn nachts zurück in sein Bett, zehn-, zwanzigmal, bis die Nacht zu Ende war. Er redete dabei laut, und weckte damit die ganze Familie. Nach drei Nächten waren wir alle am Ende unserer Kräfte. Ich ließ ihn weiterhin in meinem Bett schlafen. Ein paar Wochen später versuchten wir es von neuem, um wiederum nach ein paar schlaflosen Nächten zu kapitulieren. Wir schalteten die Lehrerin ein und machten die tollsten Versprechen, alles half nicht. Dirk war inzwischen über zehn Jahre alt und machte sich in meinem Bett immer breiter. Er schlang Arme und Beine um mich, und ich war die halbe Nacht damit beschäftigt, mich aus seinen Umarmungen zu befreien. Legte ich mich in ein anderes Bett, gab es ebenfalls nachts Theater.

Als Dirk zehneinhalb Jahre alt war, nahm ich meine schwer krebskranke Tante in unser Haus zur Pflege auf. Ich witterte eine Chance, Dirk jetzt klarmachen zu können, daß die Pflege unserer schwerkranken Tante vorgeht. Die Tante sollte in unserem Schlafzimmer liegen, während mein Mann ins gegenüberliegende Gästezimmer zog, und ich wollte in Dirks Zimmer schlafen. Die Couch, auf der ich schlafen wollte, war 70 Zentimeter breit. Ich probierte mit Dirk aus, ob wir beide darauf schlafen könnten. Er meinte, es sei doch ein wenig eng für uns beide. Diese Couch stand nun direkt hinter seinem Bett, und ich erklärte ihm, daß ich in seiner Nähe schlafe. Er versprach mir, jetzt in seinem Bett zu bleiben. Dieses Versprechen gab er zwar immer, konnte es jedoch bisher nicht einhalten.

Die Nacht kam, und Dirk stand auf, um wie gewohnt runter in mein Bett zu gehen. Ich schlief sehr leicht und wurde wach, als er an der Treppe stand. Ich rief ihm zu und erinnerte ihn daran, daß ich in seinem Zimmer sei. Er kam an mein Bett und probierte aus, ob es breit genug für uns beide sei, ging dann aber freiwillig wieder in sein Bett zurück.

Die nächsten drei Nächte stand er wiederholt auf, um schlafwandelnd in mein Bett zu kommen. Als er an der Treppe stand, wurde er stutzig, und als ich ihn immer wieder daran erinnerte, ich sei bei ihm, ging er in sein Bett und schlief wieder ein. Am Morgen nach drei Nächten erklärte er mir: „Mama, ich habe jetzt gemerkt, daß ich nachts nicht mehr in dein Bett kommen muß, ich kann jetzt alleine schlafen, ich habe jetzt keine Angst mehr!" Von dem Tage an schlief Dirk jede Nacht in seinem Bett. Auch als unsere Tante nicht mehr bei uns war und ich wieder ins Schlafzimmer zog, kam Dirk nicht mehr.

Wenn die Kinder krank waren, durften sie in meinem Bett schlafen; und als Dirk jetzt krank wurde, hatte ich Angst vor einem Rückfall in alte Zeiten. Sein Bedürfnis, in meinem Bett seine Krankheit zu kurieren, war so stark, daß ich das Risiko eingehen mußte. Dirk versprach mir, daß er, wenn er wieder gesund sei, wieder in seinem Bett schlafen werde, und gab mir sogar die Erlaubnis, daß ich in seinem Bett schlafen darf. Dirk hat alle Versprechen eingehalten und wurde nicht rückfällig.

Schreiben – Malen – Bücher

26. März 1994

Als Dirk zwei Jahre alt war, begann er, sich für Buchstaben zu interessieren. Wahrscheinlich faszinierten sie ihn so, weil er gleiche Zeichen in allen Büchern wiedererkannte. Auch suchte er Buchstaben als Symbole in der Umgebung. Ein Verkehrsschild war ein O, der Trennungsstrich auf der Straße war ein I, ein Zaun bestand aus lauter E's, und der Giebel eines Hauses war ein A. Bevor er Buchstaben auf Reklameschildern wiederfand, suchte er außerhalb des Hauses diese Symbole, in die er Buchstaben hinein interpretierte. In seinen Büchern lernte er dann weitere Buchstaben kennen.

Obwohl er noch nichts damit anfangen konnte, freute er sich, wenn er in einem Gegenstand einen Buchstaben erkennen konnte. Es war wohl das einzige, was er gleichaltrigen Kindern voraushatte, und ich war ein wenig stolz darauf. Sein Entwicklungsrückstand war groß, so daß ich alles, was er kannte und konnte, als etwas Besonderes sah.

Daß Dirk in Symbolen Buchstaben sah, deutete ich als ein Zeichen von Lernfähigkeit und Intelligenz. Beides war aber nicht faßbar. Er sprach jetzt die ersten Worte und kam immer häufiger auf uns zu, aber was sollte er mit Schrift anfangen? Er konnte so wenige Worte verstehen, und da wollte ich dieses Interesse nicht weiter ausbauen. Es war mir wichtiger, daß er das lernt, was andere Kinder in seinem Alter auch lernen. Ich half ihm nur insoweit, daß ich seinem Wissensdurst nachkam, und ich nutzte diese Zeiten als positive Lernmomente für andere Dinge. Dirk hätte mit drei Jahren schon lesen lernen können, aber das war nicht mein Ziel. Wir erfanden eine Zeichen-Buchstabensprache mit den Fingern, und wir malten einzelne Buchstaben auf. Wenn Dirk auf der Schaukel saß, zählten wir bis 100 oder weiter, auf deutsch und auf englisch. Mit fünf Jahren übersetzte er spontan jede deutsche Zahl ins englische und umgekehrt. Mit dem Wert der Zahlen sollte er erst in der Schule etwas anfangen lernen.

Die Bücher, die wir uns täglich ansahen, besprachen oder auch besangen, gehörten zum Alltag und entwickelten sich zu einem nicht wegzudenkenden Faktor in unserem Tagesablauf. Dirk forderte mich selten auf, gemeinsam etwas mit ihm zu machen. Wollte ich mit ihm spielen, gab es nur die eine Möglichkeit, daß ich in sein Spiel einsteige und zunächst so spiele, wie er es sich vorstellte. Hatte ich mich als Partner bewährt, konnte ich in sein Spiel eine Variante bringen.

Dirk liebte Bücher, und ich kann mich daran erinnern, daß er mich nur bei einem Buch aufforderte, es ihm vorzulesen, und das war das Buch vom Käuzchen.

Wenn ich keinen richtigen Einstieg in sein stereotypes Spiel fand, und das passierte nicht selten, dann beendete er sofort sein Spiel und ging weg. Ihn jetzt anzusprechen und zu versuchen, ihn zu überreden, hatte keinen Zweck.

Er interessierte sich für Buchstaben, aber wie konnte man damit spielen, ohne der Schule vorzugreifen? Zum Malen war er noch zu klein, und es war sehr schwer, ihn zu motivieren, auch nur einen Stift anzufassen. Als das Interesse immer größer wurde und wir ihn mit Malen und Schreiben immer wieder reizten, traute er sich eines Tages doch, einen Stift anzufassen. Jetzt probierte er, seine Buchstaben zu malen, und freute sich.

Dirk ist ein sehr freundlicher und fröhlicher Mensch und er kann seine Freude spontan zeigen. Es begann damit, daß Dirk das malte, wovor er Angst hatte. Er malte den Mond und die Straßenlaternen. Die Angst vor dem Licht und dem Mond hatte er schnell überwunden. Seltsamerweise haben ihn die Straßenlaternen über längere Zeit beängstigt. Er malte sie, und da wir hier in die Stereotypie einsteigen konnten, gaben wir den Laternen Namen, wie Bogenlaterne, Knicklaterne oder Kugellaterne, Straßenlaterne und Gartenlaterne.

Dirk vermied über viele Jahre, den Stift so anzufassen, daß ihn die Fingerspitzen berührten, insbesondere der Zeigefinger wurde ausgenommen. Er wehrte sich gegen Korrekturen und setzte sich durch. Wir wollten ihm die Freude am Malen durch eine bestimmte Stifthaltung nicht verleiden, denn wir stellten sehr bald fest, daß wir mit Malen alle Problembereiche erreichen konnten.

Den Zug, ein stereotypes Thema, konnte man so vielseitig angehen, daß er schon bald keine Stereotypie mehr war, sondern schon in Richtung Hobby ging. Dirk spielte mit Stühlen Zug und bevorzugte jetzt Bilderbücher, in denen Züge vorkamen. Er malte inzwischen mit Begeisterung und wollte auch Bilderbücher anmalen. Doch das konnten wir nicht erlauben. Aus Erfahrung wußten wir, daß, wenn wir einmal etwas erlaubt hatten, es nur mit größter Mühe möglich war, etwas Ähnliches zu verbieten. Wenn wir ihm einmal erlaubt hätten, ein Buch anzumalen, hätte es künftig ständig Kämpfe gegeben. Eine Lösung für ihn war, daß wir Fotokopien von seinen bevorzugten Zugbüchern machten, die er dann anmalen konnte. Ich suchte in Büchereien nach Büchern, in denen Züge vorkamen, und somit konnten wir ihm nicht nur mit dem Inhalt der Geschichte, sondern auch mit dem Anmalen wieder etwas Neues bieten.

Das Material wurde knapp, und wir brauchten neue Ideen. Ein Freund sagte: „Macht doch selber Bücher, mit Fotos." Das war eine tolle Idee. Wir waren jetzt ständig auf der Suche nach Motiven. Dirk wurde ungeduldig, denn das dauerte ihm alles viel zu lange. An der ganzen Planung konnten wir ihn nicht beteiligen, weil er sie nicht verstand. Die tolle Idee wurde zur Seite gelegt, und wir versuchten es mit Malen. Ich kann nicht malen. Mein Mann setzte sich abends oder am Wochenende hin und malte mit ihm. Dirk hatte sehr schnell begriffen, welche Möglichkeiten er mit selbstgemalten Büchern hat. Jetzt konnte er das malen, was ihn interessierte und seine Bücher selbst gestalten. Er malte und erzählte uns, was er gemalt hatte. Mein Mann oder ich schrieben zu seinen Bildern die Texte. Dann wurden die Blätter zusammengeheftet, und Dirk hatte ein neues Buch. Er war begeistert, und wir mußten ihm dieses neue Buch immer wieder vorlesen.

Schon aus den ersten Zeichnungen war zu erkennen, daß Dirk perspektivisch malen konnte. Bisher hatte er nur Buchstaben oder Straßenlaternen gemalt. Jetzt malte er seine Sitze mit Kopflehnen in Zügen und erfand eine Geschichte dazu. Dirk malte und bat uns, seine Geschichte aufzuschreiben. Wir wußten damals noch nicht, daß er durch seine Buchstabenkenntnisse diese Texte bereits lesen konnte. Dirk orientierte sich sprachlich an diesen Texten, und wir stellten einen weiteren Entwicklungsschub fest. Mein Mann und ich haben nur eine kurze Zeit seine Bücher kommentiert, dann begann er, die Texte selbst zu schreiben.

Er kam dem Schulalter immer näher. Aus dem Lebenshilfekindergarten hatte ich ihn herausgenommen, und Dirk war jetzt nur noch zu Hause. Er hatte in der Lebenshilfe auch gemalt, aber dort bekamen die Kinder ein Thema und durften nur zu bestimmten Zeiten malen.

In meinen Aufzeichnungen steht, daß er etwa ein Jahr lang keinen Stift mehr angefaßt hat, und das kann nur in dieser Zeit gewesen sein.

Wenn Dirk eine Zeitlang nicht beschäftigt wurde, beschäftigte er sich stereotyp oder saß stumpfsinnig vor sich hinstarrend in einer Ecke. Wir mußten ihn dann ständig aufmuntern, etwas zu tun.

In Autos gibt es auch Kopflehnen. Autos wurden interessant für ihn. Ich besorgte mir Prospekte von Autohändlern und schnitt Autos für ihn aus. Er sollte sie aufkleben. Die Türen wurden aufgeschnitten und ein Armaturenbrett dahinter geklebt.

Dann wurden die ausgeschnittenen Autos in Bücher geklebt und angemalt. Später schrieb Dirk Texte zu diesen Bildern.

Für sein stereotypes Thema „Kopfstützen" hatte er inzwischen diverse Möglichkeiten, sich darin auszuleben. Über die verschiedenen Kopfstützen in Autos kam er auf die verschiedenen Autotypen und hier wieder auf diverse unterschiedliche Extras.

Die ausgeschnittenen Autos und Züge klebten wir in Schulhefte. Das Einkleben machte ihm viel Spaß, und so begann er, alles Mögliche einzukleben. Dirk hatte so viel Freude beim Malen und Schreiben, daß er nicht merkte, daß es inzwischen kein einseitiges Thema mehr für ihn war. Er schnitt aus Zeitungen das aus, was ihn interessierte. Er hatte neue Bücher geschaffen.

Dirk lernte schnell, selber auszuschneiden und einzukleben, und hatte jetzt nicht nur eine Beschäftigung, er konnte selbst etwas herstellen, wozu er niemanden mehr brauchte. Die Zeiten, die er stundenlang untätig in der Ecke lag, waren vorbei.

Ich sprach inzwischen mit ihm normal. Ich benutzte auch abstrakte Worte, deren Bedeutung er noch nicht kannte. Er interessierte sich jetzt sehr für Autos und erkannte die einzelnen Autotypen an ihren Zierleisten und Rücklichtern. Als er ca. fünf Jahre alt war, stellten wir fest, daß er bereits lesen konnte. Was Dirk wußte oder konnte, war nur sehr schwer festzustellen. Auch suchte ich immer noch nach einem Beweis, daß Dirk eigenständig denken kann. Es war für mich unverständlich, daß ich seine Reaktionen immer noch klar kalkulieren konnte.

Dirk malte und schrieb den ganzen Tag. Jedes neue Wort, das er hörte, wurde in seinem Buch untergebracht. Ich erzählte von einem Eckhard, und dann fand ich später ein Bild, auf dem das Schiff Eckhard hieß. Ich sprach von einem Fantasieland, und er malte eine Geschichte über dieses Land: „Es war einmal ein Fantasieland, eine Fantasie guckt aus dem Fenster. Eine Fantasie wartet auf den Bus. Die Fantasie steigt in den Zug." Er konnte seine Ängste in Geschichten verarbeiten und seine Stereotypien gemalt ausleben.

Das Schulheft, in das wir Zeitungsausschnitte geklebt hatten, wurde jetzt nachträglich beschriftet und war jetzt ein Geschichtenbuch, und alles, was zu einem Buch zu verarbeiten war, wurde genutzt. Die Bilder auf den Smartiespackungen habe ich ausgeschnitten, und eh ich mich versah, hatte er bereits ein Buch daraus gemacht. Die Bilder auf den Packungen von Legosteinen oder Fabulandtieren schnitt er aus und machte ein Buch daraus. Jetzt war er soweit, daß er sich alleine beschäftigen konnte. Malen und Geschichtenschreiben wurde seine Hauptbeschäftigung. Um jedes neue Wort, das er witzig fand, erfand er eine Geschichte. Mein Mann machte sehr viel Quatsch mit ihm, und sie erfanden neue Länder, in denen ihre Geschichten stattfanden.

Dirk entwickelte starkes Interesse für Duschen und Toiletten, und er malte monatelang, vielleicht auch über ein Jahr, nur Toiletten und Duschen und Geschichten um Toiletten, Duschen und Schwimmbäder.

Trotz seiner eigenen Aktivität, Bücher selbst herzustellen, vernachlässigten wir unsere tägliche Lesestunde nicht. Sie gab ihm immer wieder neue Impulse. Er konnte inzwischen gut lesen und lernte immer mehr Worte in ihrer Bedeutung kennen. Er begann zu fragen, was das Wort heißt, und schon verschwand er, weil er eine neue Geschichte zu diesem Wort schreiben wollte. Die Bücher, die wir gemeinsam lasen, interpretierte er auf seine Weise. Sie endeten meist anders, und er brachte sein jeweiliges Lieblingsthema mit ein.

Dirk beschäftige sich in seiner Freizeit nur noch mit Malen. Als er die Schreibmaschine entdeckt hatte, schrieb er eine Zeitlang seine fast fehlerfreien Texte mit der Maschine. Sein perspektivisches Malen entwickelte sich immer weiter.

Die Kinder in der hiesigen Grundschule waren von seinen Malkünsten begeistert. Kein Kind konnte auch nur annähernd so malen wie er. Sie bewunderten ihn, und wenn sie ihn besuchten, malten sie gemeinsam neue Geschichten.

Dirk verbrauchte pro Woche zwei bis drei Packungen Filzstifte. Ein großer Teil der Farbe ging in seine Hände, denn er war immer noch nicht in der Lage, einen Stift richtig anzufassen und einen Filzstift zu verschließen, ohne sich selbst anzumalen.

Dirk lebte seine Stereotypien voll aus. Er malte nicht nur Duschen, er bastelte sie aus diversen Materialien, ich mußte Puppenzimmerduschen und Badewannen ausschneiden. Im Schwimmbad lief er erst zu den Duschen, um sie genau anzusehen und um festzustellen, ob sich etwas verändert hat.

Ich konnte Dirk nicht nur seine Duschen malen lassen. Ich bot ihm andere Materialien an. Wir bastelten Duschen aus Pappe, Duschen mit Bauklötzen, und dann bauten wir ein Puppenhaus. Von zehn Zimmern wurden acht Räume zu Badezimmern außerdem gab es ein Musikzimmer und eine Küche. Die Möbel bastelte er aus Pappe zum Teil selbst.

Dirks Feinmotorik war sehr schlecht. Er konnte Spielzeuge nicht selbst reparieren und er lernte sehr spät mit Legosteinen zu bauen. Darum war es sehr wichtig, daß das, was wir bastelten, stabil war, denn er spielte anschließend seine Geschichten damit. Wenn ein Spielzeug kaputt ging, war der Teufel los, und Dirk gab keine Ruhe, bis er Ersatz hatte oder das Spielzeug repariert war.

Wir segelten, also bauten wir Segelschiffe aus Pappe, in die man kleine Puppen setzen konnte oder bauten Puppenstuben aus Bausteinen. Diese selbstgebastelten Spielzeuge konnten jederzeit repariert werden. Trotzdem kaufte ich noch sehr viel gebrauchtes Spielzeug, weil Dirk nur über Spielen lernen konnte. Wir spielten Geschichten und setzen alles, was man in diese Geschichte integrieren konnte, mit ein. Wir malten auf Luftballons traurige und lustige Gesichter, und Dirk malte und schrieb dann eine Geschichten darüber. An diesen gemeinsamen Spielen hatte Dirk sehr viel Freude. Auch seine Schwester durfte mitspielen und ihn jetzt anfassen.

Dirk mußte immer wieder an den Vergleich mit der Realität erinnert werden. Mit der Natur konnte er noch nichts anfangen. Er fuhr sehr gerne Fahrrad und konnte sich sehr gut orientieren. Die Natur spielte in seinen Büchern keine Rolle.

Er verarbeitete in seinen Büchern auch seine Probleme. Er schrieb Geschichten über Kinder, die weinten, und erzählte, warum sie weinten: Sie hatten etwas verloren, ein Spielzeug war kaputt, sie hatten sich verlaufen, sie waren hingefallen oder allein. Er malte ihre Tränen und traurigen Gesichter.

Seine Bücher waren für ihn nichts Besonderes. Sie lagen überall im Zimmer herum, weil er pausenlos damit beschäftigt war, neue zu machen. Er zeigte weder Stolz, noch brauchte er Aufmerksamkeit. Ein Buch war fertig und das Thema abgehakt. Ich glaube, er sah sich die Bücher hinterher nur noch selten oder überhaupt nicht mehr an. Dirk produzierte Berge von Bildern und Büchern. Er schrieb Urlaubstagebücher und machte Fachbücher. Busse, Züge und Autos faszinierten ihn. Er malte Autoprospekte und schrieb Bücher über Busse und Züge. Als er dann den Fotoapparat entdeckte, wurde sein Hobby sehr teuer, und so mancher Kampf wurde ausgetragen.

Dirk hörte wieder Musik, aber jetzt waren es Schlager. In meiner Gegenwart hat er nie wieder gesungen. Mit einem Schulfreund saßen sie in seinem Zimmer und sie sangen. Meine Tochter spielte Klavier „Peter und der Wolf". Dirk setzte sich ans Klavier und spielte, ohne zu üben, diverse Stücke auf Anhieb nach. Er sollte auch Unterricht bekommen. Anfangs war er begeistert, aber zu Hause faßte er das Klavier nur nach heftigen Auseinandersetzungen an. Er übte nicht, und die Klavierstunde wurde wieder zur Malstunde. Die Klavierlehrerin hatte viel Freude an ihm, und ich freute mich auch über die schönen Bilder. Seine Freude am spontanen Klavierspiel hatte ich mit dem Unterricht zerstört.

Während andere Kinder mit Freunden spielten, sich in Sportvereinen betätigten, lag Dirk zu Hause auf dem Boden und malte. Er entwickelte Fantasien und Fähigkeiten, die weit über seinem Alter lagen. Zu den Dingen, die andere Kinder interessierten, hatte er keinen Zugang. Er war vernarrt in Schwimmbäder, Duschen und Toiletten. Wo er auch nur eine Toilette ahnen konnte, mußte er hin. Er war schon so groß, daß ich ihn nicht mehr kontrollieren konnte. Ob das die Bahnhofstoilette war, die an der Frittenbude, im Kaufhaus oder die öffentliche an der Ecke, Dirk mußte sie aufsuchen. Dreimal holte er sich Salmonellen. Ich war völlig machtlos, er war inzwischen schon fast zehn Jahre alt, und kräftemäßig konnte ich mich nicht mehr mit ihm anlegen.

Immer wieder sprach ich mit ihm über die Gefährlichkeit der öffentlichen Toiletten, erreichte aber nichts. Einmal wollte ich es ihm verbieten. Ich forderte ihn auf, hier zu Hause auf die Toilette zu gehen, weil ich nicht wollte, daß er im Kaufhaus gleich loslief. Zu Hause mußte er nicht, und im Kaufhaus angekommen, wollte er gleich wieder auf die Toilette. Ich verbot es und erinnerte ihn an unser Abkommen. „Du gehst nicht auf die Toilette!" Nachdem ich dreimal mein Verbot wiederholt hatte, standen mindestens 20 Menschen um mich herum und fanden, daß sie so etwas noch nie gehört haben. Wie kann man einem Kind verbieten, auf die Toilette zu gehen? Ich ließ ihn gehen und gab alle Bemühungen in diesem Bereich auf. Irgendwann war dann dieses Thema auch vorbei.

Die Duschköpfe beschäftigten Dirk auch jahrelang. Er holte sich Prospekte beim Fachhändler und stand im Schwimmbad stundenlang nur unter der Dusche. Stellte ich eine Milchdose auf den Tisch, wurde er nervös und fragte immer wieder, wann sie leer sei. Die leere Milchdose wurde oben aufgeschnitten, und in den Boden machte er Löcher. Jetzt war das eine Dusche.

Bei unseren Spielen hatten wir mit diversen Materialien gebastelt. Jetzt suchte er in allen Materialien nach Möglichkeiten, Duschen selbst herzustellen. Auch eine Gartendusche mußte ich kaufen, die er aber immer nur anstarrte.

Das Essen mußte immer gleich schmecken. Er verlangte eine Bestätigung darüber, daß das Essen aus der Dose genauso schmeckt wie das frisch gekochte. Dann fragte er nach den Zutaten, und er fertigte ein Kochbuch an.

Vor Weihnachten bastelten wir viel. Dirk malte ein Bastelbuch. Dirk dachte an später, er wollte auch eine Familie haben und schrieb ein Buch über seine Kinder

Britta und Flümi. Er interessierte sich für Autos und schrieb Geschichten über Autos. Wir spielten Gesellschaftsspiele, und Dirk malte Spiele auf Pappe. Ich hatte meinem Mann die Haare geschnitten, jetzt waren Haare sein Thema in Büchern. Er fertigte Bücher über seine Kassetten an und überhaupt über alles, worüber er lachen konnte, oder es waren Dinge, die ihm Angst machten.

Dirk malte Gegenstände und Städte nur perspektivisch. Dem Zeichenunterricht in der Schule konnte er nur sehr schwer folgen. Obwohl sein zeichnerisches Talent weit über dem der Klassenkameraden lag, konnte er bei einer Aufgabenstellung nur mit Zensuren zwischen 4 und 4– benotet werden. Daher ließ ihn der Kunstlehrer der Grundschule das malen, was er wollte und Dirk zeichnete sehr schöne Autoprospekte. Später, als er ungefähr zwölf Jahre alt war, fertigte er mit sehr viel Freude mit meinem Mann Hörspielkassetten an.

Dirk hatte Schwierigkeiten, mit anderen Kindern zu spielen. Spielregeln lernte er nur sehr schwer. Sport im Verein zu betreiben, war auch sehr schwer für ihn. Beim Umkleiden wurde er immer geärgert, und während des Unterrichts brauchte er immer Zusatzerklärungen. Sein Sprachdefizit machte sich auf allen Gebieten des gesellschaftlichen Lebens bemerkbar. Er brauchte immer jemanden, der ihm zusätzliche Informationen gab, der ihn aufmerksam machte, der ihn antrieb und der auf ihn aufpaßte. Er wurde immer wieder angegriffen.

Daß er intelligent ist, bewiesen seine selbst hergestellten Bücher, sein zeichnerisches Talent und seine fehlerfreie Rechtschreibung. Die Defizite aufzuholen und gleichzeitig sich weiterzuentwickeln, bedeutete täglich harte Arbeit für ihn wie für mich. Ich konnte Dirk leider keine Kindergesellschaft bieten, und darüber war ich oft sehr traurig. Fast jeden Nachmittag fuhr er mit dem Fahrrad zu Klassenkameraden, und nur ganz selten hatte jemand Zeit für ihn. Ich mußte eine Lösung finden, wie ich Kinder ins Haus holen konnte. Heike hatte immer viele Freunde hier, aber Dirk war immer in seinem Zimmer verschwunden und malte. Er brauchte eigene Freunde.

Bildteil

Zu den Bildern

So viele Wagen auf den Straßen
Die „Erste Hilfe" als Unterrichtsthema in der Schule hat Dirk auf seine Weise
interpretiert.
Alter: ca. 8 Jahre

Fleischbrühe – Dirkfinchen
Linsensuppe
Geschmack zu unterscheiden, lernte Dirk spät. Er erwartete, daß alle Speisen, die den
gleichen Namen haben, auch gleich schmecken. Die selbst zubereitete Suppe mußte
genauso schmecken, wie die aus der Dose. Erklärten wir ihm Unterschiede, wurde er
verunsichert und geriet er in Panik.
Er fragte nach Zutaten einer Speise und schrieb ein Kochbuch.
Alter: ca. 8 – 10 Jahre

Die Schnecke „Rosi will nicht ins Tierheim"
Deckblatt zu einer Cassettengeschichte
Alter: ca. 11 Jahre

Tagebuchblätter
Alter: 9 Jahre

Elefantonius-Motor
Dirk bekommt einen Motor erklärt.
„Ich wußte nicht, wie ich einen Motor malen kann!"
Alter: ca. 11 Jahre

Campinglatz in Ratzeburg
Unser Wochenenddomizil
Alter: ca. 9 Jahre

Es war einmal ein Fantasieland
Erstes Bild einer Bilderserie
Eine Fantasie guckt aus dem Fenster – Die Fantasie als Person

Sesamstraße sehen – Schiffe falten
Das sind die Zusatzaufgaben aus der Schule
(Fallstudie)

Dirk hat die Schreibmaschine entdeckt und schreibt ein Geschichtenbuch.

Das Baby In der Fallstudie beschreibt die Lehrerin das Babyspiel. Was können
Babys? Dirk versucht, alle für ihn neuen Worte in einer Geschichte unterzubringen.
Hier zeigt sich, wie schwer es ist, die Wörter zuzuordnen und deuten zu lernen. Ohne

ständige Hilfe und Richtigstellung wäre eine Weiterentwicklung nur sehr schwer möglich.

Am Nachmittag fahren wir in den Wald und machen Picknick.
Die Reise nach Picknick
Martin und Hayri sind Klassenkameraden.

Dirks geliebter Ford
In vielen Geschichten, die er auf der Schreibmaschine schrieb, erzählt er, wie er sich seine Zukunft vorstellt. Er konnte sich stundenlang schriftlich mit Sprache auseinandersetzen. Seine eigenen Probleme schreibt er anderen Menschen zu, um sie so für sich besser verarbeiten zu können.
Alter: ca. 8 Jahre

Gesichter
zu seinen Cassettengeschichten
Alter ca. 11 Jahre

Bushaltestelle
Dieses Bild war eine Einladung zu einer Freizeitveranstaltung des Hamburger Vereins „Hilfe für das autistische Kind".
Alter: ca. 12 Jahre

Jockel weint
(weil er geschlachtet werden soll – Fallstudie)
Alter 8 Jahre

Einige Bilder aus dem umfangreichen Thema „Duschen"
Alter: 8 – 10 Jahre

Lis und Mutti haben viel zu tun
- Hier geht es um Spielregeln und um das „Geheimnis". „Was wir Papa zum Geburtstag schenken, ist ein Geheimnis – Sprachverständnis"

Der neue Rolls-Ronz Grunz
Ein Autoprospekt, gemalt im Kunstunterricht der Grundschule.
Wenn Dirk mit seiner Aufgabe fertig war (hier beeilte er sich) durfte er malen, was er wollte. Der Lehrer sammelte seine Bilder und gab sie mir am Ende des Schuljahres.
Alter: ca. 11 Jahre

Auszug aus einem weiteren Autoprospekt

Stinkis Quatsch-Recorde
Ein Plattencover

Bahnfahren macht Spaß
Ein Deckblatt für seine Cassettengeschichten

2. Programm
Witziges aus Skunk – Den Geruchssinn mußte Dirk auch separat erlernen. Duften und stinken zu unterscheiden, sollte kein Problem sein. Wir mußten Dirk immer auf Gerüche und Gestank aufmerksam machen. Er lernte auch hier genau zu riechen und zu unterscheiden.

Das Schwein gilt als Sinnbild für Gestank, und Skunk ist ein Stinktier. Stinken war lustig und da man Gestank in normaler Umgebung selten riechen kann, erfand er ein Land „Skunk". Stinken steht in Verbindung mit Sauberkeit, also konnte er hier wunderbar seinen Duschen- und Schwimmbadtik einbringen.

Lego brachte gerade in dieser Zeit die Fabuland Tierserie heraus, und hier waren es wieder die Schweine, die er mit viel Fantasie und Witz vermenschlicht malte.

Ein Echo klingt mit
Ein Mann steht im Tunnel und freut sich über sein Echo. Die herannahende Gefahr sieht dieser Mann nicht.

Das Pferd
Ein Bild aus dem Klavierunterricht.
Alter: ca. 10 Jahre

3 Bilder aus einem Geschichtenbuch
Alter: ca. 9 Jahre

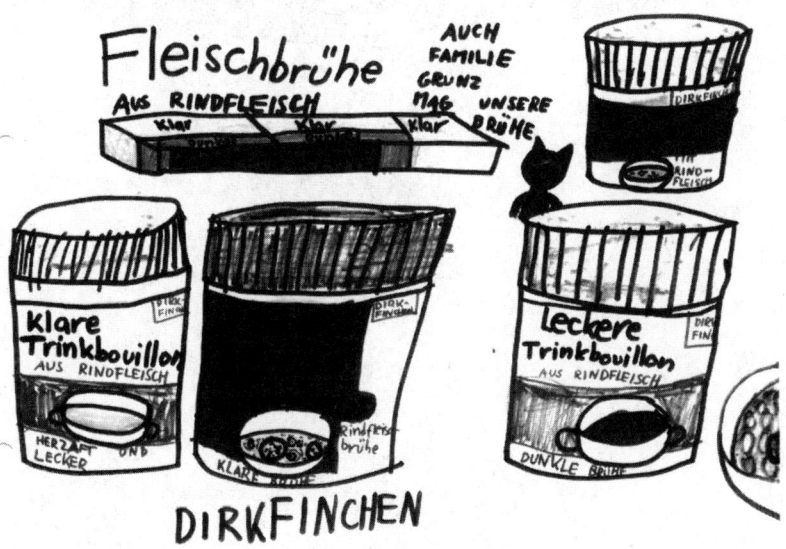

Linsensuppe ohne
Wurst
   so gehts
speck, Zwiebeln, Porree,
Möhren, Kartoffeln, Salz und
Linsen und Wasser

Rosi will nicht ins Tier-
heim

Heute giebt es Schweine braten

Dirk isst heute Schweine-braten. Dirk isst es auf. Abends

Dirk geht ins Bett und schnarcht

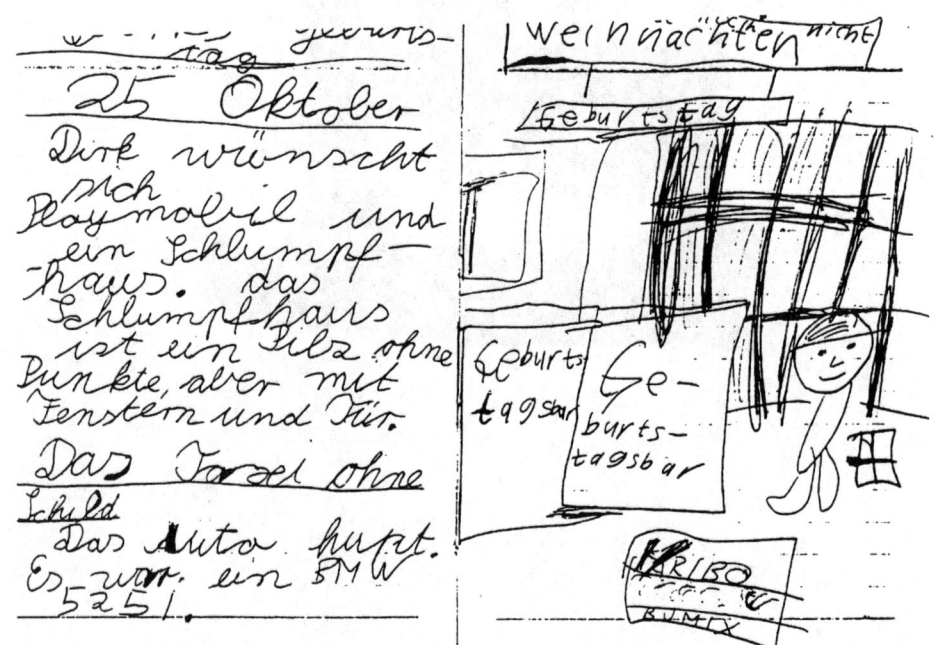

BUUS

CHRRRRR ZZZZR

...tag zwanzis-tag

25 Oktober

Dirk wünscht sich Playmobil und ein Schlumpf-haus. Das Schlumpfhaus ist ein Pilz ohne Punkte, aber mit Fenstern und Tür.

Das Paket ohne Schild

Das Auto hupt. Es war ein BMW 525 i.

Weihnachten nicht

Geburtstag

Geburts-tags bar

Ge-burts-tagsbar

KRIBO BUMIX

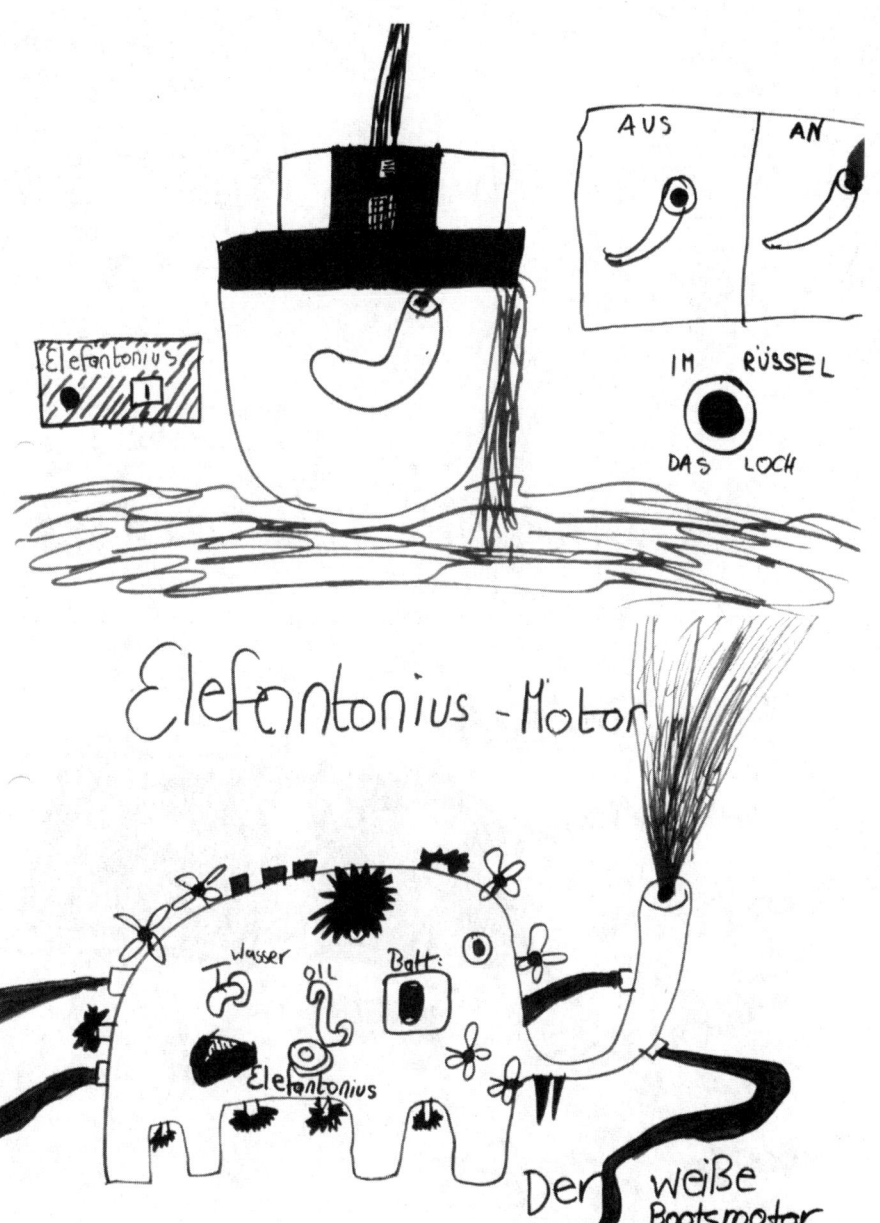

AUS

AN

Elefontonius

IM RÜSSEL

DAS LOCH

Elefantonius - Motor

Wasser oil Batt:

Elefantonius

Der weiße Bootsmotor

Dirk W.

CampingPlatz in Ratzeburg

Es war
Einmal
ein
Fanta-
sie Land
eine Fantasie
guckt aus
dem Fenster

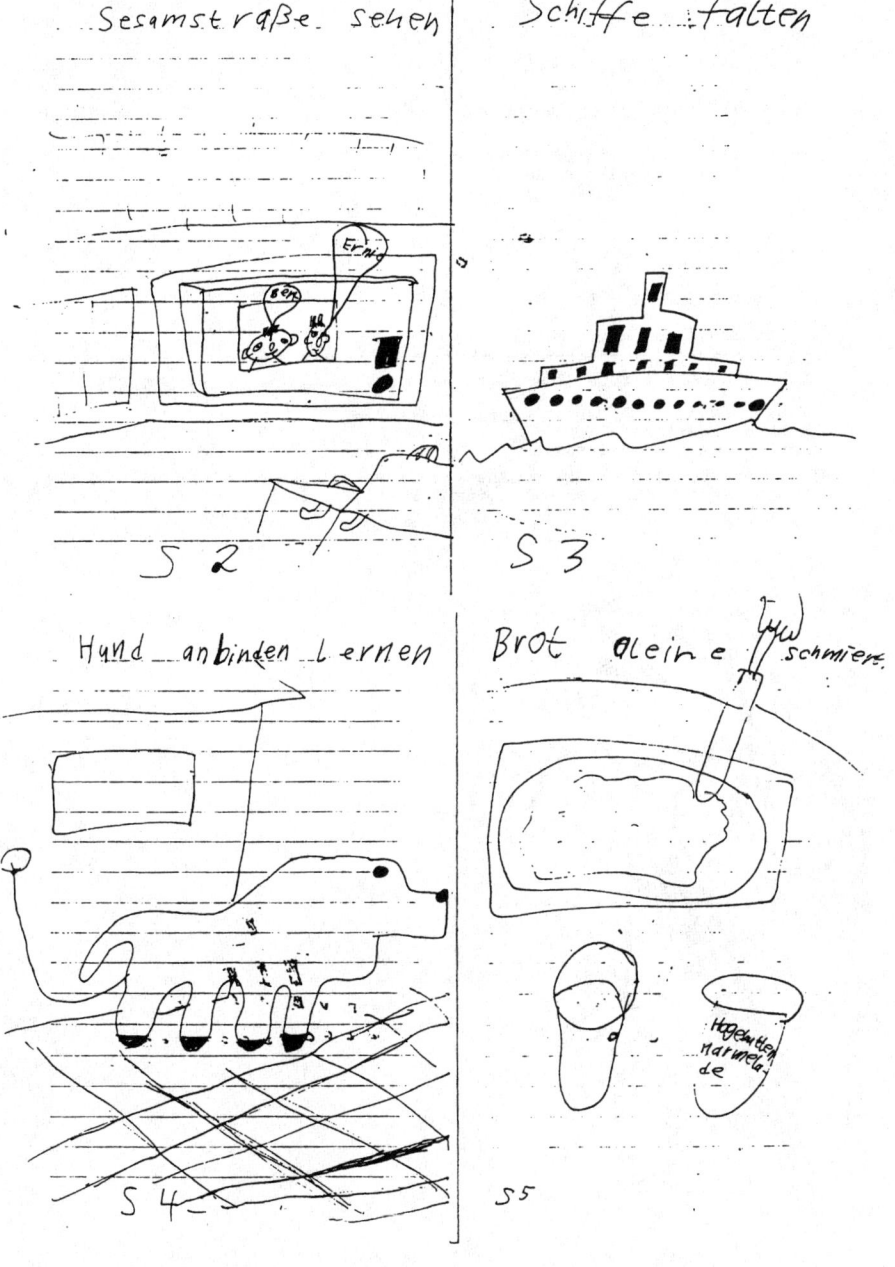

Sesamstraße sehen

Schiffe falten

S 2

S 3

Hund anbinden Lernen

Brot aleine schmiere

Hagebutten marmela de

S 4

S 5

Dirk will nicht lange BAUER SEIN
sondern Schofför

Dirk will also Taxischofför werden
nun ist die Geschichte aus

Das Baby
‾‾‾‾‾‾‾‾‾

VON WALDT DISNEY

Die HEXEN-Geschichte
‾.‾‾‾

DasBaby schläft noch nun hört das Baby das bimmeln des WECKERS

Mutter sagt . ' DU Darfst nicht weglaufen
ABER es läuft doch weg
DasBabygeht ins Hexenhaus
Die Hexe macht das Babyin eine Wurst.
Mutter weint weil das Baby eine WURST IST!

WURST ist wieder ein BABY   DIE
MUTTER FREUT SCH

DIE REISE NACH PICNICK
---------- --- --------------

Sie sitzen im Zug um 12 UHR müssen sie da sein
wo ist der DAMPFER Martin:sagt das Baby
Dahinten:sagt Mutter:Da fährt der DAMPFER Martin
du der Dampfer MARTIN sieht ganz klein aus
DA . kommt ein Paddelboot und KRRRRRRRRRACHCHCHCHCHCHCHCHCHCHCHCHCHCHCHCEC
NUN STOSSEN SIE GEGEN DEN DAMPFER!
NUN SIND SIE IM DAMPFER!
in Suez ist noch ein DAMPFER

es ist der Dampfer HAYRI
SIE FAHREN AUCH DAMIT
nun sind sie im PICNICK

Dirks geliebter Ford
Sierra

Dirk will in Zehn jahren ein Ford Sierra kaufen.
Er will einRoten Ford SIERRA kaufen Dirk liebt
denFord Sierra. Erwill ein Beruf lernen.
ER findet ihn schöner. Er geht zu Tobaben
er kauft den geliebten FORD Sierra
aber nun kann er endlich mit dem
Ford Sierra fahren er sagt was er was will
DIRK FÄHRT mit dem Ford Sierra
hinter uns fährt fährt ein Taxi
ßage ist quatsch Dirk heiratet
eine Frau sein Sohn heißt Flümi
Flümi ist noch ein BABY
Flümi weint sehr
er ist traurig warum weinst du sagt Dirk

weil ich weinen wollte
schluchst Flümi
aber da fängt der Flümi noch lauter an zu weinen

die Maus fängt an zu weinen

SIERRA

seite

Drecki — Ein Dreck-
mann

Drecki

Stinki
ein
Lümmel

Salina — Die hübsche
Sängerin

Calinca — Die Mode-
ratorin von der
Sendung Hits aus Skun

BUSHALTESTELLE HAUPTBAHNHOF DIRKENHAUSEN

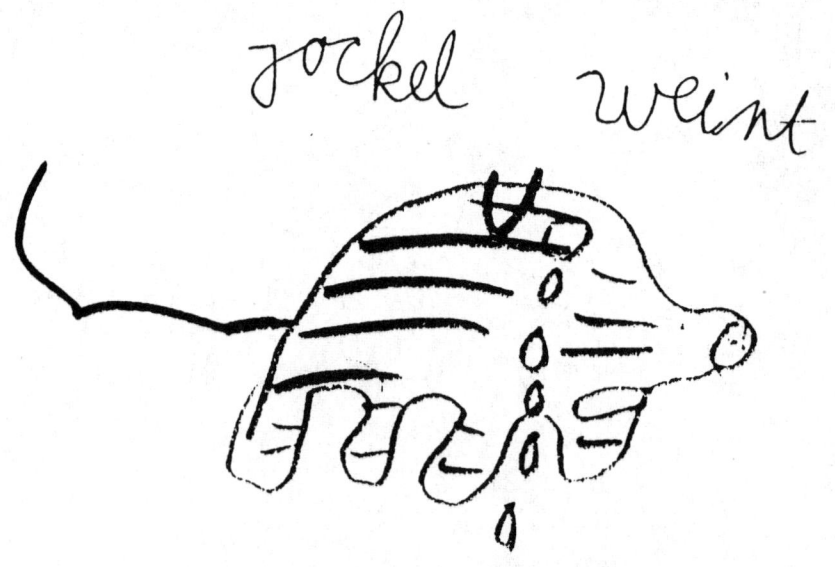

Kinderduschen

Bimbo Kinderbrause
Bimbo Kinderdusche

Nashorn Kinderbrause

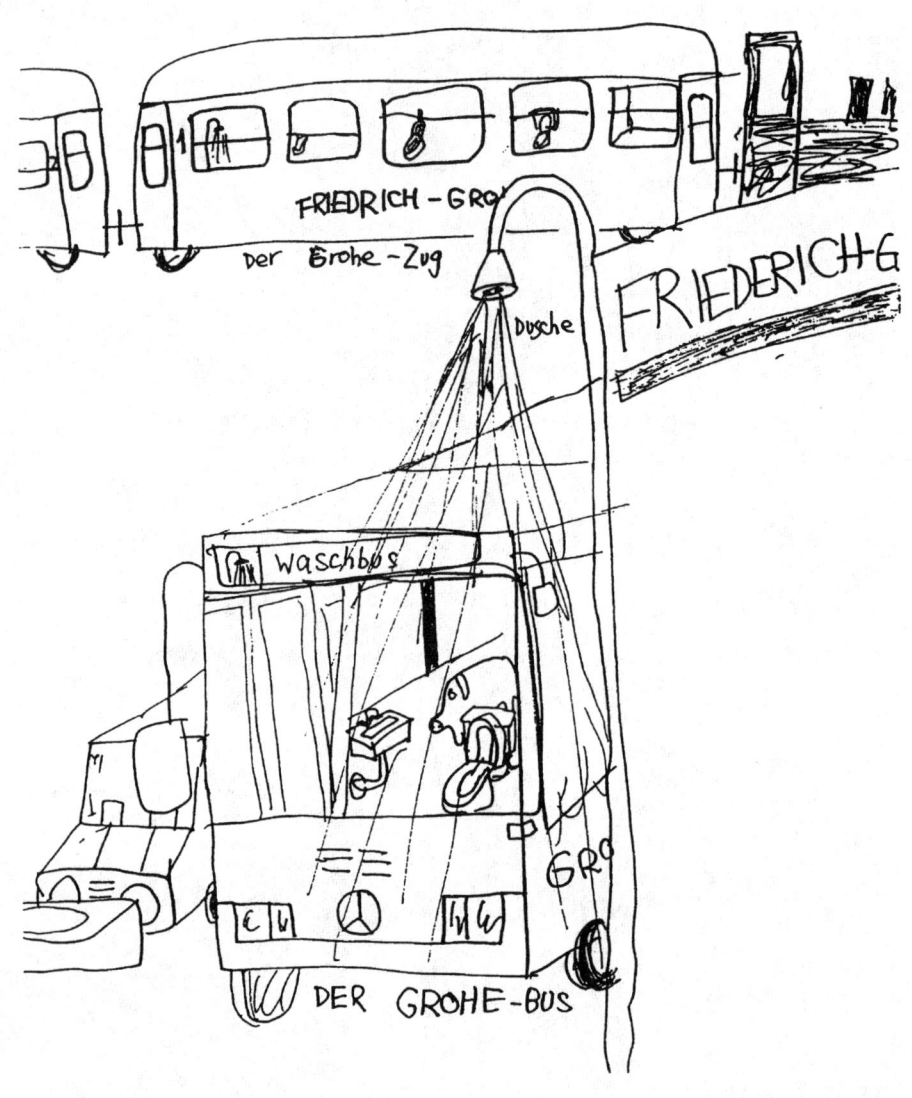

FRIEDRICH - GRO

Der Grohe - Zug

Dusche

FRIEDERICH-G

Waschbus

GRO

DER GROHE-BUS

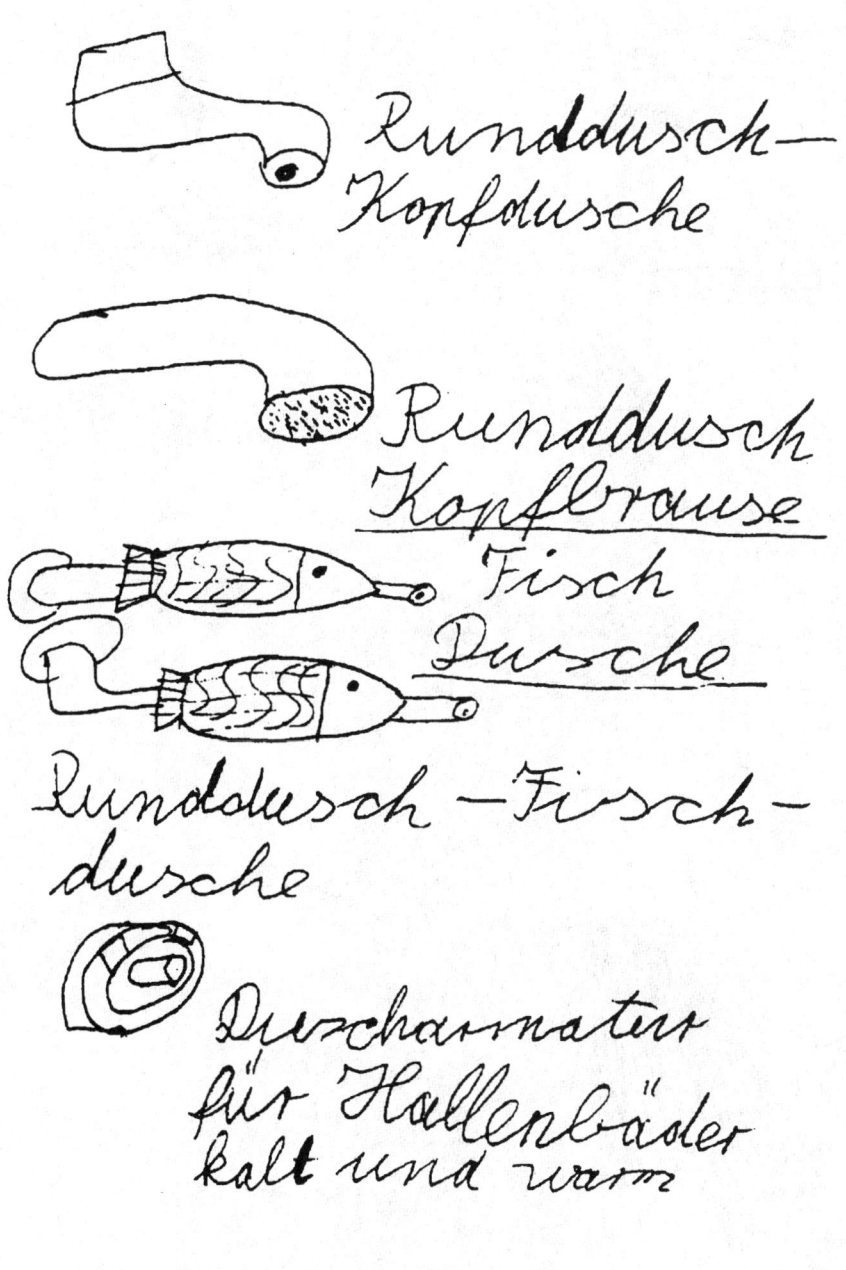

Runddusch-
Kopfdusche

Runddusch
Kopfbrause

Fisch
Dusche

Runddusch —Fisch-
dusche

Duscharmatur
für "Hallenbäder"
kalt und warm

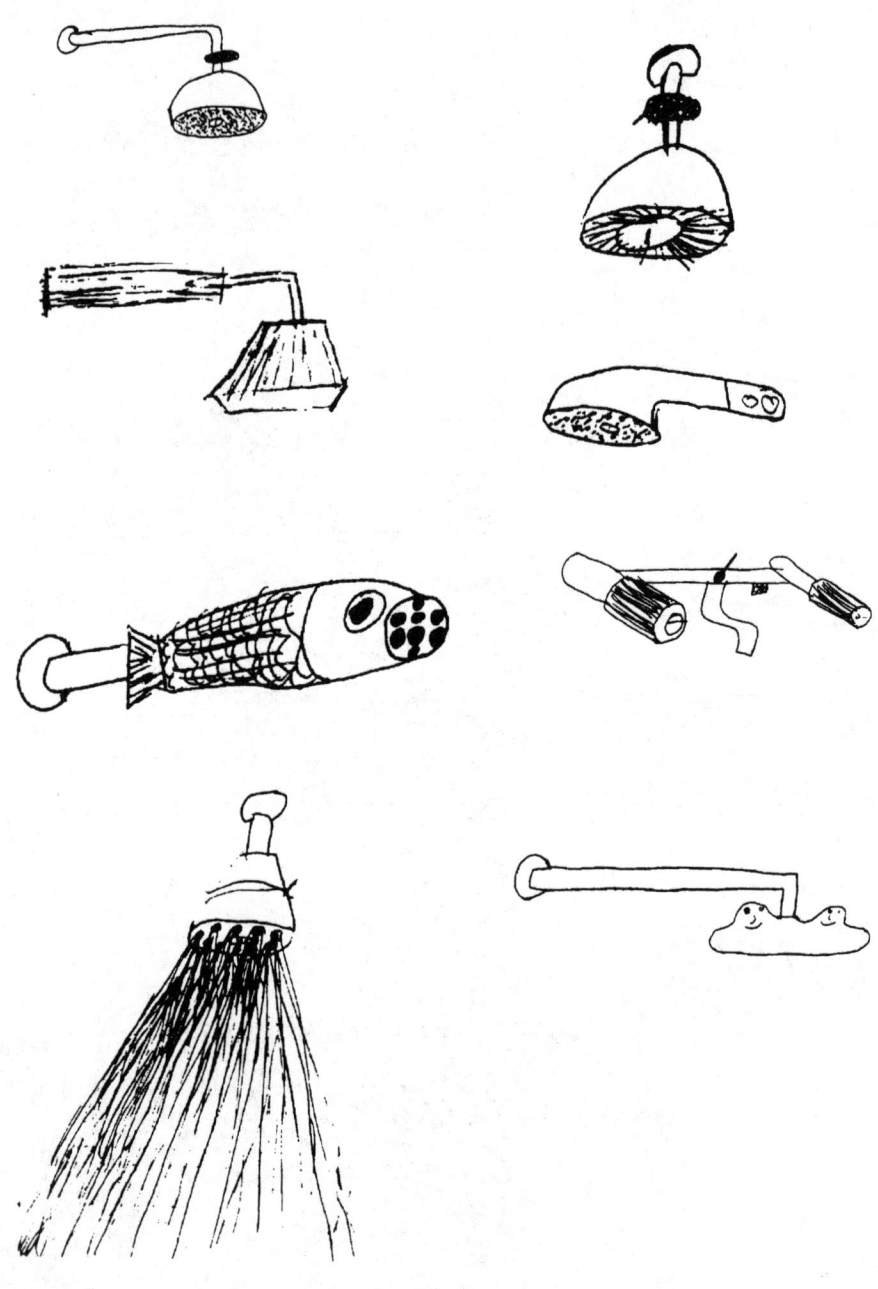

Zu den
Duschen
HERREN
SCHWIMMHALLE
DUSCHE
MÄDCHEN
SCHWIMMHAL
ZUTRITT
VERBOTEN

Lis und Mutti haben viel zu tun. Sie erfinden immer die Geheimnisse

Hier im Buch sind
2 Geschichten mit den
Menschen
guck auf den Zettel

15

Mutter fängt
mit M an

Kind fängt
mit L
an

15 L und M
Das Kind wo L steht
heißt Lis.
Die Mutter wo M steht
heißt Mutti Lis und
Mutti erfinden Geheim-
nisse. sie haben schon
einmal
Vati und Steffs Lieblingsessen gekocht.
Das war Vati und Steffs
Geheimnis.
Hier im Buch sind 2
Geschichten von Lis
und Mutti.
Lis und Mutti haben
nicht immer Geheim-
nisse auch
was anderes

DER NEUE ROLLS-RONZ GRUNZ

hinten   vorne

 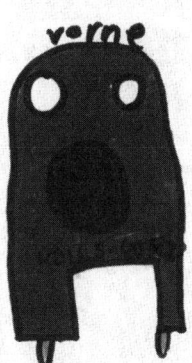

ROLLS-RONZ GRUNZ

DAS NEUE ROLLS-RONZ-MOBIL. SCHÖNER! VIEL SCHWEINISCHER

HÄNDLERSTEMPEL
AUTOHAUS NIE-
HORN

ROLLS-RONZ GRUNZ-MODELLE, die schon abgelauten sind

rausgekommen: 1984
ROLLS-RONZ GRUNZ
vor diesem Modell

rausgekommen: 1980
ROLLS-RONZ GRUNZ
noch älter

rausgekommen: 1977
ROLLS-RONZ GRUNZ
alt

heute!
ROLLS-RONZ GRUNZ
1986

2 PROGRAMM   SAMSTAG 14.12.

10³⁰   Witziges aus Skunk

Schrank Nr.10   Schrank Nr.50   Sch.. Nr...

Stinki Bild Mitte. Dirk Bild 1. Dirk
und Stinki als Wasserteufel Bild 2. Dirk
Stinki und Dirk sind jedesmal in
der Sendung im Hallenbad.
Sendedauer 60 Minuten.

12⁰⁰   Skunk Show

Tatara   Lola

45 Min.

Mit Dicki Elefant

10³⁰ W. a. Sku.
11³⁰ Skunk Nachrichten.
12⁰⁰ Skunk SHOW
13³⁰
14⁰⁰ Lustige Kindersendung
15⁰⁰
16⁰⁰
17⁰⁰
18⁰⁰
19⁰⁰ Skunk Nachrichten
19³⁰
20⁰⁰
20¹⁵ Abenteuer im Jachthafen Skunk
22⁰⁰
23⁰⁰
24⁰⁰ Programm Ende

24

Experimentol

Wozu gibt es Staubsauger, wenn es nichts zum Saugen gibt?

Zum Glück gibt es Blumentöpfe mit Blumenerde, die man verstreuen kann. Auch meine Teddys haben ein schönes Fell, das man abschneiden kann.

Wenn es nicht reicht, zerschneide ich einfach noch ein bißchen Papier.

Der Staubsauer saugt auch mühelos Socken, Papas Krawatte und ganz viele Legosteine.

Ärgerlich wird Mutti nur, wenn Mehl, Gries, Kaffee, Zucker und Salz im Staubsauger verschwinden.

Wenn ich gar nichts finde, schneide ich mir einfach meine Haare ab.

Radikalschnitt, versteht sich.

Und schon hab' ich wieder was zum Saugen.

***

Religionsunterricht: Die Kinder sehen einen Film über Christus. Nach dem Film erklärt die Lehrerin Heiko, daß Gott für die Menschen sein „Liebstes" geopfert hat,: seinen Sohn.

Darauf Heiko ganz erbost :„Hat denn niemand die Polizei geholt, und hat ihm denn keiner geholfen? Das darf man doch nicht zulassen!"

***

Bernd hat mit seinen Mahlzeiten keine Probleme. Er leert seinen Teller mit Ruhe und Umsicht:

Ein Fleischklößchen   in den Mund

Ein Makkaroni   locker über die Schulter nach hinten

so gehts weiter, bis der Teller fast leer ist

das letzte Fleischklößchen	in den Mund
der letzte Makkaroni	über die Schulter
der Löffel	über die Schulter
der Teller	über die Schulter
fertig!	

***

Michael verläßt den U-Bahnwagen sofort wieder, wenn der Lautsprecher-Ansager keine angenehme Stimme hat.

***

Endlich ist er im Bett, der kleine Quälgeist! Natürlich nicht endgültig, gerade ist er zum vierten Mal ins Wohnzimmer heruntergekommen, um noch ein allerletztes Mal den Wetterbericht zu diskutieren. Meine Antwort klang wohl etwas gereizt, jedenfalls ist es jetzt still oben. Aber da – ich denk, der schläft! – öffnet sich die Tür noch einmal, ein Kopf schiebt sich vorsichtig durch den Spalt und eine sehr unsichere Stimme fragt: „Ich denk, ich schlaf?"

***

Als mein Sohn klein war, machten wir strikte Sprachübungen mit ihm. Das ging so: Frage: „Sven was tust du?"
Antwort: "Ich sitze auf dem Stuhl." (ausdruckslos, aber sorgfältig skandiert)
Bravo!

Als Belohnung gab es eine Salzstange.

Die Salzstangen mußten natürlich gut verwahrt werden – im obersten Fach im Küchenschrank, ganz hinten.

Und dann seh ich, als ich in die Küche komme, den Tisch, vor den Schrank geschoben, den Stuhl auf dem Tisch und oben auf dem Stuhl Svens Beine. Was noch zu ihm gehört, steckte im obersten Schrankfach.

Auf meinen vorwurfsvollen Ausruf: „Aber Sven, was machst du denn da?" tönt es hohl, aber sorgfältig skandiert aus dem Schrank:

„Ich stehe auf dem Stuhl!"

***

Gespräch mit dem Pädagogen, der die Schwimmgruppe meines Sohnes betreut:

Er: Beim Schwimmen gibt es jetzt keine Probleme mehr mit ihm, aber beim Anziehen!

Ich: Wieso, das kann er doch allein!

Er: Aber er kann nicht auf die anderen warten. Das ist es ja bei den Autisten: Wenn die nur einen Augenblick warten sollen, flippen sie aus.

Ich: Sie müssen ihm die Situation halt erklären!

Er: Dazu hab' ich dann keine Zeit! Ich muß den anderen beim Anziehen helfen, und das muß schnell gehen: Zwei werden von ihren Vätern abgeholt, und die haben's immer eilig.

Wenn die nur einen Augenblick warten sollen, flippen sie aus.

Ich: Ach, sind die autistisch?

***

Jan war neun Jahre alt, als wir Vaters 40. Geburtstag feierten. Am frühen Morgen dieses besonderen Tages versammelten wir – seine Geschwister und ich – uns zu einem Geburtstagsständchen.

So gut und so laut es eben ging, schmetterten wir, Happy birthday to you!" Plötzlich öffnete sich die Tür von Jans Zimmer. Er erschien verschlafen, die Augen reibend meinte er: „Nicht immer 'halt die Bürste' singen!"

***

Fondue-Essen ist das einzige Essen, das Spaß macht. Jedenfalls ist Uwe dieser Meinung. Seine Schwester brachte von einer Freizeit die Erfahrung mit, daß man außer Fleisch- und Käse – auch Schokoladen-Fondue machen kann. Alle Kinder waren begeistert. Uwe war es jedoch nicht. Nicht einmal das Aufspießen und Eintauchen der Weintrauben machte ihm Spaß. Diesmal interessierte ihn nichts als das Rechaud, der Spirituskocher.

Schnell fand er heraus, daß er, wenn er mit dem Spieß die Lüftungslöcher schnell öffnete, einen Puff, eine Mini-Explosion, erzeugen konnte – ein Riesenspaß.

Als schließlich der Spiritus verbrannt war, war unsere Geduld und Freude am Ende, seine jedoch nicht. Er verlangte nach weiterem Spiritus, konnte ihn aber nicht benennen und nicht selbst holen, weil wir ihn oben im Küchenschrank neben dem Medikamentenkasten aufbewahren. Nach kurzer Überlegung forderte er mich auf: „Gib mal EXPERIMENTOL!" Offensichtlich ist Pinimenthol das einzige Medikament, dessen Name er sich gemerkt hat. Mir fehlte aber auch die Erkenntnis, daß er „Experimente" machte und das Wort auch kannte.

Zwei Geschwister warten auf die S-Bahn. Sie reden nicht miteinander, da Stephan nicht sprechen kann, aber sie halten sich an den Händen. Stephan vertreibt sich die Zeit mit stereotypem Schaukeln. Die beiden werden von der Mitschülerin Gabi beobachtet.
Am nächsten Tag folgendes Gespräch in der Schule: „War der Typ gestern dein Freund?" Pia: „Nein, das war mein kranker Bruder" – „Ach so, und ich habe immer auf seinem Kopf den Walkman gesucht!"

***

Mein Großvater hat alle Kassenzettel aufgehoben – über Jahre, aber keiner hat gesagt, er sei autistisch!

***

Meine Kinder und ich leben in einer Wohngemeinschaft. Mit Energie, Strom und warmem Wasser wird sehr sorgfältig und sparsam umgegangen. Martin ist dran mit Abwaschen. Jede Tasse, jeder Teller wird 10 x von innen und außen gebürstet. Es ist kaum zum Ansehen. Ich halte es nicht mehr aus und sage: Martin, mach nicht so lange bei jedem Stück! Das ist nicht nötig, und außerdem ist das Abwaschwasser bestimmt schon ganz kalt. Aber Mama, unterbricht mich mein Sohn, ich weiß doch, daß man nur mit heißem Wasser abwaschen kann. Immer, wenn das Wasser kalt ist, lasse ich es raus und nehme neues heißes Wasser.

***

Unser Sohn Georg liebte Rolltreppen. Wenn ich ins Kaufhaus ging, ließ ich unseren Sohn an der Rolltreppe stehen und konnte dann schnell einmal ein Kleid anschauen.

An einem Tag im Mai ließ ich Georg wieder einmal in der zweiten Etage an der Rolltreppe, um ihn dort gleich wieder abzuholen. Ich fand für mich ein Kleidungsstück, und es dauerte etwas länger, weil ich es noch bezahlen mußte.

Als ich Georg holen wollte, sah ich schon von weitem eine riesige Menschenansammlung. Ich hörte Worte wie: „Aber da muß man doch einen Krankenwagen verständigen!", – „Da kann man wohl nichts mehr tun!" – „Der ist bestimmt tot!"

Ich drängte mich zwischen die Menschenmenge und sah, wie Georg regungslos auf dem Bauch lag und durch die Stäbe der Rolltreppe in die Tiefe guckte. Ich rief: „Georg komm!" und unser Sohn sprang zur Verblüffung der Umstehenden auf und ging mit mir. Ich drehte mich noch einmal um und sah in die verblüfften Gesichter.

***

Marco (acht Jahre) sammelt Seiten. Er blättert in Katalogen und sagt jede Seitenzahl laut vor sich hin 897, 898, 899 ... Er merkt sich die letzte Seitenzahl und schreibt diese auf. Zum Schluß addiert er alle Zahlen, die Kataloge, Telefonbücher, etc.

***

Mutter: Morgen ist Himmelfahrt.
Sohn: Da will ich aber nicht mit!

Der Computer

In der Schule brauchte Dirk immer jemanden, der ihm sagte: „Nun mach mal voran", und hier zu Hause war das nicht anders. Wenn ich ihm etwas sagte, dauerte es mir immer zu lange, bis er reagierte. Ich überlegte mir, daß man bei Computerspielen schnell reagieren muß. Hier könnte ich ihn vielleicht trainieren. Der Computer war vor rund zehn Jahren noch relativ selten, und über einen Bekannten besorgte ich mir dann einen Computer und kaufte Spiele. Dirk erzählte natürlich in der Schule, daß wir nun einen Computer haben, und die Kinder strömten nur so in unser Haus. Alle wollten sie spielen, und was machte Dirk? Ihn interessierte der Computer überhaupt nicht. Er lag auf dem Boden und fertigte weiterhin seine Bücher an und malte. Die Klassenkameraden spielten begeistert Computer. Ab und zu blickte er auf den Bildschirm, und lachte, wenn es Töne gab. Mehr passierte nicht.

Ich zeigte Dirk, wie man den Computer einschaltet und die Spiele aufruft, aber das interessierte ihn alles nicht. Jeden Tag kamen jetzt Kinder, und da am Computer immer nur einer sitzen konnte, unterhielten sich die anderen mit Dirk oder malten mit ihm. Sie lernten Dirk jetzt privat richtig kennen und schätzen und hatten sehr viel Spaß miteinander. Ich kaufte Kekse und verteilte Getränke, und Dirk fühlte sich sehr wohl. Daß er nun immer auf dem Boden lag und malte, gefiel den Kindern auch nicht, und sie motivierten ihn immer häufiger, doch mit ihnen am Computer zu spielen. Und dann auf einmal hatte es Dirk gepackt. Er spielte und spielte stundenlang. Er lernte, im Spiel schnell zu reagieren, was sich dann auf das tägliche Leben übertrug. Dirk schaffte im Laufe der Zeit in allen Spielen weit mehr Punkte als seine Freunde. Er suchte selbständig nach Wegen und Lösungen. Er dosierte sein Computerspiel so, daß ich nie eingreifen mußte.

Die Kinder stellten privat fest, daß Dirk ein sehr netter Junge ist, was wiederum Auswirkungen in der Schule hatte. Sie unterstützten und halfen ihm. Kurz vor seinem zehnten Geburtstag erklärte mir Dirk, daß er zehn Kinder eingeladen habe und so Geburtstag feiern wolle, wie seine Schwester. Ich war sehr überrascht, da sich Dirk an den Geburtstagen seiner Schwester immer in sein Zimmer verzogen und an den Spielen nie beteiligt hatte. Wir planten den Geburtstag dann so, wie er ihn sich gewünscht hatte. Am Geburtstag erklärte er plötzlich: „So, jetzt machen wir eine Schnitzeljagd!" Die wurde dann allerdings recht problematisch. An diesem zehnten Geburtstag stellte ich mal wieder fest, daß sich alle Mühe gelohnt hat. Es war ein wunderschöner Tag. Dirk war ein guter, toleranter Gastgeber, und die Kinder waren bis zum Abend glücklich und zufrieden.

Chancen?

Dirk lebte während der Schulzeit in stiller Integration unter normalen Kindern, ohne daß er von klein auf die Möglichkeit hatte, Spielregeln und den Umgang mit anderen Menschen zu lernen. Er konnte Sprache nur in einem bestimmten Bereich verstehen lernen und somit war ihm ein Kommunizieren mit anderen Menschen nur beschränkt möglich. Er lernte, anderen Menschen seine Vorstellungen mitzuteilen und über Fragen seinen Wissensstand zu erweitern, aber umgekehrt konnte er durch die mangelhafte Wahrnehmung und Wahrnehnmungverarbeitung von anderen Menschen nur sehr wenig lernen. Seine eigenen Wahrnehmungsorgane waren teilweise durch die Verhaltensstörungen unterentwickelt, so daß er sie nach dem Erwerb der Sprache nicht voll einsetzen konnte. Er mußte erst einmal über eigene Erfahrungen lernen und über die Sprache eine bisher nicht stattgefundene Entwicklung bestimmter Wahrnehmungen nachholen. Bevor er Reaktionen anderer Menschen verstehen konnte, mußte er angstfrei eigene Erfahrungen machen und sie verstehen lernen. Den Grund als Auslöser für ein bestimmtes Verhalten (Verletzen = Weinen, Geschenk = Freude, Wegnehmen = sich wehren) zu erkennen, war ihm lange Zeit nicht möglich. Und dieses Defizit ist das, was andere Kinder sofort feststellen, und darauf reagieren sie negativ. Die feindliche Einstellung ihm gegenüber merkte er erst, wenn die Kinder offen ihre Aggressivität ausübten. Dann war es für ihn zu spät, denn sich zu wehren, mußte er auch noch lernen.

Man könnte davon ausgehen, daß „sich zu wehren" eine selbstverständliche menschliche Reaktion ist. Bei Dirk war es nicht so, er mußte lernen, sich zu wehren, mit Worten und mit Fäusten. In späteren Jahren halfen ihm seine Freunde dabei. Ich hörte sie in seinem Zimmer kämpfen. Und als ich einmal böse Beschimpfungen mitbekam, war ich empört. Freunde hatten mitbekommen, daß man Dirk in jeder Art und Weise beschimpfen konnte, ohne daß er sich wehrte. Spielerisch wollten sie ihm beibringen, was das für einen normalen Menschen bedeutet. Sie forderten ihn mit diesen Beschimpfungen heraus und machten ihm klar, daß er sich nicht alles gefallen lassen darf. Er sollte lernen, anzugreifen oder sich zu verteidigen.

Den gesellschaftlichen Umgang miteinander muß man über Erfahrungen lernen, und hier hatte Dirk beim Eintritt in die Gesellschaft, in die Schule, große Probleme. Die Weiterverarbeitung der Erfahrungen über die noch nicht voll entwickelten Wahrnehmungsorgane, funktionierte nur in Teilbereichen, und somit brauchte er permanent Schutz und Hilfe. Diesen Schutz und auch entsprechende Hilfe hätte Dirk sicherlich in einer Integrationsklasse bekommen, aber die gab es zur damaligen Zeit nicht. Still integriert, war seine einzige Chance, im normalen Umgang das Versäumte aufzuholen. Doch in der Regelschule richteten sich die Anforderungen nach der Reife, die die normalen Kinder in diesem Alter haben. Dirk war zwar im Schulalter, hatte aber diese normale Reife nicht und konnte somit die geforderten Leistungen nur teilweise erbringen. Die Lücken, die er hatte, galt es zu füllen, und zwar in kleinen, maßvollen Schritten.

Für einen Menschen, der in seiner frühen Kindheit sich durch Krankheit, Behinderung oder aus sozialen Gründen nicht normal entwickeln konnte, hat die Gesellschaft nur in Ausnahmefällen Verständnis. Dirk wurde auch nach seinem Alter und seiner Körpergröße bewertet. Die Gründe dafür, daß er den normalen Reifezustand bisher nicht erreichen konnte, mußten wir immer wieder erklären.

Der Mensch wird leider nach seinem Alter beurteilt, bewertet und beschult.

Auf die vielen Schwierigkeiten, die Dirk in den ersten Lebensjahren hatte, wird gesellschaftlich keine Rücksicht genommen und, es werden altersentsprechendes Verhalten und entsprechende Leistung von ihm verlangt. Um ihn vor dem „Wie, das weißt du nicht?" zu schützen, muß ich immer wieder auf seine autistische Vergangenheit verweisen. Ich tue das sehr ungern, denn außer einigen Erfahrungsdefiziten erinnert in seinem Verhalten nichts mehr an die einst so problematische Wahrnehmungsverarbeitungsstörung des Autismus. Ich würde den Autismus gerne vergessen.

***

Hamburger Autismus-Institut

1979 hatte ich den ersten Kontakt zum Hamburger Autismus-Institut. Nachdem wir im Werner-Otto-Institut mit der Therapie nicht weiterkamen, versuchte ich, hier Hilfe zu bekommen. In den 70 oder 80 Therapiestunden vermittelten mir die Therapeuten Basiswissen im Umgang mit meinem Kind, auf das ich noch heute zurückgreife.

Eine Selbsterfahrungsgruppe bestand aus acht Müttern und einem Therapeuten. Wir trafen uns einmal im Monat abends, und so lernte ich die ersten Mütter autistischer Kinder kennen. Wir sprachen über uns und unsere Kinder. Wir erzählten von unseren jeweiligen Schwierigkeiten und auch Besonderheiten. Das war sehr interessant.

Dirk war im Alter von sieben Jahren sehr schwierig und ich entsprechend stark belastet, so daß die nächtliche Rückfahrt nach Hause für mich sehr gefährlich wurde. Ich kannte keinen Sonn- und keinen Feiertag und auch keinen Urlaub, und mit einem 20 Stunden Tag war ich restlos am Ende und drohte während des Fahrens einzuschlafen. Ich mußte leider aus Sicherheitsgründen diese Gruppe verlassen, was mir sehr schwergefallen ist.

Aber endlich hatte ich ein paar Eltern kennengelernt, die das gleiche Schicksal zu haben schienen. Bei ihren Erzählungen weckten sie in mir unterschiedliche Gefühle. Mal beneidete ich die Mutter um den Intellekt ihres Kindes und den allgemein guten Entwicklungsstand, mal wußte ich nicht, wie ich in der gleichen Situation reagieren würde und empfand so etwas wie Mitleid und war froh, andere, leichtere Schwierigkeiten zu haben. Da erzählte eine Mutter, daß ihr Kind immerzu fortläuft und dann mit großem Aufwand gesucht werden muß, ein anderes Kind sprach sehr gut, und ein weiteres war fast erwachsen und sprach nur wenig; alle Kinder waren intellektuell verschieden und hatten unterschiedliche Entwicklungsstufen erreicht.

Anfang 1984 bekam ich Post vom Verein Hilfe für das autistische Kind. Eine Frau aus der Selbsthilfegruppe hatte den Vorstand übernommen und schrieb mich an. 1985 übernahm Herr Dipl.-Psych. Hartmut Janetzke die Leitung des Hamburger Autismus-Instituts, und ich wurde als Beirat in den Vorstand gewählt. Zusammen mit der ersten Vorsitzenden bereiteten wir regelmäßige Elternabende vor, an die ich mich noch gerne erinnere. Auf diesen Elternabenden sprachen wir Eltern ausführlich über unsere Sorgen. Wir hatten Verständnis füreinander, und man bekam den einen oder anderen Tip. Ich hörte von einigen Müttern, was sie alles tragen und ertragen müssen. Einige Mütter hatten erwachsene Kinder, die große Schwierigkeiten in den Werkstätten hatten.

Für die Elternabende bereiteten wir Themen vor, und jeder hatte Gelegenheit, seine Erfahrungen beizusteuern. Ein Thema z. B. war der „Zahnarztbesuch". Die Berichte einiger Mütter über die Demütigungen, die sie hier mit ihren Kindern erfahren haben, werde ich nie vergessen.

Das, was eine Mutter empfindet, die ihr Kind in ein Heim geben muß, weil sie und die Familie der Belastung nicht mehr gewachsen sind, kann man nicht beschreiben. Da gab es Mütter, die das Haus jahrelang nicht verlassen konnten, und ein junger Mann blieb im Bett. Da gibt es Probleme mit den Geschwisterkindern, die der Belastung psychisch nicht gewachsen sind und in Behandlung müssen, Kinder, die sich selbst verletzen und auf die man ständig aufpassen muß, Kinder, die nicht sprechen und Sprache nicht verstehen, die nur traurig reagieren, und solche, die beim geringsten Anlaß aggressiv gegen Eltern werden, junge Leute, die in den Werkstätten plötzlich nicht mehr zu halten sind und jetzt zu Hause die Eltern vor Langeweile traktieren, und vieles andere mehr.

Diese Arbeit hat mich auch in meinem Engagement bestärkt, weiterzumachen, auch wenn man manchmal kein Land mehr sehen konnte und einem die Probleme über den Kopf zu wachsen schienen. Die fast täglichen Kämpfe um Einsicht waren keine Freude, aber ich habe gesehen, wie wichtig Aufklärung um die Wahrnehmungsverarbeitungsstörung ist.

Ich war in Behinderteneinrichtungen und sah schwer autistische Jugendliche stumpfsinnig vor sich hin sinnend oder solche, die mit Weben beschäftigten waren. Andere mußten malen, und wieder andere kamen auf mich zu, sahen in mein Gesicht, blickten aber durch mich hindurch und fragten mich nach meinem Namen.

Während sich mein Kind mit Lesen beschäftigte und mich ständig fragte: „Was heißt das, und was heißt das?" arbeiteten hier eventuell hochintelligente Menschen stupide vor sich hin. Ich sah täglich Fortschritte bei meinem Kind, wenn sie auch zum größten Teil erkämpft waren, doch hier sah ich Stillstand und Rückschritt. Mir wurde immer klarer, daß ich das, was ich mit meinem Kind erreicht hatte, veröffentlichen muß, um diesen hilflosen, vielleicht alles wahrnehmenden Menschen helfen zu können.

Während der Vereinsarbeit kamen wir immer wieder auf unsere Kinder zu sprechen. Sie waren und sind nun mal Mittelpunkt unseres Lebens. Herr Janetzke wurde nicht müde, uns auch privat mit seinem guten Rat zu helfen. Ich habe sehr viel von ihm gelernt. Er konnte oft meine Sichtweise bestätigen, was mir sehr viel Kraft zum Weiterkämpfen gab.

Schulische Entwicklung

Dirk konnte sprechen, aber wehren konnte er sich nicht. Sozialverhalten lernt man als Kind unter Kindern. Erwachsene können Kinder nicht ersetzen, und somit mußte Dirk unter Kinder, die mit ihm spielen und die ihn mit seinen Schwierigkeiten annahmen. Im Kindergarten meiner Tochter war er sofort Angriffspunkt, weil er anders war. Die Kinder gehen davon aus, daß sich ein Mensch wehrt, und wenn er das nicht kann, muß er es lernen. Das war auch die Aussage der Kindergärtnerinnen.

Normal mag das richtig sein, aber bei einem so hilflosen Kind wie Dirk konnte das gefährlich werden. Dirk meldete sich nicht, auch wenn es ihm sehr schlecht ging. Er wußte noch nicht, was „sich wehren" bedeutet und wann man sich wehren muß. Durch Nachahmen konnte er noch nicht lernen. Das konnte ich den Erziehern aber leider nicht klarmachen. Ich erschien ihnen wie eine Mutter, die ihr Kind überbehütet. Sie waren ausgebildet, ich nicht. Dirks Probleme konnte ich ihnen nicht so klarmachen, daß sie mir glaubten. Dirk sah normal aus, und sie zogen, wie andere auch, falsche Schlüsse aus seinem Sprachvermögen.

Die Kinder schütteten ihm einen Eimer Sand über den Kopf, und er hatte Mund, Nase und Augen voll Sand, aber er kam nicht zu mir, damit ich ihm helfe. Er war gut dreieinhalb Jahre alt und völlig wehrlos. Er ertrug stumm, was die Kinder mit ihm machten, und war unfähig zu reagieren.

In einem Gespräch mit einer Erzieherin erfuhr ich von der Lebenshilfe. Ich meldete Dirk dort an. Den Mitarbeitern war Autismus bekannt, aber was sich genau dahinter verbarg, wußten sie nicht und ich damals auch nicht genau. Ich erzählte ihnen von Dirks Sprachproblemen. Als ich eine Therapie im Hamburger Autismus-Institut begann, waren die Betreuer sofort bereit, sich hier zu informieren.

Es ist sicherlich schwer, einem Kind wie Dirk klarzumachen, daß er sich an Schulregeln zu halten hat. Was Schulregeln sind, mußte er lernen.

Wenn ich Dirk etwas beibringen wollte, brauchte ich außer vielen Ideen auch viel Geduld und starke Nerven. Ich war außerdem nicht ausgebildet, hatte kein Fachwissen und konnte nur meinem Verstand oder meinem Gefühl folgen. Dirk war nun unter Kindern, in einer kleinen Gruppe, und die Kindergärtnerinnen konnten sich gezielt mit ihm beschäftigen. Ich bot eine Zusammenarbeit an und fragte immer wieder nach, wie sie mit ihm zurechtkommen. Zunächst ging alles wunderbar. Die Gruppe war klein und das Engagement groß. Dirk wurde morgens abgeholt und mittags gebracht. Für einige Stunden war ich allein. Auch hatte ich ein wenig mehr Zeit für unsere noch kleine Tochter.

Nach anfänglichen Erfolgen stellten sich neue, aggressive Verhaltensstörungen ein.

Dirk hatte aufgehört zu singen, und Malen machte ihm auch keinen Spaß mehr. Das Puzzeln wurde nicht nur problematisch, er lehnte es total ab. Die Kindergartengruppe war stark angewachsen, und die Erzieher schienen auch mit Dirks Verhalten in keiner Weise mehr zurechtzukommen. Sie überforderten ihn sprachlich, und er mußte Regeln einhalten, die er nicht verstand und die es zu Hause nicht gab. Seine Sicherheit sah er gefährdet, und neue Verhaltensstörungen waren die Folge.

Auf bloße Betreuung legte ich keinen Wert. Kurzentschlossen nahm ich Dirk aus dieser Einrichtung heraus und behielt ihn zu Hause. In eineinhalb Jahren stand die Einschulung an. Dirk war in seiner allgemeinen Entwicklung weit zurück, und bis dahin mußte er noch eine Menge lernen. Die Hoffnung auf einen Platz in der Regelschule hatte ich noch nicht aufgegeben.

Bei Elternsprechtagen in der Schule meiner Tochter sprach ich mit ihren Lehrerinnen über meinen so problematischen Sohn. Eine Lehrerin erklärte sich sofort bereit, dieses Kind in ihre Klasse aufzunehmen. Da Dirk im Oktober geboren ist, war es möglich, ihn als Kann-Kind einzuschulen und dann in den Schulkindergarten zu übernehmen. In dem Schulkindergarten waren in der Regel nur wenige Kinder. In dieser kleinen Gruppe ist es der Lehrerin möglich, sich um einzelne Kinder zu kümmern.

Wir bekamen keine Schulgenehmigung. Die Leiterin der Grundschule gab nicht auf. Sie war sozial sehr engagiert, und jetzt setzte sie sich voll für mein Kind ein. Als sie zu einem Kongreß nach Hannover fuhr, an dem der Kultusminister auch anwesend sein sollte, bat sie mich, mir vom Hamburger Autismus-Institut eine Bescheinigung zu besorgen, die besagt, daß Dirk in einer kleinen Gruppe erfolgreich beschult werden kann. Mit dieser Bescheinigung in der Hand ging die Rektorin auf den Kultusminister zu und erklärte ihm unser Problem. Dieser war sofort bereit zu helfen, und wenige Tage später bekam ich von der hiesigen Schulbehörde eine Ausnahmegenehmigung zur Beschulung im Schulkindergarten.

Dirk konnte jetzt den Schulkindergarten besuchen, und es stellte sich heraus, daß Dirk lernfähig ist. Er war aber nur in der Lage, zehn Minuten dem Unterricht zu folgen. Den Rest der Schulzeit lag er in der Spielecke und verfolgte von dort aus den Unterricht. Dirk konnte aber nur das verarbeiten, was er verstand. Ich mußte den Unterrichtsstoff am Nachmittag zu Hause nochmals mit ihm durchgehen. Anhand der Hausaufgaben wußte ich, worüber sie gesprochen hatten. Ich hatte auch einen sehr guten Kontakt zu seiner Lehrerin.

In Hamburg gab es Sprachheilschulen, und Kinder aus Niedersachsen bekamen Sondergenehmigungen zum Besuch dieser Schulen. Ich hatte Dirk im Laufe des Jahres dort angemeldet, und vor dem Einschulungstermin bekam Dirk eine Einladung zum Einschulungstest. Dieser Test ging über zwei Tage.

Dirk reagierte damals nur auf spezielle Ansprache, und wir wußten, daß ein allgemeiner Test unauswertbar ausfallen würde. Das war dann auch der Fall, und die Lehrer bestellten Dirk zum Einzeltest. Das Ergebnis dieses Test ergab dann, daß er am Rande der Schulreife sei, und die Lehrer überredeten mich, ihn dort einzuschulen. Dirk war nun schulpflichtig und begann das neue Schuljahr in der Schule für Sprachbehinderte.

Dirk hatte sich selbst das Schreiben beigebracht. In der neuen Schule kam er in eine Beobachtungsklasse (= B-Klasse). Sie bestand zunächst aus nur drei Kindern. Wieder ging zunächst alles wunderbar. Dirk war glücklich, endlich in die Schule gehen zu dürfen.

Wir lasen zu Hause jeden Tag unsere Geschichten, und Dirk schrieb immer mehr. Dirk bekam keine Hausaufgaben auf, und ich hörte von der Schule nichts mehr. Fortschritte durch die Schule konnte ich nicht feststellen. Die Kinder in Dirks Klasse waren anders als er. Der eine Junge hatte spastische Probleme und der andere saß nur in der Ecke, lutschte am Daumen und sprach sehr wenig. Da Dirk inzwischen so gerne schrieb, wollten wir ihn gerne in die A-Klasse mit normalem Grundschulunterricht geben und sprachen laufend beim Lehrer vor. Der aber verzögerte die Angelegenheit bis zu dem Zeitpunkt, an dem eine Umschulung nicht mehr möglich war.

Die Kinder in der A-Klasse konnten bereits schreiben und auch rechnen.

Dirk war fünf Stunden in der Schule, und von der individuellen Förderung in der kleinen Gruppe merkte ich zu Hause leider nichts. Was hatte Dirk in der Vorschule in nur zwei Schulstunden alles gelernt! Das stand jetzt in keinem Vergleich mehr mit fünf Stunden Unterricht. Die seltenen Hausaufgaben, die Dirk aufbekam, waren für ihn entweder zu einfach oder aber viel zu umfangreich und zu schwer. Ich sah keine Linie und wurde immer wieder vom Lehrer vertröstet. Gegen Ende des Schuljahres war meine Geduld am Ende. Ich sah kommen, daß, wenn es im nächsten Schuljahr so weitergeht, Dirk in den nächsten drei Jahren lediglich ein Schuljahr schaffen würde. Ich war nicht mehr bereit, mein Kind täglich fünf Stunden ohne sichtbaren Erfolg beschulen zu lassen. Eine damalige Umschulung in die A-Klasse hätte den Bestand der B-Klasse gefährdet. Das erfuhr ich dann so nebenbei.

Dirks Verhaltensstörungen hatten durch die permanente Unterforderung enorm zugenommen. Ich bat um einen Gesprächstermin.

Dieser Gesprächstermin wurde eine Woche vor den Sommerferien angesetzt. Als ich mit meinem Mann und Dirk dort erschien, saß das Lehrerzimmer voll Menschen, die ich vorher noch nie an dieser Schule gesehen hatte. Ohne mein Wissen und ohne mich zu informieren, hatte man eine Umschulung an die Schule für Verhaltensgestörte veranlaßt. Alle redeten über meinen Kopf hinweg und nur mit meinem Mann.

Ich war das ganze Jahr über ständig in Kontakt mit dem Lehrer und über ein halbes Jahr lang war ich wöchentlich in der Schule und half beim Schwimmunterricht. Mir hatte niemand etwas von einer bevorstehenden Umschulung gesagt. Als ich meine Sprache wiedergefunden hatte und mit der Faust auf den Tisch schlug, damit man mich auch mal anhöre, verstummten die Anwesenden und waren ebenso sprachlos wie ich vorher. Plötzlich sprach man von Schwierigkeiten, die nie vorher geäußert wurden. Den Lehrern von der Schule für Verhaltensgestörte wurde erklärt, Dirk könne bereits so gut schreiben und lesen wie ein Kind in der dritten Klasse. Ich gab zu bedenken, daß das aber nur im begrenzten Rahmen der Fall sei und Dirk keine Ahnung vom Rechnen habe. Er könne Zahlen basteln, aber nicht schreiben. Ein Zahleninteresse bestand zwar, aber Rechnen konnte er nicht.

Die Lehrerin von der Schule für Verhaltensgestörte gab an, daß sie derzeit eine zweite Klasse habe und sie bereit sei, nach einer Hospitation Dirk in ihre Klasse zu übernehmen. Ich konnte dieses Angebot nicht spontan annehmen. Ich hatte nie vorher von einer solchen Schule gehört, und unter einer Verhaltensgestörtenschule verstand ich eine Ansammlung von aggressiven Schülern. Mein wehrloses Kind unter aggressiven Schülern, dem konnte ich mit meinem minimalen Wissen über diese Schulform nicht zustimmen. Bis zu den Sommerferien hatte ich noch drei Tage Zeit, eine geeignete Schule für mein Kind zu finden. Die Lernbehindertenschule wehrte sofort ab: „Einer, der so gute Rechtschreibkenntnisse besitzt, und sich das auch noch selbst beigebracht hat, ist bei uns nicht richtig aufgehoben." Eine weitere Sondereinrichtung im Umkreis lehnte ein so kleines wehrloses Kind sofort ab. Ich versuchte, andere Lehrer an der Sprachheilschule zu motivieren, Dirk zu übernehmen, aber keiner wollte das inzwischen durch Unterforderung total verstörte Kind haben. Ich hatte keine Wahlmöglichkeiten.

Die Lehrerin der Verhaltensgestörtenschule hospitierte einen Tag vor den Ferien und bestätigte meine seit langem gehegten Befürchtungen: Dirks totale Überlegenheit, was Schreiben angeht, und die massiven Verhaltensstörungen, die sich aus der Unterforderung entwickelt hatten. Sie empfahl mir dringend, das Kind aus dieser

Klasse herauszunehmen. Sie war bereit, Dirk zu beschulen, ich müsse dem nur zustimmen. Dann sei es nur noch Sache der Schulbehörde, dies zu genehmigen.

Zwei Tage vor den Sommerferien wandte ich mich an die Schulräte. Den Hamburger Oberschulrat kannte ich von den Kreiselternratssitzungen her, und ich erzählte ihm meine Schwierigkeiten. Er nannte Dirk ein Schülerschicksal und kümmerte sich persönlich darum. Die Sonderbeschulung mußte vom dem hiesigen Schulrat genehmigt werden, und der versprach mir, die Sache während der Sommerferien zu erledigen.

Die Ferien waren zu Ende, und ich mußte erfahren, daß in den Sommerferien nichts unternommen worden war. Es gab noch keine Schulgenehmigung für Dirk. Es sollten weitere sechs Wochen bis zur Genehmigung vergehen. Jetzt erst durfte Dirk wieder zur Schule gehen.

Aber bereits nach dem ersten Schultag rief die Lehrerin bei mir an und erklärte mir, daß der Lehrer ihr versichert habe, Dirk könne am Unterricht einer dritten Klasse teilnehmen. Er könne aber weder Schreibschrift noch rechnen. Meine bei dem Gespräch in der Sprachheilschule geäußerten Befürchtungen trafen voll zu. Dirk war in keiner Weise in der Lage, dem Unterricht einer dritten Kasse zu folgen. Schreiben alleine reicht nicht aus, und außerdem war Dirk noch nicht schulfähig. Er hatte noch nicht gelernt, was Schule bedeutet. Die Lehrerin bestätigte meine Feststellungen, und gemeinsam überlegten wir, was wir tun konnten. Die Schulgenehmigung lag vor, aber es fehlte die Klasse für Dirk. Die Lehrerin hatte für ihre Klasse einige Förderstunden, die sie nicht brauchte, weil die Klasse so klein war, und die wollte sie Dirk zunächst als Einzelstunden zukommen lassen. Am Kunst- und Musikunterricht der Klasse sollte er allerdings teilnehmen.

Es folgten täglich ein oder zwei Stunden Unterricht. Dirk wurde mit dem Taxi abgeholt und wieder nach Hause gebracht. Eine einfache Fahrt zur Schule dauerte rund 45 Minuten. Für den Taxifahrer lohnte es sich nicht, in dieser kurzen Schulzeit etwas anderes zu unternehmen, er wartete vor der Schule. Die Taxi-Zentrale sah die Problematik und richtete eine Einzelbeförderung ein. Bei einer Umorganisation in der Taxizentrale wurde festgestellt, daß nur eine Sammelbeförderung bezahlt wurde, und Dirk mußte sich künftig einer solchen Beförderungsart anschließen. Er wurde jetzt um 7 Uhr abgeholt, war um 9 Uhr in der Schule. Um 10.30 Uhr wurde er wieder abgeholt und kam zwischen 13 und 14 Uhr total erschöpft zu Hause an. Bis zu fünf Stunden fuhr mein Kind täglich mit dem Taxi durch Hamburg, um zwei Schulstunden zu absolvieren. Nach zwei Monaten wollte Dirk nicht mehr autofahren. Die Taxifahrer hatten Verständnis für seine Ablehnung und auch Mitleid, und gemeinsam mit der Schule suchten wir nach einer Lösung.

Dirk machte jetzt mit Begeisterung Hausaufgaben, und die Zusammenarbeit mit der Lehrerin machte viel Spaß. In einem Mitteilungsheft unterrichteten wir uns täglich über anstehende Hausaufgaben oder Probleme. Wir gaben Dirk Sicherheit, in dem wir eine Sprache sprachen und an einer Sache gemeinsam arbeiteten. Dirk lernte innerhalb von sechs Wochen die gesamte Schreibschrift, und das Mathematikbuch der ersten Klasse hatte er nach einem halben Jahr durchgearbeitet. Die nur wenigen Einzelstunden pro Woche genoß er und lernte mit Begeisterung. Die Lehrerin verstand es, die Hausaufgaben so anzulegen, daß er an manchen Tagen nicht genug bekommen konnte. Sogar in den Ferien machte er mit Begeisterung Schularbeiten. Dirk war ein glücklicher Schüler und nahm immer häufiger und erfolgreicher am Unterricht der dritten Klasse teil.

Auszug aus dem Mitteilungsheft September 1982 (fast acht Jahre alt):

Lehrerin: Diktatleistung war heute recht gut. Wir hatten beide mit recht viel Freude und Lob gearbeitet. Dirk war recht gut in seinen Leistungen und seiner Disziplin.

Antwort: Dirk wollte gar nicht mehr aufhören zu rechnen. Da wir in den Zirkus gehen wollten, hat er aufhören müssen. Wir haben nach etwa 25 Minuten den Zirkus verlassen, da er überhaupt nicht hingeguckt hat. Rechnen ist ihm jetzt lieber als Zirkus und alles andere. Die Aufgaben zu Punkt 10 hat er mit Rechenhilfe gerechnet.

Lehrerin: Übung Groß- und Kleinschreibung: Sind bei der Lösung Schwierigkeiten aufgetreten?

Antwort: Nein, nicht beim Rechnen, lediglich bei der Konzentration. Ich muß noch ständig danebensitzen und jeden Schritt bestätigen.

Deutsch hat ihm solchen Spaß gemacht, daß er noch die Sätze schreiben wollte. Er hat die Sätze selbst gebildet. Am Satzanfang mußte ich ihn auf die Großschreibung aufmerksam machen.

Lehrerin: Ich habe mit Dirk das Buch „Der kleine Biber" angefangen. Es ist noch schwierig, aber ich finde, wir können uns schon ranwagen. Alles wird er nicht verstehen, aber einen Teil. Ich lasse abschnittsweise lesen und stelle sinnerfassende Fragen.

S. 3 bis sechs lesen – wurde vorbereitet – Zettel mit Sinnfragen. Bitte, schreiben Sie kurz auf, wie es ging.

Lehrerin: Heute hat Dirk in Deutsch und Mathe tüchtig „gebockt". Ich habe ihn vor die Tür gesetzt, nach fünf Minuten war es wieder o.k. „Ich bocke nicht mehr – aber darf ich reinkommen zu dir?"

Wie kann Dirk Aufgabe 8, ansonsten Aufgabe 17.

Antwort: 8 = Es geht so, noch mit Hilfestellung!

Er ist die letzten Tage zu Hause auch sehr schwierig. Er schlägt Heike laufend, knallt Türen und will auch nichts tun. Schularbeiten zögert er auch raus, aber dann ist er ganz glücklich dabei.

Gestern waren keine Schularbeiten möglich. Wir haben tüchtig gespielt.

November 1983. Wir haben unsere Zusatzaufgaben vernachlässigt. Punkt 10 würde ich vorschlagen. (Dirk: „Ich mag nicht toll gerne Handstand machen ... Schreibe eine andere Aufgabe, ich kann schon alle!")

Zusatzaufgabe machen wir heute – ich war gestern zu schlapp, es durchzusetzen. Wir haben zu Hause seit einigen Wochen wieder einen starken Rückschritt und erhebliche Verhaltensprobleme. Es geht fast nichts freiwillig und ohne Kopfschlagen, obwohl ich mir mehr Zeit nehme.

Herr A., unsere Waldspaziergänge sind streckenweise immer kurz. Wir versuchen, unseren Kindern möglichst viel zu zeigen und zu erklären. Wahrscheinlich war der Mischwald auch mal dabei. Schön, daß auch mal was hängen bleibt.

Antwort: 3.11.1983 Wahrscheinlich übernächste Woche fange ich mit meinem neuen Thema an. Ich überlege, ob ich aus Anlaß von Dirks Geburtstag mit ihm das Buch „So kamst du auf die Welt" angucke. Ich lege das Buch in Dirks Ranzen, gukken Sie sich es bitte an und überlegen Sie mit, ob es geeignet ist oder eventuell eine Überforderung.

Antwort: Wir haben heute die Rollen getauscht. Dirk hat die Fragen gestellt, und ich habe geantwortet. Es ging ganz gut, besser als ich dachte. Es hat in seinem Kopf ordentlich gearbeitet

Antwort: 29.11.1983 Frau W. hatte heute ein riesiges Steiff-Schwein mitgebracht. Das war so attraktiv, daß ich mein geplantes Stundenpensum änderte und mit Dirk spielte und über Schweine sprach. Daraus ergaben sich keine Schularbeiten.

Antwort: Ich hoffe, das ändert sich.

Antwort: Donnerstag: Ich habe S.33 nacherzählen lassen. Ein schwieriges Geschäft. Worte wie „ruhelos" habe ich durch Pantomime versucht zu verdeutlichen. Aber den groben Inhalt versteht er schon ganz gut. Er liest auch sinnbetonter.

Hat der liebe Dirk heute Nacht in seinem Bett „alleine" geschlafen? Ich habe ihn ja genügend bearbeitet

Ha-ha, jetzt ist einiges klar. Dirk konnte die letzten Tage nicht vor elf Uhr einschlafen. Er kam immer wieder runter und fragte, wann er in „mein" Bett gehen dürfte. Damit das Kind endlich zum Schlafen kommen konnte, gaben wir dann schließlich nach. Heute habe ich ihn gleich in mein Bett geschickt, damit er noch einmal mehr Schlaf bekommt. In den Ferien will ich mich dann in „sein" Bett legen. Das gibt zwar Theater, aber irgend etwas sollte geschehen.

Lehrerin: 3.1.84: Ich werde in Absprache mit Frau W. mit Dirk die gleichen Sachkundethemen bearbeiten, die jeweils in Klasse zwei bei ihr bearbeitet werden. So testen wir, wie weit Dirk die gleichen Arbeitsblätter bearbeiten kann. Bis Frau W. ein neues Thema beginnt, möchte ich mit Dirk Regelspiele spielen. Vielleicht schafft er es ja, auch mal mit Klassenkameraden ein solches Spiel zu spielen.

Auf Fibelseite 28 hat Dirk das Spiel „Der Hut fliegt hoch" trotz Zeichnung nicht richtig verstanden. Könnten Sie das oder ein ähnliches Spiel mal spielen?

Antwort: Wenn wir einige Kinder hierhaben, spielen wir es mal.

Lehrerin: Das Schwein Jockel bitte zu Hause lassen, da sich Dirk so schnell von den anderen Kindern ärgern läßt: „Wir schlachten das Schwein!"

Antwort: Prima, auch mein Wunsch.

Lehrerin: Wieviele Schweine hast du?
Dirk: vier Schweine.
Lehrerin: Wie heißt das älteste Schwein?
Dirk: Mein Schwein ist nicht alt! Es heißt Jockel.
Lehrerin: Welches Schwein kann ich schlachten?
Dirk: Papas Schwein.
Lehrerin: Was machen wir mit dem Fleisch?
Dirk: Das brätst du!
Lehrerin: Wie alt ist das Jockelschwein?
Dirk: 20 Jahre.

***

Fallstudie der Lehrerin

1. Verhaltensprobleme des Dirk A.
als Aufnahmegrund in unsere Schule

Dirk wurde 1981 in eine Sprachheilschule eingeschult. Eine Woche vor Schuljahrsende 1981/82 rief die Schulleiterin der Sprachheilschule mit der Bitte an, sich ein schwer verhaltensgestörtes Kind der ersten Klasse anzusehen, das in keiner Klasse unterrichtet werden könne.
Die Kollegen dieser Einrichtung fühlten sich überfordert und erbaten unsere Hilfe. Da die Eltern des Dirk A. auf einer weiteren Beschulung bestanden und die Zeit bis zum Ferienbeginn äußerst knapp war, wurde von der Schulleitung der Sprachheilschule ein Termin anberaumt. Anwesend waren die Schulleiterin der Sprachheilschule, der Klassenlehrer von Dirk, das Ehepaar A. mit Dirk und ich, in Vertretung unserer Schule. Zunächst wurden vom Klassenlehrer das Verhalten des Jungen und die Klassensituation beschrieben. Dirk war nicht bereit, sich in die Klassengemeinschaft einzuordnen. Er brauchte ständig die Zuwendung des Lehrers. Er konnte sich nicht an die Regeln und Ordnung der Klasse gewöhnen. Für eine gemeinsame Arbeit mit der Klasse wären kaum Ansatzpunkte vorhanden. Er würde beständig machen, was er wolle, und ein Unterricht käme kaum zustande. Würden seine Wünsche nicht akzeptiert, reagiere er mit Wutausbrüchen, Schreien und Toben. Während des Gesprächs saß Dirk teilnahmslos in der Nähe seiner Eltern.
Da ich das Verhalten des Schülers gern in der Klassensituation sehen wollte, hospitierte ich an zwei Tagen jeweils eine Stunde. Das von dem Klassenlehrer beschriebene Verhalten konnte ich nach den beiden Stunden bestätigen. Gleichzeitig war mir klar, daß das Kind in diesem Klassenverband nicht weiter unterrichtet werden konnte.
In einem weiteren Gespräch mit den Eltern kamen wir überein, eine Umschulung in die Sonderschule für Verhaltensgestörte vorzunehmen. Zu diesem Zeitpunkt war ich Klassenlehrerin einer dritten Klasse. Es mußte ein ganz neuer Stundenplan erarbeitet werden. In meiner Klasse unterrichtete ich nur Deutsch und Mathematik. Jeden Tag hatte Dirk bei mir zwei Stunden Unterricht in einem Nebenraum. Dirk hatte ein Schreib-Lern-Heft, Teil 1, von Pelikan und konnte nur recht ungelenk einige „Fu-Sätze" aufschreiben.
Zu Beginn des Schuljahres 1982/1983, bevor Dirk in unsere Klassengemeinschaft kam, war ein Gespräch mit den Kindern sehr wichtig. Ich hatte zunächst meiner Klasse erklärt, daß ich im kommenden Schuljahr weniger Unterricht mit ihnen hätte. Auf Befragung der Schüler habe ich ihnen gesagt, daß es da einen Jungen gibt, der dringend unsere Hilfe braucht. Ich würde ihm in Einzelstunden Schreiben, Lesen und Rechnen lehren. Die Schüler müßten mich aber unterstützen, dem Jungen, der etwas anders sei als sie und nicht so schnell begreifen könne, in den verschiedensten Situationen zu helfen, mit ihm zu spielen und Kontakt aufzunehmen. Mit dieser „Einstimmung" hoffte ich auf die Toleranz und Hilfsbereitschaft. Nach einem festgelegten Stundenplan wurde Dirk von einem Taxiunternehmen zur Schule gefahren.

2. Das Unterrichten von grundlegenden Fertigkeiten

In den ersten Unterrichtsstunden mußte ich zunächst einen Kontakt zu Dirk aufbauen und so nach und nach festigen. Es hat sich für mich als richtig erwiesen, diese schwer einfühlbare „Kontaktsperre" zu überwinden. Dabei ging ich folgendermaßen vor:

Ich versuchte alle Gelegenheiten zu nutzen, um mich in seine Tätigkeiten „einzuschleichen" und Dirk zu zeigen, daß das, was ihm Spaß machte, mir auch gefiel. Da er gern zeichnete und seine Zeichnungen lautstark mit großer Freude kommentierte, zeichneten wir unentwegt Bilder von Heimbruch. Da ich auf meiner Zeichnung immer etwas „vergaß", ergänzte er mein Bild, und ich durfte „Zusätze" auf sein Blatt malen.

An jedem darauffolgenden Tag begrüßte mich Dirk freudestrahlend mit einem riesigen Wortschwall: „Kennst du Heimbruch?" – „Kennst du die Brücke?" – „Willst du nach Heimbruch?" – „Schmecken dir Bechamelkartoffeln?" usw. Die Fragerei wiederholte er am Tag mehrmals.

Um das Problem aus der Welt zu räumen, beschloß ich mit Dirk und Frau A, wir wollen alle drei nach Heimbruch fahren, spazierengehen, und Dirk darf uns Brücke, Verkehrsschild usw. zeigen. Zuvor kochte Frau A. die vielbeschriebenen Bechamelkartoffeln. Überglücklich erwartete mich Dirk zu Hause, zeigte mir sein Zimmer und seine Spielsachen. Durch das Kochen seiner Lieblingsspeise war die Freude für Dirk komplett. Dirk war so glücklich und strahlte, so daß er sich von mir in die Arme nehmen ließ. Wir haben den ganzen Nachmittag in Heimbruch und der Umgebung verbracht. Ich selbst war natürlich auch recht froh, so einen „Meilenstein" für meinen Unterricht gesetzt zu haben. Nachdem ich Dirk nun kennengelernt hatte, konnte ich mit meinem Unterrichtsplan beginnen.

Im Anfangsstadium der Arbeit mit einem autistischen Kind hat man oft Angst davor, Grenzen für das Benehmen des Schülers zu setzen, weil man befürchtet, daß die Beziehung zu dem Kind darunter leiden könnte. Im Laufe von einigen Monaten stellte sich aber auch bei der Arbeit mit Dirk heraus, daß er viel glücklicher ist, wenn er von einem Erwachsenen, der seine Bedürfnisse versteht, strengere, konsequente Anleitung erfährt. Wie „normalen" Kindern wurde auch Dirk schnell bewußt, daß er unsichere Erwachsene manipulieren und in ihrer Arbeit mit ihm behindern konnte. Am Anfang des Unterrichts mußte ich erst herausfinden, wozu Dirk schon alleine fähig ist. Schwierigkeiten gab es beim An- und Ausziehen im Sportunterricht, die Sauberkeit nach dem Toilettengang, die Bereitstellung seiner Arbeitssachen, in den Wintermonaten die Ordnung seiner Anziehsachen usw. Diese Fertigkeiten, die für die Selbständigkeit eines Menschen notwendig sind, mußten Dirk mit Unterstützung des Elternhauses beigebracht werden. Als beste Methode, Dirk die Fertigkeiten beizubringen, stellt sich heraus, daß man nur mit Konsequenz, Wiederholung und Beharrlichkeit zum Ziel kommt. Um die Wiederholungen attraktiver zu gestalten, habe ich sie in Absprache mit Frau A. zu Hausaufgaben umfunktioniert und der Wichtigkeit halber für Dirk als Hausaufgabe in das Hausaufgabenheft eingetragen. Da Hausaufgaben, von mir aufgegeben, für ihn große Bedeutung hatten, hat Dirk so nach und nach immer mehr Fertigkeiten erworben.

Die Mutter informierte mich kurz im Mitteilungsheft über die Ausführung der Zusatzaufgaben. Am Anfang des Unterrichts wurden von mir deutlich entgegengesetzte Reize angeboten, beispielsweise eine doppelte Reihe, zwei oder drei der leuchtendsten Farben, rot, blau oder gelb wurden Dirk gezeigt, und er mußte danach die Farben heraussuchen. In einem Sack hatte ich verschieden lange Bausteine. Nur mit der Hand mußte Dirk fühlen, ob sie rauh, glatt, groß oder klein waren. Als nächstes bekam er dann die Aufgabe, die Bausteine auf dem Tisch der Größe nach zu ordnen. Dann sollte er Gruppen von Würfeln bilden, in denen die Größe der Würfel fast gleich war. Da ein autistisches Kind dazu keine Fragen stellt, um seine Wissenslücken aufzufüllen, ist es für den Lehrer wichtig, diese Art von Übungen ständig wiederholen zu lassen. Im Laufe der Zeit machte ich die Erfahrung, daß Dirk, je mehr er sprach und die Sprache verstehen konnte, desto häufiger um Hilfe bat.

a) Arbeit mit Zahlen

Da Dirk wenig Erfahrung mit Zahlen und Mengen gehabt hat, war es notwendig, mit einem systematischen Lernprogramm der mathematischen Begriffe zu beginnen. Ich habe mit Stäbchen gearbeitet, die von eins bis zehn immer länger wurden, und gleichzeitig wurde die Benennung der Mengen immer wiederholt. Um das Verständnis der Menge auszubauen, verwendete ich Dominosteine, kleine Kegel, Karten, Knöpfe und Perlen zum Zählen und Sortieren. Nachdem Dirk gut zählen konnte, erfolgte der nächste Schritt, Zahlen und Mengen allgemein zu erfassen und die Bedeutung von „mehr" oder „weniger", „größer" oder „kleiner" und „gerade" oder „ungerade" zu verstehen.

Er lernte die Bedeutung von Zeichen und Schritten, die notwendig zur Addition und Subtraktion sind. Ich habe Dirk nach dem Mathematikbuch der ersten Klasse (Hahn/Usbeck) unterrichtet. Danach habe ich die einzelnen Schwerpunkte mehrmals aufgegliedert und dem Stand des „Verstehens" von Dirk durch viele Übungsschritte angepaßt.

Gerade in Mathematik ist eine gründliche Aufbereitung jedes einzelnen Schrittes mit spezifischem Material, das Dirk ermöglichte, die verschiedenen Vorgänge einzusehen und zu verstehen, äußerst wichtig. In jeder Mathematikstunde habe ich zehn Minuten für eine „Wiederholungsphase" eingeplant, um sicherzugehen, daß er den vorhergehenden Lernschritt begriffen hat.

Mit Geld haben wir „Einkaufen" gespielt, um so Mengen, Geldwerte, Addieren und subtrahieren zu üben. Während ihm die Addition keine große Mühe machte, bereitet die Subtraktion mit Zehnerübergang große Schwierigkeiten. Immer wieder mußte ich neue Lernschritte einbauen, um die Aufgaben für Dirk begreiflich zu machen. Dirk wollte vor jeder Aufgabe wissen, ob die Aufgabe „schwer", „leicht" oder ‚mittelschwer" wäre. Bei einer „schweren" oder „mittelschweren" Wertung meinerseits wurde er weinerlich, untröstlich und wollte nicht arbeiten. So mußte ich am Anfang der ersten Klasse folgende Wertung vor Beginn der Mathematikstunde mit ihm festlegen:

Die Wiederholungsaufgaben waren für Dirk „Babyaufgaben", und neue Aufgaben wurden als „leicht" bewertet. Mit dieser „Klarstellung" rechnete Dirk alle Aufgaben ohne Schwierigkeiten. Ich habe mit Dirk gemeinsam die Ergebnisse der Stillarbeit nach gerechnet. Dirk setzte mit mir die Zeichen:

richtig = r oder Haken   falsch = f

Das Wort „falsch" für eine Aufgabe, welche dann nochmals gerechnet werden mußte, mißfiel Dirk sehr. Er fing an zu schreien und warf Stühle um. In einem Gespräch mit Dirk erfuhr ich von ihm, daß er keinen Senf essen mag, da er meinte,

Senf sei „fürchterlich". So legten wir gemeinsam fest, eine Aufgabe, die nicht richtig sei, ist „fürchterlich" und „Senf". Dadurch konnte man das „f" für falsch stehen lassen, und Dirk rechnete die Aufgaben ohne Murren noch einmal.

Im Laufe der zweiten Klasse verstand Dirk das Wort „falsch", und ich konnte es im Unterricht verwenden. Im Zeugnisbericht am Ende der ersten Klasse konnte ich Dirk recht gute Fortschritte bestätigen. Im Laufe des zweiten Schuljahres hatte Dirk seinen Leistungsrückstand aufgeholt und mit seinem Können Anschluß an die zweite Klasse bekommen.

b) Sprachentwicklung und Lesen

Dirk hatte zu Beginn meiner Beschulung einen recht umfangreichen Wortschatz, konnte aber einige Sachen nicht verstehen. Den Leselehrgang habe ich nach der Fibel „Wir und Tim" (Teil 1) und mit den dazugehörigen Arbeitsheften gestaltet.

Zuerst habe ich mit Dirk Bogenübungen auf alten Tapetenrollen durchgeführt. Später habe ich den Zeilenabstand so verkleinert, daß Dirk im normalen Zellenraum schreiben lernen konnte. Dirk konnte recht schnell die Laute für die Buchstaben begreifen, und so konnten wir mit einer Buchstabenreihe mit Bildern kleine Sätze bilden.

Diese Lernmethode nahm Dirk bereitwillig an, da es eine Kombination aus Schreiben und Zeichnen war. Zeichnen war für Dirk immer eine entspannende Tätigkeit. Diese Sätze konnte er lesen, und täglich gestaltete ich ein Diktat mit einzelnen Buchstaben und Sätzen, in dem ich den Wortinhalt vorgab, und Dirk durfte alleine die Zeichnungen bestimmen. Je nach Fähigkeit steigerte ich die Schwierigkeit und ersetzte im Laufe der Zeit die Zeichnungen durch Wörter. Wichtig waren für Dirk stetige Übungen im Erkennen von Wörter und ihre Bedeutung. Wörter und Laute isoliert hatten wenig Wert für ihn.

Es war notwendig, Bedeutungen durch die Verbindung von Wörtern mit Bildern und Tätigkeiten zu erlernen. Man muß immer versuchen, den Wortschatz des betreffenden Kindes auf jede mögliche Art auszubauen, und man muß ihm auch die fundamentalsten, eindeutigsten und notwendigsten grammatischen Regeln lehren, weil autistische Kinder nicht wie normale Kinder durch alltägliche Spracherfahrungen lernen. Obwohl Dirk fähig war, das Geschriebene zu lesen, war er doch oft nicht in der Lage, das Gelesene zu begreifen und Fragen über den Inhalt zu beantworten oder ausführlich zu beschreiben, was er auf dem Bild sah.

Im Laufe des zweiten Schuljahres verbesserte sich die Störung. Den Klassenlesestoff „Der kleine Biber" konnte er mit meiner Hilfe lesen, erzählen und Inhaltsabschnitte in kleinen Sätzen wiedergeben.

Er konnte sich ganz alleine Geschichten ausdenken und in kürzester Zeit Zeichnungen mit dazugehörigen Texten verfassen.

In kürzester Zeit hat Dirk Lesen und Schreiben erlernt. Seine Leistungen lagen über dem Niveau einer zweiten Klasse in unserer Schule.

c) Praktische Fertigkeiten

Dirk nahm mit Kindern der Klasse drei (kleine Gruppen) am Kochunterricht teil. Ziel war es, Dirk zu lehren, mit dem Elektroherd umzugehen, belegte Brote zu machen usw. Da Dirk von der Zeit her in der Gruppe nicht so intensiv kochen konnte, hat Frau A. einen großen Teil der Haushaltsübungen zu Hause durchgeführt. Einmal in der Woche nahm Dirk auch am Musikunterricht der Klasse drei teil. Dirk konnte im Laufe des Unterrichts gut mit Orffschen Instrumenten umgehen. Es machte ihm große Freude, eine Melodie vorzuspielen. Eine intensive Hilfe des Lehrers war nötig. Im Laufe des Schuljahres bekam er ein Gefühl für Rhythmus, und es entwickelte sich langsam die Fähigkeit, hören zu können, wann er mit seinem Instrument einsetzen mußte. Äußerst schwierig war es, mit Dirk Papier zu schneiden und Klebearbeiten durchzuführen. In den wenigen Bastelstunden war es einfach nicht möglich, Dirk diese Techniken zu lehren. Frau A. bastelte zu Hause recht häufig mit Dirk. Bei meinem letzten Besuch zeigte Dirk mir stolz verschiedene Bastelarbeiten. Er kann jetzt Bastelbögen ausschneiden und kleben. In seiner jetzigen Schule erlernt er auch Web- und Flechttechniken. Dirk mag gern zeichnen. Einen großen Teil von Erlebnissen und Beobachtungen setzt er in Zeichnungen um und kommentiert sie lautstark. Dazu möchte ich folgende Situation schildern:

Nach unserem Besuch wurde wenig über Heimbruch gesprochen. In einer Unterrichtsstunde stellte er spontan die Frage: „Hast du in Heimbruch den Bantuneger und den Koffermann gesehen?" Auf meine Verneinung hin wurden seine Fragen intensiver. Immer und immer wieder stellte er mir die Frage, und an Unterricht war nicht zu denken. Daß ich immer wieder verneinen mußte, trieb Dirk zu panikartigem Weinen und Wutanfällen. Ich schob ihm also ein leeres Blatt mit der Bitte hin, doch den Bantuneger und den Koffermann zu zeichnen. Das war die Erlösung! Dirk entspannte sich zusehends, die Tränen versiegten. Des Rätsels Lösung: Am Giebel einer alten Scheune war ein Emailleschild angebracht (etwa aus dem Jahre 1936 stammend). Darauf trug ein Mann mit einem Koffer Schokoladenriegel mit einer gelben Sauce und Erdnüssen. Die Schokoriegel nannte man zu dieser Zeit „Bantuneger".

3. Emotionale Reaktion und soziale Integration

Ein Hauptaugenmerk von mir war es, meinen Unterricht mit Dirk so zu gestalten, daß er soziale Fähigkeiten erlangen und reifere, emotionale Reaktionen entwickeln kann sowie formaleren Unterricht erhält. Seine Situation in der Klasse mußte für ihn überblickbar sein und ihm wurden angemessene Grenzen für sein Verhalten festgelegt.

Dirk kam durch den verzögerten Fahrbetrieb immer erst im Laufe der zweiten Stunde in der Schule an. Zu dieser Zeit unterrichtete ich in der Klasse. Während des Unterrichts „stürmte" er in die Klasse, riß die Türen auf, warf seine Oberbekleidung und den Ranzen in die Klasse und erzählte lautstark irgendwelche Probleme. Durch diese Störung zog er sich des öfteren den Ärger der Klasse zu. Gebote, Verbote und Erklärungen nützten nichts. Jeden Tag wiederholte sich diese Störung. Änderung des Verhaltens brachte ein „Spiel". Nach vorhergegangener Besprechung mit Dirk und mehrmaligen Übens klappte es. Sowie Dirk an der Glastür zu sehen war, legten wir unsere Köpfe auf das Pult, und Dirk ging leise mit seinen Sachen in das Nebenzimmer. Daraufhin sollte die Klasse sagen, ob sie Dirk gehört habe. Nach etlichen Wochen konnte ich dieses Spiel aufgeben. Dirk schaffte es, ohne zu sprechen in den Nebenraum zu gehen. Im Nebenraum hatte ich Malutensilien bereitgestellt, und er beschäftigte sich (5 bis 15 Minuten) bis zum Klingeln allein. Im Lauf der Zeit wußte Dirk von allen Schülern die Vor- und Familiennamen. Hayri, ein türkischer Junge, wurde sein Freund.

In der Pause spielte er kaum mit den anderen Kindern. Er holte aus der Pausenhalle der benachbarten Schule alleine Milch, aß sein Brot, und erst dann wandte er sich anderen Dingen zu.

Er bedurfte immer einer Aufforderung zum Spiel. Die Spieldauer war äußerst kurz, wobei er immer darauf achtete, daß ich in der Nähe war. Im Winter hatte Dirk einen Anorak mit einer Bärenapplikation an. Allen Kindern erzählte er, daß der Bär „Bommel" hieße. Die Schüler der Klasse zwei bemerkten, daß sie Dirk ärgern konnten, indem sie laut und unaufhörlich „Bommel" riefen. Dirk bezog den Namen auf sich, weinte, schrie und war untröstlich. Je stärker Dirks Reaktion war, desto ärger trieben die Kinder das Spiel. Dirk war in dieser Lage nicht bereit, mir zuzuhören. Ich rief also Frau A. an und fragte, ob im Wohngebiet auch solche Schwierigkeiten mit jüngeren Kindern auftreten würden. Zur Abhilfe solcher dramatischen Situationen gab es ein Mittel. Wenn Dirk sich geärgert fühlte, sagte ich zu ihm: „Verstehen Sie Spaß?" Er sagte daraufhin immer ganz erlöst: „Ja, ja, ich verstehe Spaß", und ärgerte sich auch nicht mehr, trotz Rufens der Kinder. „Verstehen Sie Spaß" ist eine Fernsehsendung, deren Sinn es ist, Leute zu „ärgern" und deren Reaktionen abzuwarten. Diese Sendung mag Dirk sehr und lachte auch über die „Verulkungen". Diese Sendung half mir in verschiedenen Situationen.

Im Winter kam Dirk einmal verspätet, und ich war mit der Klasse nicht im üblichen Klassenraum, wo Dirk mich erwartet hatte, sondern im Werkraum. Da Dirk mich nicht sehen konnte, rannte er in die Nachbarklasse und fragte jeden Schüler, ob er wüßte, wo ich wäre. Ein Schüler sagte: „Die ist tot!" So rannte er von einem Schüler zum anderen, und auf seine Frage bekam er jedesmal die gleiche Antwort. In Tränen aufgelöst, lief er um das Schulgebäude. Völlig durcheinander fand ich Dirk. Er sagte nur: „Du bist doch tot, und da habe ich dich gesucht!" Es war mir im Moment nicht möglich, den Unterschied zwischen „tot" und „lebendig" aufzuklären. Erst im Frühling kam mir der Zufall zur Hilfe. Hinter dem Haus fand ich eine tote Amsel. So konnte ich ihm auf dem Schulgelände den Unterschied – tote Amsel und lebendige Amsel – erklären. Gemeinsam haben wir dann das Tier begraben.

In der Fallstudie habe ich nur größere Entwicklungsschritte dargestellt. So wie ich mich auch über die kleinsten Entwicklungsfortschritte gefreut habe, habe ich Fehlverhalten genau so stark getadelt.

Manchmal war es am besten, Schreien und Jähzornausbrüche absichtlich zu ignorieren, oft genügte ein ablehnender Gesichtsausdruck, um die gewünschte Wirkung zu erzielen. Scharfe Zurechtweisung zeigte bei Dirk wenig Wirkung, oft steigerten sich dadurch sogar seine Ausbrüche. In solch einer Situation habe ich einmal mit einem traurigen Gesichtsausdruck zu Dirk gesagt: „Du bist so böse, ich mag dich heute gar nicht mehr sehen." Die Wirkung war erstaunlich. Dirk beobachtete mich und sagte dann zu mir: „Ich bin jetzt wieder lieb. Du bist mir doch wieder gut?" Ein „Ja" meinerseits genügte nicht. Ich nahm ihn auf meinen Schoß, drückte ihn, und wir klärten den Vorfall. Als er dann immer noch traurig war, sagte ich zu ihm: „Du bist ja mein „Herzi" und nun mußt Du nicht mehr traurig sein." Seit dieser Zeit malt er auf Karten für mich immer Herzen, und ich muß ihn auch immer am Telefon mit „Herzchen" anreden.

Von dieser Zeit an spielte er in der großen Pause immer mit mir „Baby", und ich mußte beständig mein „Herzchen" sagen. Das „Baby-Spiel" war für ihn eine Belohnung. Ob Sommer oder Winter kam er auf mich zu und sagte: „Laß uns Baby spielen."

Gerade bei autistischen Kindern habe ich die Erfahrung gemacht, daß körperlicher Kontakt zuerst vom Kind ausgehen soll, und deshalb war es wichtig, mit Dirk Rollenspiele und auch das „Baby-Spiel" immer wieder neu zu gestalten. Auf jeden Fall ist es wichtiger, daß man dem Kind zeigt, wie man liebevolle Gesten anderen Leuten gegenüber ausdrückt, als daß es der passive Empfänger bleibt. Bei jedem Umgang mit autistischen Kindern soll man versuchen, eine möglichst normale Situation herzustellen. Ein solches Muster muß kontaktbewußtes Handeln und Verantwortung sowohl Kindern als auch Erwachsenen gegenüber mit einbeziehen. Ein systematisches Lernprogramm für soziales Verhalten muß schrittweise geplant und ausgewertet werden.

Dirk hatte in der Gemeinschaft große Schwierigkeiten, Rücksicht auf seine Mitschüler zu nehmen. Er bestand darauf, seine Ergebnisse sofort zu zeigen, und nach seinen Wünschen behandeln zu lassen. Im Einzelunterricht versuchte er, seine Arbeitsweise fortzusetzen.

Ich habe am Ende des ersten Schuljahres mit Dirk begonnen, in der Einzelsituation nicht mehr alle Ergebnisse sofort anzusehen. Besonders in Mathematik war das eine große Hürde. So habe ich einen Rechenturm aufgeschrieben und Aufgaben aus dem Buch (etwa fünf Aufgaben) aufgegeben, und Dirk mußte sie ausrechnen.

Später forderte er mich immer wieder auf, während der Stillarbeit aus dem Fenster zu sehen. Nachdem er im Einzelunterricht nach der Aufgabenerklärung fünf bis zehn Minuten allein arbeiten konnte, wollte ich ihn an die Klassengemeinschaft gewöhnen. Von dem Zeitpunkt an brauchte ich die Hilfe eines Kollegen. Dieser Kollege war bereit, mit mir das Verhaltenstraining durchzuführen. Während ich in der Klasse unterrichtete, bekam Dirk vorbereitete Aufgaben von mir durch den Kollegen erklärt. Nachdem Dirk die Aufgaben verstanden hatte, mußte er sie im Klassenzimmer lösen. Er saß immer an seinem bestimmten Arbeitsplatz Bedingung: Bei Nachfrage mußte Dirk sich melden und warten, bis der Kollege kam. Wenn er alle Aufgaben gerechnet hatte, durfte er aufstehen, wenn der Wecker klingelte.

4. Besondere Probleme der Beschulung im Einzelunterricht und im Klassenverband

Den größten Teil dieser Probleme habe ich in den vorhergehenden Punkten schon aufgeführt. Ich denke, es gibt kein allgemeines Rezept für das Lehren von autistischen Kindern, aber ein klar aufgebautes Lernprogramm kann als Grundlage dienen, um Wege zu finden, wie man jedem Kind ganz individuell helfen kann, ganz gleich, auf welcher Stufe es angefangen und wie weit es Fortschritte gemacht hat.

Besonders am Anfang wollte Dirk nur minimal lernen. Seine Konzentrationsfähigkeit war äußerst gering und er hatte keinen Wunsch zu gefallen. Er zeigte wenig natürliches Interesse und Neugier wie andere Kinder. Wenn er einmal eine Aufgabe bewältigt hatte, wurde sie oft zu einer stereotypen Handlung, und er klammerte sich an diese bestimmte Fertigkeit, widerstand allen Bemühungen, sie auf die nächste Stufe zu bringen. So mußte ich von Unterrichtseinheit zu Unterrichtseinheit neue Mittel und Methoden finden, um den nächsten Schritt machen zu können. Ich wartete anfangs vergeblich darauf, daß Dirk von selbst auf dieser Stufe nach Informationen fragte. Die auffallenden Sprachabsonderlichkeiten und die Behinderung beim Verstehen der Sprache, die alle autistischen Kinder gemeinsam haben, sind von mir bereits beschrieben worden. Dieses Unvermögen bereitete mir oft

Schwierigkeiten, wenn ich versuchte, die richtigen Methoden für den Unterricht der einzelnen Fächer zu finden. Auch hier glaube ich nicht, daß es möglich ist, allgemeine Richtlinien aufzustellen. Die Sprachverständnisschwierigkeiten beeinflussen auch die Reaktion auf die Lernsituation.

Wenn ich Dirk aufforderte, eine bekannte Aufgabe zu erledigen, führte er sie – abgesehen von „schlechten Tagen" – mit Freude aus, aber es widerstrebte ihm, neue Dinge zu erforschen, weil es ihm an Selbstvertrauen und Neugier fehlte. Es gab für Dirk keine spontane Folge von Durchdenken und richtiger Einschätzung der Dinge. Jeder gewünschte Schritt mußte im Gespräch erarbeitet werden. Manchmal machte Dirk ohne ersichtlichen Grund über Wochen nur geringe Fortschritte. Selbst in einer guten Phase neigte er noch zu emotionalen Ausbrüchen und Rückfall in unerwünschte Verhaltensweisen. Ich glaube, man kann dies mit dem Verhalten von normalen Kindern vergleichen, die von Zeit zu Zeit Streiche spielen, sich zur Schau stellen oder gegen die Autorität protestieren.

Bei einem autistischen Kind sind solche Ausbrüche jedoch keine Erfahrungen, die es mit Klassenkameraden teilt. Dirks Ausbrüche waren isoliert, ohne Hemmungen, und er war ganz davon beherrscht. So nach und nach lernte er, seine „Gefahrenzeichen" zu erkennen und sofort lenkend einzugreifen. Dirk konnte nicht ohne fremde Hilfe aus dem emotionalen Zusammenbruch herauskommen, weil er nur wenig Erinnerungen an emotionale Erfahrungen speicherte; jeglicher Wunsch, sich richtig zu verhalten, wurde von seinen eigenen Wünschen und Frustationsgefühlen verdrängt. Aus Erfahrungen mit anderen autistischen Kindern heraus denke ich, daß sich diese Kinder um so schlechter verhalten, um so verwirrter und ängstlicher werden, je mehr sie sich ihren Gefühlen hingeben dürfen. Auf diese Weise konnte Dirk seine Probleme nicht verarbeiten. Solche Kinder brauchen eine sichere, klar strukturierte Umgebung, wo das gute Lehrer-Schülerverhältnis und eine systematische Erziehung mit Hilfe des Elternhauses gegeben ist.

Mit Hilfe dieser Faktoren bessert sich das Verhalten. Dirk lernte viele neue Fertigkeiten und wurde selbstbewußter und liebenswert.

Dirk ging gern in die Schule. Am Ende des zweiten Schuljahres startete ich einen neuen „Umschulungsversuch". Ich wollte Dirk schrittweise in die zweite Klasse unserer Schule integrieren. Dieser Versuch schlug fehl. Dirk fühlte sich in der zweiten Klasse nicht wohl. Seine Arbeitsleistungen ließen spontan nach. Er fiel in alte Verhaltensmuster zurück.

Auch im Elternhaus wurden die Schwierigkeiten immer größer. Gleichaltrige, verhaltensauffällige Schüler waren einfach nicht bereit, Dirk zu tolerieren. Es mußte nach einer anderen Lösung gesucht werden. Nach langen, ausführlichen Gesprächen mit Frau A. kamen wir überein, einen Schulversuch in der Regelschule am Wohnort zu starten. Sollte dieser Versuch nicht zur Zufriedenheit verlaufen, würde ich Dirk weiter im Einzelunterricht beschulen.

In regelmäßigen Abständen konnte ich mich mit Frau A. unterhalten und mir vom Schulversuch berichten lassen. Heute bin ich sehr froh, daß ich mit Frau A. diesen schwierigen und riskanten Schritt gewagt habe.

Dirks Verhalten hat weiter große Fortschritte gemacht. Er hat jetzt Freunde in seiner Klasse gefunden und erzählt mir bei unseren Treffs davon. Leistungsmäßig hat Dirk keine Schwierigkeiten, den Lernstoff zu bewältigen.

5. Das Lernverhalten – eine Grundvoraussetzung für eine erfolgreiche Beschulung

Voraussetzung für eine erfolgreiche Beschulung ist eine langjährige Erfahrung des Lehrers im Unterrichten von normalen Kindern und Kindern mit den verschiedensten Behinderungen, besonders von solchen Schülern, die Lernprobleme haben.

Um diese Arbeit leisten zu können, brauche ich Ausdauer, Geduld, eine phantasievolle Einsicht in die Probleme, mit denen diese Kinder in ihren Bemühungen, die Welt zu verstehen, konfrontiert werden. Jede Unterrichtsphase muß gut durchdacht sein, in einer einfachen Sprache, die der Schüler versteht. Immer wieder müssen neue Wege zum Unterricht „erfunden" werden, besonders am Anfang der Beschulung, wenn das soziale Verhalten noch schwierig ist. Es bedarf großen Geschickes, immer wieder „Hürden der Ablehnung" gegen das Lernen zu überwinden. Selbst wenn Fortschritte zeitweise kaum zu erkennen sind, muß man immer wieder um neue „Errungenschaften" kämpfen.

Die Arbeit mit autistischen Kindern stellt hohe Anforderungen an den Lehrer, verlangt viel Kraft und Einsatz, aber ich finde diese Arbeit interessant und lohnenswert. In Frau. A. hatte ich eine „Partnerin" gefunden, die mich in meiner Arbeit unterstützte und mir zur Seite stand. Tägliche gegenseitige Informationen sind unentbehrlich.

Soweit die Fallstudie seiner Lehrerin.

Dirk hatte jetzt eineinhalb Jahre regelmäßigen Schulunterricht, aber er gehörte keiner Klasse an. Lange Zeit war er nur in Einzelunterricht beschult worden, und unser Wunsch war es, daß er sich langsam an eine Klassengemeinschaft gewöhnt, denn der Einstieg in die Regelschule war unser Ziel. An dieser Schule bestand eine zweite Klasse, und wir starteten einen Versuch, ihn in diese Klasse zu integrieren.

Dirk hatte jetzt andere Klassenkameraden und eine neue Lehrerin. Diese neuen Klassenkameraden nahmen nicht, wie die vorige Klasse eine Beschützerrolle mit Hilfestellungen ein, sondern sahen in ihm den neuen Schüler, der in einzelnen Leistungen gut war. Sie bekämpften Dirk, und Dirks Liebe zur Schule und auch seine Leistungsbereitschaft nahmen täglich ab. Jeden Tag fehlte etwas in seinem Ranzen oder etwas war kaputt. Dirk entwickelte Aggressionen, auch gegen uns. Er schlug jetzt laufend auf seine Schwester ein und schubste uns ständig. Sein aggressives Verhalten wurde uns unheimlich, weil uns klar war, daß er das, was er machte, nicht übersehen konnte. Es kam so weit, daß, wenn wir zu Hause etwas lauter sprachen, Dirk zur Abwehr die Hände vors Gesicht hielt. Dirk konnte sich nicht wehren, aber er hatte gelernt, anzugreifen.

Diese Entwicklung gefiel uns überhaupt nicht. Auch Aggressionen einzugrenzen, muß man durch Erfahrung lernen. Unser Kind hatte sich total verändert: Jetzt hatten wir Angst vor unserem unberechenbaren Kind, wenn wir vor ihm die Treppe runtergingen. Seine alte Lehrerin sah diese Entwicklung in der Schule und bestätigte unsere Befürchtungen.

Auf der Suche nach einer Lösung kamen uns die unterschiedlichen Ferienzeiten zwischen Hamburg und Niedersachsen zu Hilfe. In den Hamburger Frühjahrsferien starteten wir einen Schulversuch an der hiesigen Grundschule, ohne Wissen der Hamburger Schule. Die Kinder der hiesigen Klasse wurden vorher über Dirks Probleme unterrichtet, und auch hier bat die Lehrerin die Kinder um ihre Unterstützung. Dirk, der sich immer sehr höflich bedankte und in den Schulleistungen gleich mitziehen konnte, war begeistert, und die Klassenkameraden gingen, dank der guten Vorarbeit der Lehrerin, voll auf ihn ein. Der kurze Schulversuch war gelungen, und Dirk sollte künftig in der Regelschule im Wohnort beschult werden.

Jetzt hatte Dirk endlich Klassenkameraden und Freunde am Wohnort, die er nachmittags besuchen konnte wie seine Schwester, und er brauchte nicht mehr danach zu weinen.

Die Hamburger Schule verurteilte unser Verhalten. Aber hier ging es um die Entwicklung unseres Kindes, und der sich entwickelnden Aggressivität konnten wir nicht tatenlos zusehen. Wir wußten, daß dieser Sprung von der Einzelbeschulung jetzt in eine Klasse von 24 Kindern nicht ohne Probleme bleiben würde. Eine gute Zusammenarbeit mit den Lehrern war Grundvoraussetzung für die weitere positive Entwicklung. Lehrer, Kinder und auch Eltern machten begeistert mit. Auf dem ersten Elternabend nach Dirks Einschulung sagte die Lehrerin zu den Eltern:

„Wir haben so wenige Probleme an unserer Schule, so daß ich es als selbstverständlich ansehe, einem solchen Kind zu helfen, und ich bitte Sie, mich dabei zu unterstützen!" Mir kamen die Tränen, und ich werde diesen Augenblick nie vergessen. Unser schwieriges Kind war in die Regelschule aufgenommen und sollte dort bis zum Ende seiner Schulzeit bleiben.

Auszug aus einem Bericht der zweiten Klasse der Verhaltensgestörtenschule (Intergrationsversuch 2. Klasse)

Dirk brauchte im Klassenunterricht ständig persönliche Ansprache, da er allgemeine Anweisungen nicht auf sich bezog. Allmählich gewöhnte er sich an den methodischen Aufbau des Unterrichts in Frontalphase und Stillarbeit. Wenn die Klasse Hefte vorholte, guckt er „Heftvorholen" bei ihnen ab und tat es auch, sofern ich ihn nicht vorher persönlich angesprochen hatte. Meine Anforderungen in Deutsch und Mathematik waren so auf Dirks Stärken abgestimmt, daß seine Anfangserfolge im Klassenverband von vornherein gesichert waren. Lob und Anerkennung meinerseits schienen ihn aber nicht sonderlich zu beeindrucken; ihm war wichtiger, aufs Klo gehen zu dürfen beziehungsweise an seinem Platz zu malen. Beide Tätigkeiten hatten sich bei Dirk zu Stereotypien ausgeweitet. Er ging vor allem deshalb zur Toilette, um sich mit der Beschaffenheit der Wasserhähne und Drucktasten zu beschäftigen. An manchen Tagen fragte er mich zwanghaft mehrere Male, von welcher Art meine Duschköpfe zu Hause sind. Das Malen verband seine Vorliebe für Stoffschweine mit dem Dusch-Tick: Dirk malte am laufenden Band Schweineduschen. Er fragte dann immer wieder, ob man das auch witzig fände. Frau A. sagte dazu, das Auftreten der Duschthematik wäre ein Rückfall in das Alter von fünf Jahren.

In der Sachkundestunde hospitierte ein Fachlehrer, bei dem Dirk auch noch Einzelstunde hatte. Es hatte sich als positiv erwiesen, daß dieser Lehrer neben ihm saß und meine Erklärungen und Anweisungen leise wiederholte. In dem Beurteilungszeitraum wurde gerade die Einheit „Unsere Zähne" durch genommen. In diesen Stunden fiel besonders auf, daß Dirk nicht diese Lernbegier gegenüber der Umwelt hat, die sonst für Grundschüler typisch ist. Während die anderen Schüler langsam immer näher rückten, um das Modell des Unterkiefers besser sehen zu können, blieb Dirk am Platz und war nur mit Mühe davon abzuhalten, „wegzuschwimmen". Unter Wegschwimmen verstehe ich folgende Verhaltensauffälligkeit: Wenn ein Unterrichtsinhalt das Auffassungsvermögen von Dirk übersteigt, wälzt er sich in vorgebeugter Haltung auf seinem Stuhl umher. Nach dieser ein- bis zweiminütigen Phase der Unruhe fängt er an, mit dem Stift einen Takt auf das Ablagebrett seines Schultisches zu klopfen. Er hält dann den Kopf etwas schief und lauscht den Tönen nach, die durch den Hohlkörper des Tisches noch verstärkt werden. Eine andere Variante des „Wegschwimmens" sind halblaute Selbstgespräche über Duscharmaturen.

Dirk hatte im Klassenverband große Schwierigkeiten mit dem sinnerfassenden Lesen. Er selbst las zwar flüssig, verstand aber nur einen Teil des Inhalts. Wenn andere lasen, bekam er nur Bruchstücke mit, an denen sich dann seine Gedanken über Duschen rankten. Bilder zum Text waren ihm eine große Hilfe.

In den Sozialverband der Klasse konnte Dirk nur ansatzweise integriert werden. Das anfängliche Interesse der Mitschüler in Bezug auf die kunstvollen Schweineduschen wich bald der kritischen Frage, ob „der denn nur sowas im Sinn hat". Dirk war glücklich, wenn er malen durfte, und hatte nicht den Wunsch, mit den anderen Kindern zu spielen. Der soziale Kontakt zu den Mitschülern lief – außer bei Gesprächen über das Schweinebadezimmer – häufig über mich als Mittler, indem Dirk die eigentlich an die Schüler gerichtete Frage an mich stellte.

Die gleichaltrigen Klassenkameraden sahen in Dirk einen ebenbürtigen Schüler, den sie je nach eigener Tagesform zum Teil rüde und unduldsam behandelten, wenn er ihnen beispielsweise mit seinen Stereotypien auf die Nerven fiel. Mein ältester Schüler entwickelte dagegen eine Beschützerfunktion. Aggressionen kamen auf beiden Seiten vor: Dirk ließ sich durch den bloßen Ausspruch „Wir schlachten dein Schwein" bis zur Weißglut reizen und reagierte dann unberechenbar. Seine Hilflosigkeit provozierte die labilen Schüler zu negativem Verhalten. Wenn Dirk von sich aus Aggressionen zeigte, so waren es hinterlistige Angriffe auf den Rücken oder Hinterkopf des Schülers. Es gab aber auch durchaus positive Interaktionen wie gegenseitiges Durchkitzeln. Soziales Feingefühl im Sinne einer Sensivität für andere hat Dirk aufgrund seiner autistischen Behinderung nicht oder nur oberflächlich antrainiert.

Meiner Ansicht nach ist Dirk sonderschulbedürftig im Sinne der Schule für Verhaltensgestörte und nur bedingt gruppenfähig. Ich halte es nicht für sinnvoll, Dirk in der Regelschule zu beschulen, es sei denn, sie ermöglicht folgende Bedingungen: extrem niedrige Klassenfrequenzen, Verzicht auf abstrakte Unterrichtsinhalte und Sondermaßnahmen wie team-teaching und Einzelstunden. Wenn Dirk seinen jetzigen Wissensstand „aufgebraucht" hat, wird es schwer sein, ihm im Rahmen der Regelschule neue Inhalte zu vermitteln.

April 1984

Auszüge aus dem letzten Zeugnis der Schule für Verhaltensgestörte

Im Klassenverband hat Dirk Fortschritte gemacht, z. B. Einhaltung von Eingliederungsregeln wie ruhig sitzen und sich melden, bei Wunsch etwas zu sagen.

Aufgabenstellungen im Instrumentalspiel und im Hören, die der ganzen Klasse gestellt werden, kann Dirk bei Nachfrage nicht wiederholen. Er benötigt dann stets eine direkte, nur an ihn gerichtete Wiederholung. In der Durchführung der Aufgabenstellung benötigt Dirk häufig die Erinnerung an die gestellte Aufgabe.

Sachaufgaben müssen in kleinsten Teilschritten mit mehrmaliger Erklärung erarbeitet werden. Das kleine Einmaleins beherrscht Dirk recht gut. Dirk liest fließend, versteht aber nicht alles. Durch die Ganzschrift „Der kleine Biber" hat sich das sinnerfassende Lesen verbessert. Er liest sinnbetonter und kann inhaltliche Fragen schriftlich beantworten. Die Leistungen in Grammatik und besonders in Rechtschreibung liegen über dem Niveau der zweiten Klasse.

Im Sportunterricht ist Dirk recht ängstlich, reagiert noch nicht auf Anforderungen und vermeidet Übungen mit der Gruppe. Im Kochunterricht kann Dirk schon kleine Aufgaben bewältigen. Es besteht bei ihm Verletzungsgefahr mit Küchengeräten.

Regelschule im Wohnort

In dieser Schule hatte Dirk bereits ein Jahr lang den Schulkindergarten besucht, und er war überglücklich, jetzt hier zur Schule gehen zu dürfen. Zur Einstimmung bekam Dirk am ersten Tag in der Regelschule von den Kindern ein Buch geschenkt, das die Klassenkameraden speziell für ihn angefertigt hatten. Jedes Kind hatte auf die Vorderseite einer Postkarte sein Porträt gemalt und auf die Rückseite seinen Steckbrief geschrieben. Diese 24 Karten hatte die Lehrerin zum Buch gebunden und Dirk überreicht. Dieses Buch wurde für ihn zum Schatz. Dirk lernte über dieses Buch schnell die neuen Klassenkameraden kennen, auch ihre Hobbys und konnte sie darauf ansprechen. Zwei besonders engagierte Schüler setzten sich neben ihn und halfen ihm, wenn er Schwierigkeiten hatte.

Dirk hatte zu der Zeit noch starke Sprachstereotypien, und die Kinder hatten es nicht leicht mit ihm. Dirk hatte Zwänge und mußte eine Frage mehrmals wiederholen, wenn er nicht die ihm passende Antwort bekam. Die für ihn richtige Antwort hatte er sich vorher überlegt, und brauchte diese zu seiner Sicherheit. Eine andere Antwort versetzte ihn in panische Angstzustände. Aber die Kinder waren verständnisvoll, geduldig und lieb zu ihm, so daß es mir manchmal schon zu viel vorkam. Es waren dieselben Kinder, die ihn über Jahre geduldig getragen und unterstützt haben. Die positive Einstimmung der Kinder auf das Problemkind war ganz sicher die Basis für ihn, in der großen Gruppe zurechtzukommen.

Dirk entwickelte sich jetzt ganz anders. Er wollte so sein, wie die anderen Kinder und versuchte, sich auf ihre Spiele einzustellen. Das klappte zwar nur selten, aber er lernte die Interessen normaler Kinder kennen, und das war eine neue Welt. In den Sondereinrichtungen ging es hauptsächlich darum, Defizite mit didaktischem Material aufzuholen. Hinter jedem Spiel stand ein Lernziel. Spiele wurden von Erwachsenen vorgegeben, und auch der Verlauf wurde von ihnen bestimmt.

Dirk lernte jetzt, Freude am Spielen zu bekommen, ohne ein Ziel erreichen zu müssen. Er begann, Kassetten zu hören und Bilder zu sammeln, er lernte, mit Geld umzugehen, weil er sich selbst etwas kaufen wollte. Er konnte alleine zur Schule gehen und sich unterwegs mit Klassenkameraden unterhalten. Seine Selbständigkeit, die in der anderen Schule noch von ihm gefordert werden mußte, begann sich jetzt von selber zu entwickeln. Ich hatte plötzlich ein völlig anderes Kind.

Erste Beurteilung in der Regelschule

Dirk ist fröhlich und kontaktfreudig. Er braucht bei der Erledigung seiner Aufgaben stets Zuwendung, Anleitung und Ermutigung. Er muß es noch lernen, Anforderungen an sich selbst zu stellen, selbständig eine Arbeit zu beginnen und zu beenden und Arbeitsanweisungen zu befolgen. Dirk zeigt noch wenig Ausdauer und arbeitet oft zu schnell und nicht sorgfältig genug. Er besitzt eine gute Merkfähigkeit und Beobachtungsgabe. Er gibt sich stets viel Mühe, allen Anforderungen zu entsprechen. Dirk kann neue Texte lesen, hat aber noch Schwierigkeiten, sie genau und deutlich genug vorzutragen. Er liest zu hastig und unbetont.

Dirk kann Sätze aus dem Übungsbereich und auch schon aus der Vorstellung fehlerfrei nach Diktat schreiben. Seine Schrift ist noch nicht formklar und sorgfältig genug. Dirk kann im Zahlenraum bis 100 sicher zweistellige Zahlen mit Zehnerübergang addieren, subtrahieren und ergänzen. Er löst alle Multiplikations- und Divisionsaufgaben. Dirk zeigt im Kunstunterricht Fantasie und Vorstellungsvermögen.

Dritte und vierte Schuljahr

In der dritten Klasse fand ein Lehrerwechsel statt. Jetzt unterrichteten auch Fachlehrer in der Klasse. Eine Lehrerin erklärte sich bereit, die Klasse mit dem Problemkind zu übernehmen. Sie wußte, was auf sie zukam, und stellte sich der nicht einfachen Aufgabe. Die Kinder wirkten positiv auf Dirk ein und waren somit eine große Hilfe.

In der dritten Klasse werden die Anforderungen angehoben. Jetzt geht es nicht mehr nur um Schreiben und Rechnen. Sachverhalte müssen verstanden und wiedergegeben werden können.

Dirk hatte seine Lücken im Sprachverständnis noch nicht aufgeholt, und dementsprechend mußte er Hilfestellung bekommen. Die neue Lehrerin setzte sich wieder voll für ihn ein. Sie beschäftigte in bestimmten Stunden die Klasse einige Minuten mit Stillarbeit, und in dieser Zeit kümmerte sie sich um Dirk. Sie erklärte ihm Sachverhalte oder Rechenwege.

Die Zusammenarbeit zwischen Kindern, Lehrern, Eltern und Schulverwaltung hätte nicht besser sein können. Dirk verlor immer mehr Auffälligkeiten.

Auszüge aus den Zeugnissen

Dirk bedarf bei der Bearbeitung von Aufgaben fast ständiger Zuwendung, sowohl im mündlichen, als auch im schriftlichen Bereich des Unterrichts. Bei Aufgaben, die ihn interessieren, kann er ungefähr fünf bis zehn Minuten konzentriert arbeiten, sucht dann wieder den Kontakt der Klassenkameraden oder des Lehrers. Oft ist er unruhig und lenkt dadurch andere ab. In den Phasen der Konzentration arbeitet er sachgerecht, jedoch nicht immer sorgfältig genug. Durch die häufige Suche nach Kontakt und Zuwendung erledigt er die Aufgaben nicht in der dafür angesetzten Zeit.

***

Dirk bearbeitet Aufgaben fast ausschließlich nach zusätzlicher Aufforderung und besonders in Mathematik bei ständiger Zuwendung.

Dirks Leistungen im Sport- und Musikunterricht können nicht benotet werden, da er noch nicht angemessen mitarbeiten kann. Zeitweilig hat er mit Freude in Begleitung seiner Mutter im Musikunterricht mitgearbeitet. Im Werkunterricht können seine Leistungen nicht bewertet werden, da er sich nicht genügend auf die gestellten Aufgaben zu konzentrieren vermochte.

***

Entwicklungsbericht nach Abschluß der vierten Klasse

Als ich im August 1984 die Klasse übernahm, war Dirk kaum in der Lage, dem Unterrichtsgeschehen zu folgen. Er konnte nicht länger als fünf bis zehn Minuten still auf seinem Stuhl sitzen, turnte auf ihm herum, oder er lag mit dem Oberkörper auf dem Tisch und ruderte. Es dauerte immer sehr lange, bis sein Arbeitsmaterial auf dem Tisch lag. Heute braucht er auch häufig noch die persönliche Ansprache, reagiert dann aber recht schnell. Während des Unterrichts sprang er oft auf, um etwas mitzuteilen oder Dinge, die nicht zum Unterrichtsthema gehörten, zu fragen. Dabei gab er nicht eher Ruhe, bis die Angelegenheit zu seiner Zufriedenheit geklärt war. Heute meldet er sich meistens. Wenn es ihm zu lange dauert, macht er laut auf sich aufmerksam. Er ist jedoch vielfach bereit, noch kurze Zeit zu warten.

Eine aktive Beteiligung am Unterricht ist auch jetzt noch selten. Eine leichte Besserung zeichnet sich jedoch ab. Obwohl selbst eine passive Beteiligung nicht zu erkennen ist und Dirk oft abwesend zu sein scheint, muß festgestellt werden, daß er das Unterrichtsgeschehen verfolgt.

Seine Leistungen sind im allgemeinen konstant geblieben. Sie zu beurteilen, ist recht schwierig.

Er beteiligt sich, wie schon erwähnt, im mündlichen Bereich des Unterrichts fast gar nicht. Bei schriftlichen Aufgaben braucht er fast immer zusätzliche Aufforderungen. Er arbeitet dann (besonders in Mathematik) mit häufigen Unterbrechungen und muß oft ermahnt werden, weiterzuarbeiten. Dabei braucht er jedoch nur selten Unterstützung. Diktate schreibt er zügig mit und macht im Schnitt zwei bis drei Fehler in ungeübten Texten mit circa 90 Wörtern.

Aufsätze (Geschichten) zu schreiben, macht ihm viel Spaß. Dabei entwickelt er viel Fantasie, arbeitet aber nicht immer nach den vorgegebenen Kriterien. Letzteres ist wohl auf seine Probleme im Sprachverständnis und Sprachumgang zurückzuführen. Dirk liest einen Text gut betont vor, hat den Inhalt jedoch nicht verstanden.

Bei Arbeiten und Tests im Mathematik und Lernzielkontrollen im Sachunterricht zögert er den Beginn weit hinaus. Danach arbeitet er so langsam, daß er oft nicht die Hälfte des Pensums schafft, so daß die Arbeit mit vier oder fünf benotet werden muß. Wenn der Lehrer ständig neben ihm steht und ihn ermahnt, beendet er die Arbeit manchmal mit befriedigenden Ergebnissen. Selbst wenn er erheblich mehr Zeit als vorgesehen bekommt, muß Dirk häufig zur Weiterarbeit aufgefordert werden.

Dirk war und ist zum Teil noch sprachlich überfordert. Nur langsam entwickelte er Eigeninitiative, Sachverhalte zu hinterfragen. Dieses Nachfragen bis ins kleinste Detail ist für ihn sehr wichtig. Es unterbricht und behindert den Unterricht jedoch oft. Aber gerade durch das Nachfragen und das Zusammensein mit seinen Klassenkameraden lernt er viele Sachverhalte kennen.

Zusammenfassung:
Es hat sich gezeigt, daß Dirk Unterrichtsstoff bewältigen kann. Was ihm fehlt, ist der Umgang mit Menschen, durch die er Dinge lernen kann, die zur Lebensbewältigung notwendig sind. Er weiß, daß er Schwierigkeiten hat. Um so mehr bemüht er sich, zu lernen. Er will andere Menschen verstehen und so handeln, empfinden und leben wie sie. Das kann er jedoch nur, wenn er die Möglichkeit erhält, weiterhin eine Regelschule besuchen zu dürfen.

***

Die Grundschulzeit war beendet, eine neue Herausforderung stand bevor – das Schulzentrum, bestehend aus Orientierungsstufe, Hauptschule, Realschule und Gymnasium mit rund 1.200 Schülern.

Fünfte Klasse Orientierungsstufe

Wieder erklärte sich eine Lehrerin bereit, diese Klasse mit dem stillen Integrationskind zu übernehmen.

Die ehemals vierte Klasse wurde geteilt, und neue Schüler kamen hinzu. Diese Klasse wurde jetzt gegenüber den Parallelklassen um vier Kinder kleiner gehalten. Die neue Lehrerin mußte nicht nur Dirk kennenlernen, sondern auch die neuen Schüler auf das Integrationskind einstimmen. Mit viel Engagement und auch in guter Zusammenarbeit mit mir schaffte sie es. Dirks Leistungen wurden immer stabiler, und er machte immer häufiger im Unterricht mit. In der zweiten Hälfte der fünften Klasse machte er erste Versuche, sich durch Melden am Unterricht zu beteiligen. Seine Klassenkameraden beschützten ihn in den Pausen auf dem Schulhof.

Bemerkungen im Zeugnis:
Dirk sollte mehr Interesse für das Fach Welt- und Umweltkunde zeigen. Mit mehr Aufmerksamkeit und Konzentration könnte Dirk ausreichende Leistungen bringen. Im Vergleich zu anderen Schülern sind seine Leistungen mangelhaft. Dirk ist zur Zeit noch nicht in der Lage, Unterrichtsgesprächen zu folgen, Zusammenhänge zu erkennen und Erkenntnisse aus dem Unterrichtsprozeß folgerichtig umzusetzen.

In dem Fach Welt- und Umweltkunde hatte Dirk Schwierigkeiten mit der speziellen Sprachverarbeitung. Nachmittags habe ich ihm einzelne Worte erklären müssen. Beispielsweise Krieg – Auseinandersetzung mit dem Tod, willkürliches Töten auf verschiedene Art und mit unterschiedlichen Mitteln, daß Töten nur im Krieg von den Menschen verlangt wird und daß es sonst bestraft wird. Daß man selbst auch getötet werden kann, daß ein Krieg hier von einem König erklärt wird. Hier wiederum, was ist ein König, und gibt es noch Könige, was ist deren Aufgabe, was sind Adelige, und was heißt herrschen, was ist eine Fabrik usw.

An manchen Tagen habe ich Dirk die Hausaufgaben diktiert oder ihn ohne Hausaufgaben zur Schule geschickt, weil wir zum Erklären der einzelnen Worte und Situationen zu viel Zeit brauchten.

Ich habe Schulfernsehen oder spezielle Sendungen auf Video aufgenommen, um Dirk so Sachverhalte besser erklären zu können. Dirk hat in diesen Stunden, die eigentlich Nachhilfe waren, viel Spaß gehabt. Er lernte mit viel Freude. Ich wurde täglich neu gefordert und mußte sehr kreativ sein, was für mich auch eine schöne Herausforderung war.

Meine Tochter, für die ich mir in all den Jahren viel zu wenig Zeit nahm, weinte jeden Abend, sie wollte reiten lernen. Als sie zwölf Jahre alt war, kaufte ich ihr ein Pony, was wir bei einem Bauern auf einer Weide in unserer Nähe unterstellten. Meine Tochter ging jetzt jeden Mittag erst zu ihrem Pony. So konnte ich mich voll auf Dirk und seine Schule konzentrieren.

Vormittags stand für mich der Haushalt an, und nachmittags mußte ich mich für Dirks Schularbeiten freihalten.

Dirk war außerhalb des Hauses für andere Kinder ein ständiger Angriffspunkt. Fünfjährige konnten ihn fertigmachen. Daß er viel größer und stärker war als ein kleiner Fünfjähriger, brachten ihm später seine Klassenkameraden bei. Immer sagt man: Nun wehr dich doch. Aber wie macht man das? Für Dirk war das nicht einfach. Ich traute mich am Vormittag kaum noch aus dem Haus. Ab und zu kam ein Anruf aus der Schule, oder Dirk kam früher nach Hause. Ständig war ich jetzt in Sorge: Wurde er wieder verfolgt oder geschlagen? Nach dem Mittagessen machten wir gemeinsam Hausaufgaben und holten teilweise den Unterrichtstoff anhand von Büchern nach. Zwischen fünf und sechs Uhr ging ich noch das Notwendige einkaufen. Dann stand Heike manchmal mit den Hausaufgaben an, und dann kam auch schon mein Mann nach Hause, und es wurde Abendbrot gegessen. Danach machte ich restliche Hausarbeiten oder bastelte zu meiner Entspannung. Wenn ich dann ins Bett ging, war ich auch am Ende.

Sechste Klasse Orientierungsstufe

Wieder folgte ein Klassenlehrerwechsel. Die neue Lehrerin wollte sich nur oberflächlich über Dirks Vergangenheit informieren. Sie wollte ihn so nehmen, wie er ist, und sich bei Problemen melden. Ich wußte um die Schwierigkeiten und war ziemlich beunruhigt. Lange Zeit hörte ich von der Schule nichts. Dirk bekam außerhalb der Schule mit anderen Kindern immer größere Probleme. Immer häufiger kam es vor, daß wesentlich kleinere Kinder ihn in panische Angst versetzten, ohne daß ich ihm helfen konnte. Die Klassenkameraden setzten sich merklich von ihm ab. Sie besuchten ihn nicht mehr und luden ihn auch nicht mehr zum Geburtstag ein. Er fuhr mit dem Fahrrad zu ihren Wohnungen, aber niemand hatte Zeit. In der Stadt gab es immer mehr Kinder, die erkannt hatten, daß er wehrlos war. Sie lauerten ihm auf, durchsuchten seine Taschen und nahmen ihm Geld weg. Im Schwimmbad spritzten sie ihm Seife in die Augen, schlugen und traten ihn. Sie zerrten ihn unter die kalte Dusche und tauchten ihn im Schwimmbecken unter. Und wenn er zum Bademeister ging, gaben die anderen an, er habe angefangen, und er bekam auch noch die Schuld.

An den Nachmittagen konnte ich ihn nur noch schwer motivieren, Hausaufgaben zu machen, immer hatte er angeblich keine auf. Wenn er morgens zur zweiten Stunde zur Schule mußte, waren nur wenige Kinder auf dem Schulgelände, und da traten sie ihn häufig so sehr, daß er am Mittag klagte: „Mama, ich kann kaum sitzen, die haben mich heute wieder so getreten." Es war nicht herauszubekommen, wer es war. Es waren auch immer andere. Dann endlich hatten sie herausgefunden, daß er in Panik geriet, wenn sie ihn Fritz nannten. Aus allen Ecken der Schule wurde er Fritz genannt, und er war ständig außer sich. Als ich endlich davon erfuhr, war er schon sehr verstört. Ich erklärte ihm, daß er das als einen Spitznamen sehen sollte, genau wie seine Schwester in der Schule einen anderen Namen hat, und das Problem war für ihn gelöst. Wir konnten ihn zu Hause Fritz nennen, und Dirk lachte darüber. In der Schule ignorierte er die Ruferei, und das ärgerte die Kinder. Sie konnten ihn mit „Fritz" nicht mehr in Angst und Schrecken versetzen und sich über seine Panik freuen. Jetzt gingen sie wie ein Schatten hinter ihm und traktierten ihn so lange, bis er reagierte. Drehte er sich um, war das für die anderen der Angriffspunkt. Jetzt konnte man ihn verprügeln. Jetzt gab es fast täglich auf dem Schulhof eine Prügelei. Es waren immer andere Kinder, die sich prügelten, aber einer war immer dabei, und das war Dirk. Zu Hause erzählte er darüber nichts mehr. Wenn ich ihm mittags die Haustür öffnete, konnte ich ihn seinem Gesicht lesen, daß wieder etwas los war, aber er erzählte nichts. Was war es wohl heute wieder? Dirk wußte, daß auch ich beunruhigt war, und ging mir aus dem Weg. Oft hatten sie ihn eingeschüchtert: „Wenn du das deinen Eltern sagst, dann …" Er konnte auch nicht mehr hören, daß wir ihm sagten, er solle sich wehren.

Eines Tages rief mich eine Mutter an und fragte mich, wie Dirk die Prügelei verkraftet habe? Ich wußte wieder nichts davon und erfuhr dann, daß er von zehn oder zwölf Kindern geschlagen und getreten worden war. Er habe auf dem Boden gelegen, und sie haben auf ihn eingewirkt, bis ein Lehrer kam und ihn zum Schulleiter gebracht habe. Der Lehrer und auch der Schulleiter haben Dirk verwarnt, weil man beobachtet habe, daß er bei jeder Prügelszene dabei sei.

Am nächsten Morgen ging ich zur Schulleitung, um genaueres über die Sache zu erfahren. Im Lehrerzimmer traf ich auf den Lehrer, der Dirk zur Schulleitung gebracht hatte. Ich stellte mich diesem Lehrer vor und bat ihn, mit mir darüber zu sprechen. Der Lehrer taxierte mich von der Seite und sagte mir nur so etwas wie Dirk sei „gemeingefährlich und eine Gefahr für die ganze Schule". Dann ging er weg, ohne daß ich Gelegenheit hatte, etwas dazu zu sagen. Ich hatte schon viele unschöne Situationen erlebt, aber eine solche Behandlung hatte ich noch nicht erlebt. Der Schulleiter behandelte mich dann ähnlich – und das war zu viel für mich. Ich brach weinend zusammen und ging wieder nach Hause.

Die aufsichtführenden Lehrer, die übersahen, daß man Dirk fast täglich eine Flüssigkeit über die Kleidung schüttete, daß man ihm den Mund voll Sand stopfte, daß man ihn im Klo einsperrte, daß man ihn schlug und öffentlich verspottete, nannten ihn jetzt einen Aggressor. Und um die Kinder, die ihn ständig verprügelt und geärgert haben, hat sich kein Lehrer gekümmert. Am nächsten Tag war ich wieder beim Schulleiter, aber jetzt war ich stark. Ich machte den Schulleiter darauf aufmerksam, daß Dirk ein Integrationskind sei, und wenn es mit diesem Kind Schwierigkeiten gäbe, wäre es die Aufgabe der Schulleitung, sich an das Elternhaus zu wenden. Bei seiner Einschulung hatte ich verlangt, daß alle Lehrer dieser Stufe über die Problematik von Dirk informiert werden. Ich wollte diese Information selbst übernehmen, aber das war nicht erwünscht.

Es stellte sich dann heraus, daß nur die Lehrer informiert worden waren, die in der Klasse unterrichteten, und hier auch nur oberflächlich. Insofern waren alle anderen Lehrer, die in dieser Klasse Vertretung machten, nicht informiert. Jetzt informierte man alle Lehrer, und von dem Tage an wurde Dirk auf dem Schulhof nicht mehr angegriffen. Ein anderer Junge, der auch ständig bei den Prügeleien beobachtet wurde, wurde von den Lehrern ebenfalls als Schläger der Schule bezeichnet. Sascha, heute noch sein bester Freund, hat immer versucht, Dirk zu verteidigen, weil er es nicht ertragen konnte, daß hier ein Wehrloser permanent angegriffen wurde. Auch Sascha brauchte sich jetzt nicht mehr für Dirk zu prügeln.

Dirks Geburtstag nahte, und die Klassenkameraden waren wieder sehr freundlich und nett zu ihm. Es wurde wieder eine große Feier, und die Kinder hatten das Bedürfnis mir zu erzählen, was Dirk in der Schule so alles mitmacht. Ich ahnte immer Böses, konnte von Dirk aber nichts erfahren. Sie erzählten von der Klassenfahrt, daß er da ideales Opfer war und sie ihn unter Schlägeandrohung zu vielen unmöglichen Sachen gezwungen haben. Sie erzählten auch, daß er sich wiederholt deswegen an seine Klassenlehrerin gewandt habe, die ihm aber immer wieder erklärt habe, daß er ein großer Junge sei und sich wehren könne. Schließlich hat ein Klassenkamerad dieses üble Treiben nicht mehr mitansehen können und sich vor ihn gestellt.

Am nächsten Tag war ich wieder in der Schule und berichtete der Lehrerin, was ich erfahren habe. Sie war erschüttert und gab an, keine Ahnung davon gehabt zu haben. Sie sprach mit der Klasse über diese Angelehenheit, und die Kinder entschuldigten sich bei Dirk für ihr Verhalten. Dirk nahm diese Entschuldigungen an, und die

Welt war für ihn wieder in Ordnung. Er glaubte, jetzt seien seine Klassenkameraden alle seine Freunde. Das war aber leider nicht so. Sie traktierten ihn jetzt mit Worten und schlossen ihn aus der Klassengemeinschaft aus. Er wurde für Dinge beschuldigt, die er nicht gemacht hat. Wenn einem Kind das Brot auf den Schulhof fiel oder man es runterwarf, holte man Dirk und zwang ihn, das Brot aufzuessen. Es gab so viele häßliche Begebenheiten, die ich zwar aufgezeichnet habe, die ich aber hier nicht wiedergeben möchte. Immer wieder erzählten mir einzelne Kinder am Nachmittag, wenn ich sie traf, diese schrecklichen Begebenheiten, und immer wieder sprach ich bei der Lehrerin vor, die immer keine Ahnung und nur festgestellt hatte, daß Dirk in der Klasse total isoliert war und wenn Dirk sich meldete, die Kinder im Chor riefen: „Dirk schon wieder!" und ihn kaum zu Wort kommen ließen.

Dirk war völlig am Ende. Vor einem halben Jahr waren seine Leistungen noch so gut, daß wir mit dem Lehrer der Meinung waren, daß er aufgrund seiner Leistungen in bestimmten Fächern in der Realschule zurechtkommen könnte. Jetzt machte Dirk keine Hausaufgaben mehr. Er war in seiner Freizeit auf der Suche nach Freunden und wurde erpreßt und verprügelt. In der Schule war er völlig isoliert und hatte in der Pause nur noch zu einigen Schülern der Parallelklasse Kontakt, die man auch verspottete, weil die mit „dem" noch sprachen.

Die Lehrerin erklärte, daß Dirk jetzt oftmals den Unterricht stört und oft mit seinem Nachbarn redet. Einmal habe sie auf ein Stück Papier geschrieben: „Dirk, du bist nicht lieb!" und dieses Papier vor die gesamte Klasse gehalten. Das habe dann gewirkt.

Dirk war den ganzen Nachmittag irgendwo mit dem Fahrrad unterwegs. Wo er war, erzählte er selten. Die Hausaufgaben hatte er nicht aufgeschrieben, und um sie so aufzuarbeiten, wie wir das die letzten Jahre immer mit sehr viel Freude gemacht haben, war es zu spät. Dirk schrieb auch im Unterricht nicht mehr mit, und die Lehrerin informierte mich nicht.

Dirk war darauf angewiesen, daß wir den Unterrichtsstoff aufarbeiten, aber was sollte ich aufarbeiten? Ich wußte weder, was sie durchgesprochen hatten, noch was er an Hausaufgaben machen mußte. Dann erzählte mir Dirk, daß seine Lehrerin ihm gesagt habe: „Ich kann mich nicht mehr um dich kümmern, weil sich die anderen Kinder dauernd beschweren." Die Klassenkameraden bestätigten diesen Ausspruch der Lehrerin. Ich konnte es kaum fassen. Ich meldete mich zu einem Gespräch beim Schulleiter an, informierte aber vorher die Lehrerin über mein Vorhaben. In dem angesetzten Gespräch ging es dann nur noch darum, daß Dirk in keinem Gebiet mehr Leistung bringe und fast keine Hausaufgaben vorweisen könne.

Dirk hatte bisher in Mathematik wenig Unterstützung nötig. Den Rechenweg brauchte ich nicht nachzuarbeiten, weil er ihn immer in der Schule erfaßt hatte. Die Probleme in Mathematik waren jetzt ziemlich groß. Ich bat beim Schulamt und beim Schulleiter um Förderstunden, die aber ganz klar mit der Bemerkung „Es gibt schlechtere Kinder in der Klasse" abgelehnt wurden.

Dirk war nur noch auf der Flucht. Er schrieb in Deutsch fast kein Wort mehr ohne Fehler, und in Mathematik konnte er nur noch mit Mühe Zahlen im Raum bis zehn addieren. Er verbrauchte pro Woche zwei bis drei Tintenkiller. Das bißchen Hausaufgaben, was er noch in der Lage war zu machen, brachte auch mich an den Rand der Verzweiflung. Obwohl ich mir fest vorgenommen hatte, mein Kind nicht mehr anzufassen, rutschte mir immer häufiger die Hand aus, was zusätzliche Probleme brachte. Er selbst hielt bei jedem etwas lauter gesprochenem Wort zum

Schutz die Hände vors Gesicht. Ich schrie ihn immer wieder an, sich doch endlich zu konzentrieren, aber er war dazu nicht mehr in der Lage. Mit Worten konnte er sich nicht wehren, mich schlagen durfte er auch nicht, was konnte er tun? Er brach seinen Füller durch oder kleckste Tinte ins Heft, die er anschließend mühevoll mit dem Killer wieder entfernte. Pro Woche verbrauchte er jetzt drei oder vier Füller und zwei bis drei Tintenkiller, und außerdem schlug er diverse Scheiben mit der Faust ein.

Die Orientierungsstufe ging erfolglos zu Ende. Die Hauptschule wurde vorgeschlagen, aber in dieser Schule waren viele Kinder, die ihn auf dem Schulweg traktierten, schlugen, traten und verspotteten. Ich hatte die Hoffnung auf eine Leistungsbesserung noch nicht aufgegeben und bat um ein Gespräch mit der Schulleiterin der Realschule, dies auch aus sozialen Gesichtspunkten. Einen Gesprächstermin vor Anmeldung in die Schule lehnte die Schulleiterin ab. Sie war nur bereit, am dritten Schultag des neuen Schuljahres mit mir zu sprechen. Ich mußte Dirk also anmelden, ohne im Gespräch auf seine Schwierigkeiten hinweisen zu können. Auch die Möglichkkeit zur Einrichtung einer kleineren Klasse war nicht gegeben. Der Schulrat, der mir vorher noch Unterstützung zugesagt hatte, war plötzlich völlig anderer Meinung.

Das Gespräch am dritten Schultag fand statt und auch ein Gespräch mit dem Klassenlehrer. Der Klassenlehrer stellte Dirk extra Förderstunden, die ihm als Beratungslehrer zur Verfügung standen und die er angeblich selten ausschöpfte, in Aussicht. Er informierte sich über Dirks Problematik, und ich gab ihm auch meine bis dahin schon umfangreichen Aufzeichnungen über seine Entwicklung zur Information.

Dirk, der psychisch am Ende war, erholte sich zusehends, wenn auch der Leistungsrückstand in den Bereichen, in denen er vorher stark war, sich in dieser Schule stark bemerkbar machte.

Die Klassengemeinschaft nahm und baute Dirk psychisch auf. Langsam lernte er wieder, konzentriert zu arbeiten, und hatte auch wieder Freunde, die er anrufen und besuchen konnte, und er wurde selbst auch wieder besucht. Der Lehrer war ständig bemüht, den Schülern Dirks Probleme zu erklären, und so konnte er wieder aufbauen. Ich hörte von der Schule und auch vom Klassenlehrer nichts. Dirks Arbeiten wurden normal zensiert und waren entsprechend schlecht, obwohl wir am Nachmittag bis zu fünf Stunden an Schularbeiten arbeiteten. Förderstunden hat Dirk nicht bekommen. Inwieweit sich der Lehrer mit Dirk beschäftigt hat, weiß ich nicht. Bei Problemen sprach er nur mit Dirk, der zu Hause nichts berichten konnte. (In diesem Jahr mußte Dirk sein Hobby Malen und Bücher schreiben aus Zeitmangel aufgeben.)

Der Werklehrer schloß ihn aus der gemeinsamen Werkarbeit aus. Mit der Begründung, die Kinder helfen und unterstützen Dirk trotz seines ausdrücklichen Verbotes immer wieder. Er beschäftigte ihn mit simpelsten Ausschneidearbeiten. Dirk war sehr unglücklich darüber. Hiervon erfuhr ich auch wieder nur über Mitschüler. Auf meine Rücksprache daraufhin erklärte mir der Lehrer, daß er sich zu dieser Maßnahme gezwungen sehe, weil er Dirks Arbeiten durch die freiwillige Hilfe der Mitschüler nicht bewerten könne. Die Sportlehrerin war angeblich nicht in der Lage, einen qualifizierten Sportunterricht zu erteilen.

(Einzelne Lehrer fühlten sich überfordert, verboten den Mitschülern, Dirk zu helfen, aber an mich haben sie sich nicht gewandt. Später beschwerten sie sich darüber, daß ich sie am Elternsprechtag nicht aufgesucht habe. Das stimmte nicht; ich habe in der angesetzten Zeit nicht alle Lehrer erreichen können. – Was konnte ich tun?)

Wir versuchten, Dirk auf die Waldorfschule umzuschulen. Die Verhandlungen verliefen zunächst sehr positiv. Dirk war hochmotiviert, und auch der künftige Klassenlehrer war bereit, ihn aufzunehmen. Bei einem letzten Gespräch mit einer persönlichen Vorstellung mußte jedoch ein weiterer Lehrer der Schule hinzugezogen werden. Dirk, der nur kurz antwortete, um ja nicht zu viel zu sagen, war sehr aufgeregt. Diese kurzen Antworten auf Fragen waren für den Lehrer dann Grund genug, einen solchen Schüler abzulehnen. Dirks Entwicklungsprobleme interessierten nicht.

Das Schuljahr ging zu Ende, und Dirk hatte das Klassenziel nicht erreicht. Es wurde ihm verwehrt, die Klasse zu wiederholen. Er mußte auf die Hauptschule, auch hier wurde ihm eine Wiederholung der Klasse nicht gestattet. Dirk hatte ständig Sprache aufgeholt, aber er hatte nicht die entsprechende Reife. Immer wieder sprach man von Problemen, die die Pubertät mit sich bringt, und deshalb wolle man ihn nicht klassenmäßig zurücksetzen.

Zum Schulleiter und zum Lehrer der achten Klasse Hauptschule hatte ich einen guten Kontakt. Hatte ich vorher große Angst vor dieser Schulform, so mußte ich hier feststellen, daß sich die Lehrer sehr große Mühe gaben. Einem Lehrer sagte ich einmal, daß Dirk ein Problemkind sei. Daraufhin antwortete er mir: „Wir haben hier nur Problemkinder, aber wir lieben sie, und wir machen unsere Arbeit mit Überzeugung gern." Ich habe in den folgenden Jahren viele solcher Lehrer kennen- und schätzengelernt und auch das soziale Engagement bewundert.

Dirk war psychisch wieder aufgebaut und durch das Realschuljahr leistungsmäßig in der achten Hauptschulklasse gut angesiedelt. Er wurde in der Klasse als Seiteneinsteiger gut aufgenommen. Zu dem Lehrer hatte ich guten Kontakt, und innerhalb der Klasse lief zunächst alles problemlos. Gegen Ende der achten Klasse kamen die ersten Schwierigkeiten mit Kindern. Auf Dirk, der in Deutsch und Englisch sehr gut war, oftmals das beste Diktat oder die beste Englischarbeit schrieb, wurden einzelne Kinder eifersüchtig. Die Leistungsanforderungen in Englisch waren für Dirk so minimal, daß er weder Hausaufgaben machte noch übte. Einem Wechsel in einen anderen Kurs wollte der Lehrer nicht zustimmen, weil er gerade in diesem Kurs das "beste Zugpferd" für die anderen war. Einer Wiederholung der achten Klasse, um etwas Ruhe zu bekommen, wurde wieder nicht zugestimmt.

Dirk kam in die neunte Klasse, und jetzt hatte er in der Klasse wieder um Anerkennung zu kämpfen. Der vermeintlich gute Kontakt zu dem Lehrer war leider nicht echt. Die Klassenkameraden stöhnten und lachten über seine Leistungen, und in den Bereichen, in denen er besser war, beschwerten sie sich über Hilfen des Lehrers, der ihn nun auf Druck der Schüler total gleichberechtigt behandelte. Ich bekam zwar permanent Zettel über nicht gemachte Hausaufgaben, aber ansonsten lief wohl alles andere auch total daneben. Ich hatte den Klassenlehrer über Dirks Schwierigkeiten und Vergangenheit informiert, und er hatte meine Aufzeichnungen über Dirks Entwicklung, die genauestens Auskunft über seine Probleme gaben, wochenlang zu Hause zu liegen. Er gab sie mir ungelesen zurück.

Eine mündliche Mitarbeit Dirks in der Klasse ließen die Klassenkameraden nicht ohne Stöhnen und entsprechende demütigende Bemerkungen zu. Die Leistungen in den Arbeiten waren nur noch schwach, genauso wie seine Konzentration. Die Zeugnisnoten wurden nach unten gesetzt, und der Lehrer händigte Dirk ein Zeugnis aus, das alle, die Dirk kennen, empörte. Endlich durfte er eine Klasse wiederholen.

Die Wiederholung der neunten Klasse bedeutete für ihn Vertiefung und Auffrischung des Unterrichtsstoffes des letzten Jahres, neue Klassenkameraden und einen neuen Lehrer. Der neue Schulleiter übernahm die Klasse. Er informierte sich sehr ausführlich über Dirks Vergangenheit, las meine Aufzeichnungen mit Interesse, und dieses Schuljahr lief gut. Dirk bekam den Hauptschulabschluß.

Mit diesem Schulabschluß wagten wir die zehnte Klasse, obwohl wir wußten, daß dieses Jahr sehr schwer werden würde.

Dirk hatte in all den Jahren drei Viertel des Tages für die Schule gearbeitet. Zu seinem geliebten Malen hatte er keine Zeit mehr und gab es ganz auf. Er fuhr gerne mit dem Fahrrad und suchte immer wieder den Kontakt zu anderen Kindern.

In der zehnten Klasse wurde der Klassenlehrer oft vertreten, durch Lehrer, die Dirk nicht so gut kannten. Sein ehemaliger Klassenlehrer ließ ihn in Englisch trotz diverser Rücksprachen und Versicherung des Rückrufs, der nie erfolgte, nicht aufsteigen. Der ganze gute Wille wurde weder anerkannt noch honoriert. Dirk begann zu resignieren. Wir hatten wie wild geübt, und dann rutschte er wegen eines vergessenen „i-Punktes" in die schlechtere Zensur, und mangels mündlicher Mitarbeit rutschte die Zensur noch einmal. In den Aufsätzen verfehlte er das Thema. Ich fragte an, ob man ihm nicht wenigstens bei Lernzielkontrollen und Hausarbeiten statt der entmutigenden Zensur eine Bemerkung geben könne. Der Lehrer gab an, daß ihm das nicht möglich sei. Ich wandte mich an den Schulrat, der sich mit dem Lehrer in Verbindung setzen wollte. Ich hörte lange Zeit nichts. Dirk und ich hatten nur noch Gegner. Dann kam Dirk eines Tages wieder total fertig aus der Schule nach Hause. Er sagte nicht, was los war. Am Nachmittag rief dann ein Schulkamerad an und erzählte mir, daß der Lehrer heute Dirk fertiggemacht habe, weil sich seine Mutter an den Schulrat gewandt habe. Dirk wußte von nichts. Der Schulrat hatte mit der Rücksprache mit dem Lehrer so lange gewartet, daß der Lehrer vergessen hatte, daß ich in dieser Angelegenheit zuerst bei ihm vorgesprochen hatte. Jetzt beschuldigte er vor der Klasse Dirk, daß seine Mutter ihn hintergangen habe. Ich erklärte Dirk die Angelegenheit, habe aber weiter nichts mehr unternommen. Ich war ganz einfach müde.

Einen Menschen abzubauen, ist nicht schwer. Einen Menschen aufzubauen erfordert Engagement, Einsatz, Fantasie und vieles mehr.

Jetzt macht Dirk mit Begeisterung eine Lehre. Im schulischen Bereich müssen wir wieder hart arbeiten. Er hat nur wenig Freizeit, aber das bißchen, was ihm bleibt, braucht er für seine vielen Freunde, damit er Versäumtes nachholen kann. Er ist immer glücklich, fröhlich, zufrieden und hoffnungsvoll.

Hoffnungsvoll bin ich auch, weil ich weiß, daß wir es schaffen werden. Wenn der Weg auch sehr hart war und auch hart bleibt, die Vergangenheit beweist, Engagement lohnt sich.

Schularbeitenhilfe ist keine leichte Aufgabe

23. August 1993

Berufschularbeiten – Dirk konnte eine Rechenaufgabe nicht lösen.
Eine Schilderung zwischen Dirk und Helfer:

Dirk wird mitgeteilt, daß der Helfer nur wenig Zeit hat. Dirk hat das zur Kenntnis genommen und muß es ständig berücksichtigen.

Helfer: „Mach flott!"
Dirk: Er treibt mich an, obwohl ich das weiß.

Helfer:	„Du mußt erst einen Strich ziehen!"
Dirk:	Er zieht einen Strich
Helfer:	„Nein, nicht so lang!"
Dirk:	Er bekommt einen unklaren Befehl ohne eine für ihn einleuchtende Erklärung.
Helfer:	„Hör mal zu!" – verbale Sprache: vorwurfsvoll
Dirk:	Im Kopf: Ich soll schnell machen!
Helfer:	„Radier mal bis hierhin weg!" (unklare Anweisung)
Dirk:	Wie lang soll der Strich sein? Am besten, ganz weg, und neu machen.

In der Zwischenzeit:

Helfer:	„Ich will dir das erst einmal erklären."
Dirk:	Ich soll doch einen Strich ziehen. Wie lang soll er noch sein?
Helfer:	„Hör mir doch bitte jetzt erst einmal zu und mach nachher weiter" Ungehalten, weil Dirk immer noch seinen Strich ziehen will.
Dirk:	Er will der Aufforderung nachkommen und weiß, daß er flott machen soll. Die Erklärung, er solle später weitermachen, ist für Dirk unzureichend begründet – Dirk steht unter Zeitdruck, er soll flott machen,
Dirk:	Er hat inzwischen seinen Strich gezogen und kann zuhören.
Helfer:	Er hat einen Teil der Aufgabe bereits erklärt.
Dirk:	Der erste Teil der Erklärung ist an ihm vorbeigegangen, weil er noch mit seinem Strich beschäftigt war – also nicht verstanden.
Helfer:	Beim nochmaligen Erklären dominiert das Nonverbale (ärgerliche Stimme aus Zeitmangel), und Dirk kann die sachliche Situation nicht mehr aufnehmen. (Durch die ärgerliche Stimme fühlt er sich verletzt.) Die Situation wird für Dirk problematisch. Die Helferebene ist gestört.

In Dirks Kopf spielt sich folgendes ab:
– wir haben nur wenig Zeit
– er hat keine Lust, mir das noch einmal zu erklären
– er hat schlechte Laune
– er hält mich für uninteressiert und dumm
– hoffentlich verstehe ich das auch
– hoffentlich hat er heute mehr Geduld als gestern
– gestern war das furchtbar
– wenn ich jetzt nicht sofort verstehe, wird es wieder schrecklich
– ich habe Angst, daß ich das nicht so schnell verstehe
– in der Schule habe ich das auch schon nicht verstanden
Die Liste der Erfahrungen in ähnlichen Situationen ist im Laufe der Jahre sehr lang geworden.

Es muß erst einmal eine gemeinsame Basis oder neue Ebene geschaffen werden:
– ich will dir helfen, auch wenn wir nicht viel Zeit haben
– ich hab dich lieb, auch wenn du die Aufgabe nicht sofort oder überhaupt nicht verstehst

- wir müssen einen Weg suchen, damit du das verstehen kannst
- meinen Weg zum Verständnis muß ich dahingehend überprüfen, ob du mir folgen kannst
- ich muß mich bemühen, sachlich zu bleiben
- auch wenn du Fehler machst, darf ich nicht ungeduldig werden, du wirst es sicherlich lernen
- ich weiß, du brauchst meine Hilfe, und ich darf mich nicht so hoch über dich stellen
- ich muß dein Partner sein und nicht dein Kritiker
- ich darf dir nur einen Weg zur Zeit anbieten; das „Oder" muß ich für später aufheben

Der Helfer muß sich darüber klarwerden, daß er – wenn er helfen will – nur eine Ebene ansprechen darf: entweder die Sache oder das Gefühl. Wird das Gefühl angesprochen, muß erst Klarheit darüber geschaffen werden, wie man zu ihm steht Dem Kind passiert es oft, daß Kinder zu ihm sagen: „Der ist ja doof", weil es etwas nicht verstanden hat, und dann wenden sie sich von ihm ab (eine Erfahrung). Dies könnte hier auch der Fall sein. Wenn er nicht begreifen kann, weil er mit seinen Gedanken ganz woanders ist, wird angenommen, er will nicht. Und künftige Hilfe wird vielleicht versagt.

Also – das Gefühl vermitteln: „Ich will dir helfen; auch wenn ich ungeduldig werde, bleibe ich dein Freund." Dann kann man auch mal ausrasten, muß aber hinterher wieder positiv an die Sache rangehen.

Am besten ist es, wenn man mit wenigen Worten erklärt. Ständige Wiederholungen verwirren, weil nicht immer die gleichen Sätze oder Wörter benutzt werden. Ein Wort mehr, und der Satz auch einen völlig anderen Sinn haben.

Dem Kind Gelegenheit und Zeit geben – zum Nachdenken und Nachfragen.

Man muß sich immer wieder vor Augen halten: Das Sprachverständnis ist das Problem, und je mehr Sprache ich anbiete, desto mehr Unsicherheit schaffe ich durch Überforderung und muß anschließend mit Wiederholungen und ständigen Beteuerungen und weiteren Erklärungen wieder Klarheit schaffen.

Das Freizeitheim

Dirks Freund Sascha, der sich seit der fünften Klasse nicht nur für ihn prügelte, der ihn beschützte und ihm auch ein echter Freund zu jeder Zeit ist, war ständiger Gast in einer Jugendfreizeiteinrichtung. Hier traf sich eine bunte Mischung Kinder aus verschiedenen sozialen Richtungen.

Dirk kam über Sascha und seinen Freund Alwin ins Freizeitheim. Dirk, der auf der Straße immer noch angegriffen wurde, traf hier einige dieser Jungen wieder. Als sie sich wieder mit ihm anlegten, vermittelten die Betreuer und auch seine Freunde, und aus den einstigen Feinden wurden Freunde. Dirk war glücklich, endlich einige Jugendliche als seine Freunde bezeichnen zu können, und wurde ein ständiger Besucher dieser Einrichtung. Hier lernte Dirk, sich mit Gleichaltrigen über deren Interessen zu unterhalten, ihnen zuzuhören und auf sie einzugehen. Er machte mit ihnen Gesellschaftsspiele, hörte mit ihnen Musik, und er lernte, nach Disco-Musik zu tanzen, und vieles andere. Jetzt ging er mit seinen neuen Freunden auf Partys, und sie nahmen ihn in öffentliche Discos mit.

Innerhalb kürzester Zeit verwandelte sich mein Kind zu einem begeisterten Partygänger. Die Schule war leider nicht mehr so wichtig. Er wollte Disc-Jokey im Freizeitheim werden und traf sich im Sommer mit seinen Freunden im Schwimmbad. Seine neuen Freunde beschützten ihn vor denjenigen, die ihn immer noch in der Öffentlichkeit verprügeln wollten. Aber auch diejenigen, die ihm bis dahin nachgestellt hatten, lernten ihn als freundlichen Jungen kennen und ließen ihn in Ruhe. Seine neuen und alten Freunde riefen hier an; sie verabredeten sich in der Stadt zum Bummeln, bei einem Freund oder bei uns. Eine Clique hatte sich gebildet, Dirk gehörte dazu, und ich war zeitweise ihr Chauffeur. Ich habe sie in Discos gebracht, sie nachts dort wieder abgeholt und nach Hause gebracht. Ich habe das gern gemacht, denn endlich hatte mein Kind die Kontakte, die es sich immer gewünscht hatte.

Dirk wurde auf der Straße nicht mehr angegriffen, weil ihn immer mehr Jugendliche kennenlernten und zum Freund erklärten. Sie halfen ihm in schwierigen Situationen. Heute ist er jedes Wochenende unterwegs, allein, selbständig, in Discos, auf Partys oder in der Clique bei Freunden.

Zu dieser Integrationsentwicklung konnte ich nichts beitragen. Hier waren Freunde und vor allen Dingen das Freizeitheim Träger dieses so wichtigen Entwicklungsschrittes.

Seit Dirk sich mit Menschen beschäftigt und sie ihn als Partner in die Gemeinschaft aufgenommen haben, malt er nicht mehr. Seine einstigen besonderen Fähigkeiten haben sich nicht weiterentwickelt. Nur musikalisch ist er mit seinem Wissen auf dem neuesten Stand. Er liebt Autos, Busse und Bahnen und sammelt Informationen in Form von Büchern und Prospekten, die er sich von überall her beschafft. Er besucht Auto-Händler und unterhält sich fachmännisch mit ihnen über neueste Entwicklungen und freut sich, wenn sein Geselle gute Laune hat. Er geht jeden Tag gerne zur Arbeit, steigt fröhlich aus der Bahn, und der erste Weg führt ihn ins Freizeitheim, um dort seine Freunde zu treffen.

Seine Partys, die ab und zu mal bei uns sein müssen, meistert er mit selten weniger als 30 Gästen problemlos. Er ist ein guter Gastgeber und kümmert sich um alle Belange.

Seine Entwicklung geht weiter, und ich sehe keine Grenzen.

Schlüsselwörter

Die Möglichkeiten, die in autistischen Menschen stecken, sollte niemand unterschätzen, aber auch nicht überschätzen. Schlüsselwörter haben bei Dirk oft ein falsches Bild vom Sprachverständnis vermittelt.

Wenn ein Mensch mit Sprachproblemen ein oder mehrere Wörter in einem Satz verstanden hat, besagt das noch lange nicht, daß er den ganzen Satz und auch dessen Sinn verstanden hat. Die Reaktion, die manchmal richtig erscheint, kann auch Zufall sein. Hier muß man genau prüfen, denn unangemessene Folgerungen können schlimme Auswirkungen haben und sogar wieder einen Rückzug bewirken. Eine falsche Reaktion kann Resignation oder auch Wut auslösen, was wir wiederum nicht verstehen können.

Die Schwierigkeiten, die autistische Menschen haben zu verstehen, ist nicht leicht. Ein Patentrezept, welches auf alle paßt, wird es wohl nie geben. Respekt vor dem Individuum und ihm bei seinen Problemen zu helfen – aber auf ihm verständliche Art und Weise – könnte ein Weg sein.

Warum ist der Krankenstand
in den Werkstätten so hoch?

Vor ein paar Jahren lernte ich das Filmprojekt von Frau Dr. Manske kennen: „L + i = Liebe" oder „Lernen können alle Leute".

Diese Filme, die ich mir vor kurzem noch einmal ansah, berühren mich jedesmal wieder von neuem. Diesem Projektteam ist es in meinen Augen meisterhaft gelungen, die Würde der Menschen und die Achtung vor dem Behinderten im Film zu dokumentieren.

Behinderte sprechen darüber, daß man sich für sie weder Zeit genommen hat, noch sich die Mühe gemacht hat, ihnen Schreiben, Lesen und Rechnen beizubringen. Frau Dr. Manske beweist in diesen Projektfilmen, daß auch behinderte Menschen die sogenannten Kulturtechniken erlernen können.

Ohne Lesen zu können, bleiben sie von anderen Menschen abhängig. Herr Janetzke hat bewiesen, daß nichtsprechende autistische Menschen mit Geld umgehen lernen können, und Frau Dr. Manske deckt hier Versäumnisse der Gesellschaft auf. In Geistigbehindertenschulen lernen die Menschen kochen, können aber nicht lesen, was in der Packung ist. Sie lernen einkaufen, können sich nur die Packung merken, weil es Mühe macht, einen Weg zu suchen, um ihnen das so wichtige Lesen beizubringen.

Sie lernen Weben, wofür kein Mensch Verwendung hat. Sie lernen, mühsam einen Knopf anzunähen, obwohl sie gut ohne diesen Knopf auskommen können. Behinderte Menschen lernen, mit Material zu basteln, das sie sich später von ihrem Minimallohn nicht leisten können. Außerdem finden ihre Bastelein vielleicht nur innerhalb der Familie Anerkennung, gebraucht werden sie selten. Behinderte langweilen sich viel, weil sie nicht lesen können. Eine Weiterentwicklung in Abhängigkeit stelle ich mir für sie entmutigend vor.

Ab dem sechsten Lebensjahr schreibt jeder als normal eingestufte Mensch täglich wenigstens ein paar Zeilen. Für den als nicht normal eingestuften Menschen gilt diese Forderung nicht.

Dirk mußte einen Marienkäfer malen, obwohl er nicht wußte, was das ist. Stolz brachte er seine Zeichnung mit nach Hause, und ich wußte, das war nicht seine Idee. Es fiel mir schwer, Freude und Anerkennung seiner Leistung zu zeigen.

In allen Schulen wird über Bücher gelernt. Behinderte Menschen möchten ganz sicher auch so lernen wie ihre Geschwister. Wer bestimmt eigentlich, daß für diese Menschen die sogenannten Kulturtechniken unwichtig sind?

Dirk hat einen autistischen Freund. Er ging tagsüber in die Geistig-Behinderten-Schule und an manchen Tagen ein paar Stunden in die Sonderschule für Lernbehinderte. Er interessierte sich für Geographie, Geschichte und Biologie. Abends besuchte er Kurse in der Volkshochschule, weil er lesen und schreiben lernen wollte. Er war bereits 18 Jahre alt, aber in seinen Schulen wollte man ihm die sehnlichst erwünschten „Kulturtechniken" nicht beibringen.

Als er in die Behindertenwerkstatt kam, wollte der junge Mann seinen Volkshochschulkurs weiterführen. Die Mutter bat die Werkstatt um Genehmigung, denn der Kurs fand am Vormittag statt. Man antwortete ihr mit der Frage: „Meinen Sie, das lohnt sich?"

Ein Kurs fand noch statt, dann gab es diesen Volkshochschulkurs nicht mehr. Der junge Mann wollte aber weiterhin lernen. Ich bemühte mich, bei der Kirche jemanden zu finden, der sich etwa zwei Stunden in der Woche mit ihm beschäftigt. Ein halbes Jahr lang bekam ich von Zeit zu Zeit Zwischenbescheide, daß man noch auf der Suche sei. Dann schlief die Sache ein.

Ein Jahr später erzählte ich diese Angelegenheit Herrn Janetzke vom Hamburger Autismus-Institut. Herr Janetzke brauchte nur ein paar Tage, und schon hatte er eine junge Frau gefunden, die sich jetzt schon fast zwei Jahre mit ihm beschäftigt. Der junge Mann hat so viel Freude am Lernen und entwickelt sich immer noch weiter, was viele nicht für möglich gehalten hätten. Er liest jetzt ziemlich regelmäßig in der Tageszeitung und in Jugendbüchern. Er sucht sich Fernsehprogramme aus der Zeitung aus und ist politisch informiert. Er mußte 24 Jahre alt werden.

Diese jungen Menschen, die in totaler Abhängigkeit großgezogen wurden, die nicht Busfahren können, keinen Straßennamen, kein Schellenschild, keine Hausnummer lesen können, die nur in Begleitung einkaufen können, die in den meisten Fällen nicht mal Geld kennen, sollen jetzt, da die Zeit der Schulpflicht vorbei ist, arbeiten. Sie können auch nur beschützt arbeiten. Weben und Sticken ist hier nicht mehr gefragt. Ich möchte gerne wissen, ob man diesen Menschen auch erklärt hat, warum sie in Werkstätten arbeiten sollen. Jeder normale Mensch arbeitet für Geld. Geld aber kennen die meisten nicht, und da sie auch nicht gelernt haben zu rechnen, bekommen sie auch nur selten Gelegenheit, mit Geld umzugehen.

Wir Eltern haben uns ein gesundes Kind gewünscht und sind in eine Situation geraten, die uns überfordert. Die Kinder werden uns nach ein paar Jahren aus der Hand genommen, und da wir weder Erfahrung im Umgang mit anderslernenden Menschen haben, noch andere Wege kennen, müssen wir vor denen kapitulieren, die behaupten, das Beste für diesen Menschen erreichen zu wollen.

Als Frau Dr. Manske ihr Filmprojekt vorstellte, sagte sie, daß der Krankenstand in den Behinderteneinrichtungen sehr groß sei. Ich mochte zu dieser Diskussion nichts beitragen. Zu Hause setzte ich mich an die Schreibmaschine und brachte damals meine Gedanken zu Papier.

Wie sieht die Entwicklung eines behinderten Menschen aus?

Die Eltern freuen sich über ihr Baby. Manchmal ist schon nach der Geburt klar, daß das Kind behindert ist. Schon jetzt setzt man alle Hebel in Bewegung, um der vorhandenen Behinderung entgegenzuwirken. Man beginnt mit Krankengymnastik, Diät, Medizin, Operationen, usw. Der künstliche Eingriff bewirkt eine anders verlaufende Entwicklung. Die Angst und Sorge der Eltern bleiben dem Kind nicht verborgen. Die besorgten oder verzweifelten Eltern reagieren anders als Eltern eines gesunden Kindes. Sie lachen und scherzen manchmal weniger, denn sie sind ständig darauf bedacht, der Behinderung zu trotzen. Sie beobachten, wie sich das normale Kind entwickelt, und sehen den Unterschied. Eltern und Therapeuten bemühen sich, die Entwicklungslöcher zu überbrücken, und übersehen dabei leicht, das diese Rückstände insgesamt gesehen vielleicht nicht das Wichtigste sind.

Eltern müssen erst einmal lernen, diesen Menschen, so wie er ist, anzunehmen und zu akzeptieren. Ich hatte bei vielen Eltern den Eindruck, daß sie „annehmen und akzeptieren" des behinderten Menschen gleichsetzen mit Resignation: „Da kann man nichts machen, das ist Schicksal."

Bei einem sich normal entwickelnden Säugling entwickelt man Ideen und Spiele, bei einem sich nicht normal entwickelnden Kind vergleicht man ständig mit dem gesunden Menschen und stellt die Defizite fest, die man dann mit didaktischem Spiel wieder ausgleichen möchte. Das gesunde Kind holt sich, was es an Anregung braucht; das behinderte Kind wird ständig mit dem gefüttert, wovon wir glauben, daß es dieses braucht. Ich habe bei mir festgestellt, daß ich das, was ich lernen muß, obwohl es mich nicht interessiert, nur mit sehr viel Mühe lernen kann.

Leider habe ich nicht gezählt, wie oft man mir den Rat gab, mein Bemühen aufzugeben, da alles sowieso keinen Zweck hat. Man führte Beweise aus Forschungsprojekten auf sowie wissenschaftliche Untersuchungen. Da ich wenig gelesen habe, konnten mich diese Beweise nicht beeindrucken. Ich nahm das, was ich selbst erlebte und sah. Das waren Faktoren, auf die ich nicht nur bauen konnte, ich konnte mich auch auf sie verlassen.

Die Eltern des behinderten Kindes hasten von einer Therapie zur nächsten. Die individuelle Zeit, die man einem gesunden Kind widmet, wird durch die gutgemeinten und notwendigen Therapien beim behinderten Menschen reduziert. Auch das Kind erlebt den Streß, nicht nur bei der Mutter, auch bei sich selbst. Diese Streßfaktoren reduzieren auch das Immunsystem. Der Tagesrhythmus richtet sich nach den Therapien oder der notwendigen Sonderbehandlung. Nichtbehinderte Geschwisterkinder müssen ständig mit. Die Eltern wissen nicht, was noch alles auf sie zukommt. Andere Menschen, Freunde, Verwandte und Bekannte sehen das behinderte Kind und sprechen darüber. Die Mutter sieht, daß rund um sie herum gesunde Kinder aufwachsen: „Warum gerade ich?" Dieser Gedanke ist da, ohne daß man es will. Der Mann geht arbeiten und ist über Tag abgelenkt Die Mutter wird die nächsten 20 Jahre nicht mehr arbeiten können und somit müssen sie mit dem auskommen, was der Mann verdient.

Die Entwicklung dieses nicht normalen Menschen verläuft anders, und die Mutter wird täglich vor neue Aufgaben gestellt. Das Kind entwickelt zwangsläufig Verhaltensstörungen. Es wird krank, und mangels Sprache und entsprechender Wahrnehmungsverarbeitung merkt die Mutter das erst sehr spät. Der Arzt verordnet starke Medikamente.

Wegen der ständigen Überbelastung und auch aus Scheu vor Nachbarn geht die Mutter mit dem Kind wenig raus. Wenn sie aber das Haus verläßt, steht sie mit ihrem Kind ständig im Mittelpunkt. Sie und das Kind werden angesehen – mitleidig, verständnislos, übersehen, schadenfroh.

Mit einem behinderten Kind geht man meist nicht so oft auf den Spielplatz. Dadurch fehlt ihm die frische Luft, und es fehlen ihm die Spielkameraden. Die Entwicklungsmöglichkeiten wurden einmal von der Natur eingegrenzt, und jetzt erfolgt auch noch eine Ausgrenzung aus der Gesellschaft. Das Mutterherz schmerzt ständig, auch wenn sie lacht. Hat sie sich mit der Behinderung abgefunden, oder kämpft sie noch?

Der Mutter fehlen die normalen Mutterfreuden. Mit anderen Müttern spazierengehen und ständig die gesunden Kinder vor Augen zu haben, fällt schwer. Zukunftsgedanken – eine normale Schule? Unmöglich. Die Defizite werden immer größer, der Abstand zum normalen Kind auch. Das Kind ist häufiger krank und bekommt stärkere Medikamente. Es hat wenig Gelegenheit, mit anderen Kindern zu spielen, und dadurch wenig Möglichkeiten, sich sozial zu entwickeln. Selbststimulationen überdecken Langeweile und Verständigungsprobleme.

Das Kind kommt in eine Behinderteneinrichtung. Es wird an der Haustür abgeholt und zur Haustür zurückgebracht. Es bekommt Nahrung aus der Kantine und ist drei Viertel des Tages mit Menschen zusammen, die ebenfalls Defizite haben, deren Krankheiten manchmal nicht auskuriert sind, weil die Wahrnehmungsorgane nur schwach ausgebildet sind und mangels Sprache ein Unwohlbefinden nur schwer festgestellt werden kann. Die Möglichkeit, sich anzustecken, nimmt mit dem Eintritt in Gemeinschaftseinrichtungen zu. Die verordneten Medikamente werden stärker, und das Immunsystem wird ständig schwächer.

Die Eltern brauchen Urlaub, und das Kind braucht auch einen Umgebungswechsel. Es braucht neue Eindrücke, aber wohin? Und gibt es für die Eltern noch Urlaub? Die Eltern fahren in Urlaub, und das Kind bleibt bei der Oma oder bei Freunden. Die Eltern sind fortgefahren, und das Kind genießt die Tage bei anderen Menschen, oder es ist traurig.

Das gesunde Kind kommt zu Fuß aus der Schule. Es hat den Vormittag mit Klassenkameraden verbracht und hat etwas gelernt. Es hat Hausaufgaben gemacht, seine Motorik mit Schreiben und nicht mit Weben trainiert, und jetzt will es draußen spielen. Das normale Kind kann Selbständigkeit entwickeln, bekommt Anregungen in Schule und Natur, deren Aufnahmemaß es selbst bestimmen kann, und bekommt selbstgekochtes Essen. Das Kind kann sagen, was ihm fehlt, und seine Bedürfnisse werden berücksichtigt.

Das behinderte Kind kommt aus der Einrichtung, war vielleicht fast den ganzen Tag im Haus und ist jetzt auch wieder im Haus. Die Mutter hat am Vormittag eingekauft und hätte jetzt Zeit. Was soll sie mit dem Kind machen? Hausaufgaben gibt es nicht.

Basteln? Das Kind mit anderen Kindern spielen lassen? Wo sind die Kinder, die mit einem behinderten Menschen spielen? Das gesunde Geschwisterkind ist da, aber das will draußen mit anderen Kindern spielen. Das behinderte Kind kann man draußen nicht unbeobachtet lassen. Die Mutter hat keine Zeit oder Lust zum Überwachen.

So vergehen die Jahre. Das Kind wird größer, die Abhängigkeit ist geblieben, denn das, was das Kind gelernt hat, ist, um in der Gesellschaft zurechtzukommen, zu wenig. Das gesunde Kind lernt täglich über Bücher, trainiert seinen Kopf und seine Hände mit Schreiben. Welche Anforderungen stellt man an Behinderte? Womit werden sie in all den Jahren beschäftigt? Der behinderte Mensch ist durch seine anders verlaufende Entwicklung geschwächt, dazu kommt auch, daß ihm die Erfolgserlebnisse, die einen normalen Menschen aufbauen, fehlen.

Ein Fazit

Ich glaube, daß der Defekt im Wahrnehmungsbereich beim autistischen Menschen minimal ist, denn Symptome und Störungen verlaufen ziemlich gleich, aber in meßbarer Intelligenz und Entwicklungsstand gibt es gewaltige Unterschiede.

Normale Menschen speichern, sortieren und ordnen Sprache bereits innerhalb der Schwangerschaft und des ersten Lebensjahres. Wie sonst könnte es sein, daß meine Tochter mit 16 Monaten plötzlich, von heute auf morgen, in ganzen Sätzen sinnbezogen sprechen konnte?

Dirk konnte Sprache nicht zuordnen und lebte die ersten zwei Lebensjahre ohne jeglichen Halt und Orientierung. Sein sonniges Gemüt, seine Geduld und seine positive Lebenseinstellung bewirkten, daß er gegen dieses Chaos nicht rebellierte, dem er schrie nur selten.

Ich kann mir vorstellen, daß andere Kinder sich gegen diese eigene Ohnmacht mit permanentem Schreien wehren. Diese Kinder sind dann nicht zu beruhigen, da wir als Eltern ihr Problem nicht erkennen können und somit auch nicht in der Lage sind, ihnen zu helfen.

Dieses permanente Schreien und Dirks Geduld endeten in Resignation und Vermeidung des Blickkontaktes. Die so wichtigen nonverbalen Äußerungen lernen die Kinder ebensowenig zu deuten wie die Sprache. Die sich entwickelnde Angst überdeckt andere Wahrnehmungen. Schmerz wird verdrängt, denn den kann man ertragen, gegen die Unsicherheit und das Chaos im Kopf werden andere Schutzmechanismen entwickelt. Wir nennen sie Störungen.

Das Kind muß sich beschäftigen. Es entwickelt gleiche Verhaltensmuster und die Erwartungen werden erfüllt. Sicherheit entsteht durch Stereotypien und Gleicherhaltung der Umwelt.

Veränderungen sind nicht berechenbar und werden abgelehnt.

Da Dirk im Laufe von fast 20 Jahren mir mit seiner Entwicklung bewiesen hat, daß er in der Lage ist, alles das zu lernen, was normale Menschen auch lernen, liegt für mich der Verdacht nahe, daß zu Beginn des Lebens nur eine winzige Störung vorhanden war, die dann zur Ursache der vielen Probleme wurde.

Ich kann mir vorstellen, daß die autistische Wahrnehmungsverarbeitungsstörung, wenn sie früh genug erkannt und entsprechend behandelt wird, heilbar ist.

Was ich mir wünsche

Ich wünsche mir, daß man den Kindern die Verhaltensstörungen so lange nicht wegtherapiert, wie sie sie zu ihrem Schutz brauchen.

Ich wünsche mir, daß Eltern Therapien ablehnen lernen, die Druck auf die Kinder ausüben. Das Kind sollte ein Kind bleiben dürfen.

Ich wünsche mir mehr Hilfe für die Eltern von Seiten der Behörden und der Erzieher.

Ich wünsche mir eine bessere Zusammenarbeit zwischen Einrichtungen und Schulen und daß wir Eltern nicht immer als total unwissend verurteilt werden (wenn wir das auch sind; wir haben Therapieren nicht gelernt).

Ich wünsche mir, daß die Familienangehörigen mehr Verständnis aufbringen und, statt zu kritisieren und zu verurteilen, versuchen zu verstehen und zu helfen.

Ich wünsche mir eine Forschung, die nach der Ursache sucht, aber nicht in Verhaltensstörungen Behinderungen sieht.

Ich wünsche mir einen Staat, der den Müttern ihre schwere Arbeit wenigstens im Alter honoriert.

Partyzeit

Seit etwa zwei Jahren steht die Party-Zeit an. Dirk fehlt auf fast keiner. Geht einer seiner Freunde in die Disco, Dirk ist dabei. Er ist 19 Jahre alt und verdient sein eigenes Geld. Mein Mann und auch meine Tochter können nicht verstehen, warum ich so großzügig bin, ihn gehenlasse, ihn hinbringe und auch noch abhole.

Meistens sind solche Aktionen auch noch damit verbunden, daß fast jedes Wochenende seine Freunde einen Schlafplatz bei einem Freund suchen. Sie wohnen außerhalb, haben noch keinen Führerschein und auch kein Geld für ein Taxi übrig. Ab 21 Uhr fahren keine öffentlichen Verkehrsmittel mehr. Vor dem Disco-Besuch fragt Dirk, ob zwei Freunde bei uns schlafen können. Noch in der Disco stellt sich dann heraus, daß ein oder zwei weitere Freunde nicht wissen, wo sie den Rest der Nacht verbringen können. Bis 24 Uhr kommt dann ein Anruf: „Mama, können auch drei oder vier Freunde bei uns schlafen?"

Ich habe Dirk und seine Freunde gerne im Haus, auch wenn sie am nächsten Tag bis Mittag schlafen und erst am Nachmittag das Haus wieder verlassen.

Die Integration war das Ziel jahrelanger, harter Arbeit. Eltern und Erzieher können keine Freunde ersetzen. Durch die Isolierung und das Zusammensein auch in der Freizeit nur mit Erwachsenen ist ein Defizit beim Kind und auch Jugendlichen entstanden. Auch dieses gilt es aufzuholen.

Jugendliche untereinander haben nicht nur eine eigene Sprache, sie verhalten sich auch anders. Sie hören spezielle Musik und sprechen über andere Themen. Die Gemeinschaft hat Spielregeln, die man akzeptieren muß, will man integriert sein. Diese Spielregeln kann man nicht aus Büchern lernen.

Die Ursache für autistisches Verhalten liegt auch darin begründet, daß die Beziehungsebene durch die Probleme mit der Wahrnehmungsverarbeitung gestört ist.

Diese Beziehungsstörung verhindert, daß wir mit autistischen Menschen normal umgehen können. Dies wiederum verschließt dem autistischen Menschen die Möglichkeit, die Spielregeln des Zusammenlebens zu erlernen.

Es ist selten, daß autistische Kinder gleichaltrige Freunde haben. Während der Pubertät lernen die Kinder sich selbst und andere in Gemeinschaft kennen. Das Gefühl, wie komme ich beim anderen an, ist sehr wichtig für sie. Sie wollen keine Kinder mehr sein, sind aber auch noch keine Erwachsenen. Der rücksichtsvolle Umgang mit anderen Menschen muß erlernt werden. Es gibt eine Menge Vokabeln, deren Bedeutung jetzt wichtig wird. Jetzt geht man in sich, erlebt das Gefühl, verletzt zu sein. Als Kind nahm man das nicht so tragisch. Dann kam die Phase, in der man sich mit den Fäusten wehrte und jetzt mit Worten und Taten, oder man ist beleidigt. Der junge Mensch erlebt und lernt. Er fühlt sich mit Worten verletzt oder in den Himmel gehoben.

Der autistische Mensch hat damit wieder große Probleme. Er ist erwachsen geworden, ohne daß er überhaupt Kind sein konnte. Er war ein Kind unter Erwachsenen, weil er nicht in der Lage war, Spielregeln zu lernen. Erwachsene sind behutsam, aber sie machen Witze, sagen etwas ironisch, fordern heraus. Alles das kann größte Ängste auslösen. Da ist das „Geheimnis", das ich nicht weitersagen darf, was ist ein Geheimnis? Darf ich meine Eltern fragen, mich ihnen anvertrauen? Ist das auch schon verraten? Warum gibt es Geheimnisse? Gibt es Geheimnisse nur unter Freunden? Was passiert, wenn ich das Geheimnis weitererzähle? Was Freunde erzählt haben, darf ich das einfach weitererzählen? Mit wem kann ich über meine Probleme reden, wer versteht mich überhaupt? Sind meine Probleme auch Geheimnisse? Wer sagt nicht „Quatsch", wenn ich simple Fragen stelle?

Die Freunde reden nicht gut über mich, was habe ich getan? Wie soll ich reagieren? Soll ich das Gerede ernstnehmen und beleidigt sein? Was heißt ernstnehmen? Ich habe etwas weitergesagt, was sie mir erzählt haben, jetzt sind sie böse auf mich, dabei habe ich doch nur dasselbe getan, wie sie.

Was bedeuten die Worte: „sich von jemandem fernhalten – sich zurückziehen – vorsichtig sein – er ist scheinheilig – Kontakt haben, Kontakt abbrechen, Kontakt total abbrechen, Kontakt verlieren – aufgeben – demütigen – beleidigt sein"?

Diese Begriffe und viele andere mehr treten im häuslichen Bereich selten auf. Im Freundeskreis lernt man Menschen kennen und schätzen. Nicht jeder, der freundlich ist, ist ein Freund.

Die Umgangssprache unter Jugendlichen ist eine andere Sprache als die, die im Elternhaus gesprochen wird. Viele Worte, die Dirk erfragt, sind mir unbekannt, und nur meine Tochter kann sie ihm erklären. Was ist beleidigt sein, was bedeutet sich wieder vertragen: „Ist das dann so wie vorher?" Was ist angeben? Die Bedeutung dieser Worte lernt man bereits in der Schule. Das eigene Empfinden muß erlebt und verarbeitet werden.

Ein autistischer Mensch fühlt sich verletzt. Wie soll er sich verhalten? Er soll sich wehren, mit Worten, dem ist er nicht gewachsen, also sich zurückziehen, beleidigt sein, sich fernhalten, nicht hinhören, nicht petzen, überhören. Das sind alles unterschiedliche Verhaltensweisen. Wenn man sagt: „Hör nicht hin" oder „überhör das", das geht nicht. Wir können das Gehörte nicht ungehört machen; also müssen wir eine andere Vokabel benutzen. „Zieh dich zurück", „halt dich fern" – geht auch nicht. Zurückziehen und fernhalten heißt ausgrenzen. Das ist aber gerade das, was das Kind nicht will, weil es glücklich ist, endlich dabeisein zu können. Also, beleidigt sein gibt es nicht. Das heißt für andere wieder „mit dem kann man alles machen".

Wie können Eltern hier helfen? Es ist sehr schwer. Jeder Rat – jedes Verhalten muß erklärt werden – mit Beispielen. Schimpft man auf Freunde wegen des rücksichtslosen Verhaltens, so gibt es Protest. „Es sind doch Freunde."

Hier muß man wieder einen Unterschied zwischen Freunden und Bekannten erklären. Die Mutter hat eine Menge Bekannte, die sie nicht Freunde nennt. Dirks Klassenkameraden waren in seinen Augen immer Freunde. Jahrelang haben wir um die Bedeutung dieses Begriffes gerungen.

In der Schule kommen die Kinder den an sie gestellten Anforderungen nach. Die meisten autistischen Kinder haben keine Freunde, mit denen sie am Nachmittag spielen können. Erfahrungen auf der eigenen psychischen Ebene bleiben mangelhaft. Die Schulzeit ist vorbei, das Kind, das in der Gesellschaft der Schule schon nicht klargekommen ist, soll jetzt in der Berufswelt mit anderen Menschen Hand in Hand arbeiten.

In der Literatur über Autismus gibt es eine Menge Beschreibungen über andersartiges Verhalten und mögliche Abhilfen. Man muß sich immer wieder vor Augen halten, daß nicht nur jeder Mensch anders geartet ist, sondern er auch auf Grund seiner Erfahrungen unterschiedlich reagiert.

Ein autistischer Mensch, in einer Welt von Mißverständnissen großgeworden, soll jetzt produktiv arbeiten. Er fragt sich erst einmal: Warum soll ich arbeiten?

Dann: Was ist Geld? Und weiter: Was ist das, was ich machen soll? Tausend unbeantwortete Fragen, die er selbst nicht mal stellen kann. In der Literatur liest man, daß weniger als fünf Prozent der autistischen Menschen in der Lage sind, sich selbst zu ernähren. Traurige Bilanz. In den vergangenen 20 Jahren hat sich daran leider nichts geändert.

Viele autistische Menschen sehen den Ausweg in der Passivität, im Verharren, in der Verweigerung, in der Aggression, raus aus der Werkstatt, nach Hause, zur Mutter, die gerade froh war, ihn untergebracht zu wissen. Die Mutter ist wieder traurig und auch nicht mehr wie sonst – was soll sie auch machen? Mangels Sprache und Sprachverständnis kommt man nicht dahinter, was los ist. Hilfe? Wer? Wo? Wie? Soviel Intelligenz und keine Möglichkeit das auszudrücken, was man empfindet, was man hinausschreien möchte, aber es ist sowieso zwecklos, denn niemand würde ihn verstehen.

Wir können autistischen Menschen nur helfen, wenn wir ihre besondere Problematik berücksichtigen und wir nicht Methoden anwenden, mit denen <u>wir</u> lernen. Denn was wir sehen, ist eine Verhaltensstörung, die aber nur Ausdruck eines bisher nicht nachweisbaren Mangels ist. Wäre dieser Mangel nicht vorhanden, gäbe es nicht diese Störung. Also müssen wir erst einmal unsere eigene Störung beseitigen, indem wir uns darüber klarwerden, daß nicht das, das wichtigste Lernziel ist, was wir uns vorstellen, sondern wir müssen da anknüpfen, was dieser Mensch uns mit seinem andersartigen Verhalten und der somit vielleicht falsch aufgenommen Wahrnehmungsverarbeitung sagen will. <u>Wir</u> müssen lernen, umzudenken, damit wir sie verstehen. Und dann können wir uns an die Korrektur der unzähligen Mißverständnisse begeben. Auch Lernziele können nur mit permanenter Erklärung und Aufklärung erreicht werden. Angst müssen diese Menschen überwinden lernen, damit sie wieder mit uns lachen und keine „Fremden" unter uns mehr sind. Ich bin sicher, das ist möglich!

Wenn Dirk nach Hause kommt, stehen die Fragen in seinem Gesicht geschrieben. Er fragt viel, und manchmal bin ich erschreckt, welche einfachen Sachverhalte er nicht versteht.

Das Thema „Autismus" im häuslichen Bereich

Das Wort „Autismus" fällt in unserer Familie nur im Zusammenhang mit meinen Aktivitäten, ganz selten nur in Zusammenhang mit Dirk.

Wenn ich bei abwegigem Verhalten, Dirk an autistische Verhaltensweisen erinnerte, so traf ihn das sehr. Er wollte nicht autistisch sein, und so fühlte er sich sehr verletzt (auch heute noch)

Eine kurze Zeit lang, hat Dirk nach autistischem Verhalten gefragt. Ich habe diese Diskussionen möglichst kurz und wenig präzise gehalten, so daß das, was Dirk über Autismus weiß, er nur von anderen und in den letzten Jahren durch Beobachten anderer autistischer Menschen weiß. Er konnte sich somit nur an normalen Menschen orientieren und sich nicht in seinem Verhalten auf bekannte autistische Verhaltensweisen einstellen und bestätigt fühlen. Angesprochen auf seine früheren autistischen Verhaltensweisen, kann er keinen Grund nennen („ich weiß, daß ich das gemacht habe, aber ich weiß nicht warum"). Wir graben nicht in der Vergangenheit, denn die ist ihm peinlich.

Den Autismus habe ich Immer nur auf seine Entwicklungsdefizite und speziellen Schwierigkeiten bezogen. In seinem Verhalten habe ich ihn immer wieder ermuntert, sich so zu verhalten, wie andere Menschen. Da wir in der Kindheit fast keinen Kontakt zu autistischen Menschen hatte, konnte er sich auch nicht mit anderen autistischen Menschen vergleichen. Wissen über typische autistische Verhaltensweisen und Klischees habe ich ihm weder vermittelt, noch ihm Möglichkeiten zum Erwerb des Wissens geboten. Alles schriftliche Material über Autismus habe ich im verborgenen gelesen, um ihn weder zu konfrontieren, noch zu belasten. Dazu gehört auch das Autismusheft. Wenn ich zu Tagungen oder sonstigen autistischen Veranstaltungen fuhr. wollte Dirk immer genau wissen was ich dort gemacht habe und tagelang war der „Autismus" Thema für ihn. Für die Familie war dieses Thema ein Reizthema, so daß ich schnell davon wegzukommen suchte.

Menschen, die sich mit der autistischen Problematik auseinandersetzen, suchen in Dirks Verhalten nach autistischem Verhalten oder Restverhalten, weil es ja „unheilbar" sei. Ich stelle dann leider immer wieder fest, daß oftmals normales Verhalten als autistisches Verhalten gesehen wird. Von daher glaube ich, daß Eltern autistischer Kinder oft blind für das „Normale" werden und sie somit sich oft unnötige Sorgen machen und ihnen auch eine Menge Freude und vor allen Dingen, Hoffnungen genommen werden.

In Bezug auf Arbeiten, habe ich Dirk schon sehr früh klargemacht, daß sich jeder Mensch sein Brot verdienen muß. Wenn er gelesen oder gewußt hätte, daß die meisten autistischen Menschen dazu nicht in der Lage sind, hätte er sich vielleicht nicht so sehr bemüht, weil er sich dann zu der Mehrheit der z. Z. noch nicht arbeitsfähigen und nicht selbständig lebenden autistischen Menschen hätte zählen können.

Autistisches Verhalten hat seine Ursache in der Wahrnehmungsverarbeitungsstörung und damit verbunden sind die Schwierigkeiten im sozialen Umgang. Wenn die Wahrnehmungsschwierigkeiten abnehmen, entzieht man der Verhaltensstörung die Basis. Die Verhaltensstörung abzubauen, sich selber zu fordern, ist nicht immer leicht und angenehm. Viel leichter ist es, sich auf Autismus zu berufen und alles so laufen zu lassen. Intelligente autistische Menschen und solche, die in der Entwicklung weit voran gekommen sind, sind Könige unter den Autisten, unter normale Menschen sind es besondere Menschen, Behinderte mit einem besonderen Status.

Der große Wirbel, der um autistische Menschen gemacht wird, kann m. E. diesen Menschen nur schaden, da sie sich als etwas „Besonderes" fühlen müssen - und wer möchte nicht besonders beachtet werden. Ich selber ertappe mich immer noch, daß ich in Gesellschaft auf „mein autistisches Kind" zu sprechen kommen möchte. Dirk ist inzwischen so normal, wie seine Freunde. Ich aber, bekomme Beachtung bei diesem Thema und auch entsprechende Würdigung. Darüber freue Ich mich einerseits, andererseits ärgere ich mich darüber, daß ich mit diesem Thema wieder Anerkennung und Lob von meinen Gesprächspartnern gefordert habe. Jetzt kann ich mich um andere Themen kümmern und habe es nicht mehr nötig, andere Menschen auf Anerkennung meiner autistischen Leistungen anzusprechen.

Ich wünsche mir, daß ich mit diesem Buch ein wenig Licht und auch Hoffnung in das so interessante und leider inzwischen so abgehobene Thema, bringen kann.

Konzentration

Wenn ich mit Dirk Schulaufgaben mache, weiß ich, daß ich viel Zeit und Geduld brauche. Wenn ich Dirk etwas erkläre, muß er sich nach einer bestimmten Zeit etwas zu trinken holen, ein dringendes Telefongespräch führen, mir plötzlich etwas anderes erzählen, was nicht zur Sache gehört, oder auf die Toilette gehen. Ich werde dann immer sehr ungeduldig.

Heute wird Dirk 20 Jahre, und ich möchte diesen Bericht abschließen. Ich sitze alleine am Frühstückstisch. Um mich herum liegen eine Reihe Veröffentlichungen über Autismus, und ich möchte gerne ein paar markante Sätzen von Experten in meinem Bericht unterbringen. Ich nehme mir einen Artikel heraus, der über acht Seiten geht, er ist ziemlich klein gedruckt. Ich fange an zu lesen.

Nach der ersten Seite mache ich eine Pause, weil ich mir noch einen Kaffee eingießen will. Ich lese weiter. Der Text ist sehr schwer zu lesen, aber interessant. Nachdem ich die zweite Seite gelesen habe, stelle ich plötzlich fest, daß ich kalte Füße bekomme, und gehe nach oben, um mir Strümpfe anzuziehen. Ich lese weiter. Der Text erfordert starke Konzentration, wenn ich ihn verstehen will. Nach der vierten Seite fällt mir ein, daß ich eigentlich schon mal die Waschmaschine anstellen könnte. Ungern setze ich mich wieder hin. Der Text ist sehr gut, aber schwer zu verstehen. Ich will ihn bis zum Ende lesen und gieße mir noch eine Tasse Kaffee ein. Endlich habe ich es geschafft. Was habe ich eigentlich alles erfahren? Eine Menge, aber wenn ich das jetzt erzählen sollte, hätte ich Probleme damit. Es waren so viele Worte darin, deren Sinn ich nur im Zusammenhang verstehen konnte, und einige Sätze habe ich dreimal gelesen und immer noch nicht verstanden. Der Sinn des Absatzes war mir klar. Jetzt möchte ich erst einmal duschen und das warme Wasser auf meiner Haut genießen. (Wärme ohne Nähe)

Ich habe entschieden, keine schwierigen Zitate in meinem Bericht unterzubringen und mich entschlossen, jetzt Schluß zu machen, bevor ich noch weitere autistische Züge an mir entdecke.

Übersicht über Entwicklungsstufen
(aus Aufzeichnungen)

Wehenhemmer – schmerzfreie Geburt
Geburt normal – ohne Probleme
Gelbsucht im Grenzbereich – ohne Blutaustausch
Trinkschwierigkeiten

2 Monate:	Baulage – streckt Ärmchen zu den Füßen
3 Monate:	Kann nicht greifen, lacht nur Personen ins Gesicht, kein Interesse an Spielzeug und Umgebung.
6 Monate:	Zögerndes Greifen. Kein Bedürfnis, mit Gegenständen oder Spielzeug zu spielen. Streckt Ärmchen nicht entgegen. Kein Bedürfnis, sich hochzuziehen zum Sitzen.
7 Monate:	Anfänge, weiche Nahrung vom Löffel zu essen. Sehr mühsam, kann keinen Keks abbeißen, schon das Festhalten bereitet Schwierigkeiten, Schläft sehr wenig, aber immer zufrieden und gut gelaunt.
11 Monate:	Kann immer noch nicht sitzen, stehen, krabbeln. Bewegt sich durch Rollen fort. Greift immer noch zögernd und ungeschickt.
13 Monate:	Gymnastik – danach freies Sitzen, Krabbeln, Stehen. Hält sich ungern fest, stützt sich mit dem Bauch ab. Reagiert nicht auf Klingel, Klopfen, laute Geräusche direkt neben seinem Ohr; Ausnahme: Musik. Kann immer noch keine feste Nahrung kauen oder abbeißen. Schiebt mit gestreckter Hand Brot in den Mund. Kein Bedürfnis zum Spielen, zum Sprechen oder Laufen. Lehnt gemeinsames Spiel ab. Vater und Schwester werden übersehen. Einziges Interesse: Musik und Singen. Über Singen Interesse an Bilderbüchern. Wehrt sich gegen Umgebungsveränderung durch permanentes Schreien und Kopfschlagen. Beginn: Verlassen der Wohnung; oft erst wieder zufrieden, wenn er zu Hause ist. Kein Interesse an der Umwelt. Zeigt nie mit eigenem Zeigefinger. Nimmt Zeigefinger von Vater, Mutter oder anderer Person.
18 Monate:	Wieder Krankengymnastik – Freies Laufen – Jetzt sehr viel
20 Monate:	Freude am Laufen – hin und her – ohne Ziel und Sinn. Erschreckende Feststellung – keinerlei Sprachverständnis. Wußte weder, wer Papa, Mama, Schwester war. Kannte sprachlich nur Gegenstände aus Liedern, die wir besungen hatten. Erster Verdacht auf „Frühkindlichen Autismus". Therapieversuch nicht möglich.

Beginn des systematischen Sprachtrainings – Beginn mit einem Wort: „haben".

Einzige Interessen: Buchstaben und Musik.

Beginn Laufen mit zwei Fahnen, Ball schibbeln, Fische nach Farben und Formen sortieren.

Lehnt Zärtlichkeiten ab. Sicherte sich nicht durch Festhalten ab.

Kann Hände nicht koordinieren.

Immer noch zögerndes Greifen.

Angst vor Unbekanntem steigert sich in Panik.

26 Monate: Spricht und versteht die ersten Worte, Mama, Papa, Ball, haben, holen.

Nimmt immer noch nicht eigenen Zeigefinger.

Nimmt Personen an die Hand und zeigt mit fremdem Zeigefinger auf Gegenstände, die er haben möchte.

3 Jahre: Kaut erste feste Nahrung.

Sprache meistens nicht sinngemäß angewandt. Starkes Echo Sprachverständnis nach normaler Sprache nicht vorhanden. Durch zunehmendes Sprachverständnis einige Ängste abgebaut. Kann keine Fragen beantworten, sagt weder ja noch nein. Anscheinend unempfindlich gegen Kälte und Hitze. Kennt keine realen Gefahren.

Kann den ganzen Tag im Bett zubringen, ohne etwas zu tun.

Sucht keine Geselligkeit und schiebt Besucher aus der Haustür hinaus: „Frau Müller wieder gehen", nachdem er vorher ihre Sachen gebracht hat.

4 Jahre: Spricht lange schwere Sätze, versteht sie aber nicht. Kann sich noch nicht sinnbezogen ausdrücken. Spricht vorwiegend im Echo.

4 1/2 Jahre: Umgebungswechselängste fast völlig verschwunden.

Grobmotorik laut Gymnastin altersgemäß.

Sagt nein, schmust gerne. Kann Kerze auspusten.

Kaut alles.

Rechte Hand krallt er noch immer ein wenig.

4 1/2–5 Jahre: Ruft endlich Personen mit Namen „Mama", „Papa". Meldet sich, wenn er Schmerzen hat. Spricht immer noch vorwiegend im Echo. Bildet noch keine eigenen Sätze.

Kennt die Bedeutung von ja noch nicht.

Sprache, Feinmotorik, Umweltverständnis und Interesse nach wie vor mangelhaft.

Kindergarten Lebenshilfe.

Erste Beantwortungsversuche auf Fragen und Reaktionen auf Fragen.

Beginn der Stereotypie in der Sprache – zwanghaftes Wiederholungsbedürfnis.

Beginn, „ja" zu begreifen.

5 Jahre: Therapie im Hamburger Autismusinstitut.

Stabilisierung der Antworten von ja und nein.

	Stabilisierung einzelner Fragen.
5,6 Jahre:	Herausnahme aus Kindergarten.
5,10 Jahre:	Dirk stellt erste Frage, erste gemeinsame Spiele mit der Schwester. Greift spontan nach Schere und schneidet aus. Malt wieder (über lange Zeit keinen Stift mehr angefaßt).
6 Jahre:	Einschulung in Schulkindergarten.
6 1/2 Jahre:	Dirk stellt Fragen.
	Erste Versuche Erlebtes zu erzählen.
	Bildet eigene Sätze.
	Spricht fremde Leute an.
	Findet sich mit unvermeidlichen Situationen recht gut ab.
	Spiel-Stereotypien fast völlig verschwunden.
	Wiederholungszwänge nehmen langsam ab.
	Einige Umgebungsveränderungen bringen ihn noch in Panik. Eine bestimmte Platte muß auf dem Plattenteller liegen.
	Auf Frage „warum" nur selten akzetable Antwort-
	Beim Spiel mit anderen Kindern erwartet er, daß sie auf sein Spiel eingehen.

Entwicklungsstand mit acht Jahren, sieben Monaten
aufgeschrieben am 14. Juni 1983:

Dirk spricht fast alles und hat einen relativ großen Wortschatz. Er ist allerdings noch nicht in der Lage, sich an einem Gespräch zu beteiligen. Das Sprachverständnis ist nicht altersgemäß. Er erfragt alles, hat aber zuweilen Schwierigkeiten mit der Grammatik. Auch bevorzugt er noch oft Zweiwort-Sätze, obwohl er sich gut ausdrücken könnte.

Seine Vorliebe gilt dem Bücherschreiben und Büchermalen. Schrift faszinierte ihn bereits mit zwei Jahren, und er war bereits vor der Einschulung in der Lage, kleine Worte zu lesen und zu schreiben.

Grobmotorisch ist er altersgemäß. Er fährt sicher Fahrrad und turnt seit etwa drei Monaten in einer Gruppe von rund 40 Kindern, die allerdings sehr autoritär geführt wird. Ich habe diese Turnlehrerin gewählt, da er in der Gruppe immer eigne Wege geht und lernen soll, sich in die Gruppe einzufügen.

Feinmotorisch hat er noch große Probleme. Er greift noch nicht richtig. Er benutzt ungern die Fingerspitzen. Er ist aber in der Lage, Knöpfe auf- und zu zumachen. Eine Schleife wird er wohl in den nächsten Tagen binden können. Ansonsten lehnt er Beschäftigungen weitestgehend ab.

Schulische Entwicklung: bereits beschrieben. Dirk fühlt sich in der Gruppe noch nicht angesprochen.

Stereotypien im Spiel sind völlig verschwunden. Wenn er allerdings einige Tage ohne Anregung ist und man nicht auf seine Spielaufforderungen eingeht, kann er tagelang ohne Beschäftigung in der Ecke liegen. Dann ist er auch wieder sehr schwer zu motivieren.

Verlust eines geliebten Spielzeugs bedeutet seit etwa einen Jahr keine Katastrophe mehr. Er ist mit Worten zu beruhigen, was früher tagelang andaudernde Zwänge auslöste. Er begnügt sich auch mit der Erklärung, daß wir es irgendwann wiederfinden (vor einem Jahr noch undenkbar).

Seit dem vierten Lebensjahr erträgt er Zärtlichkeiten, und seit drei Jahren ist er selbst auch in der Lage, zärtlich zu anderen zu sein. Heute braucht er Zärtlichkeiten wie jedes andere Kind auch.

Er hat, wie seine Schwester, jetzt gerne Kinder um sich, sie sollen dann aber das tun, was er will. Und hier wiederholen sich häufig die Spielabläufe. So soll die in einem Buch vorkommende Handlung immer wieder nachgespielt werden.

Er geht überall mit hin und hat keine Ängste mehr. Auch die noch vor einem Jahr unveränderbar erscheinenden Handlungsabläufe können beliebig verändert werden, sie müssen ihm aber erklärt werden.

Zum gemeinsamen Spiel innerhalb der Familie muß er sich immer noch überwinden. Hier ist er sehr schwer zu motivieren, aber es gelingt uns immer häufiger, ihn zum „Mensch ärgere Dich nicht"-Spiel zu überreden. Seine Schwester hat ihm das Kartenspiel „Mau Mau" beigebracht.

Wenn er nach Hause kommt, fragt er erst einmal: „Wo ist Heike?"

Er beachet und beobachtet seit den letzten Monaten Tiere, durch die er noch im letzten Jahr hindurchsah. Er kannte sie wohl mit Namen.

Seit zwei Wochen nimmt er das Telefon ab und spricht mit dem Teilnehmer eine kurze Zeit. Wenn es an der Tür klingelt, öffnet er spontan und läuft nicht mehr weg. Er kann erzählen, was er in der Schule gemacht hat und ein oder zwei Teile einkaufen.

Wiederholungszwänge haben wir noch stark im Sprachbereich. Eine Frage wird oft mehrmals gestellt. Hier gibt es auch noch Fragen, die in den Echobereich gehören.

Er malt nur perspektivisch, seinem Alter um Jahre voraus. Er kann sich tagelang nur mit Malen beschäftigen.

Sein Interessenbereich ist relativ gering. Busse, Züge und Autos sind die beliebtesten Gebiete.

Auf Uninformierte wirkt er auf den ersten Blick unauffällig. Erst im Laufe des Gesprächs merkt man seine Schwierigkeiten. Er ist ein überdurchschnittlich freundliches Kind.

Er ist motorisch sehr unruhig und kann sich auf gestellte Aufgaben nur kurze Zeit konzentrieren, während er sich bei selbst gestellten Aufgaben stundenlang konzentrieren kann.

Er kann Rollschuh- und Schlittschuhlaufen. Er rodelt gerne. Er kann seit zwei Monaten schwimmen.

„Das weiß ich nicht" akzeptiert er noch nicht, muß mit „ich glaube" geantwortet werden.

1. Februar 1985 – Mir fällt gerade auf, daß Dirk schon lange nicht mehr gefragt hat: „Tut das weh?"

1992: Hauptschulabschluß
1993: 10. Klasse
August 1993: Beginn einer Lehre als KFZ-Mechaniker
Februar 1996: Führerschein Klasse III
Juni 1997: Gesellenprüfung Kfz-Handwerk

Dritter Teil

Gedanken über Grundlagen zur Verständigung

Wer über Sprache nachdenkt, sollte nicht nur nach der Bedeutung, sondern auch nach dem „Gebrauch" des Wortes fragen.

Wir sollten nach Wegen suchen, wie wir uns verständigen können, denn wenn wir scheinbar mühelos mit Freunden plaudern, vollbringt unser Gehirn „Höchstleistungen".

Das Verstehen geht so schnell: „Der Kaffee ist fe ...", der Rest wird auch unausgesprochen verstanden.

Das Gehirn hat aus den vielen Wörtern, die mit fe beginnen, schon das Wort „fertig" ausgewählt, bevor es ausgesprochen wurde.

Wir verstehen also nicht nur den Satz, weil wir Wörter verstehen, sondern auch die Wörter, weil wir den Satz verstehen, und den Satz, weil wir die Situation verstehen.

An die Eltern eines autistischen Kindes

Euer Kind ist kein Mensch – wie ich und wie du
Es ist anders – als ich und du
Es sieht die Dinge mit den gleichen Augen – wie ich und wie du
aber es kann sie nicht so sehen – wie ich und wie du
es spricht die gleiche Sprache – wie ich und wie du
doch es versteht sie nicht so – wie ich und wie du
es erlebt den Schmerz – wie ich und wie du
doch es kann nicht schreien – wie ich und wie du
es möchte lieben – wie ich und wie du
doch es kann sie nicht zeigen – wie ich und wie du
es möchte gerne spielen – wie ich und wie du
doch es kennt keine Regeln – wie ich und wie du
es möchte gerne so lernen – wie ich und wie du
doch es kann nicht begreifen – wie ich und wie du
es braucht Liebe – wie ich und wie du .
es kann sie nicht fordern – wie ich und wie du
es kann nicht sprechen – wie ich und wie du
denn es hat Angst vor den Fehlern – wie ich und wie du
es bleibt stumm – nicht – wie ich und wie du
und es beißt sich selbst – nicht – wie ich und wie du
es läuft weg – nicht – wie ich und wie du
und es hat ständig Angst – nicht – wie ich und wie du
es spricht mit sich selbst – nicht – wie ich und wie du
und es braucht Hilfe – nicht – wie ich und wie du
es bewegt seinen Körper – nicht – wie ich und wie du
weil es sich langweilt – nicht – wie ich und wie du
wir sollten geduldig sein und voll Mut
dann können wir ihm helfen in seiner Not
wir sollten behutsam sein und uns beschränken
mit dem, was wir fordern und stets bedenken

es möchte so sein – wie ich und wie du
doch es braucht dich und mich dazu

Worte aus unserem fast täglichen Sprachgebrauch

ins Auge fassen
ins Auge stechen
in die engere Wahl ziehen
Wort wechseln
in Augenschein nehmen
schwarzsehen
leere Versprechungen
Bogen überspannen
überdreht sein
ins Fettnäpfchen treten
Kettenreaktion
Wirbel machen
aus dem Rahmen fallen
was auf dem Kasten haben
mit Füßen treten
das Faß zum Überlaufen bringen
abrutschen
weg vom Fenster
vor Freude weinen
Marsch blasen
vom Himmel fallen
kaum zu fassen
hinters Licht führen
das hat ihn mitgenommen
übel mitgespielt
hintergehen
auf den Arm nehmen
total daneben
das hat ihn umgehauen
mitgenommen
abspecken
abheben
platt sein
verbummeln
ausbaden
in die Fußstapfen treten
geplättet sein
verspannt
auf den Kopf gefallen
aus allen Wolken fallen
Decke auf den Kopf fallen
auf den Mund gefallen
Worte aus dem Mund nehmen

Spielen und dabei Sprache lernen

Autistische Menschen lernen langsam und in kleinen Schritten, deshalb sollte auch das angebotene Spiel auf seinen effektiven Wert für diesen Menschen genau ausgewählt werden.

Wenn man das tägliche Leben einmal als Spiel betrachtet, bieten sich unzählige Lernmöglichkeiten, die spielerisch aufgearbeitet, Spaß machen, so daß man eigentlich auf didaktische Lernmittel zunächst verzichten kann.

Basis	**Waschen Wasser Seife naß**
Waschen	Hände mit Seife waschen

Zur Seife

Seife ist **glatt**
rutscht aus den Händen
schmeckt nicht
Hände werden **glatt**
Schaum
Schaum ist **weiß**
Seife **riecht**
Seife ist **naß**
Seife **schwimmt nicht**

Zum Wasser

Wasserhahn **aufdrehen/zudrehen**
Wasser ist **warm/kalt/heiß**
Wasser ist **naß**
mit Wasser **spritzen**
mit Wasser **Sachen naß machen**
Wassergeräusche
Wasser **schmecken/trinken**
Wasser **sammeln** im Waschbecken
Wasser **ablaufen/weglaufen** lassen
Wasser **färben**
Schaum **machen**
mit Wasser **abwaschen**
Badewasser (viel Wasser)
Duschwasser (wie Regen)
Trinkwasser
Abwaschwasser – kein Trinkwasser
schmutziges Wasser
sauberes Wasser

Zum Händewaschen

Hände sind **naß**
Hände sind **sauber**
Hände sind **rauh**
Hände sind **trocken**
Handtuch ist **weich**
Handtuch ist **rauh**

Handtuch ist **groß**
Handtuch ist **klein**
Handtuch hat eine **Farbe**
Handtuch ist **trocken**
Handtuch wird **naß**
Hände sind **trocken**
Hände sind nicht **sauber** – **schmutzig**
Handtuch wird **schmutzig** – Hände sauber
Wasser wird **schmutzig** – Hände sauber
Schmutz kann man **sehen**, aber **nicht fühlen**.
Klebrige Hände kann man **fühlen**

Zur Seife

Nasse Seife macht die Hände **klebrig**
Hände müssen abgewaschen werden
trockene Seife verändert die Hände nicht sichtbar
aber Hände können **Geruch** annehmen
Seife hat einen bestimmten **Geschmack**
Seife hat einen **bestimmten Platz**

Zum Schaum

Schaum ist auch Seife
Schaum mit **Schneebesen** schlagen
Schaum mit **Strohhalm** blasen
Schaum mit Händen schlagen
Schaum entsteht durch Wassereinlauf alleine
Schaum ist weiß
Schaum ist weich
Schaum kann **fliegen**
Schaum **schmeckt nicht**
Schaum **prickelt** auf der Haut
Schaum **verschwindet wieder**
Schaum kann man formen zu Hut, Bart
mit Schaum kann man Körperteile **verstecken**

Zum Körper

abtrocknen
nicht abgetrocknet – **frieren**
Körper ist trocken – Handtuch ist **feucht** (nicht naß)
feucht ist ein **wenig naß**

Zu den Haaren

nasse Haare kämmen – unangenehm
Haare können nicht abgetrocknet werden – Föhnen
Föhn, warme Luft
Haare können fliegen
lange Haare, **kurze** Haare, **krause** Haare, **Locken,**
viele Locken
Pony, Scheitel, Mittelscheitel, Seitenscheitel
Haare sind offen, **geflochten, Pferdeschwanz**
Haare sind **blond** – blondes Kind
Haare sind **rot** – rothaariges Kind

Haare sind dunkel – **dunkelhaariges** Kind
Haare sind braun – **braunhaariges** Kind

Vergleiche zwischen eigener Situation und anderer Person.

Wasser verändert Materialien

Die Hose ist naß   negativ
Die Hose ist noch nicht naß   positiv/negativ
Die Hose ist trocken   positiv
Fußboden ist naß   glatt
Glas ist naß   **benutzt**
Haare sind naß   diverse Gründe
nasse Füße   Pfütze
Naß durch Regen   mit Kleider
Naß durch Dusche   ohne Kleider
Naß kann man sehen   Tropfen
Naß kann man nicht sehen   nasses Handtuch
Getränk ist naß

Naß in Verbindung mit Temperatur/Material

Zeitung/Papier   Kleidung/Stoff   Spielzeug   Geschirr
Blumen gießen   trinken   Holz   Schwamm
Lebensmittel

Naß in Verbindung mit Geruch

Parfüm   Schwitzen   Dampf beim Kochen,   Kochbrühe, Saft

Naß in Verbindung mit Gefühl

kalter Regen   nasse Kleidung
warme Dusche   warme Haut – angenehm
kalte Dusche   kalte Haut unangenehm
Limonade immer kalt   Milch kalt und warm, Tee kalt und warm

Worte zur Verneinung

nicht
nein
laß sein
loslassen
stopp
halt
wegda
laß das
nicht doch
hörauf
laß die Finger davon

Klare und konsequente Ge- und Verbote auf der Straße

Gebote   für Freiräume zum Sammeln von Erfahrungen
Verbote   zur Sicherheit

Das gleiche gilt für den häuslichen Bereich. Mal „ja", mal „nein" verunsichert und kann Ängste auslösen.

Auswendiglernen der Sprache = Echo

ist Sprache, die nicht erlebt wurde, Sprache, die nicht mit Wahrnehmungen verbunden wurde, sie ist also nicht übertragbar auf andere Wahrnehmungen.

Den didaktischen Wert eines zerstörten Bildes – Puzzle – wird das Kind weder sehen, noch verstehen. Ein Steg über den Bach ist für uns ganz klar eine Brücke. Wir übertragen diesen Begriff selbstverständlich auf drei entsprechend aufgestellte Bausteine. Für das Kind sind das erst einmal nur Bauklötze. Daß die Gebilde übers Wasser, über Straßen, über Schienen, über Täler, auch als „Brücken" bezeichnet werden, sollte nicht als selbstverständlich angesehen werden.

Was ist alles aus Papier

Zeitung
Buch
Foto
Toilettenpapier
Butterbrotpapier
Fahrkarte
Geld
Brief
Merkzettel
Etikett
Kalender
Karton
Verpackung
Ordner
Taschentuch

Was kann man mit Papier alles machen

anmalen
bedrucken
beschreiben
Brief schreiben
zerschneiden
ausschneiden
zerreißen
bekleben
zusammenkleben
zerknüllen, falten
kleine Stücke abreißen und wegpusten
pusten

zum Abdecken nehmen
etwas einpacken, verbrennen
Buch herstellen

Papier wird verändert durch
naßmachen
zerreißen
falten

Es gibt dickes Papier, dünnes, Pappe, durchsichtiges, großes, kleines, glattes, rauhes, glänzendes, buntes
Ein Blatt = Blatt vom Baum

Nicht jedes Papier darf ich verändern, zerreißen.
Produke, ausgeschnitten oder angesehen in ein Prospekt, kann ich mit dem realen Produkt vergleichen.

Die Zeitung   vermittelt Bild,
das reale Produkt   vermittelt Wahrnehmungen, verbunden mit
                             Sprache Aussagen über Verpackung,
                             Aussehen, Gewicht, Geruch,
                             Beschaffenheit, Geschmack,
                             Verwendungswert usw.

Was kann man alles machen?
Treppe runterspringen
über Band, Kordel, Strick, Bordstein, Mauer laufen
etwas festbinden
etwas mit Papier machen
schneiden, kleben, falten, zerreißen, bemalen

Etwas mit Wasser machen, kalt, warm, sauber, Material schwimmen lassen, mit Wasser zerstören, auflösen, mit Wasser malen, mit Wasser reinigen,

etwas mit Essen machen, kochen, bearbeiten,

etwas angucken, vergleichen

etwas kaputtmachen, etwas teilen
Papier, Luftballon, Seifenblasen, Lebensmittel
Obst anbeißen, Obst ist nicht mehr heile

ein Tier beobachten, anfassen, Reaktion, Bewegung beobachten
Ameise, Käfer, Schnecke, Fliege, Schmetterling
Hund, Katze, Vogel

Quatsch machen
Tasse und Teller falsch herum auf den Tisch stellen

mit linker Hand malen
oder mit Mund
Kleidung falsch anziehen
in falsche Betten legen
ohne Besteck essen

Worte mit Material verdeutlichen
viel, wenig, genug
zu viel, zu wenig,
voll, halbvoll, leer

Man kann Menschen so ansprechen

Das weißt du doch	das hab ich dir eben erklärt
das hab ich dir schon einmal gesagt	muß ich das noch einmal sagen
Hast du das wieder vergessen	wie oft habe ich dir das schon gesagt

was habe ich gesagt

Oder so

- du weißt doch	Erinnerung
- ich hab dir gestern erzählt, daß	Wiederholung
- ich brauche dir nicht mehr zu erzählen, daß ..., weil ich dir das gestern gesagt habe	
	Erinnerung
- Ach, ich habe vergessen, dir zu sagen, daß	eigene Unzulänglichkeit (Erwachsene können auch vergeßlich sein.)
- hab ich dir schon gesagt, daß	neugierig machen

Vor dem Schlafengehen über Tagesgeschehen sprechen – Ereignisse werten (Sprache in Vergangenheitsform)

Wahrnehmung in der Schule	über Ohren und Augen
Freizeit	über alle Wahrnehmungsorgane hier sollten die anderen Wahrnehmungsbereiche mit einbezogen werden.
Autistische Kinder sind in der Schule	sprachlich überfordert.
In der Freizeit	erscheinen sie durch die Angst vor Überforderung oft müde und lustlos. Zur Verarbeitung der Sprache aus der Schule brauchen sie Zeit und Hilfe.

Versagerängste | können Panik oder Aggressionen auslösen.

Therapie | bedeutet, Anforderungen finden unter ständiger Kontrolle statt besser Hilfe anbieten, Partner, statt Lehrer sein.

Man macht Dinge, die therapiert werden sollen, in der Freizeit nur ungern.
Lernen über Fehler zum Erfolg, ist stilles, verstecktes Lernen.
Kinder spielen normalerweise alleine, sie sind neugierig.
Kinder lernen von Kindern.

Erwachsene sprechen anders, andere Sprache, andere Betonung, andere Tonlage.
Eltern müssen wieder spielen lernen, ohne Forderungen zu stellen.
Eltern müssen loben lernen.
Nicht alle Eltern können und wollen basteln.

Fragen
Klare Fragen | **Klare Antworten**

Was ist das? | Das ist **eine** Fliege
Was ist das? | Das ist **ein** Haus
Was ist das? | Das ist **ein** Stift (mein, dein)
Was ist das? | Das ist **eine** Katze (unsere)

Wo ist **die** Fliege? | da (hier)
Wo ist **das** Haus? | da
Wo ist **der** Stift? | da
Wo ist **die** Katze? | da
Wo ist **das** Bett? | da

Wie ist die Fliege? | **klein**
Wie ist das Haus? | **groß**
Wie ist der Stift? | **rot**
Wie ist die Katze? | **lieb/schwarz/klein**
Wie ist das Bett? | **weich**

Wie macht die Fliege? | brum(Geräusche machen lustig)
Wie macht die Katze? | miau
Wie macht der Vogel? | piep, piep
Wie macht die Kuh? | muh, muh
Was macht die Fliege? | fliegen
Was macht das Auto? | hupen, fahren
Was macht der Papa? | schlafen, arbeiten, kochen, reparieren, lesen
Was macht die Mama? | arbeiten, bügeln, waschen, kochen

Womit schmiert man ein Brot?	mit dem Messer (einem, deinem)
Womit schneidet man den Apfel?	mit dem Messer
Womit ißt du die Suppe?	mit dem Löffel (einem großen Löffel)
Womit hast du das gemalt?	mit dem Stift (meinem roten Stift) (Stift leihen) mit deinem Stift
Weshalb, warum, wieso?	
Das schmeckt?	süß, sauer, bitter, gut, nicht gut, salzig, mehlig, scharf, heiß, warm, kalt, saftig, trocken, herzhaft, pikant, schmeckt nicht, lecker, nicht lecker,

Bildergeschichten

Warum?	(weil man Hergang sehen kann)
Warum bist du traurig?	weil das Eis alle ist
Warum ißt du gerne Eis?	weil Eis lecker schmeckt
Warum ist die Hose naß?	weil du mit Wasser geplanscht hast
Warum ziehst du Schuhe an?	weil du raus gehen willst
Warum nehmen wir den Regenschirm mit?	weil es regnet und wir nicht naß werden wollen